V&R

# Wegbereiter der Ökumene im 20. Jahrhundert

Herausgegeben von
Christian Möller, Christoph Schwöbel,
Christoph Markschies und Klaus von Zedtwitz

Mit 19 Abbildungen

Vandenhoeck & Ruprecht

*Die Herausgeber:*

Dr. theol. Christoph Markschies ist Professor
für Ältere Kirchengeschichte in Berlin.

Dr. theol. Christian Möller ist Professor
für Praktische Theologie an der Universität Heidelberg.

Dr. theol. Christoph Schwöbel ist Professor für Systematische
Theologie und Religionsphilosophie. Er leitet das Institut für
Hermeneutik an der Theologischen Fakultät der Universität Tübingen.

Klaus von Zedtwitz ist Pfarrer und Dekan
im Katholischen Dekanat Heidelberg.

Bibliografische Information Der Deutschen Bibliothek

Die Deutsche Bibliothek verzeichnet diese Publikation in der Deutschen
Nationalbibliografie; detaillierte bibliografische Daten sind im Internet
über <http://dnb.ddb.de> abrufbar.

ISBN 3-525-55450-8

*Umschlagabbildung:*
Festgottesdienst am 31. Oktober 1999 zur
„Gemeinsamen Erklärung zur Rechtfertigungslehre"
© epd-bild.


Druck und Bindung: Hubert & Co., Göttingen.

Gedruckt auf alterungsbeständigem Papier.

# Inhalt

# Vorwort

In diesem Buch werden die Geschichten von Menschen erzählt, die im Zusammenhang ihrer Lebens-, Glaubens- und Denkgeschichte auf den Weg der Ökumene gefunden haben und durch ihr Lebenswerk dazu beigetragen haben, anderen einen Zugang zum Weg der Ökumene zu eröffnen. Die von ihnen geteilte Überzeugung, gemeinsam auf dem Weg zu sein, zeigt sich in der Verschiedenartigkeit ihrer Lebenswege und in der besonderen persönlichen Prägung ihrer Überzeugungen.

Ausgehend von den ökumenischen Erfahrungen im deutschen Sprachraum sollen hier Menschen vorgestellt werden, die durch ihren persönlichen Lebensweg den gemeinsamen Weg der Ökumene vorbereitet, gestaltet und geprägt haben. Dabei wird keine Vollständigkeit angestrebt – neben den hier Vorgestellten wären viele andere zu nennen, die in gleicher Weise als »Wegbereiter der Ökumene« zu verstehen wären. Vielmehr geht es darum, exemplarisch – jeweils aus der Perspektive einer bestimmten besonderen Lebensgeschichte – den gemeinsamen Weg der Ökumene vorzustellen. Auch die Darstellung erfolgt aus unterschiedlichen Perspektiven, die nicht nur unterschiedlichen Kirchen und Konfessionen, sondern auch unterschiedlichen Traditionen und Programmen für die Ökumene verpflichtet sind. Die Verschiedenartigkeit der hier vorgestellten Personen, Probleme und Programme und die Unterschiedlichkeit der Darstellung bezeugen zusammen den Reichtum an Verschiedenheit und Gemeinsamkeit, der die Gemeinschaft der Kirchen prägt.

Sebastian Kuhlmann und Kurt Veselý haben sich der mühevollen Aufgabe unterzogen, aus der Verschiedenartigkeit der Einzelvorträge ein gemeinsames Buch entstehen zu lassen. Für ihre Bemühungen um Einheit in Vielfalt sei ihnen an dieser Stelle herzlich gedankt.

Heidelberg, Pfingsten 2004
Christian Möller/Christoph Schwöbel
Christoph Markschies/Klaus von Zedtwitz

# Gemeinsam auf dem Weg

Das 20. Jahrhundert ist immer wieder als das »Jahrhundert der Ökumene« bezeichnet worden. Zwar hat die Ökumene eine lange Vorgeschichte der Bemühungen um Gemeinschaft zwischen den unterschiedlichen Kirchen und Konfessionen. Vielleicht ließe sich schon das »Apostelkonzil«, von dem das 15. Kapitel der Apostelgeschichte erzählt, als die erste in der Bibel bezeugte ökumenische Initiative deuten, in der Gemeinschaft in der Verschiedenheit auf der Basis der in Christus geschenkten Einheit angestrebt und besiegelt werden konnte. Durch die Geschichte der Kirche hindurch hat es Versuche gegeben, Formen von Gemeinschaft zwischen den christlichen Kirchen zu entwickeln und zu pflegen, die von der Bitte Christi um die Einheit der Glaubenden bewegt waren. Vor dem Hintergrund der bewegten und leidvollen Geschichte des 20. Jahrhunderts, in der wie in keinem Jahrhundert zuvor Kontakte zwischen vorher getrennten Weltregionen und Wege der Verständigung und des Austauschs zwischen den Völkern, Kulturen, Religionen und Kirchen eröffnet wurden und das zugleich Spaltungen und Zerstörung, Entfremdung und Zwietracht in einem zuvor nicht gekannten weltweiten Ausmaß erlebte, hat die Suche nach Gemeinschaft der christlichen Kirchen untereinander besondere Bedeutung erhalten. Die allseits erfahrene Trennung und Feindschaft bot den Hintergrund für den Versuch, auf der Grundlage des gemeinsam bekannten christlichen Glaubens Wege der Versöhnung und des Ausgleichs zu gehen. Die Suche nach Gemeinschaft zwischen den christlichen Kirchen, in der Unterschiede nicht verneint, sondern bewahrt, aber nicht mehr als trennend empfunden werden, die der Ökumene ihre Triebkraft gab, wurde dabei nie als eine rein kirchliche Angelegenheit verstanden. Vielmehr wurde die Aufgabe der Ökumene von Anfang als Beitrag zu einer friedvollen und gerechten, in Freiheit gestalteten Gemeinschaft der Menschen auf der Erde verstanden. Im Unterschied zu den anderen Formen von »Ökumene« wie den weltweiten Wirtschaftsbeziehungen, die den globalen Markt zum Programm machen und unter dem Stichwort der »Globalisierung« in ihrer Ambivalenz von positiven und negativen Wirkungen im letzten Jahrzehnt des 20. Jahrhunderts die Agenda bestimmten, oder der politischen »Ökumene« der Macht, die sich im 20. Jahrhundert immer wieder in der Doppeldeutigkeit von Herrschaft und Unterdrückung gezeigt hat, versucht die Ökumene der christlichen Kirchen, eine weltweite Gemeinschaft auf der Basis der Verständigung über den Glauben zu gestalten, und macht somit das Orientierungswissen der Menschen, ihre handlungsleitenden Überzeugungen zur Aufgabe der Verständigung und zur Grundlage der Gemeinschaft. Damit ist sogleich die Frage gestellt, was Verständigung und Gemeinschaft im Zeichen der Botschaft des Evangeliums und des von dieser Zusage lebenden Glaubens beitragen kann zur Gestaltung der politischen Machtstrukturen und der wirtschaftlichen Beziehungen der Menschen.

Die ökumenische Bewegung ist eine Bewegung von Männern und Frauen, die den christlichen Glauben als Gabe der Gemeinschaft mit anderen Christen und Christinnen verstehen und auf dieser Grundlage nach Gemeinschaft mit anderen Glaubenden suchen. Darum ist Ökumene immer die Begegnung von Menschen, der Dialog, das Gespräch – durchaus auch das Streitgespräch – zwischen Menschen, die ihren christlichen Glauben bezeugen, nach dem Glauben anderer fragen und ihn zu verstehen suchen. Geht es bei dieser Begegnung um die Wahrheit des Glaubens, des eigenen Glaubens wie des Glaubens des anderen, um das Verstehen des Fremden und des Eigenen, dann bleibt sie nicht folgenlos für das persönliche Leben. Sie wird zu einem prägenden Faktor der Lebensgeschichte. Die ökumenische Bewegung ist in erster Hinsicht die Bewegung von Menschen, die von der ökumenischen Frage bewegt sind und für die ökumenische Begegnungen zu einem Teil ihrer Lebensgeschichte geworden sind. Der Weg der Ökumene kann darum auch als ein Weg verstanden werden, den unterschiedliche Menschen in ihren konkreten Lebensgeschichten von unterschiedlichen Ausgangspunkten aus und häufig auch mit unterschiedlichen Zielvorstellungen gemeinsam gehen. Viele Lebenswege führen auf den Weg der Ökumene. Dieser Weg selbst ist niemals eine einheitliche Marschroute, sondern ein gemeinsamer Weg, der von vielen in sehr unterschiedlicher Weise – durchaus auch in unterschiedlichem Tempo – gegangen wird. Und doch ist es ein Weg in der Überzeugung, von der Einheit auszugehen, die der Kirche in Jesus Christus durch den heiligen Geist geschenkt ist, und in der Gemeinschaft der Glaubenden auf ein Ziel zuzugehen, das nicht durch menschliche Anstrengung, sondern durch Gottes Gnade verwirklicht wird. Am Anfang aller Ökumene steht der ökumenische Glaube, dass die Ökumene selbst ein Werk des dreieinigen Gottes ist, der Menschen einlädt, dieses Handeln Gottes im Glauben zu bezeugen und so an ihm teilzunehmen.

Wie wird sich der gemeinsame Weg der Ökumene nach dem »Jahrhundert der Ökumene« gestalten? Was wird der Weg der Ökumene im 21. Jahrhundert sein? Folgt man den Einsichten und Visionen der hier Vorgestellten, findet man kein einheitliches ökumenisches Programm. Man kann allerdings sehr deutlich einige der Dimensionen erkennen, die die Ökumene in der Zukunft charakterisieren werden, wenn sie auf dem Weg bleibt, der ihr durch das Lebenswerk der hier Portraitierten gewiesen wird. Ökumene wird sich als *Lerngemeinschaft* bewähren müssen, in der die Partner im ökumenischen Dialog nicht nur die eigene Position vorstellen, sondern sich auch in die der Anderen einarbeiten und einleben und so nach Verständigung suchen. Ökumene wird sich als *Lebensgemeinschaft* der Kirchen untereinander entfalten müssen, durch die ökumenische Bewegung eine Schule der Gastfreundschaft wird. Ökumene wird sich als *Zeugnisgemeinschaft* gestalten müssen, in der das Leben jeder einzelnen Kirche und der Gemeinschaft der Kirchen transparent wird für den Grund, der ihr Leben trägt. Und angesichts mancher Rückschläge und Enttäuschungen, wie sie die Geschichte der Ökumene im 20. Jahrhundert auch dokumentiert, wird sich Ökumene als *Gemeinschaft der Hoffnung und der Geduld* bewähren müssen, in der der Glaube, dass Gott die Gabe der Gemeinschaft nicht zurückgenommen hat, den Kirchen den langen Atem gibt, an der ökumenischen Gemeinschaft der Kirchen zu arbeiten. Was die in diesem Band vorgestellten Ökumeniker verbindet, ist nicht nur die Hoffnung des Glaubens, sondern auch die Geduld schöpferischen Wartens, die nicht daran zweifelt, dass die Kirchen gemeinsam auf dem Weg sind.

Christoph Schwöbel

Hermann Brandt

# Nathan Söderblom

## Ein »Klassiker der Religionswissenschaft« als »ökumenischer Kirchenvater«

15. Januar 1866–12. Juli 1931. Söderblom kam schon früh mit den führenden Gestalten der beginnenden ökumenischen Bewegung in Kontakt. 1901 Prof. für Religionsgeschichte in Uppsala, 1914 Erzbischof der Kirche von Schweden. Nachdem er mit anderen skandinavischen Kirchenführern sich im Ersten Weltkrieg für eine internationale Konferenz der kriegführenden Länder eingesetzt hatte, schlug er 1919 die Bildung eines ökumenischen Kirchenrates vor. Söderblom initiierte die erste Weltkonferenz für Praktisches Christentum 1925 in Stockholm und beteiligte sich an der ersten Weltkonferenz der Bewegung für Glauben und Kirchenverfassung 1927 in Lausanne. Für seinen Einsatz in der Völkerverständigung erhielt er 1930 den Friedensnobelpreis.

Nathan Söderblom unterscheidet sich von anderen in diesem Buch vorgestellten Wegbereitern der Ökumene. Als Erzbischof der lutherischen Kirche von Schweden und als »ökumenischer Kirchenvater« ist er im Gedächtnis der Kirche lebendig geblieben. Zuvor aber war er Universitätsprofessor der Religionsgeschichte, und er gilt als »Klassiker der Religionswissenschaft«. Diese seltene und für manche anstößige Verbindung von unverstellter Wahrnehmung der Wirklichkeit der Religionen und dem Eintreten für den Weltfrieden und die christliche Einheit ist in Söderbloms Lebensweg angelegt und in seiner Intuition für die Wirklichkeit des Heiligen und der Heiligen – nicht nur im Christentum – begründet. »Ein Heiliger ist ein Zeuge von Gottes Kraft.« Heilige sind Gottes Werkzeuge in allen Religionen; die Kraft des lebendigen Gottes kann sich selbst in Menschen erweisen, die Gott gar nicht kennen oder anerkennen. So gesehen bezeugt die Religionsgeschichte, ja auch die profane Weltgeschichte, den lebendigen Gott.

## I. Über das Leben Söderbloms

Nathan Söderblom wurde am 15. Januar 1866 als Kind von Jonas Söderblom und seiner Frau Sophia, geb. Blume, in Trönö geboren. Trönö ist ein kleines Kirchdorf in der Landschaft Hälsingland. In dieser malerischen Gegend, bis heute bestimmt von Flüssen, Seen und Wäldern, ist der kleine Nathan aufgewachsen. Hälsingland gehört zu Norrland, dem nördlichsten der drei Reichsteile des heutigen Schwedens, den man das »Schwedische Kanada« genannt hat. Söderbloms Biographen haben angenommen, in seinem komplexen Charakter hätten sich Einflüsse beider Elternteile verbunden: Vom Vater, einem lutherischen Pfarrer der Kirche von Schweden, habe er Selbstdisziplin, Beharrlichkeit, Sprachbegabung und die Fähigkeit zu ununterbrochener harter Arbeit geerbt, von seiner Mutter, die einer dänischen Arztfamilie entstammte, das Talent zu vielseitiger Kommunikation und freundlichem Umgang mit anderen Menschen, Humor und Musikalität. Bei seiner Taufe in der aus dem 12. Jahrhundert stammenden Kirche von Trönö erhielt er die Namen Jonathan Lars Olof.

Die Kanzel der alten Kirche in Trönö trägt als Aufschrift das an den Propheten Jeremia gerichtete Wort Gottes: »Wer mein Wort hat, der predige mein Wort recht« (Jer 23,28). Seit seiner Kindheit hat Söderblom dieses Wort vor Augen gehabt. Es mag ihn in seinem Beschluss bestärkt haben, nach seiner Schulzeit, wie sein Vater, Pfarrer der Kirche von Schweden zu werden. Am 19. September 1883 wurde er als Theologiestudent an der 1477 gegründeten Universität Uppsala eingeschrieben. Uns begegnet ein Theologiestudent, der schon früh etwas von der Gefahr einer verengten Theologie ahnt. Er beschrieb seine Studentenzeit als die »trockenste Periode der Weltgeschichte«, aber er ahnte, dass der »graue Ernst« nicht alles sein konnte.

Frühe ökumenische Erfahrungen, die ihn für immer prägen sollten, führten ihn aus jenem grauen Ernst hinaus. Er engagierte sich in der Studentenschaft, wurde deren Vorsitzender, war aktiv in der Studentenmissionsgesellschaft und im schwedischen CVJM sowie in verschiedenen Chören. Er entdeckte sein Organisations- und Rednertalent und machte seine ersten ökumenischen und internationalen Erfahrungen in den USA und den Niederlanden. Über die CVJM-Konferenz in Amsterdam (1891) schrieb er:

> Wir sind hier aus fast allen Ländern der Welt, jeder mit seiner eigenen Besonderheit. Aber die Unterschiede müssen uns nicht trennen, nein, vielmehr tragen sie dazu bei, das Ganze reicher und stärker zu machen.

Außerdem wurde sein Interesse für die Religionswissenschaft geweckt. Sie wurde für ihn mehr und mehr zum Hauptfach. Es sei sein stolzestes Ziel, schreibt Söderblom am Ende seines Theologiestudiums, künftig religionsgeschichtlich zu arbeiten und »andere Gottesoffenbarer zu studieren, die ... ihre eigenen Lösungen des Religionsproblems gegeben haben«. Damit war die Entscheidung für ein neues Gebiet und für eine Promotion im Fach Religionswissenschaft gefallen.

Zunächst aber wurde Söderblom 1893 ordiniert, und er heiratete 1894 die junge Dame, von der er zuvor als Herausgeber der Zeitschrift der Studentenmissionsgesellschaft einen Artikel übernommen und die er dann auf einem Studentenfest persönlich kennengelernt hatte. Sie hieß Anna Forsell und war eine der nur 20 Studentinnen von insgesamt 1700 Studierenden der Universität. Nathan und Anna verlobten sich 1892. Als sie heirateten, war er 28, sie 23 Jahre alt. Aus der Ehe gingen 12 Kinder hervor. Anna Söderblom starb 1955 mit 85 Jahren und überlebte ihren Mann um 24 Jahre.

Im Jahr ihrer Hochzeit zogen die Söderbloms nach Frankreich. Söderblom wurde Pfarrer der norwegisch-schwedischen Gemeinde in Paris, hatte aber auch die schwedischen Seeleute in Calais zu betreuen. Während dieser siebenjährigen Pfarrertätigkeit vertiefte sich Söderblom in seine religionswissenschaftlichen Studien und erarbeitete eine umfängliche Dissertation über die Jenseitsvorstellungen der altpersischen Religion. Mit dieser

Arbeit wurde er 1901 an der Protestantischen Fakultät der Sorbonne zum Dr. theol. promoviert.

Im gleichen Jahr wurde Söderblom – 35 Jahre alt – auf eine Professur nach Uppsala berufen, die man spöttisch »Professur für Heidentum« nannte – es ging darum, angehenden Theologiestudenten religionswissenschaftliche Kenntnisse zu vermitteln. Bis 1914 hat Söderblom diese Professur innegehabt; ab 1912 gleichzeitig auch die Professur für Religionsgeschichte an der Theologischen Fakultät der Universität Leipzig.

Söderbloms Tätigkeit als »doppelter« Professor für Religionswissenschaft endete mit seiner unerwarteten Berufung zum Erzbischof der Kirche von Schweden – eine Berufung, die zunächst nicht nur begeistert zustimmende, sondern auch bestürzte und ablehnende Reaktionen hervorrief. Von 1914 bis zu seinem Tod im Jahre 1931 hatte er dieses Amt inne. Als Erzbischof der Kirche von Schweden ist er zum ökumenischen Kirchenvater geworden.

Von Anfang an erwies er sich als ein Erzbischof, der sich wie selbstverständlich und ungebrochen mit seinem Amt identifizierte. Er war zum Glied in der auf die Anfänge der Kirche zurückreichenden apostolischen Sukzession geworden. Weit davon entfernt, sich dafür zu entschuldigen, Erzbischof zu sein, repräsentierte er als primus inter pares die Kirche von Schweden, ja des ganzen Nordens, ohne Scheu vor der Demonstration seiner Würde und vor dem Einsatz von Musik, im Ausschöpfen der Möglichkeiten der Liturgie, im Tragen und Verleihen der bischöflichen Insignien. Wenn man ihm, nicht ganz zu Unrecht, einen gewissen Hang zum Pomp nachsagte, so war doch auch dieser kein Selbstzweck, sondern gehörte einfach zum ihn tragenden Bischofsamt und zur Rolle des bischöflichen Gastgebers. Sein Amt machte ihn keineswegs unnahbar, sondern er nutzte es mit allen seinen Chancen, z.B. für die Befreiung von Kriegsgefangenen, vor allem aber für seine ökumenischen Initiativen.

Söderblom starb am 12. Juli 1931 in Uppsala. Ein Jahr zuvor war ihm der Friedensnobelpreis verliehen worden. Er hatte Alfred Nobel in Paris noch selbst kennengelernt und dann als Dreißigjähriger 1896 dessen Begräbnis mit organisiert. Söderblom war Mitglied der Schwedischen Akademie und 14-facher Ehrendoktor (u.a. der Universitäten Berlin, Bonn und Greifswald).

Schwedische Spötter, die zunächst von ihm gesagt hatten, »weltbekannt – in Uppsala«, wurden eines Besseren belehrt. Später wurde der Domplatz in Uppsala, der bis dahin »Wotanshain« hieß, in »Söderblom-Platz« umbenannt. Und im Jahr 2001 hat ihm Söderhamn, die Provinzhauptstadt von Hälsingland, ein eindrucksvolles Denkmal im Rathauspark errichtet.

Beigesetzt wurde Söderblom unter dem Hochaltar »seiner« Domkirche in Uppsala. Sein Grabstein trägt in dem von ihm geliebten alten Schwedisch als Inschrift den Vers Lk 17,10: »Wenn ihr alles getan habt, was euch befohlen ist, so sprecht: Wir sind unnütze Knechte; wir haben getan, was wir zu tun schuldig waren.«

## II. Der Klassiker der Religionswissenschaft

Söderblom konnte ökumenischer Kirchenvater werden, weil er Religionswissenschaftler war – und es auch nach seiner Übernahme des Bischofsamtes blieb. Deshalb sollen einige Grundeinsichten seines religionswissenschaftlichen Werkes nachgezeichnet werden, die ihn in seiner ökumenischen Praxis und Theologie bestimmt und ihn zu einem unverwechselbaren Wegbereiter der Ökumene gemacht haben.

### Lebendige Religion

Wer durch Schweden reist, kann den Eindruck gewinnen, daß anders als in Deutschland die germanischen Götter noch gegenwärtig sind. An sie erinnern die Runensteine, die Grabanlagen und die Volksfrömmigkeit, die auch bei Astrid Lindgren zum Vorschein kommt, wenn sie etwa in »Immer dieser Michel« einen Bibelunterricht auf dem Land schildert und die Magd auf die Frage nach unseren ersten Eltern antwortet: »Thor und Freya«.

Diese Lebendigkeit der alten Götter ist auch im religionswissenschaftlichen Werk Söderbloms spürbar, etwa in einer frühen Studie von 1909 über das Verhältnis der christlichen Trinität zu den »heiligen Dreiheiten« anderer Religionen,[1] insbesondere zu den buddhistischen »Drei Juwelen« (Triratna). Gemeint ist die sogenannte buddhistische Zufluchtsformel: »Ich nehme Zuflucht zum Buddha, zu seiner Lehre, zu seiner Gemeinde«. Im Zusammenhang seiner Beobachtung, dass die Zahl Drei in der religiösen Praxis erweitert werden kann, zitiert Söderblom eine alte schwedische Bäuerin. Sie wurde von ihrem Pfarrer gefragt: »›Wie viele Götter haben wir?‹ Nachdem sie einen Augenblick nachgedacht hatte, antwortete sie: ›Sieben‹. ›Was für sieben?‹ ›Der Gott Abrahams, Isaaks und Jakobs machen drei, dann Vater, Sohn und Heiliger Geist machen sechs.‹ ›Aber ... wer ist denn der siebente?‹ ›Das ist der alte gute Gott‹.« Söderblom kommentiert: »Sie hatte Bibel- und Katechismuskenntnisse; aber sie hatte auch eine eigne, lebendige Religion.«

»Lebendige Religion«, dies blieb Söderbloms Stichwort auch dann, wenn er sich in die Tiefen der Religionsgeschichte begab. Der Lebendigkeit der Religionen widmete Söderblom sein vorwiegendes und bleibendes religionswissenschaftliches Interesse. Auch in seinen religionsgeschichtlichen Publikationen blieb Söderblom nie nur Religionshistoriker, sondern fragte nach der Lebendigkeit und damit nach der Gegenwart der Religionen.

## Das Heilige als religiöse Urerfahrung

Dieses Interesse an der Lebendigkeit der Religionen hat den Religionswissenschaftler zu einer bahnbrechenden Einsicht geführt. In seiner »Einführung in die Religionsgeschichte« von 1912 entfaltet Söderblom drei »Grundbegriffe der Religion«, und zwar – in dieser Reihenfolge – Heiligkeit, Gott, Kultus. Söderblom stellt also das Heilige (und damit die Erörterung des Gegensatzes von »heilig« und »profan«) vor das Thema Gott. Hier ist bereits seine entscheidende und bis heute diskutierte These ausgesprochen: Die Erfahrung des Heiligen geht allen Begriffen von Gott voraus. Die Erfahrung des Heiligen ist die religiöse Urerfahrung.

[1] Vgl. Söderblom: Vater, Sohn und Geist.

Erst 5 Jahre später, 1917, veröffentlichte Rudolf Otto sein bekanntes Buch »Das Heilige«.

Söderbloms Schlüsselwort war neben dem »Heiligen« und von ihm nicht zu trennen: »die Wirklichkeit« der Religion. Das heißt, Söderblom begnügte sich nicht mit Theorien über die Religion und beschränkte sich nicht auf die bloß historischen Aspekte der Religionen. Wahr-Nehmung der Religionen zielte bei Söderblom auf ihre lebendigen und gegenwärtigen Kräfte, und damit auf das Zeugnis der Religionen vom lebendigen Gott. Beide Aspekte von Söderbloms Religionsverständnis – die Abwendung vom Historismus und die Zuwendung zum Zeugnischarakter der Religionen – lassen sich anhand seiner beiden letzten großen religionswissenschaftlichen Werke zeigen.

## Religion als gegenwärtige Wirklichkeit

1960 erschien Söderbloms Werk »Das Werden des Gottesglaubens« mit dem Untertitel: »Untersuchungen über die Anfänge der Religion«. Söderblom beteiligt sich in diesem Werk an der vor hundert Jahren heftig diskutierten Frage nach den Ursprüngen der Religion. Aber trotz dieser Vertiefung in die frühesten Anfänge der Religionsgeschichte relativiert Söderblom diesen Ansatz schon mit den ersten Sätzen des Vorworts:

> Vom Entstehen des Gottesglaubens weiß niemand bescheid. Der Ursprung der Religion ist wissenschaftlichem Erkennen unzugänglich, und ihre frühesten Erscheinungsformen liegen vor den ältesten menschlichen Zeugnissen. Wir waren nicht dabei.[2]

Statt also den aussichtslosen Versuch zu machen, bis zu den historischen Anfängen von Religion vorzudringen, geht es Söderblom um die Erschließung der Nähe der alten Religionen zur gegenwärtigen Kultur und Religion. Religion »zeigt« sich nur in der Gegenwart. Und wie die Anfänge der Religion im Dunkeln liegen, so auch ihr Ende. »Der formlose Anfang wie die endliche

---

[2] Söderblom: Werden des Gottesglaubens, VII.

Fülle der Erkenntnis liegen außerhalb unseres Gesichtskreises.«[3] Dazwischen aber, »heute«, lässt sich für Söderblom ein »Prozess« ausmachen, in dem die Kulturen der Welt ihre eigenen Wege gingen und sich doch beeinflusst haben.

An diesem Punkt kommt Söderblom – dies sei im Blick auf die Enthaltsamkeit heutiger Religionswissenschaftler ausdrücklich hervorgehoben – auf die »Mission« zu sprechen, die er als »Wettkampf« zwischen den Religionen beschreibt. Alle Erfahrungen und Gedanken von Gott, wie sie in der greifbaren Geschichte der Kulturen und Religionen Gestalt gewonnen haben, laufen hinaus auf eine »Weltkultur zu gegenseitiger Befruchtung, vor allem aber auch zu unerbittlichem Wettstreit«[4]. Diesen weltumspannenden wechselseitigen Prozess, in dem die Religionen um die Wahrheit ringen,

> hat die Mission in vollem Ernst ins Leben gerufen und treibt ihn seiner Vollendung entgegen ... Der Rückblick auf die früheren Ausgestaltungen der Erfahrungen der Gottheit zielt auf die Gegenwart, in der universales Zusammenwirken und Wettkampf schließlich in Gang gekommen sind.[5]

## Religionsgeschichte als Zeugnis vom lebendigen Gott

Was in den zuvor genannten drei Aspekten des religionswissenschaftlichen Werkes Söderbloms angelegt ist, hat Söderblom in seinem letzten religionswissenschaftlichen Werk zusammengefasst, welches auf Vorlesungen beruht, die er als Erzbischof im Jahr seines Todes in Edinburgh, Schottland, gehalten hat. Der Originaltitel des Buches lautet übersetzt: »Der lebendige Gott. Grundformen persönlicher Religion«. Die deutsche Übersetzung, herausgegeben von Friedrich Heiler, erschien 1942 unter dem Titel, »Der lebendige Gott im Zeugnis der Religionsgeschichte«. Der Zusatz »im Zeugnis der Religionsgeschichte« im deutschen Titel ist wohl unter Bezug auf die letzten Worte Söderbloms formuliert worden. Nachdem Söderblom auf dem Totenbett sei-

---

[3] Söderblom: Werden des Gottesblaubens, 381.
[4] Söderblom: Werden des Gottesglaubens, 380.
[5] Söderblom: Werden des Gottesglaubens, 381.

ner Frau und den Kindern gesagt hatte, der Titel solle »Der lebendige Gott« lauten, fuhr er fort: »Es gibt einen lebendigen Gott. Ich kann es beweisen durch die Religionsgeschichte.« Es war sein religionsgeschichtliches Vermächtnis, die Geschichte der Religionen als Zeugnis des lebendigen Gottes zu deuten. Diese Überzeugung hat auch den ökumenischen Kirchenvater Söderblom geleitet und sein unermüdliches Engagement für die Einigung der Kirchen geprägt.

## III. Der ökumenische Kirchenvater

Söderbloms Engagement für die Einigung der Christenheit ist vor allem mit seinem zähen Wirken für das Zustandekommen der Weltkonferenz für Praktisches Christentum (englisch: Life and Work) verbunden, die 1925 in Stockholm zusammentrat. Aber Söderbloms Bemühungen um die Einigung der Christen waren keineswegs auf »Stockholm 1925« beschränkt. Im Folgenden soll daher die Stockholmer Konferenz in einen weiteren Zusammenhang gestellt werden. Zunächst wird dabei an Söderbloms frühen Einsatz für den Frieden erinnert, dann wird die Konferenz selbst in ihrem zentralen Anliegen und ihrem Ergebnis kurz dargestellt, und schließlich werden einige ökumenische Grundeinsichten genannt, die das Handeln des ökumenischen Kirchenvaters geleitet haben.

### Einsatz für Frieden und Versöhnung: Der Ruhrkonflikt

Als Söderblom sein Bischofsamt antrat, hatte der Erste Weltkrieg begonnen. Der neue Erzbischof von Schweden trug gleichsam die Seelen zweier feindlicher Nationen in seiner Brust: Er war Pfarrer in Frankreich gewesen und hatte in Paris promoviert, und er war als Professor in Leipzig deutscher Bürger geworden. Er sprach beide Sprachen. Seine Weltläufigkeit, seine Position als Erzbischof eines neutralen Staates, sein früheres Engagement im CVJM – all dies nutzte er, um die Kirchen in den kriegführenden Staaten miteinander in Kontakt zu halten und an einen Tisch zu bringen. Seine Aufrufe an »alle, die Macht und Einfluss haben«, den Krieg zu beenden, an die »lieben Mitchristen in kriegführenden Ländern«, stießen zwar zunächst auf taube Ohren. Aber diese Aufrufe und Einladungen zu Friedenskonferenzen zeigen die Motive seines Einsatzes und seine Ziele. Zäh und ohne sich entmutigen zu lassen, setzte er den kriegstreibenden Kräften eine an der Sendung Jesu orientierte Diplomatie der Versöhnung entgegen.

Ein Beispiel hierfür ist Söderbloms Eintreten für die Besiegten aus Anlass des sog. Ruhrkonflikts Anfang der zwanziger Jahre. Frankreich hatte das Ruhrgebiet besetzt – als Strafaktion gegen Deutschland für die noch nicht völlig geleisteten Reparationen. Söderblom verurteilte zunächst mit deutlichen Worten »das Verbrechen gegen Belgien«, d.h. Belgiens Besetzung durch Deutschland. Er geißelte die Taktik der verbrannten Erde seitens der sich zurückziehenden deutschen Truppen: Sie zerstörten »systematisch jede Industrie, alle Maschinen, Kanäle und andere Verkehrsmittel sowie die Obstbäume, die doch ohne Unterschied ihre Frucht Freunden und Feinden geben«.

Aber nun, nach Ende des Krieges, handele Frankreich im Ruhrgebiet genauso:

> Hungersnot und Wohnungsmangel, der größer ist denn je, werden systematisch gesteigert. In einem übervölkerten Industriegebiet, wo enge Arbeitsstädte dicht aneinander gedrängt liegen, wird in der Winterzeit eine ganze Armee hineingestopft ...

Unter Hinweis auf seine eigenen Erfahrungen mit der »französischen Volksseele«, fragt Söderblom: »Dient dies der Sicherheit?« Und er antwortet:

> Weh den Besiegten, vae victis, lautet das alte Wort, das sich leider bisher bewahrheitet hat. Aber dem muss man hinzufügen: vae victoribus, wehe den Siegern, wegen des Übermutes und der Versuchungen, die der Sieg leicht mit sich bringt.

Söderblom wollte zeigen, wie die »Atmosphäre mit Fluch geladen ist, und wie leicht eine neue Entladung hervorgerufen werden kann, weit elementarer und verzweifelter und tiefgründiger als die vorige«. Eine solche – sehr realistische – Befürchtung hat Söderblom gerade nicht davon abgehalten, seine ganze Kraft trotz einer 1922 erlittenen Herzattacke in den Dienst der Arbeit für den Frieden zu setzen. Er hat dies immer als Christenpflicht angesehen. Seine Friedens- und Versöhnungsinitiativen mündeten in die Weltkonferenz für Praktisches Christentum, die 1925 in Stockholm (und Uppsala) stattfand.

## Die Weltkonferenz für Praktisches Christentum

In seiner Eröffnungsrede nannte Söderblom drei Motive für das Zustandekommen der Stockholmer Konferenz:

> Das Elend der Welt, unsere Gemeinschaft unter dem Kreuze Christi, und der vom Herrn an uns ergangene Ruf, durch ein Christentum der Tat die von ihm erflehte Einheit sichtbar zu verwirklichen, diese Tatsachen haben nach ungeheuren Schicksalen und vielen Hemmungen, nach unablässigen Gebeten, Beratungen und andern Vorarbeiten christliche Männer und Frauen aus fast allen Teilen des Erdkreises hierher zusammengeführt.[6]

»Stockholm« war eine Konferenz, und doch tagte sie im Bewusstsein der Kontinuität zur frühen Kirche – 1600 Jahre nach dem Ökumenischen Konzil von Nizäa, und in Anwesenheit von Delegierten auch aus Orthodoxen Kirchen. Anders als diese war die römischatholische Kirche in Stockholm nicht vertreten. (Erst der sechste Nachfolger von Erzbischof Söderblom, Erzbischof Bertil Werkström, konnte Papst Johannes Paul II. im Jahr 1989 in Uppsala willkommen heißen.) Söderblom hatte dem schwedischen König in sein Grußwort geschrieben:

> Vor 1600 Jahren tagten die Vertrauensmänner der Kirche jener Zeit in Nizäa, um ihrem Glauben an unsern Heiland, an das Dasein und die Offenbarung Gottes Ausdruck zu verleihen. Die jetzt hier nach mehr als anderthalb Jahrtausenden tagende Versammlung hat keine minder wichtige Aufgabe. Sie will angesichts der brennenden Fragen unserer Zeit, welche zu ihrer glücklichen Lösung die bewussten und gemeinsamen

[6] Vgl. Deißmann: Die Stockholmer Weltkirchenkonferenz, 112.

Bemühungen aller besten Kräfte bedürfen, versuchen, es klar herauszustellen, was das Christentum tun kann und soll.[7]

Alle Teilnehmenden an der Stockholmer Konferenz trugen das Konferenzabzeichen, welches sich auch auf dem Konferenzbericht findet, den Adolf Deißmann verfasste (der seinerseits in einem Beitrag des vorliegenden Bandes vorgestellt wird): Innerhalb des Umrisses eines Kreuzes mit gleichlangen Balken, dem sog. griechischen Kreuz, steht der Konferenzname »Life and Work Stockholm 1925« und über ihm ein Stern mit 7 großen und 7 kleinen Spitzen, von denen gleichlange Strahlen ausgehen. Die Mitte dieses Sterns bildet das griechische Monogramm Christi.

Die »Botschaft der Weltkonferenz für Praktisches Christentum an die Christenheit« ist die einzige offizielle Äußerung der Versammlung gewesen.[8] Sie lässt sich als Auslegung des Konferenzabzeichens und als Ausdruck der ökumenischen Zielsetzungen Söderbloms lesen. Sie betont die Pflicht der Kirchen, das Evangelium auf allen Gebieten des menschlichen Lebens zu der entscheidenden Macht zu machen – »im industriellen, sozialen, politischen und internationalen Leben«. Dabei geht der Blick über die Grenzen der Kirchen hinaus zu »Verbündeten« auch außerhalb der Kirche. Und dann folgen – ganz im Sinne Söderbloms und seiner Vorstellung von christlicher Einheit – jene Sätze, auf die im Verlauf der Ökumenischen Bewegung immer wieder zurückgegriffen wurde:

> Je näher wir dem gekreuzigten Christus kommen, umso näher kommen wir einander, wie verschieden auch die Farben sein mögen, in denen unser Glaube das Licht widerstrahlen lässt. Unter dem Kreuze Jesu Christi strecken wir einander die Hände entgegen, denn der gute Hirte starb dafür, dass er die zerstreuten Kinder Gottes zusammenführe. In dem gekreuzigten und auferstandenen Herrn allein liegt die Hoffnung der Menschheit.[9]

---

[7] Vgl. Deißmann: Die Stockholmer Weltkirchenkonferenz, 113.
[8] Vgl. Deißmann: Die Stockholmer Weltkirchenkonferenz, 684–692.
[9] Vgl. Deißmann: Die Stockholmer Weltkirchenkonferenz, 687f.

## Leitlinien von Söderbloms Ökumene-Verständnis

*Die frühe Vision eines »Ökumenischen Kirchenrates«*
Schon 6 Jahre vor »Stockholm« hatte Söderblom in einer 1919 erschienenen Schrift das Konzept eines »ökumenischen Rates« mit sehr konkreten Durchführungsbestimmungen entworfen. Der spätere »Ökumenische Rat der Kirchen« war seine Idee. Sie wurde zwar erst mit der Gründung des ÖRK 17 Jahre nach Söderbloms Tod realisiert; die Vorschläge zur Umsetzung zeigen jedoch Söderbloms Realismus in der Einschätzung der Möglichkeiten. Söderblom war Visionär und Pragmatiker zugleich.

Söderblom sprach sich für ein »dauerhaftes und für die vorliegenden Aufgaben brauchbares Organ« aus; durch dieses sollte die Einheit der Christenheit in Gestalt eines Christentums der Tat sichtbar verwirklicht werden. Wenn sich auch Rom noch schwer damit tue, sich auf eine solche Zusammenarbeit einzulassen, so möge doch die übrige Christenheit vorangehen. Dann folgen die programmatischen Sätze:

> Was ich befürworte, ist ein ecumenical council, ein ökumenischer Kirchenrat, die ganze Christenheit vertretend und so eingerichtet, dass er im Namen der Christenheit redet, wegweisend, warnend, stärkend, bittend in gemeinsamen religiösen, sittlichen, sozialen Angelegenheiten der Menschheit.

*Die »katholische« Einheit des dreigegliederten Christentums*
Für Söderbloms ökumenisches Engagement sowohl in »Glauben und Kirchenverfassung« wie in der Bewegung für »Praktisches Christentum« war es kennzeichnend, dass er die ganze Christenheit als eine katholische Kirche in drei Gestalten ansah:

> Die katholische Kirche hat drei Hauptabteilungen: die orthodox-katholische, die römisch-katholische und die evangelisch-katholische.[10]

Dieses Kirchenverständnis erlaubte es ihm als Lutheraner, selbstkritisch die nicht-evangelischen Teile der einen katholischen Kirche zu würdigen. Ein Verzicht auf die eigene Konfession ist damit allerdings keineswegs beabsichtigt. Im Gegenteil –

[10] Söderblom: Einigung der Christenheit, 209. Ganz ähnliche Formulierungen finden sich auch in anderen Werken Söderbloms.

gerade Söderbloms Äußerungen über die römisch-katholische Kirche seiner Zeit sind gelegentlich von ungewöhnlicher Schärfe:

Versteht man unter Sekte eine religiöse Gemeinschaft, deren Programm den Grundsatz enthält, sich von der übrigen Christenheit abzugrenzen, so gibt es keinen Teil der Kirche, auf den die Definition besser passte als Rom.[11]

Söderbloms Auffassung von der dreigestaltigen einen katholischen Kirche (mit den »wahren Gläubigen« in allen drei Teilkirchen) ist Ausdruck des Bewusstseins vorgegebener Einheit, das Söderbloms ökumenisches Wirken zeitlebens inspiriert hat. Die Einheit, von der Jesus spricht, »besteht bereits«. Das Trennende sollte nicht so betont werden wie das Einende. Die Unterschiede werden von Söderblom trotz mancher Kritik und Selbstkritik im Einzelnen als Gaben Gottes gewürdigt. Der Gedanke einer uniformierten Einheitskirche liegt ihm jedenfalls ganz fern: »Einheit, nicht Einförmigkeit«[12]!

*»Evangelische Katholizität«*

Söderbloms Leitidee von einem zu gründenden ökumenischen Kirchenrat und seine Vorstellung von einer dreigegliederten katholischen Kirche beruhen auf seinem schon früh entwickelten Konzept einer »evangelischen Katholizität«. Dieses Konzept ist die Basis für Söderbloms ökumenische Theologie und Praxis. Was heißt »Katholizität«? Söderblom antwortet: die Kirchen Christi und ihre Mitglieder überall auf Erden. Alle Christen sind katholisch, weil sie der einen Kirche Christi auf Erden angehören. Als Christen »bekennen wir uns alle zu der einen katholischen Kirche« und damit zu ihrem »übernationalen, universellen Charakter«.

Dass auch evangelische Christen und Kirchen von Söderblom ganz selbstverständlich katholisch genannt werden konnten, war nicht nur eine Erinnerung an das gemeinsame Glaubensbekenntnis (»Ich glaube an die eine, heilige, katholische Kirche«), sondern auch Ausdruck der schwedischen Prägung seines Luther-

[11] Söderblom: Einigung der Christenheit, 121.
[12] Söderblom: Einigung der Christenheit, 14.

tums. (Nur selten haben sich evangelische Christen in Deutschland so selbstbewusst als katholisch verstehen können oder mögen. Eine Ausnahme bildet der lutherische Bischof Wilhelm Stählin, der auch in diesem Band gewürdigt wird; er hat sich bei einer Audienz im Vatikan dem Papst vorgestellt mit den Worten: »Ich bin katholischer Christ Augsburger Konfession«.)

Für Söderblom ging es hierbei vor allem um die weiterführende Frage: Wie kann diese Katholizität der Kirche »verwirklicht« werden? Das römisch-katholische Modell einer »Aufsaugung« der nicht-römischen Kirchen kam für ihn nicht in Betracht. Daher bleibt »nur eine evangelische Katholizität übrig«. Sie respektiert die verschiedenen Bekenntnisse und kirchlichen Organisationsformen und Traditionen. Sie dient der Einheit

> in der Erwägung, dass jede der christlichen Gruppen ihr besonderes Gnadengeschenk an dem gemeinsamen Glaubenserbe, ihren Beitrag zur Andacht, zu den Idealen des Lebens und der Zukunft besitzt.

Wenn die Spaltungen nicht unrettbare Schwäche verursachen sollen, dann drängt sich eine »evangelische Katholizität« wie von selbst auf. »Einheit muss sich auch im Äußeren ausdrücken«, ohne auf Gemeinsamkeit in der Glaubenslehre und Kirchenordnung zu warten. So ist »evangelische Katholizität« die Basis für Söderbloms Vorschlag eines ökumenischen Kirchenrates gewesen.

Wenn man heute vom Modell der »Einheit in versöhnter Verschiedenheit« spricht, so hatte es Söderblom schon 1919 mit folgendem Bild umschrieben:

> Wir sollten uns in einem gemeinsamen weiträumigen und festlichen Kuppelsaal in der Mitte des Gebäudes versammeln können, und doch jeder sein eigenes Zimmer behalten, in das er hineingehen und das er nach eigenen Wünschen einrichten kann.

## IV. Impulse für heute

Wer das Leben und das Werk Söderbloms auf sich wirken lässt, kann drei Begabungen erkennen: Freiheit, Fingerspitzengefühl und – Frechheit. Söderblom ist – trotz unermüdlicher Pflichterfüllung und in all seinen Ämtern und Würden – ein freier, offener und weitherziger Mensch gewesen und geblieben. Er hat im Umgang mit verschiedensten Menschen und in komplizierten Situationen eine ungewöhnliche Sensibilität, ein großes Fingerspitzengefühl bewiesen. Und er konnte, wenn es der Ökumene diente, auch eine Portion Frechheit an den Tag legen. Dass orthodoxe Kirchen in Stockholm überhaupt vertreten waren, lag letztlich daran, dass Söderblom sie im Vorfeld einfach eingeladen hatte, ohne einen solchen Schritt erst intern abzuklären. Wo gibt es im heutigen ökumenischen Gestrüpp Gestalten, die diese drei »F« vorleben?

Aber da ist noch ein viertes »F«, welches Söderbloms theologisches Denken und gelebten Glauben kennzeichnet: Sein Einsatz für Frieden und Versöhnung. Das oben geschilderte Eintreten Söderbloms für den Frieden in Europa wirkt heute – diese Zeilen sind im Februar 2003 geschrieben – geradezu bedrückend aktuell, einschließlich der prophetischen Warnung »Wehe den Siegern«. Für Söderblom war der ökumenische Auftrag, die Einheit aller Christen zu stärken, untrennbar verbunden mit der »Pflicht der Kirche, den Leidenschaften des Krieges Widerstand zu leisten und die Sinnesart zu fördern, die Gerechtigkeit, guten Willen und Frieden im Verkehr der Staaten begünstigt«.

Söderblom ist von der Religionswissenschaft aus zur Ökumene geführt worden. Er hat die Christen und die Kirchen immer auch von außen gesehen. Gerade weil er die christliche Religion nicht isoliert von den anderen Religionen zu sehen gelernt hatte, konnte er die wesentliche und vorgegebene Zusammengehörigkeit der verschiedenen christlichen Kirchen erkennen. Wo dieser Blick von außen fehlt, da bleibt Ökumene nichts weiter als eine gegenseitige Aus-Einander-Setzung der Kirchen. Wird Ökumene nicht weithin so »betrieben«, als wären die Christen unter sich, allein auf dieser Welt? Eine solche Ökumene, die sich in innerchristlichen Kontroversen erschöpft, wird von Söderblom zur Ordnung gerufen. Wer die anderen Religionen im Blick hat und behält, kann die vorgegebene christliche Einheit viel klarer erfassen, ebenso den Auftrag des gemeinsamen christlichen Zeugnisses – und den Skandal der getrennten Kirchen.

Söderblom ist ein Impulsgeber für heute auch darin, dass er unbekümmert zu seiner Konfession und Kirche stand, und gleichwohl – gut lutherisch – alle Überheblichkeit anprangerte:

> Der alte Adam in uns in der Gestalt konfessionellen Eigensinns, der gegenüber anderen Kirchen unkundig, hochmütig und geringschätzend ist, muss erstickt und getötet werden, und Christi Liebe in uns muss jeden Tag wachsen.

Ist dies nicht bis heute ein immer noch aktuelles ökumenisches Programm, unsere Einstellung zu anderen Kirchen und Christen zu befreien von unserer Geringschätzung, unserem Hochmut und unserer Unkenntnis?

Söderblom hat rastlos eine Fülle von ökumenischen Initiativen entwickelt; manche hat er praktisch umsetzen können, andere warten noch auf ihre Verwirklichung. Vielleicht war Söderblom so kreativ, so aktiv, vielleicht wurde er gerade deshalb ein Wegbereiter der Ökumene, weil er wusste: Wir bleiben angewiesen auf jenen anderen Wegbereiter. Söderblom beschloss sein Buch »Einigung der Christenheit« (1935) mit einer Vision: Er sieht die Einigung der Christenheit durchaus als die Sisyphus-Aufgabe, ein wirres System von Flüssen, Sümpfen, Sandbänken in einen einzigen Strom zu verwandeln. Noch ist es nicht gelungen. Immer wieder gibt es Rückschläge, und doch verlieren die Arbeiter den Mut nicht. Und Söderblom fährt fort:

> Aber wenn nun ein Wunder geschähe? Wenn nun das Eis auf den Bergen so schnell und so überreichlich aufginge, daß die Springflut mit Macht daherkäme, alle Widerstände niederbräche und erreichte, was menschlicher Fleiß nicht vermochte: die gesammelte Wasserfülle, den mächtigen Strom, der, bald zur Ruhe gekommen, weiter unten die Sommersonne in einer einzigen majestätischen Flut widerspiegeln wird? Vernehmen wir bereits das Brausen? Oder sollten wir uns in unserm Verlangen und unserm Beten zum Heiligen Geiste täuschen?[13]

[13] Söderblom, Einigung der Christenheit, 219.

Wo das Brausen des Heiligen Geistes gehört wird,

wird in ihrem einzigen großen Strom ... die Flut von Gottes Liebe uns alle, die der Geist unseres Herrn bewegt, eins machen.[14]

## Literatur

Deißmann, A.: Die Stockholmer Weltkirchenkonferenz. Amtlicher Deutscher Bericht von A. Deißmann, Berlin 1926.

Otto, R.: Das Heilige. Breslau 1917.

Söderblom, N.: Das Werden des Gottesglaubens. Untersuchungen über die Anfänge der Religion, Leipzig 1916 ($^2$1926 [Nachdruck dieser Auflage Hildesheim 1979]).

–: Der lebendige Gott im Zeugnis der Religionsgeschichte. Nachgelassene Gifford-Vorlesungen, hg.v. F. Heiler, München u.a. 1942 ($^2$1966 um eine biographische Einleitung vermehrt).

–: Einführung in die Religionsgeschichte, Leipzig $^2$1928.

–: Einigung der Christenheit. Tatgemeinschaft der Kirchen aus dem Geist werktätiger Liebe, Halle 1925.

–: Vater, Sohn und Geist: unter den heiligen Dreiheiten und vor der religiösen Denkweise der Gegenwart, Tübingen 1909.

[14] Söderblom, Einigung der Christenheit, 220.

Christoph Markschies

# Adolf Deißmann

## Ein Pionier der Ökumene

7. November 1866–5. April 1937, evangelischer Theologe, 1897 Professor für NT in Heidelberg, seit 1908 in Berlin. Er vertrat die deutschen Kirchen nach dem 1. Weltkrieg auf den ökumenischen Weltkonferenzen; ab 1929 Mitglied im »Internationalen Komitee für Praktisches Christentum«, einer der Vorgängerorganisationen des ÖRK.

Gustav Adolf Deißmann,[1] geboren am 7. November 1866 in Langenscheid, Lahn, gestorben am 5. April 1937 in Wünsdorf bei Berlin, war in den Jahren 1897 bis 1908 Ordinarius für Neues Testament an der Heidelberger Theologischen Fakultät. So wenig bekannt er heute breiteren Kreisen als Neutestamentler und Ökumeniker ist, so prominent war er zu Lebzeiten in beiden Professionen: acht Ehrendoktoren aus dem In- und Ausland, Mitglied zweier wissenschaftlicher Gesellschaften, Rektor der Berliner Universität in den schwierigen Jahren 1930/1931 und vor allem Vizepräsident der ersten großen Weltkonferenz der »Bewegung für Glauben und Kirchenverfassung«, die mit über vier-

[1] Eine Gesamtdarstellung des ökumenischen Wirkens von Deißmann ist schon angesichts des dramatisch schlechten Erhaltungszustandes des Nachlasses ein dringliches Forschungsdesiderat, das hier selbstverständlich nicht behoben werden kann; eine wesentlich ausführlichere Fassung dieses Beitrags erscheint demnächst an anderer Stelle.

hundert Teilnehmern 1927 in Lausanne stattfand, seit 1929 Mitglied des »Ökumenischen Rates für Praktisches Christentum«[2]: ein Ökumeniker praktisch der ersten Stunde, führend engagiert in beiden Zweigen der Bewegung, bei Faith and Order ebenso wie bei Life and Work.

## I. Praxis oecumenica
## Die Arbeit in der ökumenischen Bewegung nach 1918

Deißmann wurde nicht aus heiterem Himmel zu einem Protagonisten der ökumenischen Bewegung. Seine internationalen Kontakte, sein Wirken als Neutestamentler und seine Erfahrungen als Zeitgenosse prädestinierten ihn dazu.

In einer großen Festrede, die Adolf Deißmann als designierter Rektor der Berliner Universität am 3. August 1929 zur Erinnerung an den königlichen Stifter der Friedrich-Wilhelms-Universität unter dem Titel »Die ökumenische Erweckung« hielt, verband er das Aufblühen der ökumenischen Bewegung erkennbar mit dem Erlebnis des Weltkriegs. Allerdings beurteilte er den Krieg nun im Unterschied zu seinen Wertungen von 1914 vollkommen negativ. Zwar gibt es immer noch das tiefe religiöse Erlebnis des Krieges und die darauf beruhende religiöse Erweckung, aber sie findet nun nicht mehr wie 1914 im Schützengraben bei den Frontsoldaten statt, sondern nach dem verheerenden Ende eines verheerenden Weltkriegs bei den ökumenebegeisterten Theologen verschiedener Konfessionen und Nationen:

Wie jeder Krieg abstumpfende und verrohende Wirkungen auf dem Gebiet der Religion und der Sittlichkeit im Gefolge hat, oft in geradezu erschreckendem Ausmaß, so hat sich doch auch immer irgend etwas wie

[2] Lietzmann: Deißmann. Die einzige bisher vorliegende Gesamtwürdigung des ökumenischen Wirkens von Deißmann (Frischmuth: Deißmann) hat einen stark hagiographischen Charakter und versteht die neutestamentliche Profession Deißmanns als »ökumenische Vorschule« (Lietzmann: Deißmann, 281). Vgl. dazu die ausführliche Fassung im Detail.

eine Erweckungsbewegung aus den schweren Erschütterungen der Gemüter durch den Krieg losgerungen.[3]

Deißmann entfaltete in seiner Rede einen kühnen kirchenhistorischen Vergleich: Wie nach dem Dreißigjährigen Krieg die Erweckung des Pietismus auf die Union zwischen den beiden evangelischen Konfessionen geführt habe und diese in Schleiermachers Handschlag 1817 mit dem lutherischen Kollegen Marheineke am Altar Gestalt gewonnen habe, so erlebe man nun – mit Worten Nathan Söderbloms – eine »ökumenische Erweckung«.[4] Auch wenn diese Parallelisierung der seelischen Wirkungen der großen Kriege auf den damals bereits verstorbenen Berliner Kirchenhistoriker Holl zurückgeht (wie Deißmann auch selbst sagt[5]),[6] ist der eigentliche Sinn des Vergleiches deutlich: So wie die pietistische Erweckung nach dem Dreißigjährigen Krieg und den napoleonischen Kriegen auf die preußische Union zwischen Lutheranern und Reformierten führte, so wird die »ökumenische Erweckung« (ein Begriff Söderbloms[7]) dereinst auf die Union zwischen Katholiken, Evangelischen und Orthodoxen führen,[8] auf die Una Sancta. Wie vor 1914 sind es die großen Persönlichkeiten, die sich durch die »normale, von ihren Pulten und Registraturen nicht aufgeschreckte kirchlich-staatliche Bürokratie ... und eine behaglich-retrospektive, in ihrem System sebstgenugsame Sesseltheologie« nicht behindern lassen.[9] Exakt dieses Interesse an der Una Sancta, an der Einheit der einen heiligen Kirche, nennt Deißmann schon 1918 bei seinen zweiten Olaus-Petri-Vorlesungen in Uppsala den Erkenntnisgewinn der vergangenen Kriegsjahre und wiederholt diesen Gedanken auch noch in einem großen englischen Aufsatz des Jahres 1921.[10]

---

[3] Deißmann: Erweckung, 5.

[4] Deißmann: Erweckung, 5–7.

[5] Deißmann: Erweckung, 5.

[6] Holl: Bedeutung.

[7] Deißmann: Erweckung, 8 Anm. 6.

[8] Unter das Stichwort »Union« rechnet Deißmann in seiner Rede nun – wenig präzise – sowohl die verschiedenen Kirchenbünde als auch die wirklichen Unionen konfessionsgleicher Kirchen in Kanada und Schottland (Deißmann: Erweckung, 20) und schließlich die verschiedenen ökumenischen Bewegungen.

[9] Deißmann: Erweckung, 6.

[10] Deißmann: Progreß, 89f.

> Wenn ich irgend etwas gelernt habe für meinen inwendigen Menschen in den Wettern dieser vier Jahre, so ist es dies, daß das Christentum steht und fällt mit der Einheit der Kirche. Der urchristliche Einheitsgedanke ist mir gerade durch den Krieg in seiner ganzen göttlichen Wucht und Größe deutlicher geworden als jemals zuvor. Eine Kirche, die ihn aufgeben würde, würde sich selbst aufgeben.[11]

Einheit bedeutet für Deißmann nicht unbedingt organisatorische Einigung, sondern – hier bleibt er sich als Theologe des religiösen Erlebnisses vollkommen treu – »die unsichtbar spürbare Einheit der bona fides in Kraft der gemeinsamen Bezogenheit aller auf die Erlösungsgegenwart Jesu Christi«. Es dient nun, so sagt Deißmann, der Einheit der Kirchen, wenn man in der wissenschaftlichen Theologie an den Universitäten den ursprünglichen »prädogmatischen, praktisch-kultischen« Frömmigkeitsgehalt des Christentums herausarbeitet. Gefährdet wird die Einheit dagegen durch »einseitige Betonung der ›Lehre‹ und Lehrunterschiede« (Sp. 349). Zum Abbau solcher Fehldeutungen können die neuen Wissenschaftszweige der Theologie, die religionsgeschichtliche und religionspsychologische Methode helfen. Der Gedanke der Einheit der Kirchen muss aus dem »Käfig«, in den er durch die Paragraphen der Dogmatiker geraten ist, »in die blutwarme Subjektivität des Frommen hineinversetzt« werden (Sp. 350):

> Der dogmatisch gehärtete Mensch wird stets zuerst entdecken, was der andere nicht hat oder was er falsch hat; der religionspsychologisch sensible Mensch wird überall sehen, was der andere schon hat. (Sp. 350)

Auch wenn sich einzelne Akzente der Wahrnehmung Deißmanns im ersten Weltkrieg verändert haben – die theologische Grundarchitektur bleibt gleich und begründet das ökumenische Engagement in der Weimarer Republik. Der antidogmatische, wissenschaftskritische Affekt verbindet die neutestamentliche mit der ökumenischen Arbeit.

In seiner festlichen Berliner Vorlesung von 1929 kann Deißmann schon auf über zehn Jahre ökumenisches Engagement nach 1918 und auf wichtige Höhepunkte der ökumenischen Bewegung zurückblicken. Der Redner belegt seine These von der

---

[11] Deißmann: Theologie, 339; vgl. auch Haudel: Bibel, 42.

»ökumenischen Erweckung« mit einer Chronologie der ökumenischen Bewegung nach 1918. Diese Chronologie beginnt mit dem »Weltbund für Internationale Freundschaftsarbeit der Kirchen«, der 1914 unmittelbar vor Kriegsausbruch gegründet worden war und dessen Tagung im Herbst 1919 im Schloß Oud Wassenaar, einem Luxushotel bei s'Gravenhage, etwa neunzig ökumenische Theologen der verfeindeten Mächte zum ersten Mal wieder zusammenführte.[12] Die gesonderte Erwähnung der Konferenz von Oud Wassenaar ist sachgemäß, weil es den Teilnehmern dieser Konferenz vor allem an den Abenden, wesentlich auf Vermittlung der sprachlich besser gebildeten Teilnehmer aus den Niederlanden, der Schweiz und Skandinavien, gelang, die zerbrochenen menschlichen Beziehungen wieder herzustellen, wie Deißmann auch an verschiedenen anderen Stellen betont hat:

> Diese kleine, an heißen Arbeitsstunden und dramatischen Szenen und erhebenden Manifestationen guten Willens reiche Konferenz ist die Keimzelle geworden für die große Weltkonferenz für Praktisches Christentum, die nach vielen weiteren Vorkonferenzen und einer ungeheueren Kleinarbeit sorgfältigster Vorbereitung im August 1925 in Stockholm stattgefunden hat.[13]

Da Deißmann in den Jahren 1920 und 1921 sehr krank war, nahm er an den folgenden Vorbereitungskonferenzen nicht teil, hielt in Berlin auch keine Vorlesungen. Aber ein kleines Zeichen dokumentiert, dass er trotz gesundheitlicher Probleme das Interesse an der ökumenischen Arbeit nicht verloren hatte. Die kostspielige Arbeit der Bewegung »Faith and Order« wurde zum Teil durch den Sekretär des so genannten »Fortsetzungsausschusses«, durch den erwähnten Rechtsanwalt Gardiner aus der eigenen Tasche finanziert. Gardiner warb daher immer wieder brieflich um Spenden und Deißmann schickte im Jahr 1921 auf einen solchen Brief dreißig Mark, obwohl die wirtschaftliche Situation in Deutschland nicht gerade rosig war:

---

[12] Dam: Wereldbond, 400; der Bericht F. Siegmund-Schultzes aus Eiche 7 (1919), 238–251 nun gekürzt bei Siegmund-Schultze, Friedenskirche.

[13] Deißmann: Erweckung, 24 (vgl. Deißmanns Bericht im »Evangelischen Wochenbrief«, NF. 137/ 141 vom 31. Oktober 1919) und Frischmuth: Deißmann, 286f.

Aber um meinen guten Willen zu zeigen, übersende ich Ihnen beifolgend 30 M nur als ein Symbol meines Interesses und hoffe daß andere, die es besser können, durch Ihren neuen Aufruf doch zu größeren Gaben veranlaßt werden.[14]

Ich erlaube mir, die weiteren so genannten Vorkonferenzen und vorbereitenden Treffen – die beispielsweise in dem Schweizer Ort Mürren in den Jahren 1923 und 1924 auf Einladung von Sir Henry Lunn in einem seiner Hotels stattfanden –, hier zu überspringen, weil ich ehrlich gestehen muss, im gegenwärtig nur sehr vorläufig geordneten Berliner Nachlass dazu nur wenig aussagekräftigen Dokumente gefunden zu haben. Hier muss man sich also einstweilen an die Veröffentlichungen halten: Deißmanns unter dem Titel »De Profundis« gesammelte Predigten und religiöse Ansprachen enthalten zwei Texte aus Helsingborg und London aus den Jahren 1921 und 1923.

Einen großen Höhepunkt des ökumenischen Engagements von Adolf Deißmann und zugleich vielleicht den Höhepunkt seines Lebens überhaupt stellte die durch die Arbeit der Vorkonferenzen ermöglichte erste Weltkirchenkonferenz der Bewegung für Praktisches Christentum 1925 in Stockholm dar: Deißmann hatte sie mit vorbereitet, hielt dort einen Hauptvortrag, redigierte das Schlussdokument, edierte die offiziellen Akten in deutscher Sprache und gab ein kleines Büchlein über das Treffen heraus.[15] Die erste Weltkirchenkonferenz wurde unter Vorsitz von Söderblom am 19. August 1925 eröffnet und von über sechshundert Teilnehmern aus 37 Ländern besucht, darunter auch einer orthodoxen Delegation mit dem Patriarchen von Alexandria an der Spitze, während die römisch-katholische Seite nicht vertreten war. Im Nachlass Deißmann liegt ein Text aus dem Osservatore Romano vom 13. September 1925, der die offizielle Vatikan-Linie formuliert und das Fehlen verständlich macht:

In Stockholm fehlte Christus. Der Konferenz des Christentums fehlte ihr Stifter. Man kann wieder nur die alte Formulierung wiederholen, daß die abtrünnigen Kirchen, um nur ein Minimum an Verständigung in prakti-

---

[14] Brief Deißmann an Gardiner vom 6. April 1921 (vorausgegangen war die Bitte um Geld für die Konferenz vom 4. Januar 1921; Nachlass Deißmann, StB Berlin, Mappe 17 [Ältere Vorarbeiten Lausanne]).

[15] Deißmann: Bewegung.

schen Dingen zu erzielen, zuerst Christus abschaffen mußten. Das ist die Rache der Geschichte. Man kann sich nicht von Rom trennen, ohne sich von Christus zu trennen.[16]

Stockholm war nicht nur die erste wirklich große Weltkirchenkonferenz, sondern auch die erste Zusammenkunft der Bewegung »Life and Work«, zu der der Deutsche Evangelische Kirchenbund offizielle Delegierte geschickt hatte – Deißmann nennt die dadurch erfolgte »kirchliche Eingliederung des Großblocks des deutschen Protestantismus in die ökumenische Bewegung der Gegenwart ... ein besonders denkwürdiges ... Einzelkapitel«, hebt aber auch die große Beteiligung der Ostkirchen hervor.[17] Zu den deutschen Delegierten gehörte mit dem Präsidenten des Leipziger Reichsgerichts, Dr. Walter Simons, der ranghöchste Jurist des Reiches (und gleichzeitige Präsident des Evangelisch-sozialen Kongresses); die theologische Wissenschaft war durch Friedrich Brunstäd (1883–1944), Deißmann, Carl Mirbt (1860–1929), Franz Rendtorff (1860–1937) und den Berliner Missionswissenschaftler Julius Richter (1862–1940) vertreten; Harnack hatte wegen Krankheit absagen müssen, Holl wegen politischer Bedenken abgesagt, auch Rudolf Otto und Martin Rade fehlten.[18] Deißmann verglich die Konferenz immer wieder – auf die zeitliche Koinzidenz der Jahre 325 und 1925 Bezug nehmend – mit dem ersten ökumenischen Konzil der Antike in Nicaea zu Beginn des 4. Jahrhunderts, sprach von einem »Nicäa der Ethik«, dem »ökumenischen Protest gegen die Moral der Dschungel und ein ökumenisches Bekenntnis zur Moral des Evangeliums«.[19] Dieser Vergleich sollte natürlich auch implizit die Kritiker beruhigen, die davor gewarnt hatten, sich zunächst über praktische bzw. ethische Fragen zu verständigen und dann erst die dogmatischen Probleme zu diskutieren. Deißmann nannte das antike Nicaea an einer Stelle eine »Faith and Order-Konferenz« und legi-

---

[16] NL Deißmann: Mappe 333 (Presse und Korrespondenz Lausanne), Osservatore Romano Nr. 212, 13. September 1925 (unpaginiert). – Deißmann bezog von einem Berliner Büro Zeitungsausschnitte zu kirchlichen und ökumenischen Themen, die sich in gehäufter Form im Nachlass finden und breit aus deutschen wie ausländischen Zeitungen ausgewählt worden waren.

[17] Deißmann: Bewegung, 2; vgl. auch ders.: Erweckung, 25.

[18] So jedenfalls Siegmund–Schultze: Konferenz.

[19] Deißmann: Erweckung, 26.

timierte so implizit die Stockholmer Life and Work-Tagung, der dann doch eine Verständigung über theologische Fragen vorausgegangen wäre und nicht mit der Lausanner Tagung von Faith and Order erst 1927 nachgefolgt wäre.[20]

Es überrascht angesichts der theologischen Schwerpunktsetzungen Deißmanns nicht, dass der Erfolg der Stockholmer Konferenz für ihn wesentlich in bestimmten religiösen Erlebnissen besteht, von denen er in seiner Broschüre wie gewohnt plastisch berichtet:

> Wer Augen hatte für die Tatsachen der geistigen Welt, sah in solcher Gemeinschaft ein Symbol der Verwirklichung dessen, was ein Meisterwort des Evangeliums nennt »den Bruder gewinnen«, nur daß es sich hier um ein noch Größeres handelte, als die Gemeinschaft von Bruder zu Bruder: die Einheit des Leibes Christi war zur Tatsache geworden ...[21]

So zeigt sich Deißmann tief beeindruckt davon, dass ein amerikanischer Bischof (Dr. Charles H. Brent, 1862–1929) [22] »Ein feste Burg« im feierlichen Eröffnungsgottesdienst in deutscher Sprache singt und vor dem Pharisäismus der Propagandalügen im Blick auf die Kriegsschuld alle Nationen warnt – schon aus Deißmanns Begeisterung über eine solche Warnung wird deutlich, wie sehr die Frage nach der deutschen Kriegsschuld auch fast sieben Jahre nach seinem Ende noch Verhalten und Empfinden der meisten Delegierten, allzumal der deutschen, prägt.[23] Über die Frage, ob und wie man die Frage der deutschen Schuld am Weltkrieg auf der Konferenz ansprechen sollte, war es auch zu einer heftigen Auseinandersetzung zwischen Deißmann, seinem Freund Friedrich Siegmund-Schultze und dem Berliner Missionswissenschaftler Richter einerseits und dem Rest der deutschen Delegation andererseits gekommen.[24] Schon im Vorfeld der Konferenz, im April 1925, hatte es erhebliche Ausei-

---

[20] Deißmann: Bewegung, 15f.

[21] Deißmann: Bewegung, 65.

[22] Gensichen: Brent.

[23] Deißmann: Bewegung, 63 (Schuldbekenntnis) und 65 (Ein feste Burg): Der Autor spricht von »einem unbeschreiblichen, von jubelnder Dankbarkeit überquellendem Heimatgefühl«, mit dem die deutschen Delegierten diesen Choral als »ökumenischen Höhepunkt unserer Völker-Hochmesse« sangen.

[24] Darüber auch J. Kaftan an Th. Kaftan (Brief vom 17. September 1925, zitiert nach Göbell: Bd. 2, 903); vgl. auch Besier: Krieg, 211–213.

nandersetzungen um einen Versuch der Berliner Theologischen Fakultät gegeben, alle deutschen Theologischen Fakultäten für eine gemeinsame Petition gegen die Rede von einer deutschen Alleinschuld an das ökumenische Treffen zu gewinnen.[25] Im Interesse eines Erfolges der Konferenz wurde innerhalb der deutschen Delegation unter großen Mühen verabredet, das nervöse Thema nicht direkt und öffentlich anzusprechen. Deißmann war es allerdings, wie er schreibt, gelungen, eine angesichts anderer Stimmen in der zeitgenössischen deutschen Theologie (man denke nur an Emanuel Hirsch![26]) bewegend deutliche Stellungnahme gegen die »völkische Selbstvergötzung« (»national bigotry«) in das Schlussdokument zu bringen[27] und auf diese Weise seinen Rat zur Mäßigung bei der Diskussion über spezifische deutsche Befindlichkeiten durch eine inhaltlich bestimmte Aussage zur Friedensethik zu ergänzen. Liest man im amtlichen Bericht die Resolutionen der Kommission III »Die Kirche und die Beziehungen der Völker zueinander«, ist man verblüfft und bewegt darüber, wie weit Deißmann sich seit 1914 entwickelt hat: Man verurteilt in der Resolution Krieg als Mittel zur Lösung politischer Konflikte und lässt nur noch das »jedem Volk angeborene Recht auf Selbstverteidigung gegen Angriffe oder Unterdrückung« zu:

> Der Krieg, als Mittel zur Lösung internationaler Streitigkeiten durch physische, mit Heimtücke und Lüge sich verbindende Gewalt, ist unvereinbar mit der Gesinnung und dem Verhalten Christi und darum auch mit der Gesinnung und dem Verhalten der Kirche Christi.[28]

In die bei vier Gegenstimmen verabschiedete »Botschaft der Weltkonferenz an die Christenheit« gingen diese klaren Sätze allerdings nur sehr verkürzt ein, wohl auch aufgrund kritischer

---

[25] Die einschlägigen Papiere finden sich im Nachlass in Kasten 32 (Korrespondenz mit anderen Fakultäten): Für die Annahme der Erklärung votierten Rostock, Jena, Königsberg, Leipzig, Kiel, Halle und Breslau; dagegen Göttingen, Marburg, Bonn, Tübingen, Heidelberg, Erlangen und Greifswald.

[26] Vgl. jetzt Ohst: Weltkrieg.

[27] Deißmann: Bewegung, 138.

[28] Amtlicher Deutscher Bericht: 77. Im Nachlass findet sich eine Kladde mit durchschriftlichen Seiten »Bericht der Kommission III (Die Kirche und die internationalen Beziehungen), Öbyhus, 12.–14. August 1925 (Nr. 33).

Voten der konservativen deutschen Teilnehmer, die Deißmann hier nicht folgen wollten.[29]

Eine direkte Folge der Stockholmer Konferenz waren die Deutsch-Britischen Theologenkonferenzen, die auf eine Anregung des damaligen Dean der Kathedrale von Canterbury, George H. Bell (1883–1958), zurückgingen.[30] Deißmann organisierte aber nicht nur diese Begegnungen, sondern er gehörte auch dem (weiteren) »Fortsetzungsausschuß« an, den die Stockholmer Konferenz der Bewegung Life and Work eingesetzt hatte und der seit seiner Tagung in Eisenach 1929 »Ökumenischer Rat für Praktisches Christentum« genannt wurde.[31] Außerdem arbeitete er auch engagiert im anderen Zweig der ökumenischen Bewegung mit. Die Stockholm vergleichbare große Weltkonferenz dieses anderen Teils der ökumenischen Bewegung, die Zusammenkunft von »Faith and Order«, fand vom 3. bis 21. August 1927 in Lausanne statt.[32] Zu ihr war erstmals im Oktober 1910 eingeladen worden, so dass es sich um eine der jedenfalls am längsten, wenn nicht am besten vorbereiteten Konferenzen in der Kirchengeschichte handelte – freilich war das Ziel auch deutlich ambitionierter als das der Tagung in Stockholm. Es ging nicht nur um Verständigung in verschiedenen praktischen Fragen, sondern um »die organisatorische Einigung der christlichen Kirchen«, jedenfalls als Endziel.[33] An dem Treffen in Lausanne

---

[29] »Wir bitten die Kirchen, mit uns ein Gefühl zu haben für die Schrecken des Krieges, wie auch für seine Unzulänglichkeit für die wirkliche Lösung internationaler Streitfragen ...« (Amtlicher Deutscher Bericht, 686). Zur Interpretation des Schlussdokumentes auch Besier: Krieg, 217f.

[30] Bell trug sie am 29. August 1925 vor und schlug auch schon den Ort »im Schatten der Kathedrale von Canterbury« vor: Amtlicher Deutscher Bericht, 657.

[31] Tagungen 1926 in Bern, 1927 in Winchester, 1928 in Prag und 1929 in Eisenach.

[32] Die Weltkonferenz für Glauben und Kirchenverfassung. Deutscher Amtlicher Bericht über die Weltkirchenkonferenz von Lausanne, 3.–21. August 1927, im Auftrage des Fortsetzungsausschusses hg.v. H. Sasse, Berlin 1929. Vgl. auch ders.: Bewegung, 137–147; Ökumenische Tage, 2. Maloja (27.–29. August 1929, Lausanner Fortsetzung), Das Evangelische Deutschland 6 (1929), 319f; Ansprache vor dem Fortsetzungsausschuß der Weltkonferenz für Glauben und Kirchenverfassung am 29. August 1929 in Maloja (Mt 28,20), IKZ 37 (1929), 152–156.

[33] So die Formulierung des Fortsetzungsausschusses bei seiner Tagung in Mürren am 28. August 1930 als erster Punkt unter der Überschrift »Der Weg zum Endziel der Lausanner Bewegung«: »1.) Das Endziel der Lausanner Bewegung ist die organisatorische Einigung der christlichen Kirchen« (Nachlass Kasten 23 [Continua-

1927 nahmen über vierhundert stimmberechtigte Delegierte teil. Deißmann, der einer von vier Vizepräsidenten der Konferenz war, reiste freilich vor Ende des Kongresses in die Türkei ab, um dort Handschriften und die neuen Ausgrabungen in Ephesus anzusehen; es ist behauptet worden, dass dies Folgen für die Güte und Zielstrebigkeit der Debatten in Lausanne hatte. Jedenfalls leitete Deißmann auch in Lausanne wieder eine Sektion (Sektion II) und hielt für sie das eröffnende Hauptreferat unter dem Titel »Die Botschaft der Kirche an die Welt: Das Evangelium«.[34] Zunächst bezog der Referent sich auf die Stockholmer Kontroverse, wenn er mit Bezug auf seinen verstorbenen Heidelberger Nachfolger Johannes Weiß etwas pathetisch formulierte:

> Seit etwa dreissig Jahren ist in der internationalen christlichen Theologie die Einsicht vom eschatologischen Charakter des Evangelium (sic!) Jesu mehr und mehr zum Durchbruch gekommen. Ich sehe darin einen der größten Fortschritte der theologischen Forschung aller Zeiten.[35]

Das Evangelium könne und müsse als gemeinsame Grundlage der Kirchen dienen, weil es keinen Unterschied zwischen einem Evangelium Jesu und dem Evangelium von Jesus Christus gibt: Was Harnack bekanntlich als »doppeltes Evangelium« voneinander trennte, kann Deißmann »nicht scheiden, es handelt sich um zwei untrennbar miteinander verwachsene Ausdrucksformen des einen Evangeliums.«[36]

> Das Evangelium hat also einen Doppelcharakter: es ist getragen von dem schweren zur Busse zwingenden sittlichen Ernst der Gerichtserwartung, und es ist trotz alledem letztlich Frohbotschaft der Erlösung.[37]

Deißmanns Referat prägte dann auch den Abschlussbericht der Sektion, der denselben Titel trug wie das Referat selbst und die sehr unterschiedlichen folgenden anglikanischen und orthodoxen

---

tion Committee on the World Conference on Faith and Order]); die Thesen sind auch abgedruckt in Deißmann: Una Sancta, 66 (freilich in der Fassung: »organische Einigung«).

[34] Im Nachlass (Mappe 1151 [Gedruckte Broschüren für Lausanne 1917]) findet sich ein Manuskriptdruck der Rede vom Juli 1927, natürlich ist die Rede auch im Amtlichen Bericht abgedruckt (133–136). Ich zitiere nach dem Manuskriptdruck.

[35] Deißmann: Botschaft, 13.

[36] Deißmann: Botschaft, 17.

[37] Deißmann: Botschaft, 11.

Referate mit integrieren musste.[38] Aber wenn man darin lesen kann, dass das Evangelium mehr ist als »eine philosophische Theorie, mehr als ein theologisches System, mehr als ein Programm irdischer Wohlfahrt«, sondern vielmehr »Gabe der neuen Welt Gottes an diese alte Welt der Sünde und des Todes«[39], dann hört man aus dieser Formel immer noch Deißmanns antidogmatische und wissenschaftskritische Grundhaltung aus Studientagen heraus. Der lapidare Satz »Das Evangelium ist eine Kraftquelle der sozialen Erneuerung« im vorletzten Abschnitt des Berichtes zeigt ebenso wie die Aufforderung zu Freundschaft und Frieden[40], dass sich die Teilnehmer der Weltkonferenz von Faith and Order bemühten, Impulse der Beratungen der Stockholmer Weltkirchenkonferenz von Life and Work und der Tagung des Fortsetzungsausschusses vom 28. April 1926 in Bern in ihre Texte einzubeziehen und auf diese Weise die beiden noch getrennten Bewegungen besser zu verzahnen.

Trotzdem empfand Adolf Deißmann in seinem Bericht vom Oktober 1927 die Lausanner Konferenz im Vergleich zu dem Stockholmer Treffen als zu bedächtig und zu wenig entschlossen,[41] obwohl er wieder altkirchliche Konzilien zum Vergleich bemühte und während seines eigenen Aufenthaltes in Ephesus 1927 der dortigen ökumenischen Synode von 431 n.Chr. bescheinigte, »tief unter Lausanne« zu stehen.[42] Besonders kritisierte Deißmann, dass man in Lausanne im Unterschied zu Stockholm keine gemeinsame Entschließung verabschiedet hatte, sondern aus Furcht vor Mehrheitsvoten und Debatten nur gemeinsame Berichte approbierte.[43] Die strittigen Fragen waren in Lausanne einem Fortsetzungsausschuss mit über hundert Mit-

---

[38] Haudel: Bibel, 115 – Nach Frieling: Bewegung, 98 kann Deißmann als Hauptverantwortlicher der Erklärung zum Verständnis des Evangeliums gelten.

[39] Haudel: Bibel, 59.

[40] Haudel: Bibel, 60. Vgl. auch Söderblom: Einheit (deutsche Ausgabe) 1928, 107.

[41] Frischmuth: Deißmann, 289. Deißmann verfasste im Oktober 1927 einen Bericht, der unter dem Titel »Fernblick auf Lausanne« in der Zeitschrift »Das evangelische Deutschland« (Nr. 47 vom 20. November 1927) veröffentlicht wurde (= ders.: Una Sancta, 60–65).

[42] Haudel: Bibel, 60f.

[43] Haudel: Bibel, 61. So auch noch einmal in Deißmann: Una Sancta, 48–54, wo er die seither vorliegenden zustimmenden Voten anderer Kirchen zusammenstellt.

gliedern überwiesen worden, der 1929 durch eine Theologenkommission ergänzt wurde. In seiner abgewogenen Art beurteilte Deißmann allerdings schon zwei Jahre später, in seiner Berliner Rede von 1929, das Lausanner Treffen wesentlich freundlicher und mahnte zu Geduld: »Lausanne hat, das sieht jeder Kenner der Lage ohne weiteres, eine ungleich schwierigere Aufgabe als Stockholm und darum ein ungleich ferneres Endziel«.[44] Allerdings hinderte ihn diese freundliche Beurteilung nicht daran, das theologisch anspruchsvolle Programm der Bewegung »Faith and Order«, die Kirche organisch bzw. organisatorisch zu einigen, in seiner großen Festrede über »Ökumenische Erweckung« von 1929 aus seiner eigenen, erfahrungsorientierten wie theoriekritischen Perspektive heraus zu kommentieren. Deißmann maß das Programm von Faith and Order an seiner an religiösen Erlebnissen und der Lösung praktischer Fragen orientierten Perspektive, also an einem Maßstab, der der Bewegung »Life and Work« deutlich näher stand als »Faith and Order«. Er empfahl der Lausanner Bewegung, die ökumenische Einheit weniger über theologische Lehrgespräche herzustellen als vielmehr durch gemeinsame religiöse Erfahrungen:

> Wenn irgendeine Bewegung, so bedarf die Faith-and-Order-Bewegung einer treuen und gemeinsamen Kleinarbeit von Vertretern der verschiedenen Typen der Christenheit. Überall, wo es ohne Vergewaltigung der Gewissen möglich ist, sollte man dabei versuchen, praktische Abendmahlsgemeinschaft herzustellen, auch ehe gemeinsame Formeln über das Wesen der Sakramente für alle gefunden sind. Und als nächstes Ziel für die Verfassung ist vielleicht eher Konföderation zu einem Corpus Christianum ins Auge zu fassen als Union.[45]

Mit seiner Forderung, Abendmahlsgemeinschaft praktisch schon zu realisieren, bevor es zu einer theologischen Verständigung über das Sakrament gekommen ist (wie dies in Stockholm übri-

---

[44] Deißmann: Erweckung, 28.

[45] Deißmann: Erweckung, 30. Ganz ähnlich in einem Brief an Siegmund-Schultze vom 8. Juli 1931 (Kasten 24 [Korrespondenz und Presse Lausanne 1931]): »Ich wiederhole, daß ich damit nicht die Konföderation als das Endziel hinstellen will, sondern nur als ersten Schritt auf die spätere Verwirklichung des Endziels hin« (Deißmann hatte vorgeschlagen, in das Programm der Folgekonferenz Lausanne 1931 nicht nur das Thema »Kirche«, sondern auch das Thema »Konföderation« aufzunehmen).

gens der Fall war), vertrat Deißmann nicht nur das zugespitzte Programm der Bewegung »Life and Work«, sondern setzte seine antidogmatischen und wissenschaftskritischen Vorbehalte aus den allerersten Marburger Dozentenjahren bruchlos fort, von denen er sich nie gelöst hat. Für gründliche systematische Arbeit war ohnehin wenig Zeit.

Über Deißmanns Wirken in den Jahren nach seiner Emeritierung und besonders in den schweren Jahren nach 1933 kann hier nur sehr abgekürzt geredet werden. Auch nach seiner Emeritierung und der endgültigen Übersiedlung in sein kleines, aber wunderschön gelegenes Wochenendhäuschen »Anatolia« am Wünsdorfer See engagierte sich der Neutestamentler weiter für ökumenische Belange. Kurz vor seinem Tode im April 1937 nahm Deißmann Ende August 1936 noch an einer Tagung des Ökumenischen Rates für Praktisches Christentum in Chambesy oberhalb von Montreux am Genfer See teil. Die beiden Universitätswissenschaftler der Delegation, Deißmann und sein Schüler Martin Dibelius (1883–1947), verstärkten die Gruppe von Theologen, die sich zur Bekennenden Kirche hielten, so dass diese die größte Fraktion der deutschen Delegation darstellte.[46] Zu den Oxforder und Edinburgher Weltkonferenzen im Sommer des Jahres 1937 bekamen potentielle deutsche Teilnehmer schon keine Fahrerlaubnis mehr; damit wurde nun überall sichtbar, »daß Deutschland aus der ökumenischen Zusammenarbeit mit den christlichen Kirchen der übrigen Welt ausscheiden mußte«.[47] Dabei ging die Wahl des Ortes Edinburgh auf Deißmann zurück, der auf diese Weise eine möglichst enge Verzahnung von deutschen und englischen Ökumenikern sicherstellen wollte.[48]

Schon vorher hatten die Auseinandersetzungen des so genannten Kirchenkampfes die ökumenische Diskussion ebenso wie die ökumenischen Beziehungen massiv überlagert. Deißmann wird man eine gewisse Nähe zur Bekennenden Kirche und eine kritische Zurückhaltung gegenüber dem neuen Regime nicht absprechen können: Im Januar 1934 hatte er sich für seinen in Bonn wegen seiner politischen Haltung gerade dienstentlassenen Schü-

---

[46] Stupperich: Dibelius, 317; Geiser: Verantwortung.

[47] Frischmuth: Deißmann, 280.

[48] Haudel: Bibel, 118.

ler und Freund Karl Ludwig Schmidt (1891–1956) eingesetzt (dazu mindestens für zwei weitere Personen)[49]; im September 1933 unterzeichnete er ebenso wie seine Berliner Kollegen Lietzmann und Lütgert die von den Marburger Kollegen vorbereitete Stellungnahme »Neues Testament und Rassenfrage«[50]. Aber ein emphatischer Parteigänger der Bekennenden Kirche war er sicher nicht, wie auch sein Schüler Günther Harder in seiner Westberliner Gedenkrede auf Deißmann schon 1967 sine ira et studio festgestellt hat.[51] Im Jahr 1936 sprach er bei der Trauerfeier für den verstorbenen Systematiker Reinhold Seeberg vom »schöpferischen Dennochglauben unseres Führers«[52] und prägte über die Theologie Barths und seiner Schüler das Diktum »Gott ist alles; ich bin nichts; du bist ein Idiot«.[53] Auch seine grundsätzliche Parteinahme für die Weimarer Republik war von zeittypischen Ambivalenzen geprägt. Auf der einen Seite hatte Deißmann 1918 die Salbung der Kirche mit »mehr als einem Tropfen demokratischen Öles« gefordert.[54] Auf der anderen Seite hatte er 1929 als eine der Wurzeln seines äußerst intensiven Engagements für ein synodales Bischofsamt in der evangelischen Kirche die Notwendigkeit angeführt, »die kirchliche Demokratie aristokratisch zu veredeln durch Anerkennung eines kirchlichen Führerwillens«.[55] Vermutlich beschreibt man seine Haltung am besten, wenn man auf sein Interesse an Vermittlung und Versöhnung abhebt, das diese widersprüchlichen Haltungen erklärt. So bemühte sich Deißmann nach 1933 auch – offenkun-

---

[49] Mühling: Wissenschaft, 15 mit Zitaten aus dem einschlägigen Brief vom 11. Januar 1934. Zitate aus vergleichbaren Briefen an Otto Piper (1891–1982) und einen Genthiner Studienrat bei G. Wirth, Adolf Deißmann und der Arierparagraph, Deutsches Pfarrerblatt 91 (1991), (508–510) 510.

[50] Schmidt: Bekenntnisse, 189–191; weitere Literatur bei Wirth: Deißmann, 508–510 und Dinkler: Rassenfrage.

[51] Harder: Deißmann, 7.

[52] Deißmann: Seeberg, 37.

[53] Zitiert bei Seeberg: Krisis, 10 – zum Kontext jetzt Kaufmann: Anpassung, 239.

[54] Evangelischer Wochenbrief. NF. Nr. 93/ 94 (1918), 5.

[55] Deißmann: Erweckung, 16: Das synodale Bischofsamt erlaubt es, »die volkstümlichen Kräfte der aus den Gemeinden filtrierten Synoden vor der Gefahr der Trivialisierung durch Mehrheiten zu schützen, in denen die Masse der Korrekten, die immer die Mittelmäßigen sind und die sich durch eigene Ideen nicht kompromittiert fühlen, räsonierend zusammensitzt.«

dig, wie er glaubte, im Interesse der ökumenischen Sache – im Streit der Kirchenparteien so zu vermitteln wie einst zwischen Liberalen und Positiven. Johannes Rathje (1859–1956), der Biograph der »Christlichen Welt« und ihres Herausgebers Rade, fragt nach dem Ende der Auseinandersetzungen im Jahre 1952 allerdings kritisch, »ob ... seine bedauerliche private Stellung im Kampf um die Erhaltung unseres christlichen Glaubens in Deutschland ihm nicht auf die Dauer auch die ökumenische Autorität gekostet haben würde«.[56] Dafür, dass Deißmann seine theologischen Grundprinzipien auch nach 1933 kaum veränderte, spricht seine letzte Publikation: »Una Sancta. Zum Geleit in das ökumenische Jahr 1937«. Sie bestand zu weiten Teilen aus bereits veröffentlichten Texten, wie Passagen der großen Rede über »Ökumenische Erweckung«, die weitgehend unverändert nachgedruckt und durch Quellentexte zur Lausanner Konferenz ergänzt wurden.

## II. Conclusio oecumenica
## Eine Kontroverse und was aus ihr folgen könnte

Ich schließe mit der Erinnerung an eine Szene, die vielleicht aus der Biographie Dietrich Bonhoeffers bekannt ist: Für den 29. und 30. April 1932 lud die »Mittelstelle für ökumenische Jugendarbeit« in Berlin zu einer theologischen Konferenz. Wir können diese Zusammenkunft einigermaßen aus einem Bericht rekonstruieren, den der Organisator des Treffens, der Jugendsekretär des Weltbundes für internationale Freundschaftsarbeit der Kirchen, Dietrich Bonhoeffer, in Siegmund-Schultzes Zeitschrift »Die Eiche« gab. Wie von dem jungen Privatdozenten und Pfarrer vermutlich genau geplant, kam es auf der Tagung aufgrund eines Referates über »Die Kirche und die Kirchen«[57] zu erregten Debatten über die Frage, wie sich die eine heilige Kirche des

[56] Rathje: Welt, 484.

[57] Von D. Zoellner (Die Thesen abgedruckt in: Die Eiche 20 [1932] 328f). Die Materialien zu der Tagung finden sich im Nachlass Deißmann in Kasten 27 (Faith and Order Lausanne). Zum Hintergrund Bethge: Bonhoeffer, 288–291.

Glaubensbekenntnisses zu den vielen Einzelkirchen verhalte – und dahinter verbarg sich eine äußerst heftige Grundsatzdebatte über den Weg der Ökumene überhaupt zwischen Theologen der eher liberalen Tradition, eher positiven Theologen und der neuen »Wort-Gottes-Theologie«. In diese Auseinandersetzungen griff nach dem Bericht Bonhoeffers auch Adolf Deißmann mit einem Diskussionsvotum ein: Deißmann unterschied in seinem Votum das religiöse Selbstbewußtsein der ersten Christenheit, die sich als σῶμα Χριστοῦ begriff, von einem späteren Bewusstsein der Kirche als einer vor allem rechtlichen Organisation, mit seinen eigenen Worten die ursprüngliche »Korpuskirche« oder das »Korpusbewußtsein« von der späteren »Korporationskirche« oder dem »Korporationsbewußtsein«.[58] In den Reformationskirchen sei das Korpusbewußtsein durchaus nicht aufgegeben, aber durch die »territoriale Atomisierung öfter hinter das Korporationsbewußtsein zurückgedrängt«.[59] Aus dieser historischen Analyse entwickelte Deißmann seine ökumenische Zielvision: Es gelte, dieses neutestamentliche Bewusstsein dafür, ein Glied am Leib, am Korpus Christi, zu sein, wieder zu fördern, dann könnten die »Korporationskirchen ... als Mitgliederkirchen bestehen bleiben, wenn sie die Seele der Korpuskirche besitzen«. Wünschenswert sei, sagt er in seiner letzten Schrift »Una Sancta« von 1937, nicht ein organisatorisches Einerlei, sondern die Einheit, die durch »die Gewißheit der Realpräsenz des lebendigen Christus in Wort und Kult« in den Kirchen bereits immer vorhanden sei.[60] Die wichtigste Aufgabe der evangelischen Kirchen sei daher, »innerhalb unserer Korporationskirchen zur Korpuskirche zurückzufinden«.

Mir scheint, dass durch diese Bemerkungen von 1932 ein helles Licht sowohl auf die große Bedeutung der ökumenischen Lebensarbeit und Vision Deißmanns fällt, als auch ihre spezifischen Probleme erkennbar werden. Deißmann war an religiöser Erfahrung interessiert, er war ein Virtuose sowohl der internationalen wissenschaftlichen wie der ökumenischen Kommunikation und verstand Ökumene als ein Programm gezielter Erfahrungs-

[58] Bonhoeffer: Konferenz.
[59] Bonhoeffer: Konferenz, 125.
[60] Deißmann: Una Sancta, 14f.

bildung oder Erfahrungsselektion. Weil ihm die je eigenen Erfahrungen der Partner im ökumenischen Dialog wichtig waren, vertrat er keine nebulosen Einheitsspekulationen, sondern war an konkreten Schritten zu mehr Gemeinsamkeit und an der Pflege ökumenischer Vielfalt interessiert. An solche Prinzipien kann das ökumenische Gespräch auch heute noch getrost anknüpfen.

Deißmanns Programm einer gezielten Konzentration auf die religiöse Erfahrung hatte aber auch seine Schattenseiten. Abgesehen von dem permanenten Selbstwiderspruch, in den sich ein Wissenschaftler verwickelt, der in vielen Veröffentlichungen mindestens wissenschaftskritisch, wenn nicht gar dogmatikfeindlich auftritt, blendete Deißmann viele schon damals nervöse systematische Probleme des ökumenischen Gesprächs einfach aus. Die Schwierigkeit, sich auf der Konferenz in Lausanne abschließend auf ein einheitliches Verständnis des Evangeliums zwischen verschiedenen protestantischen und orthodoxen Kirchen zu verständigen – Katholiken nahmen ja gar nicht teil! –, schob er auf die unglückliche Entscheidung der Konferenzleitung, über Konsenspapiere nicht abstimmen zu lassen. Die Frage, was an der ökumenischen Arbeit nun genau opus Dei und was opus hominum ist, hat er geradezu planmäßig ausgeblendet – oder soll man sagen: durch seinem sehr weiten Begriff der »Mystik« und des religiösen Erlebnisses abgeblendet. Genau in diese Richtung zielt übrigens auch die Stellungnahme, die Bonhoeffer bei der Berliner Konferenz 1932 abgab:

> Das eigentlich beunruhigende Problem der ökumenischen Arbeit – jedenfalls so wie es von der jungen Generation empfunden werde – sei nicht das Verhältnis von Organismus und Organisation, sondern das von Wahrheit und Unwahrheit in der Verkündigung der verschiedenen Kirchen.[61]

Bonhoeffer macht auf das Problem konkurrierender Wahrheitsansprüche im ökumenischen Dialog aufmerksam, das die Generation seiner Lehrer, das ein Deißmann und Söderblom und viele andere weitgehend ausgeblendet hatten. Bonhoeffer formuliert das sehr zugespitzt, wenn er den in Ehren ergrauten Protagonisten als blutjunger Privatdozent vorwirft, dass der ökumenischen

[61] Bonhoeffer: Konferenz, 126.

Bewegung der Begriff »Häresie« verloren gegangen sei. Er kritisiert, dass alle notwendige theologische Kritik in der Behauptung untergehe, »die meisten Widersprüche« seien »nur solche der verschiedenen Sprachen ..., wie etwa die Rechtfertigungslehre des Paulus und des Jakobus dasselbe nur in verschiedenen Sprachen sage«.[62] Diese Kontroverse um die verschiedenen Rechtfertigungslehren klingt nun beängstigend aktuell und zeigt, dass Bonhoeffers Einwand – der sich implizit auch gegen Deißmanns antidogmatisches Programm richtet – auch nach so vielen Jahrzehnten kaum etwas von seiner Berechtigung verloren hat. Wie man auch immer über gegenwärtige Debatten denkt: Angesichts der im ökumenischen Dialog konkurrierenden Wahrheitsansprüche half Deißmanns lebenslanges Programm, das in Dogmatik erstarrte westliche Christentum wieder an das ursprüngliche schlichte religiöse Leben des Ostens zu erinnern, wohl einer ganzen Zahl von Menschen zu höchst anregenden Begegnungen, aber brachte die Sachdebatte kaum weiter. Seine Idee, man könne mitten im Europa des zwanzigsten Jahrhunderts in einer Art von »Repatriierung« das Neue Testament aus dem abendländischen Exil in seine ursprüngliche östliche Heimat[63] zurückführen, wirkt hermeneutisch ziemlich schlicht.

Mit solchen kritischen Tönen möchte ich aber nicht schließen. Denn im Laufe meiner Beschäftigung mit Adolf Deißmann ist meine Hochachtung vor diesem großen Gelehrten und engagierten Ökumeniker ja nicht gesunken, sondern immer mehr gestiegen. Er hat sich in schwierigsten Zeiten um Versöhnung bemüht und wollte das Neue Testament mitten in das aktuelle Leben und Erleben seiner Zeitgenossen holen. Wer wollte ihn für solche Grundmaximen schelten? Deißmann hätte mir bei meinem Plädoyer für die theologische Bearbeitung der konkurrierenden Wahrheitsansprüche im ökumenischen Dialog vermutlich energisch widersprochen. Er hätte seine Position, dass die »Frage der Einigung der Christenheit ... heute zunächst nicht eine dogmatische Frage, sondern eine psychologische« sei, sich die Führer der verschiedenen Kirchen erst ausführlicher kennen lernen

[62] Bonhoeffer: Konferenz, 126.

[63] So die offenkundig aus der konkreten Erinnerung an Lehrveranstaltungen und Gespräche geprägten Formulierungen bei Frischmuth: Deißmann, 283.

müssten,[64] höchstwahrscheinlich zu Beginn des einundzwanzigsten Jahrhunderts genauso vehement vertreten wie zu Beginn des zwanzigsten. Und seine Warnung vor dem »Weltanschauungsfanatismus, in dem wir uns gegenseitig totmachen«, und vor dem »europäischen Theorienrausch«, der die praktische Vernunft alter Weisheiten gern ignoriert,[65] sollte uns zumindest nachdenklich machen. Ist denn immer sichergestellt, dass wir bei den heftigen systematischen Debatten um das unaufgebbare Proprium der jeweils eigenen Konfessionen im ökumenischen Dialog und sonstwo nicht unversehens ein Opfer von Fanatismus und Theorienrausch werden?

## Literatur

Bethge, E.: Dietrich Bonhoeffer. Eine Biographie, München $^{7}$1989.

Bonhoeffer, D.: Theologische Konferenz der Mittelstelle für ökumenische Jugendarbeit am 29.–30. April 1932 in Berlin (zuerst in: Die Eiche 20 [1932] 361–364), in: ders.: Gesammelte Schriften Bd. 1, Ökumene. Briefe, Aufsätze, Dokumente 1928 bis 1942, München 1958, 121–132.

Dam, H.: De Wereldbond voor Vriendschap door de Keerken 1914–1948. Een oecumenische vredesorganisatie, Kampen 1996, 400.

Deißmann, A./Wegener, H.: Die Armenbibel des Serai. Rotulus Seragliensis Nr. 52, hg. u. erklärt, Berlin und Leipzig 1934.

Deißmann, A.: (Veröffentlichungen der Heidelberger Papyrus-Sammlung I), Heidelberg 1905.

–: Bibelstudien. Beiträge, zumeist aus den Papyri und Inschriften, zur Geschichte der Sprache, des Schrifttums und der Religion des hellenistischen Judentums und des Urchristentums, Marburg 1895.

–: Deutscher Schwertsegen. Kräfte der Heimat fürs reisige Heer, Stuttgart $^{2}$1915, 5 ($^{21-25}$1916).

–: Die deutsche Erweckung. Internationale Monatsschrift für Wissenschaft, Kunst und Technik 9 (1915).

–: Die deutsche Theologie und die Einheit der Kirche. Olaus Petri-Vorlesungen in Uppsala, Internationale Monatsschrift für Wissenschaft, Kunst und Technik 13 (1919). (Schwedische Ausgabe: Den Tyska Teologien och Kyrkans Enhet, in: Tysklands Evangeliska Kristenhet och Kyrkans Enhet, Stockholm o.J. [1919]; englische Ausgabe: German Theology and the Unity of the Church, Constructive Quarterly 8 [1920].

[64] Deißmann: Die ökumenische Erweckung, 23.

[65] Deißmann: Die Stockholmer Bewegung, 41.

–: Die Formel »in Christo Jesu« (theol. Inauguraldissertation) Marburg 1892. Die neutestamentliche Formel »in Christo Jesu« (theol. Habilitationsschrift), Marburg 1892. Die Habilitationsschrift enthält als Kapitel VII–XI auch die Dissertation.

–: Die Stockholmer Bewegung. Die Weltkirchenkonferenzen zu Stockholm 1925 und Bern 1926 von innen betrachtet, Berlin 1927.

–: Evangelium und Urchristentum (Das neue Testament im Lichte der historischen Forschung), in: Beiträge zur Weiterentwicklung der christlichen Religion, hg.v. A. Deißmann u.a., München 1905. Deißmann hat sich später vom Titel des Sammelwerkes distanziert und ihn als »ohne meine Verantwortung gewählten unglücklichen, unfrommen Titel« bezeichnet (ders.: Autobiographie, 65).

–: Forschungen und Funde im Serai. Mit einem Verzeichnis der nichtislamischen Handschriften im Topkapu Serai zu Istanbul, Berlin und Leipzig 1933.

–: Friedrich Naumann, Die Hilfe 25 (1919), 486 = Evangelischer Wochenbrief NF. 129/ 132 vom 30. August 1919, 4–8.

–: Handschriften aus Anatolien in Ankara und Izmit, ZNW 34 (1935), 262–284.

–: in: Die Religionswissenschaft der Gegenwart in Selbstdarstellungen, hg.v. E. Stange, Leipzig 1925, 43–78. (zitiert als: Deißmann, Autobiographie).

–: Licht vom Osten. Das neue Testament und die neuentdeckten Texte der hellenistisch-römischen Welt, Tübingen [4]1923.

–: Neue Bibelstudien. Sprachgeschichtliche Beiträge, zumeist aus Papyri, zur Erklärung des Neuen Testaments, Marburg 1897.

–: Paulus. Eine kultur- und religionsgeschichtliche Skizze, 2., völlig neubearbeitete und vermehrte Auflage, Tübingen 1925.

–: Paulus. En kultur- och religionshistorisk skiss, Stockholm 1910 ([2]1918).

–: Reinhold Seeberg. Ein Gedächtniswort, Stuttgart 1936.

–: Una Sancta. Zum Geleit in das ökumenische Jahr 1937, Gütersloh 1937.

–: Wann kommt das Reich Gottes? Allgemeine Konferenz der Kirche Christi für Praktisches Christentum, Helsingborg, 13. August 1922, in: ders.: De Profundis. Ein Dienst am Wort, Berlin 1925, 89–94 sowie ders.: Das Kreuz Christi und die Versöhnung der Völker.

–: Weihe des Eisenkreuzes, in: ders.: Inneres Aufgebot. Deutsche Worte im Weltkrieg, Berlin 1915, 99–103 = Besier: Kirchen, 125–127 (dort unter dem Titel: »Weiherede eines Holznagelkreuzes in Zossen«).

–: Johann Kepler und die Bibel. Ein Beitrag zur Geschichte der Schriftautorität, Marburg 1894.

Dinkler, E.: Neues Testament und Rassenfrage. Zum Gutachten der Neutestamentler im Jahre 1933, (1979), in: ders.: Im Zeichen des Kreuzes. Aufsätze von Erich Dinkler (...), hg.v. O. Merk u. M. Wolter (BZNW 61), Berlin/ New York 1992.

Dinkler-von Schubert, E.: Ernst Troeltsch. Briefe aus der Heidelberger Zeit an Wilhelm Bousset, 1894–1914, Heidelberger Jahrbücher 20 [1976], [19–52], 32f.

Elert, W.: Das Kirchenkonzil von Lausanne. Rede bei Antritt des Rektorats Erlangen 1927, München 1928.

Frieling, R.: Die Bewegung für Glauben und Kirchenverfassung 1910–1937, unter besonderer Berücksichtigung der Beiträge der deutschen evangelischen Theologie und der evangelischen Kirchen in Deutschland (KiKo 16), Göttingen 1970.

Frischmuth, G.: Adolf Deißmann. Ein Leben in Christo für die Una Sancta, in: Ökumenische Profile. Brückenbauer der einen Kirche, hg.v. G. Gloede u. 30 Mitarbeitern, Stuttgart 1961, 280–290.

Geiser, St.: Verantwortung und Schuld. Studien zu Martin Dibelius (Hamburger theologische Studien 20), Hamburg 2001.
Gensichen, H.-W.: Art. Brent, Charles Henry, RGG[4] I (1998), 1749.
Gloede, G.: Charles Henry Brent. Bischof und Prophet der einen Kirche, in: ders. (Hg.): Ökumenische Profile. Brückenbauer der einen Kirche Bd. 1, Stuttgart 1961, 183–189.
Göbell, W. (Hg.): Kirche, Recht und Theologie in vier Jahrzehnten. Der Briefwechsel der Brüder Theodor und Julius Kaftan, 1.Tl. 1891–1910, München 1967.
Haudel, M.: Die Bibel und die Einheit der Kirchen. Eine Untersuchung der Studien von »Glauben und Kirchenverfassung« (KiKo 34), Göttingen 1993.
Holl, K.: Die Bedeutung der großen Kriege für das religiöse und kirchliche Leben des deutschen Protestantismus, in: ders.: Gesammelte Aufsätze zur Kirchengeschichte, Bd. 3 Der Westen, Tübingen 1928.
Kaufmann, Th.: Werner Elert als Kirchenhistoriker, ZThK 93 (1996), 193–242.
–: Anpassung als historiographisches Konzept und als theologiepolitisches Programm. Der Kirchenhistoriker Erich Seeberg in der Zeit der Weimarer Republik und des »Dritten Reiches«, in: Evangelische Kirchenhistoriker und das »Dritte Reich«, hg.v. Th. Kaufmann u. H. Oelke (VWGTh 21), Gütersloh 2002, 122–272.
Lietzmann, H.: Adolf Deißmann zum Gedächtnis. Rede bei der Gedenkfeier der Theologischen Fakultät zu Berlin am 17. Juni 1937, ZNW 35 (1936), 299–306.
Mühling, A./ Schmidt, K.L.: »Und Wissenschaft ist Leben« (AKG 66), Berlin/ New York 1997.
Ohst, M.: Der I. Weltkrieg in der Perspektive Emanuel Hirschs, in: Evangelische Kirchenhistoriker im »Dritten Reich« (VWGTh 21), Gütersloh 2002, 64–121.
Rade, M.: Von aktuellen Sachen. 7. Das System Seeberg und die innerkirchliche Lage, CW 22 (1908), 419–424.
Rathje, J.: Die Welt des freien Protestantismus. Ein Beitrag zur deutsch-evangelischen Geistesgeschichte, dargestellt an Leben und Werk von Martin Rade, Stuttgart 1952.
Sasse, H. (Hg.): Die Weltkonferenz für Glauben und Kirchenverfassung. Deutscher Amtlicher Bericht über die Weltkirchenkonferenz von Lausanne, 3.–21. August 1927, Berlin 1929.
–: Die ökumenische Bewegung und die deutsche Theologie, ChrW 5 (1929), 137–147. Ökumenische Tage, 2. Maloja (27.–29. August 1929, Lausanner Fortsetzung), Das Evangelische Deutschland 6 (1929), 319f. Ansprache vor dem Fortsetzungsausschuß der Weltkonferenz für Glauben und Kirchenverfassung am 29. August 1929 in Maloja (Mt 28,20), IKZ 37 (1929), 152–156.
Scheliha, A.v.: Art. Seeberg, Reinhold, TRE XXX (1999), 729–733.
Schmidt, K.D.: Die Bekenntnisse und grundsätzlichen Äußerungen zur Kirchenfrage des Jahres 1933, gesammelt und eingeleitet, Göttingen [2]1937, 189–191.
Seeberg, E.: Krisis der Kirche und des Christentums heute. Ein Vortrag (SGVS 185), Tübingen 1939.
Söderblom, N.: Christliche Einheit (deutsche Ausgabe) 1928, 107.
Stupperich, R.: Otto Dibelius. Ein evangelischer Bischof im Umbruch der Zeiten, Göttingen 1989.
Wirth, G.: Adolf Deißmann und der Arierparagraph, Deutsches Pfarrerblatt 91 (1991), 508–510.

Hans-Ruedi Weber

# Suzanne de Diétrich

## Einheit der ökumenischen Vielfalt

Geboren am 29. Januar 1871 in Niederbronn (nördliches Elsass), gestorben am 24. Januar 1981. Weiblicher Pionier auf dem Gebiet der Ökumene wie der Technik: Sie war Ingenieurin und hatte durch SCM und WSCF vielfältige ökumenische Kontakte. Schwerpunkt ihrer Arbeit lag in der Ausbildung von Lehrern für Bibelstudien. 1946–1954 Leiterin des Ökumenischen Institut Bossey.

Susanne de Diétrich war eine große Wegbereiterin der Ökumene, wenn sie auch im Kreis von ökumenischen Professoren, Patriarchen und Päpsten auf den ersten Blick klein erscheint. Sie hat niemals Theologie studiert. Sie war Elektro-Ingenieurin. Mit dem Priestertum aller Gläubigen, der Autorität der Taufe, stand sie im Laiendienst. Neben ihr wären natürlich noch andere weibliche Pioniere der ökumenischen Bewegung erwähnenswert, z.B. Ruth Rouse, Sarah Chakko und Kathleen Bliss. In Bezug auf weltweiten Einfluss ist aber sicher Suzanne de Diétrich als erste zu nennen.[1]

[1] Veröffentlichungen über Suzanne de Diétrich gibt es bis jetzt nur wenige. Außer in Lexika siehe: Barot: Diétrich; ten Thije: Diétrich; Weber: Passion (dort Bibliographie, 261–271) und die etwas gekürzte englisch Ausgabe ders.: Courage.

Nachlass im Fonds Suzanne de Diétrich in der Nationalen und Universitätsbibliothek in Straßburg und viele Papiere und Briefe in den Archiven des WSCF und ÖRK in Genf.

Diese kleine, körperlich behinderte Frau hat durch ihre Besuchsreisen, ihre Arbeit in fünf Kontinenten, ihre weltumspannende Korrespondenz und ihre oft übersetzten Bücher die Entwicklung der ökumenischen Bewegung stark mitgeprägt. Das geschah vor allem durch ihre *présence,* ihre geistliche Ausstrahlungskraft, nicht vom Rednerpult her deutlich wurden, sondern in ihrer Mitarbeit als Teil von kreativen Vorbereitungs- und Entscheidungsgruppen. Bevor ihre speziellen Beiträge kurz beschrieben werden, begleiten wir sie auf ihrem langen Lebensweg von 1891–1981.

## I. Etappen eines erfüllten Lebens

1891–1913: Geboren ist Suzanne de Diétrich am 29. Januar 1891 in Niederbronn, im nördlichen Elsass, damals preußisches Reichsland. Ihre Mutter war Baronin Anne von Tuercke (1848–1900) aus Meinigen in Sachsen, ihr Vater der Industrielle Baron Charles de Diétrich (1841–1906). Die pro-französische de Diétrich Familie hatte eine große Eisengießerei und damit verbundene Fabriken aufgebaut. Die Vorfahren spielten eine beachtliche Rolle in der politischen, kulturellen und wirtschaftlichen Geschichte des Elsasses. Wie ihr Vater und drei ihrer vier älteren Schwestern wurde Suzanne de Diétrich mit Behinderungen geboren (kleine Arme und Beine, stark gehbehindert). Dies führte zu einer einsamen Kindheit und vielen Kuren. Die schon mit 15 Jahren Verwaiste träumte von einem geisteswissenschaftlichen klassischen Studium. Weil es aber keine Söhne gab, sollte die intelligente Jüngste eine Ingenieurin werden, um ihren Vater im Familienunternehmen zu ersetzen. Für Frauen bestanden damals in Frankreich noch keine technischen Ausbildungsmöglichkeiten. Deshalb wurde Suzanne de Diétrich in die Schweiz gesandt. In Lausanne absolvierte sie nach dem technischen Gymnasium ein Ingenieursstudium und wurde 1913 als eine der ersten weib-

Über die de Dietrich Familie siehe Roerich: famille. – Suzanne de Diétrich hat von früh an ihren Familiennamen mit einem accent aigu geschrieben, um ihre französische Zugehörigkeit zu betonen.

lichen Ingenieure der französisch-sprechenden Welt diplomiert. Inzwischen hatte die junge Skeptikerin eine feste Glaubensgewissheit gefunden. Während der Ferien las sie erstaunlich viele sozialwissenschaftliche, philosophische, psychologische und theologische Schriften. Ihr geistlicher Betreuer, der Genfer Neutestamentler Jules Breitenstein, gab ihr auch Werke von Johannes Weiss und Adolf Deißmann. Sie lernte den Christlichen Studentenweltbund (WSCF) kennen, konnte in Genf mit John R. Mott über ihre Lebenspläne sprechen und engagierte sich in der französischen Schweiz für Studentenarbeit, vor allem unter meist agnostischen Studentinnen aus Osteuropa.

1914–1935: Der erste Weltkrieg verhinderte Suzanne de Diétrichs Rückkehr in das von der deutschen Armee besetzte Elsass. Sie wurde Volontärin für Studentenfürsorge im Quartier Latin von Paris, wo sie neben sozialer Hilfe auch Diskussions- und Bibelstudiengruppen zu leiten hatte. Dort entdeckte sie ihre eigentliche Berufung. Die französische SCM beauftragte sie mit Arbeit unter Studentinnen und auch die WSCF begann viel ihrer Zeit in Anspruch zu nehmen. Aus dieser Zeitspanne stammt ihre enge Zusammenarbeit mit Marc Boegner, Pierre Maury und Willem A. Visser't Hooft. So kam sie auch mit Karl Barth in Berührung. Auch mit orthodoxen und römisch-katholischen Pionieren der ökumenischen Bewegung war sie nun in Kontakt, z.B. mit Nicolas Berdiaev, Paul Evdokimov, mit dem Oratorianer Lucien Laberthonnière und dem Dominikaner Yves Congar. Suzanne de Diétrich wurde Mitglied von Exekutivausschüssen des WSCF und des Weltbundes der YWCA und nahm an vielen internationalen Tagungen teil, oft als Mitorganisatorin. Obwohl es damals noch keine Hilfestellungen für körperlich Behinderte gab, machte sie nun ihre ersten großen Besuchsreisen in Europa, Nordamerika, Indien und Palästina.

1935–1945: Als Mitarbeiterin des WSCF wurde Suzanne de Diétrich nach Genf berufen, wo sie zeitweise auch für die YWCA arbeitete. Vor dem zweiten Weltkrieg war sie noch viermal für größere Arbeitsperioden in Nordamerika, machte eine lange Reise durch Südamerika und später auch im indischen Subkontinent. Ihre Arbeit konzentrierte sich nun stark auf interkonfessionelle Fragen und auf die Ausbildung von Lehrern für Bibelstudien, z.B. für die ökumenisch einflussreiche erste Christliche Jugend Weltkonferenz in Amsterdam kurz vor dem Ausbruch des zweiten Weltkrieges. Der Krieg orientierte Suzanne de Diétrichs Arbeit in drei Richtungen. Erstens nahm sie sich viel Zeit für die Studentennothilfe und Flüchtlingshilfe. Sie hat z.B. 1939 den Anstoß für die Gründung der CIMADE (Comité intermouvement auprès des évaqués) gegeben, eine Hilfsorganisation, die während des Krieges für Evakuierte und Verfolgte einstand und in der Nachkriegszeit Versöhnungsarbeit, auch in Deutschland, leistete. Zweitens hat Suzanne de Diétrich von Genf aus zusammen mit dem WSCF-Generalsekretär Robert C. Mackie, der seit 1940 von Toronto aus arbeitete, dafür gesorgt, dass in der geteilten Welt der Zusammenhang zwischen den Studentenbewegungen aufrecht erhalten blieb. Das bedeutete Übersetzungsarbeit, Informations- und Planungsaustausch über die Fronten in Europa und Asien hinweg, oft in chiffrierten Briefen. Drittens fand Suzanne de Diétrich in der relativ reise- und konferenzlosen Periode Zeit, um viele ihrer Notizen und Entwürfe druckfertig zu machen, darunter eine Geschichte des WSCF und ihre klassischen biblischen Handbücher.

1946–1954: Suzanne de Diétrich wollte zurück in ihr geliebtes Paris, um sich dort ganz der Zurüstung für den Laiendienst zu widmen. Sie wurde jedoch aufgefordert, zusammen mit Hendrik Kraemer das gerade gegründete Ökumenische Institut im Château de Bossey bei Genf zu leiten. Was sie in der Studentenarbeit gelernt hatte, konnte nun in diesem ökumenischen Zentrum an Teilnehmer aus aller Welt weitergegeben werden. Bossey war in den Nachkriegsjahren in erster Linie ein Laienschulungszentrum. Nach dem Trauma des Krieges suchten dort Jugendliche Versöhnung und ein neues Lebensziel. Berufsgruppen, z.B. Lehrer, Sozialarbeiter, Ärzte oder Leute aus der Industrie halfen einander zu entdecken, was es bedeutet, im beruflichen Alltag Christ zu sein. Auch interdisziplinäre Tagungen über aktuelle Themen der Nachkriegswelt wurden organisiert, z.B. in Bezug auf ein neues Geschichtsverständnis, über den Prozess der Säkularisation und die beginnende Ost-West-Spannung. Von 1952 an kam die mit der Universität Genf verbundene Ökumenische Hochschule dazu, deren Schwerpunkt mehr auf akademischen ökumenischen Studien liegt.

1954–1971: Die Pensionierung brachte wenig Ruhezeit. 1950 hatte Suzanne de Diétrich von der theologischen Fakultät in Montpellier ein Ehrendoktorat bekommen. Sie wurde auch eingeladen, nach ihrer Pensionierung visiting professor im Union Theological Seminary in Richmond/ VA, USA zu werden. Vorlesungen und Unterricht an theologischen Schulen waren jedoch nicht ihr Hauptinteresse. Viel mehr schlug ihr Herz für prophetisches Dienen, wie es unter der Leitung von Madeleine Barot in der CIMADE geschah, für neue Experimente in der Laienschulung und in der Bibelarbeit und allgemein für alles, was die Welt bewegt. Wenn möglich las sie täglich Le Monde. Diese Neugier, das tiefe Interesse etwa für die Ereignisse 1968 in Paris, für das, was Jugendliche denken und erleben, ließen sie geistig jung bleiben. Von Paris aus und während langer Aufenthalte in Nordamerika hat sie weiterhin biblische Seminare geleitet und vieles veröffentlicht. Wieder ging sie für Kurse nach Lateinamerika. Als 75-jährige machte sie dann noch eine abenteuerliche Reise nach Afrika, wo sie sich während der Schulungskurse in Rhodesien und im Kongo vom afrikanischen Denken in ihrem doch wesentlich europäischen theologischem Denken und Lehren in Frage stellen ließ.

1971–1981: Wachsende körperliche Beeinträchtigung machte dem Reisen und Schreiben ein Ende. Viele von Suzanne de Diétrichs Freunden waren schon gestorben. Während einer ihrer transatlantischen Fahrten hatte sie geschrieben: »Eine Schiffskabine wird tatsächlich mein beliebtestes Zuhause auf Erden. Es ist der angemessenste Wohnort für einen ›Reisenden und Pilger auf dieser Erde‹! Und es gibt mir einen Vorgeschmack der Ewigkeit«.[2] Dieses Leben zwischen Zeit und Ewigkeit erfuhr sie zunächst noch in Paris, dann in einem Pflegeheim in Strassburg. Dennoch bestand sie darauf, im November 1980 noch nach Rom zu fliegen, um dort Freunde zu besuchen. Sie ist am 24. Januar 1981, am Ende der Gebetswoche für christliche Einheit, in Strassburg gestorben. Sie ruht nun auf dem Friedhof von Windstein in der Nähe von Niederbronn.

[2] Brief vom 28. August 1938 an W.A.Visser't Hooft.

## II. Übermitteltes Erbe

Eine kleine Broschüre über das Gebet von Christoph Dieterlen, einem Industriellen aus Rothau, hat mich geprägt [...] Er betete nur für das Kommen des Gottesreiches und für die ganze, weltweite Kirche! Meine erste christliche Lektüre war ein Buch von Tommy Fallot (ich war 17-jährig), und später lernte ich sein Denken besser kennen durch Marc Boegner, seinen Schüler.[3]

Es sind also nicht Luther oder Calvin, noch die spezifisch hugenottische Tradition, die Suzanne de Diétrich übernommen und weitergegeben hat, sondern eine Frömmigkeit und Theologie, die vom Steintal, dem Ban de la Roche im Elsass ausgeht, von der Gegend, wo früher auch Jean-Frédéric Oberlin (1740–1826) gearbeitet hatte. Ch. Dieterlen (1818–1875) kannte Johann Christoph Blumhardt und blieb eng mit ihm verbunden. Die meist anonym veröffentlichten Schriften dieses stark sozial gesinnten Industriellen zeugen von tiefer, konfessionell ungebundener Schriftmeditation. T. Fallot (1844–1904), ein von Dieterlen beeinflusster Textilingenieur, hat später Theologie studiert und wurde einer der führenden Leiter des französischen christlichen Sozialismus.

Viele Jahre lang schwankte Suzanne de Diétrich zwischen den Wegen dieser Männer: sollte sie wie Dieterlen ihren christlichen Dienst als Ingenieurin und Industrielle tun oder, wie Fallot, vollamtlich in den kirchlichen Dienst treten? Indem ihre Hauptarbeit Laienschulung und Hilfe für eine lebensnahe und weltoffene Bibelarbeit wurde, fand sie eine Verbindung der beiden Wege. Das Erbe, das sie von den Leuten des Ban de la Roche empfing, hat sie ihr Leben lang weitergegeben und vertieft. Sie fasste es einmal in vier Abschnitten zusammen: erstens, tägliches Bibelstudium im Zusammenhang mit Aufgaben in dieser Welt und Zeit; zweitens, ein starkes soziales Engagement; drittens, wie Oberlin, der sich einen »reformierten Katholiken« nannte, beten und arbeiten für die Einheit der Christen; viertens eine erdgebundene Frömmigkeit mit dem Kreuz als Zentrum und dem kommenden Reich Gottes als aktive Hoffnung.[4]

---

[3] de Diétrich: Expériences, 178.
[4] de Diétrich: Ban.

Es gab natürlich noch andere Anstöße, die Suzanne de Diétrich empfangen und weitergegeben hat. Als Mädchen schrieb sie große Abschnitte der Pensées von Blaise Pascal eigenhändig in ihre Notizbücher. Das theologische Aha-Erlebnis war für sie nicht Karl Barth – sie wurde nie eine »Barthianerin«. Es waren die Schriften eines Katholiken, des Gründers des Oratorianerordens, Pierre de Bérulle (1575–1629). Sein radikaler Theozentrismus, seine Betonung der Inkarnation und sein Gallikanismus prägten sie. Wohl noch stärker und nachhaltiger wurde Suzanne de Diétrich durch orthodoxe Theologen, besonders durch Paul Evdokimov geprägt. Dort lernte sie das Eingebettet-Sein in eine lebendige Tradition und in einen immerwährenden Gottesdienst. »Ich erlebe den Karfreitag immer in engster Verbundenheit mit meinen protestantischen Freunden und das Osterfest mit meinen orthodoxen Freunden«.[5]

Das erste von Suzanne de Diétrichs Büchern – L'heure de l'offrande (Paris 1935) – spiegelt dieses vielfältige Erbe wieder. Es sind über viele Jahre lang gereifte Meditationen zu Texten der ersten drei Evangelien. Im Vorwort steht:

> Ich bin fest davon überzeugt, dass es in Bezug auf die Wahrheit des Evangeliums eine christliche und »katholische« (im etymologischen Sinn des Begriffs) Tradition gibt, die nicht ausschließliches Erbteil irgendeiner Kirche oder einer bestimmten Konfession ist. Es geht ja schließlich um nichts anderes als um die Kontinuität des Zeugnisses, daß Gott sich selber bezeugt, in der Kirche und unseren Seelen.[6]

Tatsächlich wurde L'heure de l'offrande ein Meditationsbuch für Gläubige und Suchende vieler Konfessionen und Kontinente.

## III. Ein Netzwerk von Freundschaften

Als junge Studentin schrieb Suzanne de Diétrich einer Freundin: »Ich habe mir versprochen, den Menschen nicht mehr zu predigen bis mein Leben meinen Überzeugungen etwas mehr ent-

---

[5] Brief Ostern 1942 an R. Mackie.

[6] de Diétrich: offrande.

spricht ... Was ich will, ist einfach nur jener Feldzug von Freundschaften, von dem Mott gesprochen hat.«[7] Sie musste allerdings dann während ihres langen Lebens doch viel sprechen, animieren und schreiben, aber die ökumenische Bewegung blieb für sie ganz wesentlich ein Netzwerk von Freundschaften. Dies erlebte sie am tiefsten während der zwei Weltkriege. In den Jahren 1914–18 wurde ihre Studentenbude in Paris der Begegnungsplatz für junge Offiziere, die von der Front zurückkamen und bei ihr Rat und Ermutigung suchten. Die Briefe, die diese Freunde ihr aus Verdun, anderen Schlachtfeldern und aus Kriegslazaretten sandten, hat sie bis zum Ende ihres Lebens sorgfältig bewahrt. Sie waren ihr viaticum. Auch mit Freunden in China und Lateinamerika war sie damals schon in Briefkontakt. Ihre späteren Reisen, Schulungskurse und ihre présence in Bossey haben viel zu einer solchen ökumenischen Freundschaftsvernetzung beigetragen.

Freundschaft bedeutete für Suzanne de Diétrich zunächst Gastfreundschaft, fröhliches Zusammensein beim Wein und gutem Essen, doch auch ehrliche und oft schmerzhafte Auseinandersetzung. Als selbstbewusste Französin und europäische Intellektuelle musste sie bald lernen, dass Paris nicht das Zentrum der Welt ist und Europa nur eine Halbinsel Asiens. Sie blieb ihrem Erbe treu, ließ sich aber von Freunden anderer Rassen, Kulturen und Theologien befragen und korrigieren. Wo sie jedoch heuchlerische Frömmigkeit vermutete oder intellektuelle Unehrlichkeit entlarvte, konnte ihr Zorn durchbrechen. Es war nicht harmlos und nicht immer beruhigend, Suzanne de Diétrich zu begegnen!

Ein in 1930 zusammen mit ihrem orthodoxen Kollegen Leo Zander geleiteter Schulungskurs in Osteuropa wurde für sie gleichnishaft:

> Die Gruppe bestand aus Orthodoxen Rumäniens und Bulgariens, dazu ungarische, tschechische und polnische Protestanten und Katholiken. Menschlich gesprochen hat uns alles gegeneinander gesetzt: Temperament, heftige nationale Vorurteile, Kirchenzugehörigkeit und theologische Überzeugung. Es hat Krisen gegeben. Immer gibt es Krisen, wenn man sich nicht damit begnügt, nur oberflächliche Freundschaften zu schließen, – wenn man den ökumenischen Dialog wirklich ernst nimmt.

---

[7] Brief vom 20. September 1910 an M. Ecoffey.

Gegenseitig leidet man und fügt Leiden zu, denn es geht ja um die Wahrheit Gottes![8]

Dieses ökumenische Freundschafts-Lernen und Leiden geschieht am besten in relativ kleinen, residentiellen Tagungen und ohne Zwang, offizielle Konsensusberichte schreiben und abstimmen zu müssen. In der ökumenischen Geschichtsschreibung werden solche zukunftsreiche Ereignisse oft übersehen, z.B. auch die Begegnungstagung, die Suzanne de Diétrich im August 1932 als Sekretärin der ökumenischen Kommission WSCF mitorganisiert hat. Über 30 orthodoxe, römisch-katholische, anglikanische und protestantische Theologen und Denker wurden eingeladen, um in einem Haus der de Diétrich Familie im abgelegenen Vogesen-Dörfchen Mouterhouse zusammen nach Wahrheit und Gemeinschaft zu suchen. Es gab kein festes Programm und keine Publizität. Da es damals für römisch-katholische Theologen verboten war, an solchen ökumenischen Tagungen teilzunehmen, wurde auch keine Teilnehmerliste gemacht und man weiß nicht mehr, wer alles anwesend war. Von den Orthodoxen kamen jedenfalls N. Berdiaev, N. Zernov, S. Zankov und P. Evdokimov. Unter den Katholiken waren unter anderen der Superior der Oratorianer, Vater Brillais, und ein österreichischer Benediktiner mit dabei. Ein anglikanischer Mönch, G. Hebert, ein japanischer Theologe, E. Kan, ein indischer SCM-Sekretär, A. Ralla Ram, ein amerikanischer Politiker und WSCF Präsident, F. Miller, gehörten zur Gruppe, natürlich auch die Ökumeniker M. Boegner, P. Maury, W.A. Visser't Hooft und Suzanne de Diétrich. Man kann sich heute kaum mehr vorstellen, wie außergewöhnlich und zukunftsträchtig diese Tage in Mouterhouse wurden. Visser't Hooft schrieb z.B. in seiner Autobiographie, dass er erst in Mouterhouse »endlich Gelegenheit zur Teilnahme an einem ernsthaften theologischen Gespräch mit Katholiken bekam«[9].

Ökumenische Bewegung als Feldzug der Freundschaften: erst wenn andersartige Dogmen, andersartig kulturell verwurzelte kirchliche Lehre und Praxis nicht eine Abstaktion, sondern ein Gesicht, eine Person werden, kommt es zu tiefer ökumenischer Begegnung. Das geschieht seit 1946 immer wieder neu im öku-

---

[8] de Diétrich: Expériences, 181.

[9] Visser't Hooft: Welt, 87.

menischen Institut, das Suzanne de Diétrich einmal knapp charakterisiert hat: »Bossey ist eine Art Laboratorium, wo Ökumenismus gelebt wird«[10]. Dort leben, studieren und beten jeweils für einige Wochen oder Monate konfessionell und kulturell ganz verschieden geprägte Menschen zusammen. In der Konfrontation, im gemeinsamen Bibelstudium und im Ringen um eine vollere Wahrheit lernt man seine eigenen, selten in Frage gestellten a prioris und Vorurteile kennen, aber man entdeckt auch sein eigenes Erbe und das Erbe der anderen. Das geht nicht ohne Spannungen und Krisen, und doch entsteht jeweils eine zeitlich begrenzte Hausgemeinde. Vieles kann dort vorweggenommen werden, was sonst bis jetzt nur ökumenische Hoffnung ist, allerdings immer noch keine gemeinsame Eucharistie. Wer durch ein solches Laboratorium hindurch gegangen ist, bleibt ökumenisch geprägt, und die weltweite Freundschafts-Diaspora der von Bossey Geprägten hat zu manchen Wachstumszellen der Ökumene geführt.

## IV. Das ganze Gottesvolk

»Die zivilen Pflichten der Frau«: dieses Thema hat Suzanne de Diétrich gewählt, als sie aufgefordert wurde, im Juni 1914 als Sprecherin an der YWCA-Welttagung in Stockholm teilzunehmen. Mit Beispielen aus aller Welt gab sie eine Übersicht über die wachsende rechtliche, wirtschaftliche und politische Emanzipation der Frauen. Sie nahm dann Stellung für eine komplementäre, nicht eine gleichschaltende Egalität zwischen Mann und Frau. Es sei nicht der Stimmzettel an sich, sondern ein von Christus befreites Frausein und Bewusstwerden für sozialen Pflichten, das mehr Gerechtigkeit bringe.[11] Nicht alle Anwesenden waren damit einverstanden! Dieses für Suzanne de Diétrich erste Referat an einer Weltkonferenz zeigt, wie früh sie sich für den Laiendienst, für eine christliche Präsenz in der Welt, einsetzte.

---

[10] de Diétrich: Kraemer, 111.
[11] de Diétrich: Devoirs.

Wie viele Ökumeniker der ersten Hälfte des 20. Jahrhunderts hatte auch sie ein großes missionarisches Bewusstsein. 1916 gründete sie innerhalb der französischen SCM die weibliche Abteilung der Volontaires du Christ: Studentinnen, die sich vollamtlich für Missionsdienst in Übersee oder zu Hause verpflichteten. Bald kam jedoch die Frage auf, wo und wie zu evangelisieren sei: nur im vollamtlichen kirchlichen Dienst oder als »vollamtlicher« Christ in einem säkularen Beruf? Durch die Korrespondenz mit einer baltischen Ingenieursstudentin, die sie in Lausanne kennen gelernt hatte und die inzwischen nach Moskau zurückgekehrt war, hat Suzanne de Diétrich die Februar- und Oktoberrevolution von 1917 und ihre Folgen in Russland von weitem miterlebt. Ununterbrochener Briefverkehr mit SCM-Freunden im revolutionären China und in Lateinamerika, vor allem auch auf Grund von Besuchen im Deutschland zwischen den Weltkriegen, führten mehr und mehr zur Überzeugung, dass die Hauptmissionsaufgabe der Christen im täglichen Leben und Arbeiten in der säkularen Gesellschaft zu leisten sei, in der Konfrontation mit den Ideologien. Der Sauerteig des Evangelium musste neu in den Teig des Alltags und der Gesellschaft hineingeknetet werden. Dafür war biblische Grundlegung für das Christsein in der Welt, Laienschulung, nötig!

Die Weltkonferenz für Kirche und Gesellschaft in Oxford 1937 hat der mehr offiziellen Ökumene wohl zum ersten Mal gezeigt, wie wichtig der besondere Laiendienst als Kirche in der Welt ist. Suzanne de Diétrich war als WSCF-Delegierte in Oxford und wurde Glied der Gruppe um Joseph O. Oldham, später in enger Zusammenarbeit mit Hendrik Krämer, der die Laienfrage auf die Agenda des zu gründenden Ökumenischen Rates de Kirchen (ÖRK) setzte. Erfahrungen im zweiten Weltkrieg unterstrichen die Dringlichkeit dieses Nachdenkens. Damit verbunden kam es zu einem neuen biblischen Verständnis der Kirche als Volk Gottes, versammelt zum Gottesdienst und ausgestreut als Samen in weltlichen Berufen und in sozial-politischem Engagement. Noch während der letzten Kriegsjahre wurden in verschiedenen Ländern Europas Laienschulungszentren, Kichentagsbewegungen und weltoffene christliche Bruder- und Schwesternschaften geplant und teils schon verwirklicht.

Das ökumenische Institut in Bossey organisierte den Erfahrungsaustausch zwischen solchen neuen Initiativen. Schon 1947 organisierte Suzanne de Diétrich dort ein Treffen für Verantwortliche der Laienzentren, Evangelischer Akademien und ähnlicher Institutionen. Reinhold von Tadden-Trieglaff, Jacques Ellul, M.M. Thomas, Paul Tournier und andere hervorragende Laien halfen in Bossey mit beim Durchdenken der christlichen Präsenz in der Welt. Während der ersten Vollversammlung des ÖRK in Amsterdam 1948 gab es dann ein Komitee »Die Bedeutung der Laien in der Kirche«. Ein zunächst noch mit Bossey verbundenes Laiensekretariat wurde errichtet. Die zweite ÖRK Vollversammlung in Evanston 1954 widmete dem Thema »Die Laien – der Christ in seinem Beruf« eine ganze Sektion. Das Team H. Kraemer/ Suzanne de Diétrich war an dieser Entwicklung stark mitbeteiligt und hat die Arbeit des 1954 geschaffenen Laiendepartements des ÖRK kritisch und helfend begleitet.

## V. Die ganze Bibel

»Das ist, glaube ich, meine Gabe: für Laien die Bibel zum Leben zu bringen, ihnen zu helfen, die Bibel als ganze zu sehen und ihre Teile im Lichte des Ganzen auszulegen«[12]. Dies schrieb Suzanne de Diétrich als Antwort auf die Einladung, visiting lecturer in theologischen Seminaren zu werden und als Warnung, dass sie nicht akademische Vorlesungen halten werde. Sie behauptete nie, eine akademische Exegetin zu sein, obschon sie viele Kommentare und Literatur zur biblischen Theologie las, durchdachte und verarbeitete, z.B. Studien von P. Bonnard, O. Cullmann, C.H. Dodd und G. von Rad.

Während ihrer Ingenieursstudien in Lausanne hatte Suzanne de Diétrich die in der britischen SCM entwickelte Weise von Gruppenbibelstudium kennen gelernt. In einem langen Schulungsseminar in Kanada lernte sie von einem kalifornischen Ingenieur, Henry B. Sharmann, wie man die Synopse der Evangelien kreativ für das Laienbibelstudium gebraucht. Von ihm und

[12] Brief vom 3. Juni 1954 an W.T. Thompson.

mehr noch von der Pädagogik Jesu lernte sie, sokratisch vorzugehen. Die meisten ihrer frühen Publikationen sind kurze Studienpläne mit Einleitung und Fragen für das Gruppenstudium über ausgewählte biblische Texte, Schriften oder Themen. Jedes Gruppenglied wird ermutigt, am Studienprozess aktiv teilzunehmen, auch mit ganz unfrommen Fragen an den Text, aber mit der Bereitschaft, sich vom Text in Frage stellen zu lassen. Solches Gruppenbibelstudium ist heute vielerorts gang und gäbe. In der ersten Hälfte des 20. Jahrhundert war es aber in Gemeinden und Konferenzen fast unbekannt. Die Studienpläne wurden zunächst in verschiedenen Gruppen getestet, darauf neu geschrieben, und erst dann veröffentlicht. Ein langer Prozess der Reifung ist auch für fast alle Bücher Suzanne de Diétrichs charakteristisch. Sie gibt gelebte Praxis weiter.

Ihr erstes klassisch gewordene Bibelstudienbuch, Rediscovering the Bible (1942), war noch ganz auf Bibelstudiengruppen unter Studenten abgestimmt und wurde unmittelbar auch in Übersetzungen oft gebraucht.[13] Ein solches Hilfsmittel war auch für die Gemeinden nötig. Vor allem in den Bekenntniskirchen wurden Bibelstudien als Nahrung zum Durchhalten und Widerstand wichtig. Deshalb wurde das Handbuch für die ökumenische Publikationsreihe Ecclesia Militans neu geschrieben und erweitert, diesmal zunächst in Französisch: Le Renouveau biblique (1945). Übersetzungen folgten bald.[14] Als nach 1960 wieder eine Neuausgabe des Handbuches geplant wurde, weigerte sich Suzanne de Diétrich, es in der inzwischen über 20 Jahre alten Form erscheinen zu lassen. Als 76-jährige erarbeitete sie mit Hilfe von Freundinnen eine neue, stark veränderte und erweiterte Fassung, Le renouveau biblique, die 1969 zweibändig veröffentlicht wurde.[15]

Einen noch weiteren Widerhall fand Suzanne de Diétrichs zweiter Klassiker, Le dessein de Dieu (1945). Das Buch ist in 12

---

[13] de Diétrich: Rediscovering. Noch während des Krieges erschien das Handbuch in Chinesisch, Spanisch und Schwedisch, später auch in Japanisch und Portugiesisch und mit Neuauflagen in Indien.

[14] de Diétrich: Renouveau biblique: principes.

[15] de Diétrich: Renouveau biblique, hier. Inzwischen waren ähnliche Handbücher erschienen und die Neufassung kam zu spät. Nur der erste Band erschien auch auf Italienisch.

Neuauflagen erschienen und in wahrscheinlich 14 Sprachen übersetzt und gebraucht worden.[16] Diese für Laien geschriebene Gesamtsicht der biblischen Zeugnisse gehörte bald zu den ersten »protestantischen« Publikationen, die in katholischen Priesterseminaren gelesen wurden. Suzanne de Diétrichs biblische Theologie ist von O. Cullmans heilsgeschichtlichen Denken beeinflusst. Später hat sie dann auch andere Weisen, der Vielfalt der biblischen Zeugnisse gerecht zu werden, untersucht, z.B. in Verbindung mit dem Thema der Freiheit, in Bezug auf die Zeugengemeinschaft und auf das Verhältnis des Wortes Gottes zur Welt.[17] Zu drei neutestamentlichen Schriften hat sie auch Kommentare geschrieben.[18]

Bis ins hohe Alter blieb Suzanne de Diétrich neugierig, was in der biblischen Wissenschaft geschieht. Für sie war und blieb die Bibel aber in erster Linie das Buch der Gemeinde, und sie hat manche jungen Exegeten herausgefordert, vom Elfenbeinturm wissenschaftlicher Einzelstudien herunterzukommen und das Erforschte dem ganzen Volk Gottes weiterzugeben. Es war für sie dann auch eine große Freude, als 1961 in Frankreich die Équipes de recherches bibliques entstanden, durch die Gemeindeglieder und Suchende zu einem seriösen, intellektuell anspruchsvollen Bibelstudium befähigt wurden. Was Suzanne de Diétrich in ihrem ersten Meditationsbuch (L'heure de l'offrande) begonnen hatte, wurde 1966 abgeschlossen mit Meditationen zu Texten des Johannesevangeliums.[19]

---

[16] Suzanne de Diétrich: Le dessein de Dieu, Neuchâstel 1945. Übersetzungen in Holländisch (Amsterdam 1949), Spanish (Mexico 19520), Norwegisch (Oslo 1955), Finnisch (Rauma 1958), English (Philadelphia 1960), Madegassisch (Tananarive 1963), Deutsch, Was Gott mit uns vorhat: ein Wegweiser durch die Bibel (Basel 1967), Indonesisch (Jakarta 1968), Italienisch (Rom $^{2}$1977), Polnisch (Warschau 1970), Arabisch (Beyruth $^{2}$1982). Auch bengalische, lettische, swahelische und tahitianische Übersetzungen sollen gemacht sein, aber Erscheinungsdaten sind unbekannt.

[17] de Diétrich: Witnessing. de Diétrich, Hommes. de Diétrich: Word.

[18] de Diétrich: Philippiens. de Diétrich: St. Matthew. de Diétrich: study.

[19] de Diétrich: élévation.

## VI. Die ganze ökumenische Bewegung

Die ökumenische Bewegung ist stets in Gefahr, auseinander zu fallen: Gruppen, die sich hauptsächlich mit Fragen von »Glauben und Kirchenverfassung« befassen, und Gruppen, die sich mehr mit den Aufgaben von »Kirche und Gesellschaft« beschäftigen, behalten nicht immer den nötigen Kontakt. »Zwischenkirchliche Hilfe und Flüchtlingsdienst« tendiert dazu, eine große Verwaltung von Geldern und Projekten zu werden, manchmal ohne kritisches Nachdenken über die spezielle missionarische und diakonische Aufgabe der Kirchen. Ökumenische Studienarbeit ist nicht immer in einer ökumenischen Spiritualität eingebettet. Niemand kann sich in allem engagieren, aber alle brauchen eine gemeinsame Vision, die das Ganze zusammenhält.

Während ihres langen Lebens hat Suzanne de Diétrich in fast allen Teilströmungen der ökumenischen Bewegung mitgearbeitet. Ihre meist in der ökumenischen Zeitschrift »The Student World« erschienenen Artikel bezeugen das. Wie ist es ihr gelungen, alle diese vielseitigen Interessen und Aufgaben zusammenzuhalten? Die Quelle war für sie das Gebet. Die in ihrem Nachlass gefundenen Teile eines persönlichen Journal haben wenig mit gewöhnlichen Tagebüchern zu tun. Es werden dort nur selten äußere Ereignisse ihres Lebens berichtet. Es gibt keine Selbstbespiegelungen. Die Eintragungen sind wie Bruchstücke eines Dialoges mit Gott, oft in Antwort auf überdachte, »ruminierte« Bibeltexte. In einem Aufsatz über »Die Bibel und Ökumenismus« schrieb sie: »Unser Herr hat seinen Jüngern vielerlei Weisungen hinterlassen; in Bezug auf die Einheit der Kirche hat er aber nicht zu ihnen gesprochen, er hat gebetet.«[20] Der ökumenische Einsatz Suzanne de Diétrichs kann am besten als eine Teilnahme an diesem fortlaufenden Gebet des lehrenden, gekreuzigten und auferstandenen Herrn verstanden werden. In Gesprächen mit ihr hatte man manchmal den Eindruck, dass sie das, was ihr gesagt wurde – und sie war eine intensive Hörerin – direkt in einem inneren Dialog mit Gott weitergab.

In ihrem Anliegen, der ganzen ökumenischen Bewegung zu dienen, hat Suzanne de Diétrich auch versucht, die verschiede-

---

[20] de Diétrich: Bible.

nen Gebets- und Gottesdiensttraditionen der Kirchen ernst zu nehmen. Eine Tagung wurde besonders wichtig: Die WSCF-Studentenkonferenz im nahe bei Genf gelegenen La Châtaigneraie vom August 1934, zu der Karl Barth zum ersten Mal als Referent einer ökumenischen Tagung gewonnen werden konnte. Das große Ereignis war natürlich die von europäischen, amerikanischen und asiatischen Studenten heftig diskutierte barthianische Theologie. Ein Teilnehmer schrieb: »Wir fühlten uns wie Pygmäer, die Pfeile auf einen Elephanten schießen«[21]. Die Studenten waren sich damals kaum bewusst, dass diese Sommerkonferenz nicht nur theologisch, sondern auch in Bezug auf ökumenische Spiritualität zukunftsträchtig wurde. Wahrscheinlich zum ersten Mal wurde in La Châtaignerai das intensive Ringen um die Wahrheit jeweils morgens durch eine biblische Einleitung mit Gruppenbibelstudien und abends durch Abendgebete aus dem Reichtum der liturgischen Traditionen eingeschlossen. Ein Modell ökumenischen Zusammenseins wurde eingeübt, das danach viele ökumenische Tagungen geprägt hat. Die Vorbereitung der Abendgebete hatte man Suzanne de Diétrich aufgetragen.

Um 1934 gab es wohl schon ein vielsprachiges ökumenisches Gesangbuch mit Gesängen aus verschiedenen liturgischen Traditionen, das Cantate Domino (Genf 1924). Während vieler Generationen hat dieses Gesangbuch in stets neuen Auflagen Christen aller Konfessionen und Kontinente im Singen zusammengebracht. Es gab 1934 aber noch kein vielsprachiges und konfessionell repräsentatives ökumenisches Gebetsbuch. Ein erster Entwurf für die liturgischen Abendgebete musste deshalb geschrieben werden. Mit offiziellen Gebetsbüchern verschiedener Kirchen bewaffnet ging Suzanne de Diétrich in eine arbeitsreiche Retraite in Mouterhouse, von wo sie nach Genf schrieb: »Schade, dass La Châtaignerai nicht 15 Tage dauert. Ich hätte Material, um euch jeden Abend zu ernähren! ... Diese liturgische Aufgabe begeistert mich ... Ich beginne daran zu denken, dass wir nächstes Jahr eine ökumenische Konferenz über die Liturgie organisieren müssten!«[22] Sie kam zurück mit Entwürfen für kurze,

[21] Visser't Hooft: Students, 349.
[22] Briefe vom 21.6 und 3. Juli 1934 an W.A.Visser't Hooft.

übersetzte Abendgebete nach sechs ganz verschiedenen liturgischen Traditionen. In jener Sommerwoche bekamen die versammelten Studenten eine beneidenswerte biblische, theologische und liturgische Einübung in die ganze ökumenische Bewegung! Die Entwürfe für die Abendgebete wurden später von einem repräsentativen Redaktionsausschuss überarbeitet und stark erweitert. Daraus entstand das vom WSCF veröffentlichte ökumenische Gebetsbuch Venite Adoramus I (Genf 1937) mit traditionellen Liturgien und Venite Adoramus II (Genf 1938) mit mehr freien Gebeten aus aller Welt.

Könnte man die vor etwa 50 Jahren ökumenisch Mitbeteiligten fragen, was ihnen eine ökumenische Vision gegeben hat, würden wohl sehr verschiedene Ereignisse, Publikationen und Persönlichkeiten erwähnt. Früher oder später käme wahrscheinlich auch die erste christliche Weltjugendkonferenz in Amsterdam 1939, die Zeitschrift The Student World und die Gottesdienstbücher Cantate Domino und Venite Adoremus zur Sprache. Fast sicher würde dann auch von der kleinen Frau Suzanne de Diétrich gesprochen, die eine so große Ökumenikerin war.

## Literatur

Barot, M.: »Suzanne de Diétrich: eine moderne Frau als Anwalt der Bibel«, in: Gloehe, Günter: Ökumenische Profile, 2. Band, Stuttgart 1963, 383–388.

de Diétrich, Suzanne: «Kraemer et l'Oecumene«, de Heerbaan, Amsterdam 1958, no 2, 111.

–: »Expériences oecuméniques«, Foi et Vie, Paris, März 1960, S.178.

–: »Le Ban de la Roche: Berceau d'un oecuménisme français«, Foi et Vie, Paris, November/ Dezember 1961, 27–34.

–: »Les Devoirs civiques de la Femme«, World's YWCA Monthly, 1914, 186–195.

–: »The Bible and Oecumenism«, in The Student World, Vol.XXX/ 2. 114–122.

–: God's Word in Todays World (Valley Forge 1967). Italienisch (Brescia 1970).

–: Hommes libres (Neuchatel 1957), Free Men, Philadelphia 1961.

–: L'épitre au Philippiens, Lyon 1942. English Philadelphia 1966; Deutsch, Macht meine Freude vollkommen, Kassel 1968.

–: L'heure de l'élévation: à l'écoute de saint Jean (Neuchatel 1966). Englisch (Philadelphia 1969), Italienisch (Rom 1972).

–: L'heure de l'offrande: notes en marge de l'Evangile, Neuchâtel/ Paris 1935. Holländisch (Zeist 1936) English (London 1938) Lettisch (Riga 1939).

–: Le dessein de Dieu: Itinéraire biblique, Neuchâstel 1945. Übersetzungen in Holländisch (Amsterdam 1949), Spanish (Mexico 1952), Norwegisch (Oslo 1955),

Finnisch (Rauma 1958), English (Philadelphia 1960), Madegassisch (Tananarive 1963), Deutsch, Was Gott mit uns vorhat: ein Wegweiser durch die Bibel (Basel 1967), Indonesisch (Jakarta 1968), Italienisch (Rom [2]1977), Polnisch (Warschau 1970), Arabisch (Beirut, [2]1982).

–: Le renouveau biblique, hier et aujourdhui, vol. 1 »Qu'est-ce que la Bible?«, vol . 2, »Comment lire la Bible?« Neuchâtel 1969. Italienisch (Fossano 1971)

–: Le Renouveau biblique: principes, méthodes, applications pratiques, Neuchâtel/ Paris 1945. Deutsche Ausgabe: Die Wiederentdeckung der Bibel: Grundlegung – Methodische Fragen – Praktische Anwendung. Zürich 1948. Holländisch (s'Gravenhage 1950)

–: Rediscovering the Bible: Bible study in the WSCF, Toronto 1943.

St. Matthew (Richmond 1961); Französich, (Neuchatel 1965).

–: The Witnessing Community (Philadelphia 1958). Amharic (Addis Ababa 1965)

–: This we know: a study of the letters of John (Richmond 1963); Französisch (Genf 1964).

Roerich, L.: Une famille noble d'Alsace, Strassbourg 1911.

ten Thije, H.: Suzanne de Diétrich (1891–1981): Leven en werk, (vervielfältigt), Leiden 1991.

Visser't Hooft, W.A.: Die Welt war meine Gemeinde, München 1972.

–: Students find theTruth to Serve, Genf 1934.

Weber, H.-R.: La Passion de Vivre: Suzanne de Diétrich, Paris-Strasbourg, 1995 (dort Bibliographie, S.261–271).

–: The Courage to Live: A Biography of Suzanne de Diétrich, WCC Publications, Genf .

»Reconnaissance à Suzanne de Diétrich«, Numéro spécial Foi et Vie, Paris 1991.

Erinnerungs-Ansprachen in Cimade-Information, Februar/ März 1981 und L'Outre Forêt: Revue d'histoire de l'Alsace du Nord, no. 71, Strasbourg 1990.

Christian Möller

# Joseph Wittig

## Die Vision eines evangelischen Katholizismus in Schlesien, Baden und anderswo

22. Januar 1879–22. August 1949. 1903 Promotion und Priesterweihe, 1909 Habilitation. 1915–1926 Professor für Kirchengeschichte, Patrologie und kirchliche Kunst in Breslau. Neben wissenschaftlichen Publikationen verfasste er allgemein verständliche religiöse Schriften für das Volk. Ein Aufsatz, der einen Angriff auf Beichtpraxis und Rechtfertigungslehre der katholischen Kirche darstellte, führte 1925 zur Indizierung seiner Bücher und in der Folge 1926 zu seiner Suspendierung und Exkommunikation. Nach seiner Heirat (1927) entfaltete er, unterstützt von evangelischen und jüdischen Freunden (u.a. M. Buber, E. Rosenstock-Huessy und M. Rade) eine rege publizistische Tätigkeit, die auf interkonfessionelle Verständigung abzielte. Rekonziliation mit der römisch-katholischen Kirche kurz vor seinem Tode.

Zu Joseph Wittig müssen wir von den Höhen der Kardinäle und Patriarchen, der Dogmatiker und Weltkirchenratspräsidenten hinunter in die Niederungen eines schlesischen Zimmermannssohnes steigen, der zunächst eine glänzende Karriere als Professor für Patristik an der Universität in Breslau begann, dann aber exkommuniziert wurde und als privater, religiöser Schriftsteller zu einem Wegbereiter der Ökumene im 20. Jahrhundert wurde. Längst hat die Katholische Kirche erkannt, was sie an Joseph Wittigs Schrifttum für ein Glaubensgut hat, und welche ökumenische Weite aus ihm spricht. Seine Tragik besteht im Grunde darin, dass er ein halbes Jahrhundert zu früh gelebt hat, denn das Zweite Vatikanische Konzil hat die Visionen von Joseph Wittig ein gutes Stück eingeholt. Es ist im Kern die Vision eines evangelischen Katholizismus in Schlesien, Baden und anderswo, womit ich an den Titel von Joseph Wittigs berühmtestem Buch »Leben Jesu in Palästina, Schlesien und anderswo« erinnere.

Joseph Wittig – wer war das? Was macht ihn zu einem Wegbereiter der Ökumene im 20. Jahrhundert?

## I. Herrgottswissen von Wegrain und Strasse

Er wurde am 22. Januar 1879 in der oberschlesischen Grafschaft Glatz in einem sehr einfachen Elternhaus geboren, das von der tiefen katholischen Frömmigkeit Schlesiens geprägt war. Im Rückblick auf seine Kindheit schreibt Wittig an seinem 70. Geburtstag für eine Tageszeitung:

> Ich habe in meiner Kindheit und Jugendzeit viel an Wegrändern gesessen und viel über Leben und Tod nachgedacht, hab meinem ersten religiösen Buch den Titel gegeben: »Herrgottswissen von Wegrain und Straße«, woraus die Menschen erkennen sollten, dass ich mein Wissen nicht aus der Schule habe, und an einem solchen Wegrain fiel mir auch der Titel meines seinem Inhalt nach größten und wichtigsten Werkes ein: »Leben Jesu in Palästina, Schlesien und anderswo«. Der Heimatboden war meine Bibel, auch mein Neues Testament, vielleicht das dritte Testament, das Gott unserem Volke gegeben hat zum Zeichen, dass er ein drittes Mal begonnen hat, sein Volk zu lieben. Und einmal habe ich auch gesagt, dass ich wohl einmal an einem Wegrain sterben werde.

Und dann setzt er fort:

> Ich weiß von dem unersättlichen wissenschaftlichen Verlangen nach immer tieferem Wissen; ich bin allem Forschen nachgegangen. Ich weiß um die modernste Theologie, erkenne aber jetzt, dass unser Heil in unserem Ursprung und in der Rückkehr zu ihm liegt. Die primitivste Theologie meiner Eltern, wie sie auf der Ofenbank saßen und ihr Abendgebet sprachen, das ist die rechte Theologie.

In der Volksschule des kleinen Dorfes Schlegel wird die Begabung des Jungen von einem Priester erkannt, der ihm dazu hilft, das Theologiestudium anzustreben, woran bei der Armut der

Familie eigentlich gar nicht zu denken war. Wittig wurde nun in Privatstunden von dem Priester auf die Aufnahmeprüfung in das Breslauer Gymnasium vorbereitet, wo er die Reifeprüfung besteht und anschließend das Studium der Theologie beginnt. Bereits nach sechs Semestern machte Wittig die erste theologische Prüfung und schloss zugleich seine Doktorarbeit ab, die dem Papst Damasus I. aus dem 3. Jahrhundert n.Chr. gewidmet war. Wittig wurde zum Priester geweiht und sammelte in Lauban und Breslau die ersten praktischen Erfahrungen als Priester und Seelsorger. Dann wurde er zu einem zweijährigen Studienaufenthalt nach Rom geschickt, um hier weitere Studien in Alter Kirchengeschichte und Christlicher Archäologie zu treiben. 1906 kehrte Wittig nach Breslau zurück und wurde Priester in dieser Großstadt. Zugleich fing er an sich zu habilitieren und lehrte ab 1909 in der Universität in Breslau. 1915 wurde er Ordinarius für Patristik und hatte einen ganz erstaunlichen Lehrerfolg.

Im Rückblick auf seine Lehrtätigkeit in Breslau schrieb Wittig später:

> Ich erkannte, dass meine Schüler für ihr zukünftiges Priestertum außer dem Geist der Wissenschaft noch einen anderen Geist haben müssten, den Geist des Lebens, den ewig jungen. Da er nun in meinen Vorlesungen manchmal ausbrechen wollte, ließ ich ihn ausbrechen, und wie ihn einst (zu Pfingsten) die Parter, Meder, Elamiter, Mesopotamier, Juden, Kappadozier, Griechen, ein jeder in seiner Muttersprache reden hörten, so kamen jetzt außer den Theologen, katholischen wie protestantischen, die Mediziner, Juristen, Naturwissenschaftler, Philologen, Studentenvölker, die in ihren Fachsprachen einander so wenig verstanden wie jene Völker untereinander, und außerdem das viel geschmähte Völklein der Collegschinder kam, und sie hörten alle in ihren Sprachen die Mysterien Gottes in der Geschichte der Kirche verkünden. Nicht alle auf einmal, wie am heiligen Pfingstfest, aber doch schier alle nach und nach. Wenn sie dann fortgingen, verfielen sie oft wieder dem Geist der Wissenschaft, erstatteten in diesem Geiste überall Bericht und ich kam sehr ins Gerede, dass ich das und das und das den Studenten gesagt hätte.

Offenbar hat sich in der Universität Breslau wie im Fluge herumgesprochen, dass man in den Vorlesungen bei Joseph Wittig mehr als bloß Wissen für den Kopf zu hören bekam, dass es hier vielmehr Einsichten, Erfahrungen und Geschichten zu hören gab, in denen sich schwierigste Sachverhalte in elementarster Weise zu Lebenserfahrungen und Glaubenseinsichten zusammendrängten, die den ganzen Menschen, den Kopf, das Herz und die Seele betrafen. So wurden seine Vorlesungen mehr und mehr zu einem Sammelpunkt für die ganze Universität.

Wittig begann, die Grenzen der Universität zu überschreiten, als die Zeitschrift »Heliand« sein Erzähltalent erkannte und ihn darum bat, Geschichten vom Glauben des einfachen Volkes zu schreiben. So erschien 1922 ein erster Band mit Geschichten unter dem Titel »Herrgottswissen von Wegrain und Straße – Geschichten von Webern, Zimmerleuten und Dorfjungen«. Der zweite Band erschien 1925 mit dem Titel »Die Kirche im Waldwinkel und andere Geschichten vom Glauben und vom Reiche Gottes.«

Aus diesen Geschichten spricht eine tiefe Verbeugung und ein hoher Respekt vor dem Glauben der einfachen Leute und zugleich auch eine Skepsis gegenüber allen gedrechselten Begriffen, gegenüber allem Hochgeschraubten, wie es Wittig auch an der Universität fand, gegenüber jenem Geist der Wissenschaft, dem er selbst ja auch mit Promotion und Habilitation und manchen weiteren Büchern gedient hat. Ihn beschäftigte freilich mehr und mehr die Frage, ob auf diese Weise nicht zu viel an Leben ausgesperrt, zu viel an ursprünglichem Glauben ausgeklammert werde. Volksfrömmigkeit – das hat den Beigeschmack des Simplen, etwas Minderwertigen. Wittig kehrt dies um und hebt in seinen Geschichten den Glauben der kleinen Leute hoch, schaut ihn auf seine Tiefgründigkeit an und findet unendlich viel Gutes in der Volksfrömmigkeit, weil er mit dem Volk in einem gemeinsamen, ganz ursprünglichen katholischen Glauben verbunden ist. Ökumene – so können wir als erstes kleines Zwischenergebnis festhalten – ist bei Wittig eine Ökumene des Volkes, das auf je verschiedene Weise in und mit der Kirche, aber auch am Rande der Kirche seinen Glauben lebt und seinen Gott sucht.

## II. Die Erlösten

Dass in Wittigs Erzähltalent aber auch Dynamit steckte, welches Explosionen von ungeahntem Ausmaß auslösen konnte, war kaum zu vermuten. Vor allem ahnte es Wittig selbst nicht, was er mit einem Aufsatz über die Erneuerung der Beichte für einen Jubel an Freude und Dankbarkeit, dann aber mehr und mehr für einen Sturm der Empörung und Entrüstung im Klerus auslösen würde, eine Empörung, die einige Jahre später zu seiner Exkommunikation führte.

Die renommierte katholische Zeitschrift »Hochland« hatte Wittig 1920 um einen Aufsatz über die Beichte gebeten, der dann im Osterheft 1921 erschien, als alle Katholiken nach gutem alten Brauch zur Beichte vor dem Osterfest gehen mussten. So ähnlich wie einst Martin Luther in bestem katholischen Glauben daran gegangen war, für die Abschaffung des Ablasshandels in 95 Thesen einzutreten, wollte Joseph Wittig für eine Befreiung der Beichte von Angst und Gewissensterror eintreten und sie von der Mitte der Vergebung her zu einem Ort der Erlösung machen. Deshalb gab er seinem Aufsatz den Titel »Die Erlösten«. Wittig begann den Aufsatz auf ganz anmutige und leichte Weise mit Erinnerungen an seine Schulzeit in Oberschlesien:

> Die Osterzeit war nahe. Auch die Osterferien. Es kam jetzt darauf an, dass wir nach den Osterferien in der Schulmesse ein rechtes Osterlied singen könnten. Darum übte der Lehrer stundenlang mit uns das Lied ein »Getröst, getröst, wir sind erlöst! Die Hölle ward zu Schanden«. Ein schönes Lied. Echter Osterjubel. Aber nur für Menschen, welche die ganze Trostlosigkeit des Unerlöstseins, die ganze Macht der Hölle, die ganze Finsternis und Qual eines sündigen Herzens, den schweren Druck und die harten Fesseln des inneren Lebens erfahren haben. Wir Jungen brauchten keinen Trost. Wenn nur erst die Stunde vorüber war und die Pause begonnen hatte, dann waren uns Pferdestall, Hof und freies Feld Trost genug. Es ging uns so wie wohl den meisten katholischen Christen, welche die Lehre von der Erlösung zwar als Katechismuskapitel und Predigtthema gelernt haben, aber weder in ihrem äußeren noch in ihrem inneren Leben etwas davon spüren. Nur wenn wir an der alten Schule vorbeizogen und an ihren Fenstern die anderen Kinder (noch beim Lernen) sahen, fanden wir eine passende Verwendung für jenes Osterlied und sangen: »Getröst, getröst, wir sind erlöst!«.

Erlösung sei ein großes Wort, aber wenn es an die Beichte gehe, sei die Angst da, und die Sünde werde groß und größer, so dass am Ende auch die Absolution nichts mehr helfe.

Manche Katholiken kommen ihr ganzes Leben nicht aus jener Peripherie des religiösen Lebens heraus, kommen nie näher an die Mitte des Landes, wo der Glaube erst schön und süß ist und zu männlicher Freiheit und Kraft gedeiht. Wie gebannt sind sie an den Grenzen, wo die Lohen des unheiligen Feuers noch den ewigen Lichtschein des heiligen Feuers verdunkeln. Das hängt vielleicht damit zusammen, dass die meisten Seelenführer gewissermaßen Spezialisten sind auf jenem peripherischen Gebiet, und dass sie die Führung in das Land der tieferen Gotteserkenntnis, der freudigeren Erhebung, der wahren Liebesvereinigung mit Gott anderen überlassen, anderen, die so selten sind – dass sie es nicht wagen, den Sünder mit einem kühnen Sprunge hinüber zu reißen ...

Und dann geht Wittig gegen seine eigenen theologischen Kollegen, gegen die Dogmatiker, Moraltheologen und Kirchenrechtler vor:

Aber ihr schrecket ja selber das Volk mit der Hölle und sagt ihm, dass niemand vor ihr sicher sei. Ihr stellt unzählige Bedingungen auf, ehe ein Mensch teilhaftig wird der von euch gepredigten Erlösung. Wer euch hört oder eure Bücher liest, beginnt bei dem einen Kapitel zu hoffen, beim anderen muss er wieder zittern. Was ist das für eine Erlösung? Seht doch noch einmal nach in den Schatzkammern unserer heiligen katholischen Kirche! Da ist gewiss noch Manches vorhanden, was das Volk erfreuen kann. Da ist sicher eine wahre Erlösung. Manche von euch haben sich in der Tür verirrt und sind statt in die Schatzkammer vielmehr in die Folterkammer geraten. Und was ihr dort gefunden, das habt ihr den Junggeistlichen als Erlösungsmittel mitgegeben. Es sind aber nur Zuchtmittel.

Hier blitzt Zorn auf, der seine tiefste Ursache wohl darin hat, dass ihm seine Mutter einmal erzählt hat, wie sie als junges Mädchen von einem Priester bei der Beichte in die Enge getrieben und unerlöst fortgeschickt worden war, weil sie sich von ihrem Freund, Wittigs späterem Vater, nicht trennen wollte, obwohl sie ihn aus Armutsgründen noch nicht heiraten konnte. Zorn aber gehört nicht zu Wittigs Eigenart, und so führt sein langer Aufsatz auch nicht zu einer Verwerfung, sondern zu einem großartigen Werben für die Ökumene der Erlösten:

Ein großes Volk der Erlösten muss sein auf dieser Erde, so frei und stolz und schön und rein, dass niemand mehr bleiben will außerhalb dieses Volkes. Die ganze Welt muss es sein. Denn nicht zum Spott soll sein das Wort: »Wir beten dich an, Herr Jesus Christ, und benedeien dich, denn durch dein heiliges Kreuz hast du die ganze Welt erlöst!«

Es muss noch einmal betont werden, dass dieser Aufsatz eben nicht 1961, sondern 1921 veröffentlicht wurde, als die Katholische Kirche noch von den Kämpfen des Antimodernismus gezeichnet war. In dieser Situation musste Wittigs Plädoyer für die Erneuerung der Beichte und für die Ökumene der Erlösten unerhört bleiben. Ein Kesseltreiben von Verdächtigungen setzte gegen ihn ein, in dem Vorwurf gipfelnd, Wittig sei ein »Lutherus redivivus«, ein wieder erstandener Luther, dessen Lehren so zersetzend für die Katholische Kirche seien wie die des Wittenberger Ketzers aus dem 16. Jahrhundert Treffend an diesem Vorwurf, der vor allem von dem Schweizer Domprälaten Gisler erhoben wurde, war tatsächlich, dass in Joseph Wittigs Sprache, ähnlich wie in Martin Luthers Sprache, für scholastische Denkweise etwas durchaus Zersetzendes und den Glauben in seiner ursprünglichen Kraft ans Licht Bringendes war, so dass das Volk im 16. Jahrhundert ähnlich wie das Volk Oberschlesiens und weit über Schlesien hinaus im 20. Jahrhundert aufzuatmen begann, als es wahrnahm, dass sich hier die Drohbotschaft in eine Frohbotschaft verwandelte.

Der Breslauer Kardinal Adolf Bertram, der zunächst noch versucht hatte, Wittig gegen alle Vorwürfe in Schutz zu nehmen, konnte oder wollte sich dem immer stärkeren Kesseltreiben der Hierarchie gegen Wittig auf Dauer nicht mehr widersetzen, so dass am 12. Juni 1926 der Ausschluss Joseph Wittigs aus der katholischen Kirche erfolgte und bis in die kleinste oberschlesische Kirchenzeitung hinein, ja über ganz Deutschland hinweg veröffentlicht wurde. Daraufhin ging nun auch Joseph Wittig zum ersten Mal in diesem sich über 5 Jahre hinziehenden Prozess an die Öffentlichkeit und erklärte u.a.:

Ich habe meine Bücher für das Volk geschrieben, wahrhaftig aus Erbarmen mit seiner religiösen und kirchlichen Not. Tausende und Abertausende haben aus ihnen Trost, Freude und neuen Lebensmut geschöpft. Mehrere Male habe ich mich bereit erklärt, alle Irrtümer zu widerrufen, die etwa darin sein sollten. Aber die kirchlichen Ämter haben mir bisher keine einzige irrgläubige Stelle nachweisen können, sondern nur in Bausch und Bogen alles verurteilt, als ob mein ganzer Glaube und all mein priesterliches Helfenwollen irrig wäre. Die verlangten Eide habe ich in priesterlichem Gehorsam früher schon geschworen und stehe noch dabei, weigere mich aber, sie zu wiederholen, wenn mir nicht bewiesen wird, dass ich sie gebrochen habe. Dies ist mein »Ungehorsam gegen das römische Amt«. Es ist vielmehr Gehorsam gegen Gott, dem man mehr gehorchen muss als den Menschen, und gegen Christus, der gesagt hat: »Ihr sollt überhaupt nicht schwören.« Ich bleibe nach wie vor katholisch und bewahre den Glauben meiner Väter, der auch der Glaube des Grafschafter Volkes ist.

Dr. Joseph Wittig, Universitätsprofessor.

Wittig musste nun seine Professorenlaufbahn aufgeben und die Universität verlassen. Er zog sich in seine Grafschafter Heimat zurück und baute sich hier ein kleines Häuschen, an dem eines abends eine Studentin aus Breslau anklopfte, die ihm erzählte, dass ihr Vater, der Bürgermeister von Habelschwerdt, sie verjagt habe, als sie ihm gestand, dass sie ganz und gar auf Seiten Joseph Wittigs stünde. Diese Studentin Bianca Geißler nahm Wittig in sein Haus auf, heiratete sie und bekam mit ihr zusammen vier Kinder. Das hört sich wie das Happyend einer bösen Geschichte an, war es aber nur zum geringsten Teil, denn der in seiner Kirche tief verwurzelte und tiefgläubige Wittig kam sich wie ein Vertriebener und Verlassener vor, der auf die geistliche Speise für seine Seele verzichten musste und von seiner Kirche mitsamt allen seinen Büchern auf den Index gesetzt wurde, so dass keine katholische Bibliothek mehr seine Bücher führen und kein katholischer Verlag seine Manuskripte mehr drucken durfte. Wittig verlor also die literarische Verbindung zu seinem geliebten katholischen Volk, das vergeblich für ihn einzutreten versuchte, wie z.B. der Mosbacher Kaplan Alfons Beil, späterer Prälat in Heidelberg, der noch im hohen Alter sich an jene aufgewühlte Zeit erinnert:

Joseph Wittig, Priester, Professor der Patrologie in Breslau, dessen Schriften viele unter uns jungen Laien und Priestern hatten aufatmen lassen, geriet mehr und mehr zwischen die Mühlsteine. Im Jahr 1926 wurden sechs seiner Schriften, vor allem der »Hochland«-Aufsatz »Die

Erlösten«, auf den Index gesetzt. Da Wittig sich nicht unterwarf, wurde er suspendiert und exkommuniziert. Welchen Schlag das für uns bedeutete, ist heute schwer mehr begreiflich zu machen. Im Grund hatte Wittig versucht, nicht in der trockenen Sprache der Schultheologie, sondern in der bildhaften gelösten des Dichters das echte Anliegen der Reformation, die Rechtfertigung aus dem Glauben, in unseren Tagen eingängig zur Geltung zu bringen. (»Aus meinem Leben« 1–37)

## III. Leben Jesu

Nun waren es vor allem Juden und evangelische Christen, die zu Joseph Wittig Verbindung aufnahmen und für ihn eintraten. In Breslau war es Eugen Rosenstock-Huessy, Professor für Kulturwissenschaft und Philosophie, der entschieden gegen alle Versuche des Bistums eintrat, Wittig die Pension der Universität streichen zu lassen. Es kam zu einer wunderbaren Freundschaft zwischen Rosenstock-Huessy, dem zum Christentum übergetretenen Juden, und Wittig, dem exkommunizierten Katholiken. Als eine sichtbare Frucht dieser Freundschaft erschien ein dreibändiges, über eintausend Seiten umfassendes Werk »Das Alter der Kirche«, eine einzigartige Darstellung der Kirchengeschichte unter besonderer Betonung der entscheidenden Brüche, Sprünge und Knoten, die neue Epochen einleiteten und bewegende Kräfte freisetzten. Der dritte Band war der sog. »Aktenband«, eine intime zeitgeschichtliche Einblicknahme in die unmenschlichen Abläufe des Exkommunikationsprozesses. Im Vorwort heißt es:

> Wir haben beide an dem Tisch der Kirche gesessen, von der wir in diesem Buche reden. Der eine kam von außen, der andere von innen her; jener wurde in das Innen geladen, dieser nach Außen gestellt, so dass wir sie beide von innen und außen sehen konnten. An der Tür trafen wir uns und wussten sogleich, dass wir Freunde seien, und das, was der eine von innen, der andere von außen gesehen hatte, klang zusammen in unserer Unterredung, so verschieden auch unsere Sprache war; es wurde eine Sprache.

In Leopold Klotz aus Gotha fand Wittig einen evangelischen Verleger, der nunmehr seine Bücher veröffentlichte, vor allem das für Wittig wohl wichtigste, zweibändige Werk »Leben Jesu in Palästina, Schlesien und anderswo«, das er vergeblich seinen früheren katholischen Verlegern angeboten hatte. Im Vorwort dieses 1926 erstmals erschienenen und dann in zahlreichen neuen Auflagen verbreiteten Buches heißt es:

Da einige meiner früheren Verleger infolge des kirchlichen Einschreitens ihre Verträge nicht mehr erfüllen konnten, bin ich dem Verlag Leopold Klotz in Gotha aufrichtig dankbar, dass er sich meiner Bücher annehmen und zunächst dem Leben-Jesu-Buch das Tor zur evangelischen Christenheit öffnen will. Man hat mir von feindlicher Seite vorgeworfen, ich sei ein Luther-Redivivus; von freundlicher Seite hat man gesagt, dass in mir die Gegenreformation ihr Ende gefunden habe, und dass der tiefste Sinn meines Schrifttums die Heimholung des lutherischen Wahrheitsgehaltes sei. Richtig daran ist, dass ich in die religiösen Schätze der alten, tiefgläubigen Zeit eingebrochen bin, um deren Kostbarkeiten auch Luther rang, und dass ich manches Stück hervorgezogen habe, das wir nicht mehr ansehen mochten, weil Luther es berührt und in seiner Glaubensglut geschmiedet hat. Es kommt mir auch das Wort Dankbarkeit in die Feder, wenn ich an die evangelische Frömmigkeit denke, die hier und da an meinem Lebensweg aufblühte, und an die protestantische Gotteswissenschaft, die ich um meines akademischen Berufs willen studieren musste. Lieber ist mir aber, was mir ein junger Wiener schrieb, nämlich, dass ich weder lutherische noch tridentinische Theologie lehre, sondern dass ich aus der Zeit komme, in der noch alle Christen gemeinsam beteten und glaubten und hofften, und dass ich alle Wunder und Gnaden jener Zeit verkündigen dürfe. Ich muss die geschichtliche Trennung der Christenheit anerkennen, weigere mich aber, sie in meinem Herzen zu vollziehen. Als solcher schicke ich mein Buch von neuem in die Welt.

Hier werden die Quellen deutlich, aus denen Wittig schöpfen konnte, um ein Wegbereiter der Ökumene zu werden: Er ist ein profunder Kenner der kirchengeschichtlichen Quellen aus den ersten sechs Jahrhunderten der Christenheit, in denen die Kirche noch nicht gespalten war. Daraus weiß Wittig für sich selbst und für das Leben in der einen, heiligen, allumfassenden Kirche als der Gemeinschaft der Heiligen zu schöpfen. Diese Kirche ist für Wittig so weit, dass auch Zweifler und Ungläubige, ja gerade sie, dazugehören. »Katholisch« – das versteht Wittig in einem ganz wörtlichen Sinne als die wahrhaft allumfassende Kirche, die kraft der Fleischwerdung von Gottes Liebe in alle Bereiche des

Lebens hineinreicht, um durch den Geist des Evangeliums neue Verhältnisse, neue Kreatur, neue Liebe zu stiften.

In seinem »Leben Jesu« geht es um eine narrative Tauftheologie. Zu seiner Methode schreibt Wittig:

> Das Leben Jesu kann man auf dreifache Weise mitleben: erstens, indem man die Lebensgeschichte Jesu Zeile für Zeile liest, seine Worte und Schicksale ganz lebendig der betrachtenden Seele vorstellt und mit reichem Gemüt Anteil an seinen Freuden und Leiden nimmt; zweitens, indem man ihm nachfolgt als einem großen Lehrer und Meister des Lebens; drittens, indem man mit ihm zusammenwächst und aus ihm hervorwächst wie die Rebe aus dem Weinstock, indem man also mit ihm eins wird, sein heiliges Fleisch und Blut genießt und seinen Geist empfängt, indem man durch den Glauben an ihn zu einem anderen Christus neu geschaffen wird, so dass man wie St. Paulus sagen kann: »Nicht ich lebe, sondern Christus lebt in mir«.

Wittig setzt sich also deutlich von dem Irrweg jener Leben-Jesu-Biographien des 19.Jahrhundert ab, die versucht haben, das Leben Jesu mit Hilfe der vier Evangelien in historischer oder psychologischer Einfühlung zu schreiben, weil sie der Meinung waren, es müsse der Theologie mit den Mitteln der Geschichtsforschung gelingen, das Leben Jesu historisch getreu zu konstruieren. Diesem vergeblichen Bemühen setzt Wittig die Kraft eines neuen Lebens entgegen, das Jesus in den Gläubigen aller Tage führt, die auf seinen Namen getauft wurden. Was im Blick auf Gal 2,20 die Mystik des Apostels Paulus genannt wurde, könnte man auch die Mystik Joseph Wittigs nennen, für den Gal 2,20 ebenso wie Röm 6 Schlüsseltexte im Umgang mit dem Leben Jesu sind: »Nun aber lebe nicht mehr ich, sondern Christus lebt in mir.« Entscheidend ist die Realität der Taufe, die es zu einem Gleichzeitigwerden mit Christus kommen lässt, so dass ich im Glauben erfahren kann, wie Jesus sein Leben in jedem Getauften wiederholt. Was dabei in Palästina, Schlesien oder anderswo zu erfahren ist, das erzählt Wittig auf eine so anschauliche Weise, dass man die darin verborgene theologische Reflexion fast vergisst. Ein theologischer Gedanke ist für Wittig erst dann zu Ende gedacht, wenn er zu einer Geschichte, einer erzählbaren Geschichte geworden ist.

Ein weiteres Tor tat sich für Wittig durch die Freundschaft mit Martin Buber auf, der ihn einlud, zusammen mit dem Heidelberger Mediziner Viktor von Weizsäcker, einem evangelischen Christen, die Zeitschrift »Die Kreatur« mit herauszugeben, weil dadurch ein Sprachrohr derer geschaffen werden sollte, die Grenzen überschreitend den Dialog der Glaubenden angesichts einer sprachlos werdenden Zeit wagen wollten. Wittig sagte zu und erschien bei Martin Buber in Heppenheim. Der Jude, der Katholik und der Protestant planten zunächst nur zwei Jahrgänge dieser Zeitschrift, um die »Sünde des Produzierenwollens, die doch die Todsünde der Kreatur wäre, zu meiden«, wie Weizsäcker an Buber schrieb. Es wurden dann aber doch vier Jahrgänge von 1926 bis 1930, wobei Wittig die meisten, insgesamt zehn Aufsätze, für die vier Jahrgänge beisteuerte. Der Literaturkritiker Walther Benjamin schrieb an Buber über Wittigs ersten Beitrag zur »Kreatur«:

> Sehr merkwürdig, ich möchte sagen, beunruhigend in der Wahrheit ihrer Fragestellung und der Fragen, die sie erregen, ist die Arbeit von Wittig. Ich glaube, es ist sehr lange her, dass man diese einfachen aber unendlich schwer greifbaren Erfahrungen neu, evident hat aussprechen können.

Genau das war es auch, was so viele Menschen an Wittig faszinierte, diese neue, elementare Sprache des Lebens, in der Erfahrungen zu Gehör kommen, die zuvor fast verschüttet schienen. Eben das irritierte ja auch die römische Kirche, dass in Wittigs Sprache etwas lebendig wurde, was die herkömmlichen scholastischen und kirchenrechtlichen Raster und Formeln verschüttet hatten.

Die Tore taten sich für Wittig bei vielen Leseabenden in Kirchengemeinden auf, auch zu evangelischen Christen. Er wurde für Ratsuchende ein gesuchter Seelsorger. Der Tübinger Kirchenhistoriker Joachim Köhler schätzt, dass es etwa 20.000 Briefe von Wittig gegeben haben muss, von denen die meisten durch den Krieg leider verloren gegangen sind. Immerhin sind aber etwa 500 erhalten, und man hat bei der Lektüre dieser Briefe zuweilen den Eindruck, als versammle sich die halbe evangelische Welt in Wittigs Schlegeler Haus:

Ich habe jetzt glückliche Tage der Freundschaft gleichaltriger Knaben: seit 4.9. ist Professor Heussi aus Jena bei uns, freilich gestern erkrankt, so dass ich Kummer um ihn habe; am 5. bis 6.9. auch Professor Muhlert von der »Christlichen Welt«, ein Duzfreund von uns. Es ist merkwürdig, was sich alles in unserem Hause zusammenfindet. Im Mai war der Landesbischof von Mecklenburg bei uns. Anfang August Winnig ...

Sie suchen bei Joseph Wittig einen Frieden, der höher ist als die menschliche Vernunft des Dritten Reiches. Von diesem Frieden muss im Hause Wittig etwas zu finden gewesen sein für die, die unter den unsäglichen Selbstzerfleischungskämpfen der protestantischen Kirche im Kirchenkampf gelitten haben, wie er seit 1933 im Gange war. Als ein Freund Martin Bubers und Rosenstock-Huessys stand Wittig wahrlich nicht auf Seiten der sog. »Deutschen Christen«. Sein Haus, das mehrfach von der Gestapo durchsucht wurde, hatte nur keinen Platz für dauerhaften Hass. Das Nein, das Wittig zuweilen sehr deutlich sprechen musste, war immer umschlossen von einem größeren Ja der Liebe.

Als dann aber der evangelische Theologe Martin Rade aus Marburg bei Wittig anfragte, warum er nicht seine Kinder von einem evangelischen Freund taufen lasse, bekam er von Wittig eine ebenso freundliche wie deutliche Erklärung:

Nach meiner Exkommunikation habe ich öffentlich erklärt, dass ich nach wie vor dem Glauben meiner Väter treu bleibe. Zudem war mir von je alles Konvertiten-, Revertiten- und Pervertitenwesen widerwärtig. Noch in der Bonner Berufungsangelegenheit habe ich offen erklärt, dass ich einen Übertritt nie vornehmen werde. Wer mit mir Gemeinschaft haben will, der ist mir lieb. Ich will auch frei sein, Gemeinschaft zu halten, mit wem ich will. Darum konnte ich mich keiner Gemeinschaft verhaften außer der, in die ich hineingeboren bin, musste auch allen Anschein vermeiden, als hätte ich meinen Glauben »gewechselt«. (10. März 1937)

Wittig blieb mit seiner Frau und seinen Kindern der Katholischen Kirche trotz allem beharrlich treu, weil es die Kirche seiner Eltern und Großeltern ist, die Kirche der Grafschaft Glatz, kurz: die sancta, catholica ecclesia. Der römische Rechtsverband mochte sich von ihm trennen, während er an der Katholischen Kirche festhielt. Zugleich nutzte Wittig jede Gelegenheit, Wege zwischen den beiden abgeschotteten Glaubenswelten aufzutun.

Er gebrauchte dafür als sein literarisches Podium die evangelische Zeitschrift »Die christliche Welt«. Darin schreibt Wittig z.B.:

> Als ich in früheren Wintern oft vor Morgengrauen von Neusorge nach Schlegel ging, um in der Krankenhauskapelle priesterlichen Dienst zu tun, kam mir manchmal der Name ein, mit dem die protestantischen Geistlichen gern ihr Amt bezeichnen: »Diener am Wort«, und ich meinte, die katholischen Geistlichen müssten sich »Diener am Fleisch und Blut Christi« nennen. Es war mir dabei traurig zumute. Die Verschiedenheit der Namen grämte mich. Nun weiß ich aber, dass der rechte Dienst am Wort seit dem ersten Weihnachten nur der Dienst am Fleisch gewordenen Wort sein kann und dass jene beiden Namen in ihrer innersten Wahrheit zusammenfließen. Es ist ernstlich zu bedenken, dass das Wort, das Geist bleibt, kein christliches Wort ist oder dass es noch auf sein Weihnachten warten muss. Ebenso, dass Fleisch und Blut nicht sind, wenn sie nicht Fleisch gewordenes Wort sind. (Die Christliche Welt, 1927, 157)

Was ich »evangelischen Katholizismus« nenne, wird hier deutlich: es ist die Ökumene des fleischgewordenen Wortes, das zu Weihnachten die Gestalt eines Kindes in der Krippe angenommen hat und in jedem Gottesdienst erneut Gestalt annimmt, doch leider oft nur in einseitiger Gestalt, nämlich so, dass sich bei Protestanten das fleischgewordene Wort in eine gepredigte Idee verflüchtigt, während es sich bei Katholiken in eine gewandelte Hostie verdinglicht. Seit dem Zweiten Vatikanischen Konzil ist meiner Wahrnehmung nach in der Katholischen Kirche auf dem Wege zu einem evangelischen Katholizismus mehr geschehen, als es sich Wittig erträumen konnte. Ich denke, dass auch der evangelische Gottesdienst an vielen Stellen immer selbstverständlicher von Wortverkündigung und Mahlfeier geprägt wird. Auf diesem Weg gilt es geduldig, behutsam und entschieden fortzuschreiten, wenn Wittigs Vision eines »evangelischen Katholizismus« immer deutlichere Züge annehmen soll.

## IV. Roman mit Gott

Wie fast alle Schlesier, so wurde auch Wittig aus seiner innig geliebten Heimat nach dem Zweiten Weltkrieg vertrieben. Er krallte sich zwar noch eine Weile an seinem Haus und seiner Heimat fest, zumal er von einer lange Zeit nicht erkannten und falsch behandelten Gallenkrankheit geplagt war. Als er dann aber zwei Mal von Prügelkommandos übel zugerichtet wurde, sah er ein, dass jeder Versuch zu bleiben sinnlos geworden war. Er ließ sich auf einem Leiterwagen zu einem der letzten Transportzüge in den Westen mitnehmen. Es gehört freilich zu den Merkwürdigkeiten jener absurden Zeit, dass Wittig in eben dem Moment, da er seine schlesische Heimat verlassen musste, ein Telegramm aus Breslau bekam, mit dem Inhalt, er sei in den Schoß der katholischen Kirche wieder aufgenommen. Das war für Wittig inmitten des irdischen Verlustes der Heimat die Rückkehr in seine geistliche Heimat, von der er sich selbst ja niemals getrennt hatte. In seinem geistlichen Tagebuch aus jener Zeit, dem er den Titel »Roman mit Gott« gab, äußert Wittig die Vermutung, dass es der polnische Erzbistumsverweser Hlond gewesen sei, der in Affront gegen den deutsch-nationalistischen Kardinal Adolf Bertram die »Sache Wittig« erneut aufgegriffen und so rasch wie möglich eine Wiederaufnahme in die katholische Kirche betrieben habe. Das bedeutete für Wittig, dass er nun mit seiner Familie zusammen wieder die Feier der Eucharistie aufsuchen durfte. Zuflucht fand die Familie Wittig in der Lüneburger Heide in einem Forsthaus, nachdem ein Antrag auf Zuzug im Sauerland mehrfach wegen der herrschenden Wohnungsnot gescheitert war. Drei Jahre später starb Wittig im August 1949 in jenem Forsthaus, nachdem wenige Wochen zuvor die Zuzugsgenehmigung aus Meschede im Sauerland eingetroffen war. Auf den Umzug ins Sauerland wurde Wittig im Sarg mitgenommen und in Meschede beigesetzt, wo seine Frau Anca mit den Kindern bis 1995 gelebt hat und an der ökumenischen Gestalt der Kirche, so gut es ihr bis zum 99. Lebensjahr möglich war, gearbeitet hat. Wittig selbst waren also nach der Vertreibung noch drei Jahre vergönnt, um eine neue Korrespondenz aufzubauen, sein Tagebuch zu Ende zu führen, Geschichten aus der schlesischen Heimat zu schreiben und Seelsorger für evangelische und katholische Christen zu sein, vor allem natürlich für seine geliebten Schlesier. Wenn sie ihn fragten, wo es denn jetzt noch Heimat gäbe, so lautete seine Antwort: »Heimat haben wir jetzt nur noch in Gott, denn wir haben hier keine bleibende Statt.« Und dann fügte er in seinem Tagebuch fast testamentarisch noch hinzu:

Fragt angesichts des Elends in der Welt nicht »Wie kann Gott das zulassen?«, fragt überhaupt nicht nach Gott! Wir haben keinen Gott; wir haben einen Vater im Himmel, und dieser ist nicht der Herr der Welt. Der Herr der Welt ist nach dem eindeutigen Zeugnis Jesu der Fürst der Welt: der Teufel. Jesus, der Sohn des lebendigen Gottes, hat nur eine kleine Herde aus der Welt herausgerufen. Der Teufel spielt sich indessen als Gott auf!

Das ist, radikal zugespitzt, was im Grunde von Anfang an Wittigs Anliegen war: Weg von einem abstrakten Gottesbegriff, weg von einer wie auch immer gearteten abstrakten theologischen oder philosophischen Gottesvorstellung; hin zu dem Vater Jesu Christi, hin zu dem Kind in der Krippe, hin zu dem Stücklein Brot, das sich in der Kraft des Heiligen Geistes zum Leib Christi wandelt und den Armen gereicht wird. Das ist Wittigs Zug vom Großen zum Kleinen hin, ein Zug der Fleischwerdung des Wortes, die für Wittig die Mitte der Kirche, die Mitte der Ökumene und die Mitte eines evangelischen Katholizismus ist.

## V. Zusammenfassung

Viele Wege, die Joseph Wittig für ökumenische Begegnungen, für eine neue Sicht der Kirchengeschichte, für eine narrative Gestalt von Theologie, für eine gelebte Taufspiritualität und nicht zuletzt für die Begegnung mit dem Wunder der Weihnacht eröffnet hat, sind meines Erachtens noch gar nicht entdeckt oder inzwischen wieder verholzt und zugewachsen. Das hat drei Gründe:

1. Bis auf wenige Ausnahmen sind Wittigs Bücher im Buchhandel nicht mehr zu bekommen, allenfalls noch in Antiquariaten, wohin sie aus dem Nachlass verstorbener Schlesier wandern. Immerhin ist an der Universität in Frankfurt unter Leitung von

Prof. Dr. Josef Hainz und Nicole Rust ein Joseph-Wittig-Archiv eingerichtet worden, das den Gesamtnachlass Wittigs und seiner Frau umfasst. Wer also bei Wittig weiter forschen will, kann es hier tun, wie es schon in den beiden Dissertationen, die über Wittig geschrieben worden sind, geschehen ist.[1]

2. Wittigs Anregungen aufzunehmen und weiter zu denken ist deshalb so schwer, weil er scheinbar so leicht zu lesen ist und seine Leser zu dem Trugschluss verführt, sie hätten es mit einem Heimatschriftsteller zu tun, der sich ein paar beschauliche Gedanken über Gott, Wald- und Wiesenwege ausdenkt. Zu diesem Trugschluss muss kommen, wer die neue Sprache Wittigs in ihrer ganzen Elementarität und Sprengkraft verkennt.

3. Wittigs Vision eines evangelischen Katholizismus sperrt sich zum einen gegen einen Protestantismus, der bloß aus dem Antikatholizismus lebt und darin mehr und mehr erstarrt; sie sträubt sich aber auch gegen einen römischen Prinzipialismus, der das Kleine, Unscheinbare, Unebene und Einzigartige weder zu sehen noch zu würdigen vermag, weil er von der Herrschaft des Allgemeinen, des Begriffs, des Rechts her denkt und darin ebenso erstarrt.

Wie weitherzig Joseph Wittig sowohl von Martin Luther wie vom römischen Papst zu denken vermochte, soll sein Nachwort zum Luther-Jahr 1933 abschließend dokumentieren, das er für »Die christliche Welt« schrieb:

L'Invadente

Ein Nachwort zum Lutherjahr

Als ich in jungen Jahren einmal bei dem guten Papst Pius X. war, um ihm im Namen des deutschen Priesterkollegiums am Campo Santo dei Tedeschi ein soeben fertiggedrucktes und durch einen Prachteinband über Gebühr geehrtes wissenschaftliches Werk aus meiner Feder zu überreichen, sagte er, den Folianten überprüfend, auf einmal: »Questi Tedeschi sono invadenti« – »Diese Deutschen sind« – ja, ich kann das Wort »Invadente« gar nicht deutsch wiedergeben; es heißt, ganz trocken übersetzt, »Angreifer«, »Eroberer«, kann auch heißen »frech«, »draufgängerisch«; man muss bei der Übertragung den Klang des gesprochenen Wortes hören und das schier unmerkliche Kopfschütteln und feine Schmunzeln des

[1] Vgl. die Werke von Tschöpe: Zwischen Argument und Sakrament, und Kleymann: … und lerne von dir selbst im Glauben zu reden.

Sprechenden sehen! Bekümmernis und Bewunderung waren zu gleichen Teilen darin gemischt.

Woher kam dem Manne dieses Wort? Kaum aus der Betrachtung des ihm überreichten Buches, das eine Arbeit aus dem Bereiche der christlichen Archäologie war; auch nicht aus der Bewunderung des Prachteinbandes, denn so was sind die Päpste gewöhnt, immer Seide und Gold. Auch der alte Rektor des Camposanto, der knorrige Niederdeutsche Anton de Waal, und die übrigen geistlichen Gefährten, lauter junge, kecke Forscher aus den süddeutschen Ländern, hatten den Eindruck, dass das Wort aus des Papstes tiefster Wesensschau deutscher Art kam, so ungewollt und ungeklügelt, dass nachher zwei oder drei zueinander sagten: »In solchen Dingen sogar ist der Papst unfehlbar!«

Pius X. hat in jedem Deutschen, auch in jedem deutschen Katholiken, einen offenen oder verborgenen Luther gesehen. Man muss nur seinen Blick beobachtet haben, in dem jenes dunkle Wort sein Licht bekam. Es blitzte etwas aus diesem Blick. Ich kann niemandem diesen Glauben aufzwingen, aber ich weiß, es war soviel Freude und Güte, soviel tiefmenschliche Zustimmung, wie nur neben der hochamtlichen Bekümmernis Platz hatte, viel echter als das im Amt geschriebene böse Wort in der Borromäus-Enzyklika. Der Papst hat recht. Ich habe schon in allerfrömmsten und allerkirchlichsten Katholiken den Luther entdeckt. Wenn man sie freilich darauf anspricht, wehren sie sich dagegen, denn sie wollen eben katholisch und nicht lutherisch sein, was übrigens eine ganz andere Sache ist, als Luther in sich zu haben oder nicht. Luther in sich haben, dieses Glaubensmeer, dieses mächtige Feuer, diese wahrhaftige Zunge, dieses betende Herz, dieses klare Ja und Nein, das gehört zu jedem vollen christlichen Wesen und ist eine herrliche Qualität. Es will sich nur nicht immer im Streit der Meinungen und Konfessionen offenbaren, sondern lieber im vertraulichen Gespräch, wenn es nicht mehr um Kirche geht, sondern um Gott und seine Macht und Gnade. Das wußte Papst Pius X., denn er war kein vertrockneter Wipfel am Baum der Kirche: er züngelte hoch da oben auf Gott zu. Und sein Auge senkte sich tief in mein deutsches Herz – »Questi Tedeschi sono invadenti!« – und er nahm seine Feder und schrieb unter sein Bild, das er mir schenken wollte: »Dilecto filio – dem geliebten Sohne gebe ich als Unterpfand meiner Freundlichkeit und Liebe von Herzen den apostolischen Segen!«

Ich weiß Namen, und es ist wahr, was ich sage: wenn ein Priester um seines Gewissens willen nicht mehr den Dienst in der katholischen Kirche tun konnte und so zu Pius X. kam, entließ er ihn segnend und sagte: »Prima la coscienza, poi il dovere« – »Zuerst das Gewissen und dann erst das amtliche Müssen!« – Luther im Papste!

Der Papst muss tun, was seines Amtes ist, nicht was seines Herzens ist. Seine Beamten überwachen ihn wie die alten Cherubim die Pforte des Paradieses; sie wollen den Luther in ihm, den ehrlichen, treuen, wahrhaftigen, gütigen, väterlichen Menschen, nicht herauslassen. Sein eigentliches Amt aber ist in seinem Herzen. Liebe ist immer unfehlbar.

Mein Herz ist auch ein päpstliches Herz; ich sage es vor der ganzen Welt. Aber ich habe mich der amtlichen Bewachung entzogen; ich durfte meine ganze Freude an Luther herauslassen und mit der evangelischen Christenheit seinen Geburtstag feiern. Joseph Wittig (Die Christliche Welt, 1933, 1118f).

## Literatur

Die Kreatur: Zeitschrift, hg.v. J. Wittig/ M. Buber/ V. von Weizsäcker, Berlin 1.1926/1927 bis 3. 1929/1930.

Kleymann, S.: ... und lerne von dir selbst im Glauben zu reden. Die autobiographische Theologie Joseph Wittigs, Würzburg 2000.

Tschöpe, H.: Zwischen Argument und Sakrament. Die mystagogische Theologie Joseph Wittigs und ihre Bedeutung für Theologie, Kirche und Gottesdienst, Frankfurt 1993.

Wittig, J.: hg.v. Herrenbrück, F.: Alter der Kirche, 3 Bd., Münster 1998.

–: hg.v. Steinacker, F.: Das geleimte Christuskind. Ein Wittig Lesebuch, Metzingen 2000.

–: Der Ungläubige, Gotha 1932.

–: Höregott. Ein Buch vom Geist und vom Glauben, Gotha 1929.

–: Kommt, wir gehen nach Bethlehem, Heilbronn 1990.

–: Kraft in der Schwachheit. Briefe an Freunde, Moers 1993.

–: Leben Jesu in Palästina, Schlesien und anderswo, 2 Bd., München 1925 (danach zahlreiche weitere Auflagen, zuletzt: Mörs 1991).

–: Papst Damasus der Erste. Quellenkritische Studien zu seiner Geschichte und Charakteristik, Rom 1902, Römische Quartalschrift für christliche Altertumskunde und für Kirchengeschichte. Suppl. 14.

–: Roman mit Gott. Tagebuchblätter der Anfechtung, Moers 1990.

Wittig, J./ Rosenstock-Huessy, E.: Das Alter der Kirche, 3 Bd., Berlin 1927–1928.

Klaus von Zedtwitz

# Augustin Kardinal Bea

## Gemeinsam dem Ziel der Einheit entgegengehen

28. Mai 1881–16. November 1968. Als Mitglied der Societas Jesu (1902) war Bea Professor für Alttestamentliche Exegese in Valkenburg, Holland. 1921 Provinzial der Oberdeutschen Provinz der S.J. 1924 Oberer des Internationalen Studienhauses der S.J. in Rom und Professor am Bibelinstitut der Gregoriana. 1930–1949 Rektor des Bibelinstituts. 1959 zum Kardinal erhoben. Mit Lorenz Jaeger initiierte er die Gründung des Einheitssekretariats, dessen Leitung er übernahm. Die Öffnung der römisch-katholischen Kirche für die Ökumenische Bewegung wird auch von katholischer Seite weitgehend als Verdienst Beas gesehen.

Augustin Bea ist heute für viele ein Unbekannter. Er war es auch für mich, ja bis mein Onkel im November 1968 mich, den damals 18-jährigen, anrief und fragte, ob wir (mein Bruder und ich) nicht mit ihm zur Beerdigung eines Kurienkardinals fahren würden. Wir fuhren nicht nach Rom, wo die Kardinäle der Kurie bestattet werden, sondern ins kleine Riedböhringen, ca. 70 km östlich von Freiburg, zur Beerdigung von Augustin Kardinal Bea, am 28. Mai 1881 in Riedböhringen geboren, dort am 21. November 1968 bestattet. »Back to the roots« – dies hat viel mit diesem Mann zu tun, der seine katholischen »Wurzeln« nie verlor, doch eine ökumenische Bedeutung erlangte, die er sich wohl selbst nicht zugetraut hätte. Ihm wurde der »Kairos« geschenkt, als er 77 Jahre alt war. Er ergriff dieses flüchtige Zeitmoment, um die Zeit für die Ökumene in der römisch-katholischen Kirche wirklich reif werden zu lassen und reif zu machen.

## I. Beas Wurzeln – Beas Weitung

Riedböhringen ist altes Siedlungsgebiet, bezeugt bis zur Jungsteinszeit (3000 v.Chr.), 800 Meter hoch gelegen, zwischen Schwarzwald und Bodensee. Der 30 Meter hohe Kirchturm mit seinen 2 Meter dicken Mauern soll ursprünglich ein römischer Wehrturm aus dem 1. nachchristlichen Jahrhundert gewesen sein. In diesem Turm ist Beas Grab und liegen die Gebeine seiner Eltern, des Zimmermanns Karl Bea und seiner Frau Maria, geb. Merk, deren einziges Kind er war.

Rückblickend auf sein Leben sagte Augustin Bea: »An der Hand der Mutter habe ich das Beten gelernt und an der Hand des Vaters bin ich in die Kirche eingeführt worden ... Sie sind meine ersten Ausbilder im Beruf.«[1] Pfarrer und Lehrer wurden auf den begabten Jungen schon früh aufmerksam. Sie überzeugten die Eltern (1893), dass er die Heimschule Lender in Sasbach besuchen solle, um sich so auf das Abitur vorzubereiten. Vorgesehen für den Eintritt in die Quinta, wurde Augustin Bea versehentlich für die Quarta geprüft, bestand und wurde so auch in diese Klasse aufgenommen.

Für ein Jahr allerdings (1897/98) wechselte er nach Konstanz ans »Konradihaus«. Von diesem Jahr sagte der spätere Kardinal einmal:

> In unserer Klasse waren verschiedene christliche Religionen und Glaubensbekenntnisse vertreten. Und doch verstanden wir uns sehr gut und arbeiteten harmonisch zusammen. Damals habe ich angefangen, zu begreifen, wie man bei aller Treue gegenüber dem eigenen Glauben den Angehörigen anderer Glaubensbekenntnisse nicht nur kühlen Respekt, sondern echte Wertschätzung entgegenbringen, ja sie aufrichtig lieben kann. Das bedeutete für mich, der ich aus einem rein katholischen Dorf kam, den ersten Unterricht in praktischem Ökumenismus ...[2]

Er bestand das Abitur im Juli 1900 am Ludwigsgymnasium in Rastatt mit der Note »sehr gut«.

Schon vor dem Abitur kam ihm der Gedanke in den Jesuitenorden einzutreten, der aufgrund der Kulturkampfgesetze in Deutschland noch verboten war. Vermutlich um den Eltern den

---

[1] Buchmüller: Bea, 30.
[2] Buchmüller: Bea, 40.

einschneidenden Abschied noch nicht gleich zuzumuten, studierte er in Freiburg drei Semester Theologie, bis er im April 1902 in Blijenbeek (Niederlande) in die Societas Jesu eintrat. 1907 unterrichtete er Latein, Griechisch, Deutsch, Mathematik am Mittelschulkolleg in Sittard bei Maastricht. Aus dieser Zeit wird folgende Begebenheit berichtet: Bea zu einem Jungen: »Was willst du später im Leben machen, wenn du jetzt nichts lernst?« Junge: »Ich bin Haupterbe einer Adelsfamilie.« Bea: »Daher hast du das Recht, dumm zu bleiben.«[3]

Die normalen Studien des Ordens ergänzte Bea durch Spezialstudien in Exegese, Philologie und orientalischen Sprachen. Dazwischen lag die Priesterweihe 1912 in Valkenburg. Von 1914–1917 war er Leiter des Urlaubshauses für die zum Wehrdienst eingezogenen deutschen Jesuiten in Aachen, anschließend Professor für alttestamentliche Exegese an der Ordenshochschule in Valkenburg. 1918 legte er die letzten Gelübde ab (feierliche Ordensprofess). 1921 wurde er Provinzial der neu gegründeten Oberdeutschen Ordensprovinz zu München. Das Jesuitengesetz von 1872 war 1917 wieder aufgehoben worden. Bea schrieb 1921 an den jungen Karl Rahner, der gerade dabei war, in die Gesellschaft Jesu einzutreten: »Mögen Sie selbst in unserer Gesellschaft glücklich werden und recht viele andere glücklich machen!«[4]

## II. Ein offener Exeget wird Mann des Papstes

1924 wurde Bea als Professor für biblische Theologie an die Päpstliche Universität Gregoriana in Rom berufen. Der Pater General kommentierte: »Bea hat es verstanden zu kritisieren. Jetzt habe ich ihn nach Rom gerufen, damit er die Dinge verbessern kann.«[5] Bea ließ sich nicht einordnen: »Wir sind weder liberal noch konservativ, wir suchen die Wahrheit.«[6]

---

[3] Schmidt: Bea, 59. Schmidt kannte Bea seit 1951; er wurde 1960 Sekretär des Einheitssekretariates und hatte fast tagtäglich Begegnungen mit Bea.

[4] Schmidt: Bea, 83.

[5] Schmidt: Bea, 90.

[6] Schmidt: Bea, 92.

Von 1930–1949 war er Rektor des Päpstlichen Bibelinstituts. Zeitgleich und danach Mitglied verschiedener päpstlicher Kommissionen und Kongregationen.

Als Professor (1924–59) und Rektor (1930–1949) des Päpstlichen Bibelinstituts bahnte er der historisch-kritischen Exegese einen Weg in der katholischen Kirche. Dies stieß auf protestantischer Seite auf großes Interesse. 1935 erhielt Bea eine Einladung zu Vorträgen beim ersten Internationalen Evangelischen Bibelkongress in Göttingen. Nach Rücksprache mit Papst Pius XI. sagte er zu. Bea sprach über die Ausgrabungen in Teleilat Ghassul im südlichen Jordantal, die er teilweise selbst leitete und mit Studenten aufsuchte. In Göttingen war die röm.-kath. Kirche zum ersten Mal bei einem protestantischen Kongress vertreten. In der Folge kam es dann zu Besuchen protestantischer Theologen im Päpstlichen Bibelinstitut. So begannen auf der bibelwissenschaftlichen Ebene die ökumenischen Kontakte. Allerdings war Bea nicht der große Wissenschaftler, der eigene umfangreiche Forschungen unternahm, sondern war sozusagen ein »Beobachter auf der Warte«, wie ihn Max Zerwick S.J., ein langjähriger Mitarbeiter am Bibelinstitut, nannte. Max Zerwick: »Wo immer Neues, Zukunftversprechendes auf dem Gebiet der Bibel und ihrer Grenzwissenschaften auftauchte, da war er es, der ihm sogleich lebendiges Interesse entgegenbrachte, der sich auf dem laufenden hielt, in Vorträgen und Artikeln darüber berichtete und jeweils die Verbindung zur Bibelwissenschaft im katholischen Verständnis herstellte.«[7] Es war die Zeit, in der sich die katholische Exegese von dem Schock der kirchlichen Reaktion gegen den Modernismus allmählich erholte.

Augustin Bea bewegte sich in den herkömmlichen Strukturen der Hierarchie: Treue, Verlässlichkeit, keine offene Kritik. Er »wartete«, bis er entdeckt und gerufen wurde – vom Papst. Von diesem Moment an konnte er auf der Ebene verbindlicher Kirchenlehre das einbringen, was er für richtig erkannt hatte, den Gedanken des Fortschritts. Natürlich war er Pius XII. mit seiner Offenheit und seinem Weitblick bekannt. So wurde Augustin Bea zusammen mit dem Dominikaner-Exegeten Vosté vom Papst gerufen, ihm, dem Papst, einen Text für eine entscheidende

[7] Buchmüller: Bea, 72.

Lehrverkündigung zu formulieren, die als Enzyklika »Divino afflante spiritu« 1943 veröffentlicht wurde. Mit der Berufung von Bea und Vosté hatte der Papst schon eine bewusste Entscheidung für eine Wende in der katholischen Bibelexegese getroffen. Bea wurde so zum »Mann des Papstes«. Dazu gehörte das Schweigen – zeitlebens! Max Zerwick schrieb: »Nie hat P. Bea auch nicht die leiseste Andeutung über seine Vorbereitungsarbeit an der Enzyklika verlauten lassen, weder vor noch nach ihrem Erscheinen. Aber der Geist dieser Enzyklika, zumal in ihrem Kernstück, ist unverkennbar Bea.«[8] Jahre zuvor (1935) hatte Bea ein Buch über die Inspiration der Schrift geschrieben. Studenten sagten deshalb scherzhaft: »... etliche Abschnitte in Beas Buch müssten von nun an durch Anführungszeichen als Zitate aus der Enzyklika gekennzeichnet werden.«[9]

Was war das Besondere an dieser Enzyklika? Sie enthielt die Aufforderung zum wissenschaftlichen Studium der Schrift. Dabei sollte auf die Erkenntnisse der Archäologie, der Sprachwissenschaft, der Geschichte und der Literaturkritik zurückgegriffen werden. Entscheidend wurde die Fragestellung: Was wollten die antiken Schriftsteller damals sagen, eingebunden in ihre Kultur, Sprache und Geisteshaltung? Dadurch war einem rein wortwörtlichen Verständnis der Schrift autoritativ der Boden entzogen und der Gedanke der Inspiration der Schrift wurde damit problemlos verbunden. 1952 schrieb Bea einen Artikel, einen Nachklang zur Enzyklika, mit dem Titel: »Der Fortschritt in der Schriftauslegung«.

Eine kleine Episode am Rande, die etwas Entscheidendes von der Persönlichkeit Beas zeigt: Hans Küng, damals Theologe am Germanicum, beschreibt die Visitation des Hauses im Jahre 1952: »... diese wurde durchgeführt durch den milden P. Augustinus Bea, Rektor des päpstlichen Bibelinstitus, und wurde von uns ›Visitatio beatifica‹ genannt, weil sie uns nichts Böses brachte.«[10]

Ein tiefer Einschnitt war für Bea der Tod Pius XII. im Herbst 1958. 13 Jahre lang war Bea der Beichtvater des Papstes gewe-

---

[8] Buchmüller: Bea, 74f.

[9] Schmidt: Bea, 119.

[10] Küng: Freiheit, 115.

sen. Fast jeden Samstag wurde Bea vom Vatikanwagen abgeholt, damit der Papst und die bei ihm tätigen Ordensschwestern die Beichte ablegen konnten. Oft bat der Papst Bea noch danach zu einem Gespräch. Hier konnte Bea unkompliziert wichtige Themen ansprechen. Beim Tod des Papstes war Bea nicht dabei. Er war ziemlich krank: Schwere Darmvergiftung lautete die Diagnose. »Es war eine Tragik, daß ich nicht an seinem Sterbebett sein konnte«, schrieb Bea später.[11] Bea behielt alle Aufgaben bei, außer der des Beichtvaters des Papstes. Gegenüber dem neuen Papst Johannes XXIII. hielt er sich zurück. Bea war froh, nicht sein Beichtvater sein zu müssen. Der 77-jährige Bea glaubte, jetzt einem ruhigen Ende entgegen gehen zu können. Das änderte sich schlagartig, als Johannes XXIII. am 25. Januar 1959 völlig überraschend das II. Vatikanische Konzil ankündigte.

## III. Bea – das ökumenische Gewissen des Konzils: »die Einheit der Christen als Gottes Wille«

Da Bea der Gedanke der Einheit der Christen so sehr am Herzen lag, ergriff er die ökumenische Initiative. Er legte verschiedenen Briefpartnern, mit denen er in Verbindung stand, auf wenigen Seiten »Gedanken« zum Konzil und seiner ökumenischen Bedeutung vor. Dieses Papier ist nicht mehr erhalten, lässt sich aber rekonstruieren: weder eine optimistische noch pessimistische Sicht des kommenden Konzils, sondern eine realistische – es werde kein Unionskonzil! Die jahrhundertealte Spaltung lasse sich nicht auf einen Schlag lösen. Wichtig seien auch innerkirchliche Klärungen. So schrieb Bea:

> M.E. muß erreicht werden, daß die Bischöfe mehr als bisher zur Leitung, sowohl in der Gesamtkirche als besonders bezüglich ihrer Diözese, herangezogen werden. Es sollte nicht vorkommen, daß von hier aus etwas über eine Frage der Diözese angeordnet oder entschieden wird, ohne daß

---

[11] Schmidt: Bea, 368.

der Ordinarius loci befragt wird. Diese Zentralisation ist sicherlich nicht zum Segen der Kirche.[12]

Am 16. November 1959 kam die Nachricht, Bea werde zum Kardinal ernannt. Doch das normale Leben ging weiter. Es war ein Leben für die Ökumene. Bea stand in engem Kontakt mit Kardinal Jaeger, Paderborn; dort hat ja das Adam-Möhler-Institut seinen Sitz.

Von Jaeger ging der Vorschlag aus, eine offizielle Gutachterstelle für ökumenische Fragen in Rom einzurichten. Bea antwortete am 30. November 1959: »Das Wichtigste ist wohl die Frage einer Vertretung der ökumenischen Bewegung in Rom.«[13] Bea legte Papst Johannes XXIII. im März 1960 ein Gutachten vor, um zur Anbahnung von Kontakten mit den getrennten Christen eine Stätte der Begegnung in Rom zu schaffen. Bea: »Der große göttliche Imperativ der Stunde: die Einheit der Christen als Gottes Wille.«[14] Der Papst griff den Vorschlag auf und präzisierte ihn: Er möchte keine vorkonziliare Kommission, sondern eine ständige Einrichtung, die allerdings auch kein Organ der Kurie sei, also keine Kongregation. Er errichtete ein »Sekretariat«, das in gewisser Weise eigenständig und eigeninitiativ handeln konnte und ernannte Bea zum Leiter, »Moderator«, des Sekretariates der Einheit der Christen (Juni 1960). Es war die Idee des Papstes, es so zu nennen: So könne es sich unter der Leitung Beas freier bewegen. Ihm gehörten im Laufe der Zeit 36 stimmberechtigte und beratende Mitglieder aus zwölf Nationen an.

Noch vor Gründung des Einheitssekretariates wandte sich Bea an den Papst mit der Bitte, Kontakte zum Ökumenischen Rat der Kirchen und seinem Generalsekretär Visser´t Hooft aufnehmen zu dürfen. Der Papst sagte ihm: »Die Sache scheint mir noch nicht reif.« Bea: »Daraus zog ich den Schluß, man müsse sie reif machen.«[15] Am 22. September 1960 kam die Begegnung in Mailand zustande, die sechs Jahre lang geheim gehalten wurde.

Wie leitete Bea gerade in der Vorbereitungsphase des Konzils das Sekretariat?

---

[12] Schmidt: Bea, 373.
[13] Schmidt: Bea, 405.
[14] Buchmüller: Bea, 112.
[15] Schmidt: Bea, 413.

Jan Willebrands, der damalige enge Mitarbeiter Beas und spätere Kardinal, sagte darüber: »Er ließ die größte Freiheit der Diskussion zu, sorgte in liebenswürdiger Weise, aber mit fester Hand dafür, dass man beim Thema blieb und dass die Diskussionen zielsicher und zugleich schöpferisch waren.«[16] Auf Anregung von Bea lud Johannes XXIII. Repräsentanten der verschiedenen christlichen Kirchen als Beobachter zum Konzil ein. Es war kein leichtes Unternehmen, da es ja bis 18 Monate zuvor überhaupt keinerlei offizielle Beziehungen zu den anderen Kirchen gab. Doch Beas Charme und Zähigkeit machten es möglich: In der vierten und letzten Periode des Konzils waren es schließlich 103 Beobachter.

Bea wirkte auch in der Zentralen Vorbereitenden Kommission des Konzils mit. Er vertrat drei Gedanken, die für die Konzilskonstitution über die Kirche kennzeichnend wurden: die Kirche als Volk Gottes; die Zugehörigkeit aller Getauften zur Kirche; der Begriff »Kollegium der Apostel«, aus dem das »Kollegium der Bischöfe« hervorgeht. Ferner sprach er sich für eine echte Universalität aus. Man dürfe nicht nur an die lateinische Kirche denken, sondern müsse die verschiedenen Kulturen im Auge behalten. Bea war das »ökumenische Gewissen« der Zentralkommission. Man müsse eine Sprache in den Konzilstexten wählen, die die anderen Christen nicht vor den Kopf stoße. Ferner setzte er sich dafür ein, dass die Predigt eine Aufwertung erfahre: »Auf diesem Gebiet erwartet man sich sehr viel vom Konzil, und zwar erwarten sich das auch die Nichtkatholiken.«[17]

Eine ungeahnte und strapaziöse Aktivität entwickelte Bea, um ein öffentliches Bewusstsein für die ökumenische Dimension des Konzils zu schaffen: Vorträge in Genua, Fribourg, Zürich, Paris, Heidelberg, Tübingen, Ost- und West-Berlin, Oxford. Im September 1961 war Bea in Straßburg. Der Bürgermeister von Straßburg Pflimlin fragte ihn: »Sind Euer Eminenz Optimist oder Pessimist hinsichtlich der Aussichten der ökumenischen Bestrebungen?« Bea antwortete sofort: »Herr Bürgermeister, ich bin weder Optimist noch Pessimist, sondern Realist.«[18] Insge-

---

[16] Schmidt: Bea, 443.
[17] Schmidt: Bea, 463.
[18] Buchmüller: Bea, 254.

samt hielt Bea in dieser Zeit 26 öffentliche Vorträge in sechs europäischen Ländern. Oft wurden die Vorträge veröffentlicht, so dass sie dadurch auch eine große Wirkung entfalteten.

Über Beas Vortrag in Tübingen schreibt Hans Küng: »Es war dies gewiß kein sensationeller Vortrag, aber sensationell war, wer dies alles sagte: ein Kardinal der römischen Kurie, und zwar nicht ein beliebiger, sondern der einflussreiche Präsident des Sekretariats für die Einheit der Christen, der, wie man weiß, das Ohr des Papstes besitzt und der offensichtlich voll des Respekts ist für protestantische Frömmigkeit und Wahrheitssuche. Im Übrigen ein gar nicht hierokratisch auftretender Kirchenfürst, sondern ein bescheidener, liebenswürdig lächelnder, unter der Last der Jahre leicht gebeugter schlanker Gelehrter. Und so gilt denn der begeisterte Beifall danach sicher noch mehr dem Redner als der Rede.«[19]

Am 11. Oktober 1962 wurde das II. Vatikanische Konzil in Anwesenheit von ca. 2.500 Bischöfen und 50 Beobachtern und Gästen des Sekretariates für die Einheit der Christen durch Papst Johannes XXIII. eröffnet. Am 16. Oktober lud der Papst die Beobachter und Gäste des Sekretariates ein. Bea war tief ergriffen und erklärte: »Es ist ein Wunder!«[20] Die Möglichkeiten, die die Beobachter hatten, beschreibt Bea so:

> Den Delegierten Beobachtern und Gästen des Sekretariats standen alle den Konzilsvätern ausgehändigten Dokumente ohne Ausnahme zur Verfügung. Außerdem beteiligten sie sich an allen Generalkongregationen, konnten also die ganze Entwicklung der Konzilsarbeit verfolgen ... Einmal in der Woche veranstaltete das Sekretariat eine Sonderzusammenkunft der Delegierten Beobachter und Gäste des Sekretariats, auf der diese untereinander die Entwürfe diskutierten, die gerade in der Konzilsaula zur Diskussion standen.

Die Beobachter saßen in der Konzilsaula an einem zentralen Platz vor dem Präsidium. Küng spricht vom »Ehrenplatz in nächster Nähe des Papstaltars, weithin für alle sichtbar.« Bea: »Unter dem Eindruck der Anwesenheit solcher Gäste mussten die Konzilsväter sich sagen: Diese Männer vertreten mehrere hundert Millionen von Christen der ganzen Welt; sie sind hier

---

[19] Küng: Freiheit, 329.
[20] Schmidt: Bea, 522f.

mit uns zusammen ... Warum sind sie dann von uns getrennt?« »Mit uns«, so Küng, »finden sie sich gemeinsam in der berühmten konziliaren Kaffeebar, in einer großen Seitenkapelle der Petersbasilika, die man entsprechend umgestaltet hat und die sofort den Namen `Bar Jona` erhält – in Erinnerung an Petrus, den ›Sohn (hebr.: ›bar‹) des Jonas‹. Gerade hier ... findet so mancher Meinungsaustausch und manche wichtige Kontaktnahme statt.« Der Generalsekretär des Ökumenischen Rates der Kirchen W.A. Visser't Hooft konnte sagen: »Die Beobachter-Delegierten seien eigentlich keine bloßen Beobachter mehr, da schon sehr viele Kontakte und ein Gespräch zwischen ihnen und den Konzilsvätern bestünden.« So entstand auf dem Konzil auch ein ökumenisches Bewusstsein.[21]

Das Einheitssekretariat hatte wie die übrigen Konzilskommissionen die Aufgabe, die Konzilsvorlagen zu bearbeiten. Dabei war deren ökumenischer Gehalt von besonderer Wichtigkeit. Das Einheitssekretariat erarbeitete allerdings auch eigenständig Vorlagen, die später als »Dekret über den Ökumenismus«, als »Erklärung über die Religionsfreiheit« und als »Erklärung über das Verhältnis der Kirche zu den nichtchristlichen Religionen« (besonders über das Judentum) promulgiert und damit für die röm.-kath. Gesamtkirche als verbindlich erklärt wurden. Die Grundlage des Dekretes schaffte Kardinal Bea mit zwei Prinzipien:

1. In der Taufe und im Wort Gottes der Bibel ist bereits allen Christen eine gemeinsame Einheit gegeben.

2. Der Dialog unter den getrennten Christen ist ein Dialog ebenbürtiger Partner, ein »Dialog der Liebe«, in dem man den Partner höher schätzt als sich selbst. Prof. Meinhold, Kiel, kommentierte: Bea »hat den ökumenischen Dialog als ein Gespräch um die Wahrheit in Liebe bezeichnet ... und damit einer gesamtchristlichen Verständigung den Weg in die Zukunft gewiesen.«[22]

1962 sagte Bea den Mitgliedern des Sekretariates: »Wir sprechen niemals von der Rückkehr zur Kirche, sondern von der Wiedervereinigung.«[23]

---

[21] Schmidt: Bea, 574.577ff; Küng: Freiheit 366f.
[22] Buchmüller: Bea, 116.
[23] Buchmüller: Bea, 196.

Bea hatte wie viele Reformer einen großen Gegenspieler: Kardinal Ottaviani, den Leiter der theologischen Kommission. Er war zunächst nicht bereit, die theologische Kompetenz Beas und seines Sekretariates anzuerkennen. Auch die Zentralkommission des Konzils tat sich schwer, die von Bea eingereichten Entwürfe an die Bischöfe weiterzuleiten. Doch die Geduld und Beharrlichkeit Beas siegte schließlich – und seine Bereitschaft zu Kompromissen.

In der ersten Konzilsperiode (Herbst 1962) ergriff bei der Diskussion über die Liturgie Kardinal Ottaviani in der Konzilsaula das Wort: Die Kommunion unter beiden Gestalten sei in der zentralen Vorbereitungskommission abgelehnt worden. Kardinal Ruffini hatte zuvor alle Verbote der vergangenen Jahrhunderte aufgeführt. Da meldete sich Bea nach Ottaviani zu Wort und sagte ruhig und gelassen: Da der Brauch, den Kelch zu empfangen, aus schwerwiegenden und berechtigten Gründen untersagt worden sei, könne er aus schwerwiegenden Gründen wieder eingeführt werden.[24] So wurde beim Konzil deutlich: Es ist nicht nur Beas Einfluss auf Päpste wie Johannes XXIII. oder Paul VI., sondern auch der Einfluss auf seine Kollegen in der Konzilsaula. 23 mal kam Bea auf dem Konzil zu Wort.

Das Konzil war Mitte November 1962 in die Sackgasse geraten. Die von der Theologischen Kommission vorbereitete Vorlage über »die Quellen der Offenbarung« war heftig umstritten.

Die Vorlage ging davon aus, dass Schrift und Tradition zwei voneinander unabhängige Quellen seien. Bea griff gleich am ersten Tag in die Debatte ein und erklärte kurz und knapp, dass ihm diese Vorlage nicht gefalle und schlug vor, sie zur völligen Neubearbeitung an die Theologische Kommission zurückzuweisen. So forderte er zusammen mit anderen Bischöfen eine gründliche Überholung der Vorlage im Blick auf die getrennten Brüder. Fünf Tage wurde debattiert – mit vielen Wiederholungen ohne Ergebnis. Der Vorschlag, die Aussprache zu unterbrechen, erhielt nicht die nötige Zweidrittelmehrheit. Außerdem war das Vertrauen in die vorbereitende Theologische Kommission erschüttert. Es erhoben sich Stimmen, die Ökumeniker an der Erarbeitung einer Neuen Vorlage zu beteiligen. Bea war mit zwei

---

24 Schmidt: Bea, 696.

anderen Kardinälen der Meinung, der Papst solle die Debatte unterbrechen. Am 21. November wurde der Beschluss des Papstes verkündet, die Debatte sei unterbrochen und die Vorlage solle von einer gemischten Kommission aus Theologischer Kommission und aus dem Sekretariat für die Einheit der Christen neu erarbeitet werden. Bea berichtete später, was ein orthodoxer Beobachter dazu gesagt habe: »Ich habe zum ersten Mal begriffen, wie nützlich es ist, einen Papst zu haben.«[25]

Kardinal Garrone sagte über die Arbeit der gemischten Kommission und über die Rolle Beas: »Nachdem der Heilige Vater die Idee dieser gemischten Kommission angenommen hatte, habe ich deren mühsames Funktionieren erlebt. Es ist sehr heikel, darüber zu sprechen. Das Mindeste, was man sagen kann, ist, dass das Sekretariat für die Einheit der Christen von einigen Mitgliedern der Theologischen Kommission nicht gern akzeptiert wurde. Kardinal Bea hat in jenen Tagen sicher manche der härtesten Prüfungen seines Lebens durchgemacht. Viele von uns teilten seine Sorgen und Schmerzen und kämpften mit ihm. Ich muss mit aller Aufrichtigkeit sagen, dass ich wiederholt Gelegenheit hatte, diesen Mann zutiefst zu bewundern: seine Gelassenheit inmitten des Sturmes, seine vollkommene Demut, seine Ruhe und Festigkeit des Urteils und, so würde ich zu sagen wagen, seine Großmut im Vergeben des Mangels an Achtung, den sich ein anderer gewiss nicht hätte gefallen lassen.«[26] Es brauchte aber viel Zeit, bis die Vorlage in der letzten Konzilsperiode 1965 verabschiedet werden konnte. Das Lehramt steht nicht über dem Wort Gottes, sondern dient ihm, eine für Bea wichtige Aussage der Konstitution Dei Verbum. So setzte sich Bea, der Bibliker und Exeget, durch. Max Zerwick führt dies auf seine Persönlichkeit zurück: Bea war nicht berechnend, sondern »wirklich ehrlich und erwarb sich damit in römischen Kreisen und weit darüber hinaus ein manchmal geradezu blindes Vertrauen.« Auf dem Konzil hätte man immer wieder hören können: »Ist das die Auffassung von Kardinal Bea? Dann ist es gut so.«[27]

[25] Schmidt: Bea, 529.
[26] Schmidt: Bea, 529f.
[27] Buchmüller: Bea, 77.

So leistete Bea sich auch Interventionen wie diese zum Thema der Massenkommunikationsmittel, die mit den Worten begann: »Zu Anfang hatte ich nicht die Absicht, über dieses Thema das Wort zu ergreifen. Neulich fand die gewohnte Versammlung der nichtkatholischen delegierten Beobachter statt. In ihr wurden wichtige Gesichtspunkte zu unserem Thema vorgetragen, und es scheint mir der Mühe wert, sie zur Kenntnis der Konzilsversammlung zu bringen.«[28] So kamen Nichtkatholiken auf dem Konzil zu Wort, indirekt zwar, aber wirkungsvoll.

In der Konzilspause zu Beginn des Jahres 1963 reiste Bea in die Vereinigten Staaten. In New York fand das Agape-Treffen von Menschen verschiedenster Konfessionen statt. Der evangelische Professor Van Dusen bezeichnete Bea in seinem Beitrag als pater oecumenicus. Wieder zurück mehrten sich die Anzeichen, dass es Papst Johannes XXIII. nicht gut ginge. Am 31. Mai 1963 fiel er in tiefe Bewusstlosigkeit, wachte am nächsten Tag wieder daraus auf. Bea besuchte ihn. Der Papst konnte aber nur ein paar unverständliche Laute herausbringen. Am 3. Juni starb er. Wie würde es weitergehen mit dem Konzil, mit der Ökumene? Am 21. Juni wurde der Erzbischof von Mailand Montini zum Papst gewählt: Paul VI. Er erklärte, dass das Konzil weitergeführt werde.

Die zweite Konzilsperiode von September bis Dezember 1963 war sehr schwierig. Im November 1963 wurde die Vorlage über den Ökumenismus vorgestellt, die vornehmlich vom Sekretariat für die Einheit der Christen erstellt worden war. Sie umfasste drei Kapitel. Ein viertes Kapitel über die Beziehungen zum jüdischen Volk wurde hinzugefügt und ein fünftes über die Religionsfreiheit. Die sog. Relatio über die Beziehungen zum jüdischen Volk hielt Bea selbst am 19. November. Die ersten drei Kapitel, die hohe Zustimmung fanden, wurden aber so lange diskutiert, dass man zu den zwei weiteren nicht kam. Die Enttäuschung vieler war sehr groß. Kardinal Bea litt sehr darunter, tat aber alles, um die Gemüter zu beruhigen. Stjepan Schmidt schreibt:

Ich glaube, es lohnt sich, den zentralen Abschnitt dieser Rede zu zitieren, weil er in vielem Beas Charakter enthüllt: `Wir bedauern, dass wir die

---

[28] Buchmüller: Bea, 198.

Diskussion nicht einmal versuchen konnten, was nur aus Zeitmangel und aus keinem anderen Grund geschehen ist, aus keinem anderen Grund! ... Aber ich glaube, wir müssen den verehrten Moderatoren dankbar sein, dass sie eine solche Fülle von Beiträgen zu den ersten drei Kapiteln zugelassen haben, wodurch die Gefahr vermieden wurde, dass man sie einer überstürzten Abstimmung über diese drei Kapitel und über die beiden anderen hätte anklagen können ... Es ist daher allemal besser, wenn alles ohne Hast, mit Gleichmut und in Ruhe nachhaltig überlegt und erwogen wird ... ‹[29]

Was tat Bea zwischen den Sessiones? Eine kleine Begebenheit soll dies beschreiben, die Hans Küng schildert. Am gleichen Tag, als die zweite Konzilsession beendet wurde, am 4. Dezember 1963, hatte Küng eine Vorladung des Heiligen Offizium zu einer Verhandlung über sein Buch »Strukturen der Kirche«. Küng schreibt: »Alles unter dem Vorsitz – und auch das ist ein gutes Omen – von Kardinal AUGUSTIN BEA.« Acht Fragen hatte Küng zu beantworten. Küng schreibt: »Bea immer sehr gütig: ›Sie meinen doch sicher ...‹ Oder: ›Sie meinen doch sicher nicht ...‹ So fiel es mir nicht schwer, die Fragen des Sanctum Officium zur Befriedigung der Herren zu beantworten.«[30]

Am 5./6. Januar 1964 begegneten sich Paul VI. und Patriarch Athenagoras in Jerusalem. Ein viel beachtetes Treffen, das von Bea und seinem Einheitssekretariat vorbereitet worden war. Paul VI. verstand sich als Pilger und Bischof von Rom, nicht als Papst.

In der dritten Konzilsperiode (Herbst 1964) wurde das Dekret über den Ökumenismus fast einstimmig angenommen. Doch es enthielt für Bea auch einen Wermutstropfen. In der Vorlage hatte Bea das »Finden Gottes in der Heiligen Schrift« ausdrücklich den getauften Nichtkatholiken zuerkannt. Die Konzilsmehrheit hatte dem zugestimmt. Mit Rücksicht auf eine Minderheit, die bei Paul VI. direkt ihre Bedenken vortrug, wurde aus dem »Finden Gottes« ein »Suchen nach Gott«: »Unter Anrufung des Heiligen Geistes suchen sie in der Heiligen Schrift Gott als denjenigen, der zu ihnen in Christus spricht.« Bea bemühte sich auch immer eine Situation positiv zu wenden. So bewertete er im

---

[29] Schmidt: Bea, 551.

[30] Küng: Freiheit, 513.

Blick auf das Ökumenismusdekret die ökumenische Bewegung »als eine Art friedlicher und aufbauender Revolution im Leben der Kirche.«[31] Keine Rückkehr zur katholischen Kirche war angezielt, sondern »unitatis redintegratio« (= Wiederherstellung der Einheit), so heißt das Dokument des Konzils. In der Ansprache an die nichtkatholischen Beobachter sagte Bea im Blick auf die nahezu einstimmige Annahme des Dekrets:

Dieses Abstimmungsergebnis ist aber zugleich ein Zeugnis für den Beitrag, den die nichtkatholischen Beobachter zum Konzil geleistet haben. Ich zögere nicht zu behaupten, dass sie auf eine entscheidende Weise zu diesem Ergebnis beigetragen haben.[32]

In diese Konzilsperiode fiel auch eine Begegnung zwischen Bea und Küng, die Hans Küng so beschreibt:

Am 22. Oktober 1964 bin ich zu einem längeren Gespräch bei Kardinal AUGUSTIN BEA. Ich beklage mich in deutlichen Worten über die Manipulation des Konzils durch Kardinal Ottaviani, andere Kurienkardinäle und Generalsekretär Felici. Als Präsident des Einheitssekretariats hat er selber auch unter diesen Kurialen zu leiden. Des Altersweisen leise lächelnde Antwort: »Sie haben schon recht. Aber Sie können sie ja nicht alle erschießen.‹ Von Kardinal Bea heißt es, es gehe niemand ungetröstet von ihm weg.[33]

Die Antwort Beas sagt natürlich auch viel über das Temperament Küngs aus, auf das sich Bea einstellte.

Die Konzilspausen nutzte Bea für ökumenische Kontakte. Im Februar 1965 besuchte er offiziell den Ökumenischen Rat der Kirchen in Genf. Er wurde vom Generalsekretär Visser`t Hooft empfangen. Höhepunkt war das öffentliche Kolloquium zwischen Bea und Pastor Marc Boegner, dem Altpräsidenten des Ökumenischen Rates. Boegner sagte kurz nach der Begegnung: »Wenn ich nicht an das Wunder des Heiligen Geistes glaubte, würde ich wahrhaftig sagen, dass ich träume.«[34] Bea sprach von »hervorragenden Ergebnissen«, die dieser Schritt bringen werde. Er zeigte sich aber – wie so oft – auch als Realist: »Diese Zuversicht bedeutet natürlich nicht, dass wir Illusionen hegen. Wir

---

[31] Schmidt: Bea, 616.
[32] Schmidt: Bea, 617.
[33] Küng: Freiheit, 469.
[34] Schmidt: Bea, 621.

wissen, dass wir erst am Anfang eines langen Weges stehen und dass uns die wahren Probleme und Schwierigkeiten noch erwarten.«[35]

Die letzte und vierte Konzilsperiode (September – Dezember 1965) war geprägt vom harten Ringen um das Dokument über die Religionsfreiheit, dessen Promotor Bea war. Nach sechs Tagen Diskussion entschied das Konzilspräsidium, dass die Grundsatzabstimmung nicht stattfinden sollte. Durch das Eingreifen des Papstes kam es aber doch zur Abstimmung.

Die Überraschung: 90% Ja-Stimmen. Es war eine harte Arbeit, um aus der Vorlage das eigentliche Dokument zu machen. 1.600 Änderungsvorschläge wurden noch eingebracht.

Die Schlussabstimmung konnte so erst in der letzten öffentlichen Sitzung des Konzils stattfinden am 7. Dezember 1965. Es gab nur 70 Gegenstimmen.

Der Abschluss des Konzils war ökumenisch beeindruckend: Am 4. Dezember 1965 vormittags verlas Dr. Lucas Vischer, der delegierte Beobachter des Ökumenischen Rates der Kirchen, in der Konzilssitzung eine Botschaft an die Konzilsväter. Am Nachmittag fand in St. Paul vor den Mauern ein feierlicher Wort-Gottesdienst mit dem Papst, den Bischöfen und den Beobachter-Delegierten statt. Kardinal Bea war so geschwächt, dass er auf Anraten des Arztes nicht an der feierlichen Schlusssitzung am 8. Dezember teilnahm.

Der lutherische Beobachter, der Heidelberger Professor Edmund Schlink, kommentierte: »Nach Papst Johannes XXIII. wird er (Kardinal Bea) in der Erinnerung vieler als die eindrücklichste Gestalt des Zweiten Vatikanischen Konzils fortleben.«[36] Yves Congar: Bea war »so etwas wie der Repräsentant bzw. das Symbol der offenen Richtung des Konzils.«[37]

Und Kardinal Ottaviani, der Gegner Beas? Ein Bonmot, das Küng aus dem Jahr 1965, dem Abschlussjahr des Konzils, erwähnt: Kardinal Ottaviani hätte an seinem Geburtstag, dem 25. Dezember, zu Erzbischof Parente gesagt: »Heute spendiere ich eine Pizza für alle Gefangenen in den Kerkern – ausgenommen

[35] Schmidt: Bea, 621f.
[36] Schmidt: Bea, 690.
[37] Schmidt: Bea, 692.

für Küng, Rahner und unseren ehrwürdigen Bruder!« »Mit letzterem«, so Küng, » meinte er niemand anderen als Kardinal Bea.«[38]

In einem zum Abschluss des II. Vatikanums im November 1965 in der Zeitschrift »La Rivista del Clero Italiano« veröffentlichten Artikel schrieb Bea geradezu emphatisch:

Dies ist also der große göttliche Imperativ der Stunde. Auf dem Spiele steht das höchste Wohl der Christen. Auf dem Spiele steht das letzte Schicksal der Menschheit, welche gerade aus der Einheit der bereits an Christus Glaubenden die göttliche Sendung Christi erkennen und Ihn finden sollte, ihren einzigen Retter.[39]

»Dialog der Liebe« ist das Leitwort. Es kommt ab 1965 zur Bildung gemischter Arbeitsgruppen zwischen den Konfessionen, so zwischen dem Ökumenischen Rat der Kirchen und röm.-kath. Kirche. Im Rahmen dieser Arbeitsgruppe werden Spezialkomitees gebildet, z.B. zur Mischehe und zur Apostolischen Sukzession. Weitere gemischte Arbeitsgruppen entstehen mit dem Lutherischen Weltbund, mit der Anglikanischen und Methodistischen Kirche. Innerkirchlich wird die Erarbeitung eines ökumenischen Direktoriums vorbereitet (1967/68).

Nach dem Konzil verstärkte sich bei Bea die Blickrichtung auf die ganze Menschheit. Die ökumenische Bewegung sei eine Etappe auf dem Weg zur »Einheit der Menschheitsfamilie.«

»Ökumenismus und Herstellung der Einheit der Menschheitsfamilie« lautet die Überschrift des letzten Kapitels seines Buches »Der Weg zur Einheit nach dem Konzil« (Freiburg 1966). Für Bea ist das Ökumenismus-Dekret ein Instrument, auch die Einheit der ganzen Menschheitsfamilie voranzutreiben:

Die beiden großen Prinzipien, von denen unsere ganze Tätigkeit beseelt sein muss, sind einerseits die Liebe zur Wahrheit und die volle Treue zu ihr wie anderseits die echte Liebe zu den Menschen. Es ist jedoch bekannt, dass die Vereinigung dieser beiden Elemente in der Praxis nicht immer leicht zu verwirklichen ist.[40]

---

[38] Küng: Freiheit, 519.

[39] Buchmüller: Bea, 124f.

[40] Bea: Weg, 339.

Bea war im Sommer 1968 sehr geschwächt. Ende August wurde ein Lungenödem festgestellt. Nach der Entlassung aus dem Krankenhaus hielt er Ende September einen Vortrag auf der Jahresversammlung der Italienischen Biblischen Vereinigung in Rom. Mitte Oktober überfiel ihn die asiatische Grippe. Noch am 4. November, 12 Tage vor seinem Tod, hielt er den Eröffnungsvortrag der Vollversammlung des Sekretariates für die Einheit der Christen:

Wir müssen klug, aber entschieden vorangehen. Einzig und allein auf diese Weise kann man auf eine Bewegung Einfluss nehmen und sie lenken. Wenn man zurückbleibt und bremst, läuft man Gefahr, Abgleiten und Verirrungen zu bewirken. Hören wir auf die Mahnung des hl. Johannes, die der Heilige Vater als Leitmotiv seiner Ansprache genommen hat, als er den Patriarchen Athenagoras in St. Peter empfing: ›Wer Ohren hat, der höre, was der Geist den Gemeinden sagt‹, was der Geist heute der Kirche sagt.[41]

Ein Vermächtnis und ein Ausblick!

## Literatur

Bea, Augustin Kardinal: Der Weg zur Einheit nach dem Konzil, Freiburg 1966.

Bea, Augustin Kardinal: Der Ökumenismus im Konzil – Öffentliche Etappen eines überraschenden Weges, Freiburg 1969.

–: In der amerikanischen Zeitschrift »Saturday Review«, New York, veröffentlichte Bea Juli 1967 einen Beitrag »Gemeinsam dem Ziel entgegengehen«. Abgedruckt bei Buchmüller: Bea, 250ff.

Buchmüller, Maria: Augustin Kardinal Bea – Wegbereiter der Einheit – Gestalt, Weg und Wirken in Wort, Bild und Dokument aus Zeugnissen von Mitarbeitern und Weggenossen. Veröffentlicht unter dem Protektorat von Lorenz Kardinal Jaeger. Bearbeitet und herausgegeben von Maria Buchmüller unter Mitarbeit von Marietta Held und Friedrich Buchmüller, Augsburg 1972.

Küng, Hans: Erkämpfte Freiheit, München/Zürich 2002.

Schmidt, Stjepan: Augustin Bea. Der Kardinal der Einheit, Graz/Wien/Köln 1989.

---

[41] Schmidt: Bea, 924.

Otto Hermann Pesch

# Papst Johannes XXIII.

## Lebenswege zum II Vatikanischen Konzil

Geboren 25. November 1881 als Angelo Giuseppe Roncalli; gestorben 3. Juni 1963; 1904 Priesterweihe in Rom, bis 1914 Sekretär von Bischof G. Radini-Tedeschi von Bergamo, 1925 zum Bischof geweiht, 1935–1944 Apostolischer Delegat für Griechenland und die Türkei, 1945 Nuntius in Paris, 1953 Patriarch von Venedig. Am 28. Oktober 1958 zum Papst gewählt, verkündete er am 25. Januar 1959 die Einberufung eines neuen ökumenischen Konzils; durch die Programmformel vom »aggiornamento« und durch den Eindruck seiner Persönlichkeit prägte Johannes XXIII. den Konzilsverlauf entscheidend.

## I. Ein Gesamturteil vorweg

Es war 1956. Der Ratsvorsitzende der Evangelischen Kirche in Deutschland (EKD) und Landesbischof von Berlin-Brandenburg, Otto Dibelius, machten einen Besuch im Vatikan und wurden von Papst Pius XII. in Privataudienz empfangen. Das Foto ging um die Welt. Denn es war eine Sensation: Zum ersten Mal trafen ein Papst und ein evangelischer Bischof zusammen. Nichts beleuchtet randschärfer die verklemmte Situation zwischen Rom und den Kirchen der Reformation – und dies trotz jahrzehntelanger Pionierarbeit ökumenisch denkender Theologen, von Rom sogar vorsichtig unterstützt; und überdies trotz der tiefen Erfahrungen von Gemeinschaft im Glauben in der Zeit des Nationalsozialismus und des 2. Weltkrieges, gemeinsames Blutzeugnis evangelischer und katholischer Christen nicht ausgenommen.

Nur sieben Jahre später, am 3. Juni 1963, starb der Nachfolger, Papst Johannes XXIII., in der Zeit zwischen der ersten und zweiten Sitzungsperiode des II. Vatikanischen Konzils. Die Lage war völlig anders. Der Papst hatte mit allen Führern der von Rom getrennten Kirchen persönlichen Kontakt. Im »Einheitssekretariat« am Rande des Petersplatzes gingen die führenden nichtkatholischen Kirchenführer und Theologen ein und aus. Was war geschehen?

Der Mann, der nach kirchlicher Herkunft, theologischer Ausbildung und persönlicher Frömmigkeit ganz und gar ein katholischer Priester des ausgehenden 19. und des beginnenden 20. Jahrhunderts in Italien war, wollte die Katholiken, wie er in der Pfingstansprache vom 5. Juni 1960 sagte, »zu Bürgern der ganzen Welt« machen, so wie ja auch die ganze Welt gemeint sei, wenn wir Jesus als den Erlöser der Welt verehren. Der Mann, der als junger Priester am Tag nach seiner Priesterweihe in einem »Gefühl völliger Hingabe« den Vorsatz, ja »den heiligen Schwur« fasste, »dem Stuhl des heiligen Petrus die Treue zu halten«, der Mann, der als Papst nicht den geringsten Zweifel aufkommen ließ, dass er seine Primatsvollmachten kannte und sie mit niemandem teilen würde, berief ein Konzil ein, das nach seiner Absicht frei und spontan wirken und die Kirche von der Struktur der zentralistisch regierten »vollkommenen Gesellschaft« zur Communio, zur Gemeinschaft von Teilkirchen hinüberführen sollte. Der Mann, der als Wahlspruch seines Priesterlebens hatte, den Willen Gottes zu erkennen und zu tun, der sein Papstamt unter den Wahlspruch oboedientia et pax, »Gehorsam und Friede« stellte und dabei niemals von einer reformatorischen Sorge vor »Werkgerechtigkeit« angefochten wurde, weil er sich wohl kaum je intensiv mit evangelischer Theologie beschäftigt hat, dieser Mann schuf die Grundlage des zwischenkirchlichen Dialogs und einer ökumenisch verantwortlichen Theologie, von der beide heute noch leben.

Gestalt und Werk dieses Papstes sind ein theologisches und kirchenpolitisches Paradox, fast ein Widerspruch. Die Spannungspole seines Wesens und seines Werkes sind zusammengehalten allein durch seine kaum begreifliche Persönlichkeit, die allen benennbaren theoretischen Widersprüchen Hohn spricht. Nur die größere Macht einer überzeugenden und glaubwürdigen

Menschlichkeit vermag dies. Was aber haben wir damit gesagt! Ist Johannes das lebendige katholische Gegenstück zur Dietrich Bonhoeffer, der von seiner Erfahrung spricht, dass er sich oft unter Religionslosen, die also keine theoretisch-theologischen Probleme haben, wohler fühle als unter Christen? Ist authentisches Menschsein am Ende mehr als konsequentes Christsein?

Diesem rätselhaften Menschen – rätselhaft, weil so überzeugend – haben wir uns zu nähern – ohne jenem Mythos zu verfallen, zu dem Johannes schon zu Lebzeiten geworden war.

## II. Annäherungen

### Pius XII. und Johannes XXIII.

In den frühen Morgenstunden des 9. Oktober 1958 starb Pius XII. Ein Kommilitone, der Frühnachrichten gehört hatte, kam anschließend zu mir und sagte mit ehrfürchtig gedämpfter Stimme: »Der Heilige Vater ist tot.« Nichts beleuchtet besser, wie dieser Mann für uns katholische Theologiestudenten damals der Inbegriff der katholischen Kirche war: der oft ungeliebten, aber mächtigen, geachteten Kirche. Wir Studenten konnten damals nicht begreifen, dass es Katholiken, vor allem Theologen gab, die sich bitter über den diktatorischen Regierungsstil des Papstes beklagten. Wer würde ihm nachfolgen, und wie würde die Kirche ohne einen Pius XII. aussehen? Es wurde ein spannendes Konklave – für die Außenwelt. Zwar gab es keinen Favoriten. Erst allmählich schälte sich die Stimmenmehrheit für den Patriarchen von Venedig, den gelernten Patrologen und langjährigen Diplomaten der Kurie in schwierigsten Ländern heraus: für Angelo Roncalli, der den Namen Johannes (XXIII.) wählte. Ganz überraschend kam es dennoch nicht. Wir wissen heute, dass Roncalli eigenen Äußerungen zufolge schon vor dem Konklave nicht ausschloss, er könnte nicht nach Venedig zurückkehren. Dennoch: Ein größerer Gegensatz zu Pius XII. ließ sich nicht denken: Der Bauernsohn aus Norditalien (bei Bergamo) – Nachfolger des Mannes aus alter römischer Familie; der schwergewichtige Mann, der einmal meinte, die Träger der »Sedia gestatoria« müssten bei ihm Sonderzulage bekommen – Nachfolger einer geradezu mythischen Königsgestalt; der Mann, der von sich sagte: »Sie werden sich an mein Auftreten gewöhnen wie an das eines einfachen Gemeindepfarrers« – Nachfolger dessen, der die Einsamkeit über alles liebte und vor dem die Gärtner davon stoben, wenn er in den Vatikanischen Gärten seinen Spaziergang machte; der Mann, der selbst im Konklave nach der Papstwahl sich einen Witz nicht verkneifen konnte: »Alle Päpste mit Namen Johannes hatten ein kurzes Pontifikat« – Nachfolger eines Papstes, dem jede schlichte Ansprache bei einer Audienz zu einer lehramtlichen Erklärung geriet, die alle Theologen der katholischen Welt in die Pflicht nahm und auch nehmen sollte.

Über Nacht veränderte der neue Papst das Gesicht der Kirche – nicht durch Lehr- und Disziplinarentscheidungen, sondern durch seine Menschlichkeit. Plötzlich gab es Papstwitze und Papstanekdoten – und zwar nicht hinter vorgehaltener Hand (»Welchen Whisky trinkt der Papst? Johnny Walker natürlich!«). Der Papst war immer eine Illustriertenstory wert. Seinen letzten Besucher am Vormittag konnte er unvorbereitet zum Mittagessen einladen. Kurz, der Papst überzeugte – und dies, obwohl er im Wesentlichen das Protokoll beibehielt, die unförmige Tiara trug, die erst sein Nachfolger ablegte, sich auch in weniger offiziellen Ansprachen des »Wir« bediente – einfach weil er dachte, das müsse so sein und das müsse er gegen seine Gefühle lernen; der diplomatische Fehler machte, die ihm keiner übel nahm; der nicht im Traum daran dachte, die Kirche etwa im Sinne von Hans Küng zu reformieren, der ihn so sehr verehrt aber auch kritisiert; der sich auf der »Sedia gestatoria« tragen ließ; der sich in seinen geistlichen Äußerungen so ausdrückte, wie es uns nur als vollkommen fern und fremd erscheinen kann.

## Das so genannte »Vermächtnis«

Es ist eine Sitte unter italienischen Priestern der Generation des Roncalli-Papstes, im Angesicht des nahenden Todes ein Glaubensbekenntnis abzulegen. Dies hat auch Johannes XXIII. getan. Im November 1961, um die Zeit seines 80. Geburtstages, hatte die Todeskrankheit begonnen. Der Papst bemerkte erste Störungen. Im Sommer 1962 zeigten sich erste klare Symptome eines Karzinoms. Johannes wusste, was das bedeutete: Die Mutter, ein Bruder und vier Schwestern waren an Krebs gestorben. Im November 1962 – das Konzil war in der ersten Tagungsperiode – kam der klare ärztliche Befund: nicht operabler Tumor; ein halbes Jahr noch zu leben.

Seit April 1963, wo auch jeder Uneingeweihte sah, was los war, schrieb der getreue Sekretär Loris Capovilla tagebuchartig alles auf bis zum Tode am 3. Juni 1963 (Pfingstsonntag). In diesem Zeitraum kommt es zu dem so genannten »Vermächtnis«. Unter dem 24. Mai (Freitag nach Christi Himmelfahrt, also zehn Tage vor seinem Tod) lesen wir bei Capovilla:

6.30 Uhr. Er hat wenig geschlafen, er wohnt der Messe bei und kommuniziert. Er fühlt seine Kräfte schwinden. Man gibt ihm Getränke, er wird auch künstlich ernährt und erhält Bluttransfusionen und Plasma. Dem Erzbischof von Turin, Kardinal Maurilio Fossati, der an diesem Tag 88 wird, übermittelt er seine Glückwünsche. Dann, nach Eintreffen von Kardinal Cicognani [Kardinal-Staatssekretär] und Msgr. Dell'Acqua [Mitarbeiter aus der Zeit in Athen und Istanbul, jetzt im Staatsekretariat], sagte er: In Gegenwart meiner Mitbrüder kommt es mir spontan in den Sinn, den Akt des Glaubens zu erneuern. So ziemt es sich für uns Priester, denn zum Wohl der ganzen Welt haben wir es mit den höchsten Dingen zu tun, und deshalb müssen wir uns vom Willen Gottes leiten lassen. Mehr denn je, bestimmt mehr als in den letzten Jahrhunderten, sind wir heute darauf ausgerichtet, dem Menschen als solchem zu dienen, nicht bloß den Katholiken, darauf, in erster Linie und überall die Rechte der menschlichen Person und nicht nur diejenigen der katholischen Kirche zu verteidigen. Die heutige Situation, die Herausforderung der letzten 50 Jahre und ein tieferes Glaubensverständnis haben uns mit neuen Realitäten konfrontiert, wie ich es in meiner Rede zur Konzilseröffnung sagte. Nicht das Evangelium ist es, das sich verändert; nein, wir sind es, die gerade anfangen, es besser zu verstehen. Wer ein recht langes Leben gehabt hat, wer sich am Anfang dieses Jahrhunderts den neuen Aufgaben einer sozialen Tätigkeit gegenübersah, die den ganzen Menschen beansprucht, wer wie ich zwanzig Jahre im Orient und acht in Frankreich verbracht hat und auf diese Weise verschiedene Kulturen miteinander vergleichen konnte, der weiß, dass der Augenblick gekommen ist, die Zeichen der Zeit zu erkennen, die von ihnen gebotenen Möglichkeiten zu ergreifen und in die Zukunft zu blicken.

Textkritische Vergleiche zeigen: Wenn es auch kein Wortprotokoll ist, so ist es doch bis in die Wortwahl hinein die getreue Wiedergabe dessen, was Johannes gesagt hat. Das »Vermächtnis« ist in der Tat die Zusammenfassung seiner ganzen Lebensoptionen einschließlich der Konzeption des Konzils. Mit seltener Klarheit sind hier die weltweiten Perspektiven seines Verständnisses von Glaube und Kirche beisammen mit den ganz persönlichen Schwerpunktsetzungen. Man beachte:

a. Die Zeitangaben: die Herausforderungen der letzten fünfzig Jahre – bezogen auf das Jahr 1963, also seit der unmittelbaren Vorzeit des Ersten Weltkrieges; die neuen Aufgaben seit dem Anfang des Jahrhunderts; zwanzig Jahre im Orient, acht in Frankreich.

b. Die Kirche ist für die Menschen da, nicht nur für die Katholiken – das kann nicht anders denn als massive Kritik an der Kirchenpolitik der Vorgänger gewertet werden, Pius X. Pius XI. und vor allem Pius XII.

c. Die neuen Herausforderungen sind: neue Aufgaben einer sozialen Tätigkeit, die unverrechenbare Verschiedenheit der Kulturen.

d. Wieder fällt das berühmte Stichwort von den »Zeichen der Zeit«, dessen Wurzeln bis ins Jahr 1907 zurückreichen.

e. Dies ist keine Preisgabe oder Verkürzung des Evangeliums, sondern Anfang seines besseren Verständnisses. Es werden aber in keiner Weise – anders als später beim umstrittenen »Glaubensbekenntnis« seines Nachfolgers von 1968 – einzelne Glaubenssätze oder Glaubensinhalte erwähnt.

f. Und schließlich: Das Ganze wird in Verbindung gebracht mit der Eröffnungsansprache zum Konzil und damit der Zielsetzung des Konzils in der Absicht Johannes' XXIII.

Also tatsächlich die Zusammenfassung der theologischen und seelsorglichen Schwerpunkte seines Lebens. Was für ein Leben?

## Lebensdaten in Stichworten

Geboren am 25.November 1881 in Sotto il Monte (auf Deutsch etwa: »Unterberg«) in Bergamo, am Fuß der italienischen Alpen. Studium der Theologie in Bergamo, seit 1900–1905 in Rom. 1904 Priesterweihe. 1905–1914 Sekretär des Bischofs von Bergamo, Giacomo Radini-Tedeschi, Lehrtätigkeit für Kirchengeschichte am Seminar in Bergamo.

1907, am 4. Dezember, also im Jahr der Modernismus-Krise (Syllabus II und Enzyklika Pascendi Dominici Gregis) hält er die berühmte Rede zum Gedenken an Caesar Baronius (1538–1607), den Begründer der modernen katholischen Kirchengeschichtsschreibung, und zum ersten Mal fällt das Stichwort »Wort zur Zeit«.

1915–1918 Militärdienst als Feldgeistlicher. Begegnung mit dem sozial engagierten Kardinal Ferrari von Mailand. Soziale Aktivitäten für die Soldaten und für die Mütter und Witwen von Gefallenen.

1919/20 ist er Promotor von Zirkeln der katholischen Frauenjugend. Seit 1910 war Roncalli schon für die Förderung der Lage der Frauen in Italien und in der Kirche tätig.

1921–1924 ist er Reorganisator und Nationalpräsident des Päpstlichen Werkes der Glaubensverbreitung.

1925 beginnt seine diplomatische Tätigkeit. 1925–1934 ist er Päpstlicher Visitator, dann Delegat in Bulgarien, 1935–1944 Apostolischer Delegat in der Türkei und Griechenland. Vorher, 1925, Bischofsweihe durch den Papst Pius XI. persönlich, Ernennung zum Titularerzbischof.

1944 im Dezember wird er Hals über Kopf als Nuntius nach Paris berufen und bleibt es bis 1952. Am 12. Januar 1953, noch in Paris, wird er zum Kardinal erhoben und erhält nach alter Sitte gegenüber »katholischen« Ländern das Kardinalsbirett nicht in Rom, sondern durch den atheistischen Staatspräsidenten Vincent Auriol.

1953–1958 ist er Erzbischof von Venedig mit dem traditionellen Titel »Patriarch«.

1958–1963 ist er als Johannes XXIII. Papst.

a. Wie schon im »Vermächtnis« betont, ist der Punkt der Offenheit, des Gefühls der epochalen Herausforderung und zugleich des Bewusstseins, dass die Kirche sie bestehen müsse, die soziale Frage. Von seiner Geburt an bis kurz vor seiner Priesterweihe gab es für Roncalli nur einen Papst: Leo XIII. (1878–1903). Dieser ist nicht nur der Mann, der, bei aller Grundsatztreue, nach Pius IX. der Kirche das große Aufatmen bescherte. Er ist auch der Papst der Sozial-Enzyklika Rerum novarum (1891) – der ersten ihrer Art. Mit ihr tritt die soziale Frage, also die gesellschaftsethische Frage nach dem Umgang mit den industriellen Produktionsweisen, spät aber zukunftsweisend in das Bewusstsein der Katholiken. Es ist die erste und fundamentale Weltöffnung der Kirche nach der Verschanzung im Ghetto unter Pius IX. und im Gefolge des Ersten Vatikanums. Kurzum: Roncalli erlebte Leo, wie wir Johannes XXIII. nach Pius XII. erlebt haben. Zudem gewann der junge Priester bald gleichgesinnte Freunde unter älteren Priestern und Prälaten, vor allem Radini-Tedeschi, der höchst aktiv war im Aufbau der damals als revolutionär empfundenen Democrazia Cristiana sowie der katholischen Laien- und Sozialbewegung Opera dei Congressi e dei Comitati Cattolici in Italia – gefördert von Kardinalstaatsekretär Rampolla, der Radini-Tedeschi ins Staatssekretariat berufen hatte. Dann wurde – auf Intervention Österreichs – nicht Rampolla, sondern Giuseppe Sarto als Pius X. Nachfolger Leos. Dieser, in Lebensstil, Mutterwitz, Bescheidenheit und seelsorglicher Sensibilität dem späteren Nachfolger so ähnliche Papst unterschied sich in einem gründlich von ihm: Er besaß keine diplomatische Geschicklichkeit und überließ daher die reine Kirchenpolitik seinem neu ernannten, den Kurs um 180° herumwerfenden Kardinalstaatssekretär Merry del Val. Auf dessen Betreiben wurden die Opera dei Congressi verboten, Radini-Tedeschi von Rom fortgelobt. Vermutlich stand Pius X. persönlich nicht dahinter. Er schickte Radini-Tedeschi als Bischof in die sozial schwierige und sein bewährtes Engagement herausfordernde Diözese Bergamo und ordinierte ihn persönlich. Dieser holte den ihm bekannten Roncalli sozusagen von den Stufen des Weihesaltars zu seinem Sekretär – bis zu seinem Tode. Gegen den neuen innerkirchlichen Wind hatte Roncallis soziales Engagement damit einen geschützten Raum, wo es bis zum nächsten Pontifikat und über dieses hinaus »überwintern« konnte.

b. 1907 war das Jahr der Modernismus-Krise. Also der mit massiven Maßnahmen und Verurteilungen ausgerüsteten Abwehr einer Reihe von gar nicht miteinander zusammenhängenden theologischen Neuorientierungen, die von deren Gegnern mit dem pejorativ gemeinten Sammelnamen »Modernismus« bezeichnet wurden. Alle Indizien, die wir haben, sprechen dafür, dass Roncalli trotz oder sogar wegen seiner Treue zum Papsttum die Vorgänge als bedrückend empfand – anders als der später so berühmte Joseph Lortz, der Pionier eines neuen katholischen Lutherbildes, der damals in Rom studierte. In der schon erwähnten Festrede zum 300. Todestag von Caesar Baronius zitierte der junge Fachvertreter im Seminar den Schlüsselsatz: »Alles Wissen kommt aus Erfahrung« (Francis Bacon), und plädierte aus aktuellem Anlass – hier sagt Roncalli: »Wort zur Zeit« – dafür, dass die Kirche den Erfahrungswissenschaften in ihrem Ausbildungsprogramm einen Platz gebe und deren induktive Methoden anwenden solle. Nun, »Erfahrung« war ein Schlüsselwort des gerade verurteilten »Modernismus«. Deutlicher und vor allem: mutiger konnte der junge Dozent, der alles zu verlieren hatte, seine Sympathien nicht: für den Modernismus, wohl aber für eine andere Methode, mit dessen Fragen umzugehen, nicht bekunden.

Der Mut hat auch eine persönliche Komponente: seinen Schul- und Seminarkameraden Ernesto Buonaiuti (1881–1946), der Thesen vertrat und auch nach Verwarnung zu vertreten nicht aufhörte, die damals als »modernistisch« erachtet wurden. 1926 wurde er deshalb exkommuniziert – und hoffentlich in naher Zukunft ebenso rehabilitiert wie vor kurzem Antonio Rosmini (1797–1855)! Roncalli jedenfalls ist sein Freund. Auch später beugt er sich keiner theologischen Sippenhaft und korrespondiert mit ihm weiter – mit der Folge, dass auch Roncalli selbst in Verdacht geriet. Das führt zur nächsten Anmerkung: zu den merkwürdigen Versetzungen. Sie sind samt und sonders und teilweise beschämend begründet in Roncallis Nicht-Qualifikation – wenngleich Roncalli das teilweise nicht weiß und, wo er es weiß, seinem loyalen Naturell folgend stets nur die besten Gründe unterstellt.

c. Warum Bulgarien/ Griechenland? 1924 wird er Professor für Patrologie an der Lateranuniversität – aber noch während des ersten Semesters abberufen auf die Position in Bulgarien, wozu er weder historische noch sprachliche noch diplomatische Vorkenntnisse mitbringt. Er hat sie aber schnell erworben. Denn entgegen der Legende, er sei wenig fremdsprachenkundig gewesen, ist inzwischen erwiesen, dass er außer auf italienisch und in seinem bergamaskischen Heimatdialekt auch auf bulgarisch, türkisch, neugriechisch, französisch und natürlich lateinisch zu predigen verstand. Seine Versetzung hat vermutlich negative Gründe: Sein Kurs war bekannt, hinterbrachte Äußerungen aus seinen Vorlesungen (zum Beispiel zugunsten größerer Flexibilität bei den »Mischehen«) weckten Aufsehen beim Sanctum Officium. Dazu die bekannte und nicht abgebrochene Verbindung zu Buonaiuti. Also: Promoveatur ut amoveatur! Ursprünglich war geplant, ihn nach kürzerer Zeit nach Südamerika zu versetzen. Aber er bleibt 20 Jahre im Osten. In Rom hat man ihn schlicht vergessen, und soweit man ihn nicht vergisst, hat man allen Anlass, mit ihm auf diesem schwierigen Posten zufrieden zu sein. Er hat enormes Vertrauenskapital geschaffen – nicht zuletzt durch seine mutige und geschickte und nicht ungefährliche Hilfe für die verfolgten Juden, von denen er Tausende gerettet hat.

Nach Paris wird er gerufen, weil er gerade so unbekannt ist und Rom in der aufgeregten Situation im Nachkriegs-Paris – mit vielen kompromittierten Bischöfen und einem eben deshalb abberufenen Nuntius – keinen irgendwie vorgeprägten und darum der Diskussion ausgesetzten Nuntius aus einer anderen der großen Hauptstädte gebrauchen kann. Und Roncalli hat tatsächlich auf manch einen, der ihm begegnete, den Eindruck eines Unbedarften gemacht, hat jedenfalls diese Rolle gut gespielt. Er wird jedenfalls alles andere als der kirchliche Chef-Ideologe der ersten de Gaulle–Regierung. Im Gegenteil, zur Empörung der französischen Politiker besucht er die deutschen Kriegsgefangenen. Als er 1953 geht, hat er das Vertrauen und die Hochschätzung des französischen Episkopates erworben und wesentlich zur inneren Versöhnung Frankreichs beigetragen.

Nach Venedig wird er versetzt, weil Rom, getreu dem (damals nur zu gut verständlichen!) scharf antikommunistischen Kurs, gegen die Arbeiterpriester in Frankreich vorgehen wollte. Roncalli hat sich aus erster Hand, nämlich durch Gespräche mit den Arbeiterpriestern selbst, kundig gemacht, warnt in seinen Berichten nach Rom vor Maßnahmen und ruft zur Geduld auf. Aber sein Nachfolger in Paris kommt mit entsprechenden Anweisungen und ist auch der Typ für ihre Durchführung: Die Arbeiterpriester werden verboten.

Und Papst wird Angelo Roncalli bekanntlich als »Übergangspapst« – was er selbst auch, ausweislich seines Tagebuchs, genau versteht. Aber alsbald erlaubt er wieder die Arbeiterpriester!

## III. Das geistliche Profil

### Frömmigkeit

Unter dem Titel »Geistliches Tagebuch« sind inzwischen – gleich nach der Papstwahl – Aufzeichnungen von den Studienjahren bis in die Jahre der Zeit in Venedig veröffentlicht. Sie wurden ein Bestseller. Es fragt sich nur, wer sie zu lesen durchgehalten hat – oder wem es nicht so ergangen ist wie Ludwig Kaufmann, zusammen mit Nikolaus Klein Herausgeber des »Vermächtnisses« im Rahmen einer kleinen Biographie: Kaufmann hat das Buch nach wenigen Seiten weggelegt. Hannah Arendt nennt es in ihrer bekannten Rezension ein merkwürdig enttäuschendes und merkwürdig faszinierendes Buch. Enttäuschend, weil hier die ganze stickige Luft einer klerikalen Erziehung um die Jahrhundertwende einem entgegenschlägt. Die Aufzeichnungen erfolgen meist im Zusammenhang der jährlichen Exerzitien. Also: endlose Vorsätze und Selbstbespiegelungen. Zu allen Zeiten seines Lebens hat sich Johannes in der Intimsphäre seines Gottesverhältnisses so ausgedrückt,[1] dass etwa ein evan-

[1] Kostproben, nicht einmal die unerträglichsten, in der Auswahl-Sammlung »Worte der Güte«, Freiburg i. Br. 1973, 52 (1900), 58/ 59 (1903, 1940); 76/ 77 (1919, 1931, 1948).

gelischer Christenmensch nur alle Vorbehalte gegen katholische Frömmigkeit bestätigt finden kann.

Nur in den Briefen, vor allem an die Verwandten, verwandelt die dann gebotene andere Sprache diese Kleriker–Spiritualität ganz ohne viel Federlesens in handfesten Zuspruch, wo jeder und jede mit einschwingen können.

Das Faszinierende aber: Hannah Arendt findet gerade im Tagebuch das Leitmotiv: Der Glaube des Papstes Johannes war der Wille Gottes. Ein offenbar sehr pessimistisch-depressiv gestimmter geistlicher Führer hatte dem jungen Seminaristen eingeimpft: Ich bin nichts, Gott ist alles. Der ganze Glaube bestand also darin, den Willen Gottes zu tun. Die Folge: die ungeheure, oft als Stolz missverstehbare Sicherheit, wenn er das, was er als den Willen Gottes versteht, auch durchsetzt ohne Rücksicht auf irgendwen – außer auf den nächst höheren kirchlichen Vorgesetzten. Einen solchen aber hat er nicht mehr – nachdem er Papst geworden ist.

## Die soziale Frage

Nach Johannes XXIII. ist sie die zentrale Herausforderung der Kirche. Den Hintergrund haben wir schon angeleuchtet. In den Jahren im Osten hat er auf die dort mögliche Weise sich immer mit Vorzug um die Armen gekümmert, später um die Kriegsopfer und, wie schon gesagt: um die Juden. Dasselbe in Frankreich und in der Industriediözese Venedig. In seiner ersten Enzyklika als Papst Mater et magistra – man nennt solches die »Antritts-Enzyklika« – steht die Frage wieder im Mittelpunkt, dabei auch erste Kenntnisnahme von den heraufziehenden wirtschaftlichen und sozialen Problemen in Lateinamerika. Es erscheint undenkbar, dass unter Johannes XXIII. eine Repression gegen die »Theologie der Befreiung« und eine entsprechende Politik der Bischofsernennungen erfolgt wäre, wie wir sie in den 1980er und 1990er Jahren erlebt haben. Wir gehen nicht fehl, dass dahinter immer wieder auch seine eigene arme Herkunft zum Impuls wird. »Die Armut hat mich von Kindheit an in ihre Arme geschlossen, und sie entlässt mich auch nicht jetzt, da ich Bischof bin« (Brief, 1926).

## Adelaida Coari

In keinem Lexikon, auch nicht in der kurzen Biographie des Johannes-Spezialisten Giuseppe Alberigo, wird der Name der Adelaida Coari erwähnt. Dabei war diese Frau seit 1910 seine Mitarbeiterin bei den sozialen Aktivitäten.

Sie ist nur wenige Wochen vor Roncalli im gleichen Jahr 1881 geboren. Nach der Jahrhundertwende engagiert sie sich in der katholischen Bewegung der Arbeiterinnen. Sie ist tatsächlich so etwas wie eine »frühe Feministin« in der katholischen Kirche. Auf Kongressen ergriff sie das Wort für die (mit heutigen Verhältnissen nicht vergleichbare) Lage der Arbeiterinnen in Italien – bis der Kardinalstaatssekretär Merry del Val mit den Opera dei Congressi auch die »feministischen« Bestrebungen verbot, ja förmlich anordnete, auf kirchlichen Versammlungen, auch wenn es um politische und soziale Probleme ging, dürfe unter keinen Umständen einer Frau das Wort erteilt werden.

Adelaida Coari blieb um ihres Engagements willen freiwillig unverheiratet. Sie war ausgebildete Lehrerin, später in der Schulaufsicht tätig und beteiligt an Versuchen, auch außerkirchlich den Einsatz für die Verbesserung der Lage der Frauen fortzuführen. Die kirchliche Isolierung bewältigte sie wie damalige fromme Katholikinnen, nicht wie heutige Feministinnen: Kein Austritt aus der Kirche, sondern – Gebet.

Mit Johannes führte sie einen lebenslangen Briefwechsel – auch noch als er Papst geworden war (und beklagte sich zum Beispiel, wie unwürdig der »Apparat« mit dem alten Mann umging). Johannes hat ihr immer Mut gemacht – und sie im Detail (z.B. bei Lektürevorschlägen) nie paternalistisch bevormundet, sondern immer als gleichberechtigte und eigenständige Partnerin angesprochen.

Es war mit Sicherheit eine »platonische Freundschaft« – etwas anderes war für Katholiken dieser Generation nicht denkbar. Aber man wagt nicht, sich vorzustellen, was aus solch enger Zusammenarbeit heute geworden wäre oder werden könnte. Johannes XXIII. hat, wie aus mehrfachen Äußerungen hervorgeht, nicht einen Moment daran gedacht, den Pflichtzölibat der Priester zur Debatte zu stellen. Aber er war der erste, der mit der bis heute andauernden – wechselnd restriktiv gehandhabten – Praxis begonnen hat, Priester auf Antrag »in den Laienstand zurückzuversetzen«, sie von der Zölibatspflicht zu dispensieren und ihnen die kirchliche Heirat zu ermöglichen.

## IV. Der Papst des Konzils

### Die Konzilsidee Johannes' XXIII.

Zum »Ökumeniker« wurde der Papst tatsächlich erst durch das Werk seiner letzten fünf Jahre: durch das Zweite Vatikanische Konzil. Als Angelo Roncalli am 28. Oktober 1958 zum Papst erwählt wurde, brachte er nicht etwa einen fertigen Konzilsplan mit in den Vatikan. Aber inzwischen wissen wir, dass ausgerechnet zwei der größten Bremser vor, auf und nach dem Konzil, Kardinal Ottaviani, der Chef der heutigen Glaubenskongregation, damals noch Sanctum Officium genannt, und Kardinal Ruffini, der Erzbischof von Palermo, schon während des Konklaves das Stichwort »Konzil« fallen ließen – und später sogar äußerten, sie erst hätten den Papst auf die Konzilsidee gebracht. Johannes muss aufgehorcht haben. Denn bis zum 25. Januar 1959, dem berühmten Datum der Ankündigung bei der Versammlung der in Rom anwesenden 17 Kardinäle in Sankt Paul vor den Mauern, waren ja weniger als 3 Monate! In der Tat war nicht in der Öffentlichkeit, wohl aber in Kreisen der vatikanischen Diplomatie bekannt, dass schon Pius XI. Pläne gehegt hatte, das formell nur unterbrochene, nie abgeschlossene Erste Vatikanische Konzil (1869/70) fortzusetzen und zu Ende zu bringen. Sein Nachfolger Pius XII. gab konkrete Konzilsvorbereitungen in Auftrag – ließ dann aber davon ab, als ihm die Schwierigkeiten des Unternehmens deutlich wurden: von der im Vergleich zum Ersten Vatikanum vervielfachten Zahl der Konzilsväter (600 gegen 2.500) bis zur geteilten Welt, die die Mitwirkung der Bischöfe aus dem Ostblock zum Problem machte. Johannes XXIII., die Konzilsidee schon im Kopf, las diese Vorarbeiten – und wusste sogleich: Dieses Konzil würde auch er nicht einberufen. Welches aber dann?

Traditionsgemäß wird ein Konzil – soweit man es nach der Dogmatisierung von Primat und Unfehlbarkeit des Papstes von 1870 noch braucht – dann einberufen, wenn es heillos strittige Fragen der Lehre oder der kirchlichen Disziplin zu entscheiden und die Entscheidung für die ganze Weltkirche verbindlich zu machen gilt. Ein solches Konzil »lag nicht in der Luft« – wie jetzt auch der erste Band des monumentalen internationalen Gemeinschaftswerkes von Giuseppe Alberigo, Geschichte des II. Vatikanischen Konzils, eindrücklich belegt.[2] Man erhoffte und erwartete mancherlei Reformen in der Kirche, und die Erwartungen wurden ja auch von den Päpsten vorsichtig und wohldosiert keineswegs enttäuscht. Die Vorarbeiten unter Pius XII. liefen aber genau auf ein Konzil traditionellen Typs hinaus – mit Dogmatisierungsanträgen und Verurteilungen. Solche kamen denn ja auch noch bei der Vorbereitungsarbeit zum II. Vatikanum. Genau dies aber wollte Johannes nicht: keine Dogmen, keine Verurteilungen. Er wollte den Weltepiskopat zusammenrufen, um aus weltweiter Perspektive zu überlegen, wie die gute Botschaft des christlichen Glaubens so sachgemäß wie möglich und zugleich so verständlich und so hilfreich wie möglich »in der Welt von heute« zu verkünden und vorzuleben sei. Der weit gereiste Papst hatte ein Gefühl dafür entwickelt, dass die Kirche sich nicht länger zur Festung ausbauen und verschließen durfte, sondern der Welt und den Menschen in ihrer realen Situation und Bedrängnis, in ihrer »Freude und Hoffnung, Trauer und Angst« (Pastoralkonstitution) ein aufrichtendes und hilfreiches Wort schuldig war. Darum die beiden entscheidenden Stichworte, die der Papst in seinen Äußerungen auch immer wieder aussprach: »Einheit« und »Welt«. Gemeint war: die Einmütigkeit der Katholiken, der Kirche in sich, im Interesse ihrer Hilfe für die Nöte der Welt.

Wie sich diese Idee dann in ihm festsetzte, wie und wann der Papst sich definitiv entschied, das ist immer noch eine verwirrende und anekdotenreiche Geschichte mit noch vielen weißen

---

[2] Deutsche Ausgabe besorgt durch Klaus Wittstadt.

Flecken. Eine bedeutende Rolle spielt dabei gewiss die routinemäßige Lagebesprechung mit dem Kardinalstaatssekretär Tardini am 20. Januar 1959 vormittags um 9 Uhr, wo der Papst versuchte, seinen wichtigsten Mitarbeiter vorzuinformieren und dazu zu bringen, sich an die Spitze der Bewegung zu setzen. Was nur halb gelang. In späteren Äußerungen hat der Papst dieses Gespräch als den Augenblick bezeichnet, wo ihm erstmalig die Idee kam – aber da haben sich gewiss im Rückblick einige Vorgänge zusammengezogen. Der »entscheidende Augenblick« war nicht »der Augenblick der Entscheidung«.[3]

Jedenfalls: fünf Tage später kommt es zu jenem denkwürdigen Ereignis des 25. Januar 1959. Aus Anlass des Festes der Bekehrung des Paulus besucht der Papst die Messe in der Hauptkirche St. Paul vor den Mauern (San Paolo fuori le mure), einer seiner Lieblingskirchen. Nach der Messe zieht er sich mit der Gruppe der anwesenden Kardinäle in das zugehörige Benediktinerkloster zurück und hält ihnen eine Ansprache. »Wir wissen, dass sowohl viele freundliche und eifrig gestimmte wie auch übel wollende und schwankende Kreise mit Spannung auf den neuen Papst schauen.« Johannes sprach weiter von der doppelten Verantwortung als Bischof von Rom und Bischof der Gesamtkirche und wies hin auf die Schwierigkeiten einer Stadt, die »im Laufe von vierzig Jahren zu einer völlig anderen Stadt geworden ist, als Wir sie in unserer Jugend kennen gelernt haben ... Ein wahrer Bienenstock voller Menschen, aus dem ein ununterbrochenes Gesumm verworrener, aber nach Harmonie suchender Stimmen ertönt.« Auf der einen Seite sieht der Papst viele Früchte der Gnade, auf der anderen missbrauchte menschliche Freiheit und Knechtschaft unter dem Fürsten der Finsternis. All dies erweckte einen Entschluss »im Herzen des demütigen Priesters, den die offensichtliche Fügung der göttlichen Vorsehung, obgleich ganz unwürdig, zur Höhe des Papsttums geführt hat.« Und dann fixiert Johannes die anwesenden 17 Kardinäle: »Ehrwürdige Brüder und geliebte Söhne! Gewiss ein wenig zitternd vor Bewegung, aber zugleich mit demütiger Entschlossenheit im festen Vorsatz, sprechen Wir vor euch den Namen und das Vorhaben einer doppelten feierlichen Veranstaltung aus: ei-

[3] Hebblethwaite: Johannes XXIII., 404.

ner Diözesansynode der Stadt Rom und eines Ökumenischen Konzils für die Gesamtkirche.«

So war es also heraus – und der Widerstand begann sofort! Darüber notiert der Papst später: »Menschlich hätten wir erwarten können, dass die Kardinäle, nachdem sie Unsere Ankündigung gehört hatten, sich um Uns geschart hätten, um ihre Zustimmung und guten Wünsche auszudrücken. Statt dessen gab es« – der Papst kann von seiner wohlwollenden Interpretation nicht lassen! – »ein frommes und eindrucksvolles Schweigen. Erklärungen folgten in den nächsten Tagen.«

Und was für Erklärungen! Kardinal Siri, Erzbischof von Genua – einer der stockkonservativsten Kirchenmänner jener Zeit, der übrigens um ein Haar statt Johannes Paul II. Papst geworden wäre! –, äußerte: »Die Kirche wird 50 Jahre brauchen, um sich von den Irrwegen Johannes' XXIII. zu erholen.« Und Kardinal Lercaro, Erbischof von Bologna, der später so konstruktiv sich für die Liturgiereform einsetzte und zu einer Säule des Konzils wurde, äußerte zunächst geradezu verächtlich: »Wie konnte er es wagen, nach hundert Jahren und weniger als drei Monate nach seiner Wahl ein Konzil einzuberufen? Entweder ist Papst Johannes unbesonnen und impulsiv mit Mangel an Bildung und Erfahrung ... oder aber Papst Johannes hat es mit berechneter Kühnheit getan, obwohl er sicher nicht fähig war, alle Einzelheiten vorauszusehen ... oder zukünftige Entwicklungen.«

Aber achten wir einmal auf die ehernen Voraussetzungen unter der Decke der freundlichen Worte des Papstes, die wir zitiert haben! Sie entsprechen genau der vorkonziliaren dogmatischen und kirchenrechtlichen Lage. »Wir hätten sofortige Zustimmung und gute Wünsche erwarten können«, sagt der Papst. Schließlich war ja klar, dass der Papst und er allein ein Konzil einberufen konnte – und nach dem Kirchenrecht alle Fäden in der Hand behielt, um das Ergebnis zu erzielen, das er wünschte, zumindest jedes unerwünschte Ergebnis zu verhindern. Klar war auch, dass die Kardinäle – aufgrund ihrer Berufung und ihres ausdrücklichen Versprechens bei der Verleihung des Purpurs – dem Papst zu unbedingtem Gehorsam verpflichtet sind. Man weiß auch aus anderen Äußerungen, dass der Papst ganz genau wusste, was der dogmatische und rechtliche Status seines Amtes war. »Es sind eifrige Männer, aber nicht sie regieren die Kirche. Das Amt habe ich«, sagt er einmal über die Kurienleute. In der Sache konnte Johannes genau so unbedingt sein und seinen Willen ohne Wenn und Aber durchsetzen wie seine Vorgänger, darüber darf die menschlich elegante Art, wie er das manchmal tat, nicht hinwegtäuschen. Wenn er es einmal nicht tat, dann, weil er es nicht wollte – aus keinem anderen Grunde. So auch beim Konzilsprojekt. Ein »demokratisch« gesonnener Papst hätte das Unternehmen abbrechen müssen – zumindest sich viel mehr Zeit dafür nehmen müssen. Soviel Zeit, bis, so hofften gewiss viele und unter anderen wohl auch der Kardinalstaatssekretär Tardini, sich das Problem durch seinen Tod erledigt haben würde. Aber der Papst begegnete diesem Widerstand durch eine lupenrein auf dem Boden des Ersten Vatikanums bleibende Inanspruchnahme seiner päpstlichen Vollgewalt. Gut ein Jahr vor Konzilsbeginn, im August 1961, hat er das einmal mit Worten ausgedrückt, die voll Ironie, Spott, aber auch beißender Kritik an den Gegnern wegen ihrer Inkonsequenz sind, von anderen den Gehorsam gegen das oberste Leitungsamt der Kirche zu verlangen, sich selbst dabei mitzumeinen, aber Obstruktion zu treiben, wenn kurienintern Gehorsam verlangt wird: »Als die Kardinäle der Heiligen Römischen Kirche am 28. Oktober 1958 mich im Alter von 77 Jahren zum Oberhaupt der ganzen Herde Christi [!] erwählten, verbreitete sich die Meinung, ich würde ein Papst des provisorischen Übergangs sein. Und jetzt stehe ich bereits im vierten Jahr meines Pontifikats und habe ein gewaltiges Programm abzuwickeln, auf das die ganze Welt erwartungsvoll blickt. Was mich angeht, so halte ich mich an den heiligen Martin: ›Er fürchtete den Tod nicht, aber er weigerte sich nicht zu leben.‹«

Man kann also paradoxerweise sagen: Johannes XXIII. hat das Konzil durchgesetzt, weil er als Papst hemmungslos von seinem Amt Gebrauch machte und allen »konziliaristischen« Neigungen von einer Teilung der Vollmacht abhold war.

## Johannes XXIII. und die Ökumene

In der Konzilsankündigung hatte der Papst von einem »Ökumenischen Konzil für die Gesamtkirche« gesprochen. Diese »Gesamtkirche« war jedoch selbstverständlich die römisch-katholische Kirche mit den ihr unierten Ostkirchen, nicht etwa die gesamte Christenheit. Damit ist sofort klar: Das Konzil würde kein »Unionskonzil« im Stile einiger spätmittelalterlicher Konzilien werden. Der Papst war Realist genug, um zu wissen, dass 1959, anders als im Spätmittelalter und noch in Trient, die Einheit der Kirche durch Einigung der Kirchen nur ein Fernziel sein konnte. Es erging daher – anders als noch beim Ersten Vatikanum – nicht einmal an die getrennten Ostkirchen eine Einladung zur Teilnahme, zu schweigen von Kirchen der Reformation. Der Osservatore Romano berichtete über die Ansprache an die Kardinäle in St. Paul, der Papst habe die Absicht, »die getrennten Gemeinschaften [!] zur Suche nach der Einheit einzuladen.« Das war »ecclesiastical correctness« der Redakteure. Gesagt hat der Papst, sich über die offiziellen Sprachregelungen souverän hinwegsetzend, wörtlich: »... und eine freundliche und neuerliche Einladung an unsere Brüder der getrennten christlichen Kirchen, mit uns an diesem Festmahl der Gnade und Brüderlichkeit teilzunehmen, auf das so viele Seelen in jedem Winkel der Welt hoffen.« Klarheit ergab sich erst in den folgenden Monaten, öffentlich erst durch die Pressekonferenz des Kardinalstaatssekretärs Tardini vom 30. Oktober 1959. Dort wurde mitgeteilt, der Papst wolle die getrennten Kirchen – alle! – zur Entsendung amtlicher Beobachter einladen. Das erwies sich als optimale Lösung. Sie verpflichtete die nicht-römischen Kirchen zu nichts, ersparte ihnen also lange und quälende interne Auseinandersetzungen; und sie verpflichtete die römische Kirche zu nichts, denn sie verhinderte Spaltungen schon im Vorfeld des Konzils. Trotzdem gab der Status amtlicher Beobachter den Betroffenen als Repräsentanten ihrer Kirchen Einflussmöglichkeiten auch ohne Stimmrecht. So wurde das Zweite Vatikanische Konzil sachlich das ökumenischste Konzil aller Zeiten. Niemand stand unter Druck, alles war auf Dialog angelegt – und ein Zwang zur Einigung ergab sich ohnehin nicht. In diesem Sinne schuf Johannes XXIII. die Voraussetzungen eines ökumenischen Dialogs, von denen dieser heute noch lebt. Dies sei nun noch durch drei kleine Detailvorgänge illustriert – einen inoffiziellen, einen offiziellen und einen halboffiziellen.

## Die Ökumene auf dem Konzil

Der erste Akt der Vorbereitung des Konzils war ein Anschreiben der Kurie an die Bischöfe der ganzen Welt, sie möchten Themen für das Konzil benennen. Die Reaktionen waren äußerst unterschiedlich, zum Teil ängstlich. Die Bischöfe waren gar nicht mehr gewohnt, ernsthaft gefragt zu werden. Immerhin, es gab über die Bischöfe hinaus einen Dammbruch der Erwartungen in der katholischen Welt. Darunter auch viele Vorschläge in Richtung Einheit der Christen und Förderung der ökumenischen Beziehungen. Durch dieses Missverständnis der päpstlichen Vorstellung von der »Einheit« als Ziel des Konzils – Johannes hatte dabei höchstens die orthodoxen Ostkirchen im Blick – gewann das ökumenische Anliegen auch beim Papst selbst nach und nach an Gewicht.

In dieser Stimmungslage spielten – zur Ehre der deutschsprachigen Theologie darf es gesagt werden – zwei Bücher eine Rolle, die das Interesse des Papstes und den Unmut, gelegentlich aber auch klammheimliche Freude der Kurie auslösten. Das eine war das Buch des Paderborner Erzbischofs und späteren Kardinals Lorenz Jaeger mit dem Titel: »Das Ökumenische Konzil. Die Kirche und die Christenheit« (1960). Das andere war das sogleich in mehrere Sprachen übersetzte und in den Medien intensiv diskutierte Buch des damals 32-jährigen Hans Küng: »Konzil und Wiedervereinigung. Erneuerung als Ruf in die Einheit« (1960). Küng ging in seiner bekannten Offenherzigkeit indirekt so weit, dem Konzil eine Tagesordnung vorzuschlagen, durch deren Behandlung man eine innerkirchliche Reform einleiten könne, die den begründeten Forderungen der Reformation entspreche: Anerkennung der Reformation als eines religiösen Ereignisses; intensivere Würdigung der Bedeutung der Bibel und deren verstärkter Gebrauch in Theologie und Gottesdienst; größere Volksnähe und Muttersprache in der Liturgie; Unterstreichung des »gemeinsamen Priestertums« aller Getauften; Dialog der Kirche mit anderen Kulturen; Befreiung des Papsttums aus politischen Bindungen und Verwicklungen; Reform der römischen Kurie und Abschaffung des »Index der verbotenen Bücher«. Zumindest in modfizierter Form sind alle sieben Forderungen in die Texte des Konzils eingegangen. Mit Fug und Recht sagt der Johannes-Biograph Peter Hebblethwaite über Küng: »Nie wieder würde ein einzelner Theologe solchen Einfluß [auf das Konzil] haben.«

Der offizielle Vorgang: Auf eine Anregung von Erzbischof Jaeger gründete Johannes das »Sekretariat für die Förderung der Einheit der Christen«, kurz »Einheitssekretariat« genannt. Zu seinem Leiter berief er den Rektor des päpstlichen Bibelinstituts, den Jesuitenpater Augustin Bea und erhob ihn zum Kardinal (unerlässlich, wenn er Autorität haben sollte). Das Einheitssekretariat wurde zudem wie die anderen römischen Behörden auf dem Konzil antragsberechtigt, das heißt: Bea hatte selber Rederecht und musste seine Anträge nicht durch eine andere Kommission filtern lassen. Das Wichtigste aber: Die Beobachter bekamen durch das Einheitssekretariat alle Textentwürfe in allen Stadien ihrer Bearbeitung zugeleitet und waren aufgefordert, über das Einheitssekretariat Kritik und Gegenvorschläge einzureichen. Auf diese Weise haben die nicht-katholischen Beobachter an vielen Konzilstexten mehr mitgeschrieben als mancher Hinterbänkler im Bischofsornat, der brav mit der Mehrheit seine Hand erhob. Und das Einheitssekretariat war immer für ein schönes Arbeitsessen gut. Bea selbst aber reiste durch die halbe Welt zu den Kirchenleitungen der nicht-römischen Kirchen und erreichte durch seine unvergleichliche Liebenswürdigkeit und sein diplomatisches Geschick, dass nicht nur das anfängliche erhebliche Misstrauen der nicht-katholischen Welt gegen das Konzil dahin schmolz, sondern auch nach und nach sich die Kirchenführer der Welt zur Privataudienz bei Papst Johannes einfanden.

Der dritte, halboffizielle Vorgang: Einer der schwierigsten Vorgänge auf dem Konzil war die Erarbeitung der so genannten »Pastoralkonstitution« über »Die Kirche in der Welt von heute«. Sie ist daher auch ein echtes Werk des Konzils selbst – und nicht nur die Verabschiedung einer mehr oder weniger überarbeiteten Vorlage. Durch einen halboffiziellen Vorgang wurde die Pastoralkonstitution auch zu einem ökumenischen Ereignis, jedenfalls zu einem eindrucksvollen Beispiel ökumenischer Zusammenarbeit auf dem Konzil: Nach der Bildung der eigentlichen Konzilskommissionen in den ersten Tagen des beginnenden Konzils war die Erarbeitung der Pastoralkonstituition einer gemischten

Kommission anvertraut worden, bestehend aus einer Unterkommission der Theologischen Kommission und einer Unterkommission der Kommission für das Laienapostolat. Leiter dieser gemischten Kommission war ein Bischof E. Guano – sonst wenig bekannt, aber in der Laienkommission sehr einflussreich. Diesem schickte der damalige Generalsekretär der Kommission für »Glaube und Kirchenverfassung« (»Faith and Order«), Dr. Lukas Vischer, später Professor in Bern, heute emeritiert, einen Brief, in dem er darlegte, wie man beim Weltkirchenrat einen Text »über die Kirche in der Welt von heute« angehen würde, wenn man einen zu machen hätte. Und Vischer legte fünf Dokumente zu Themen der werdenden Konstitution bei, denn in Genf wurde schon seit 1956 an einer Studie über »Die Herrschaft Christi über die Kirche und über die Welt« gearbeitet. Wer die Hintergründe nicht kannte, dem musste dies als Verstoß gegen die Spielregeln erscheinen – Vischer hätte über das Einheitssekretariat intervenieren müssen. Aber die Sache hatte eben Hintergründe! Vischer war mit Guano eng befreundet, und Guano selbst bat Vischer, ihm einen solchen Brief zu schreiben – und ließ ihn mit den Anlagen in Kopie allen Interessierten zukommen. Und das waren viele!

So wurde die Entstehungsgeschichte der Pastoralkonstitution auch ein Dokument ökumenischer Zusammenarbeit, wie es in seiner schlichten Unkompliziertheit und Unbefangenheit nicht oft auf dem Konzil der Fall war. Zum Beispiel hat nachweislich der Brief von Lukas Vischer die Textmacher davon abgebracht, das Verhältnis der Kirche zur Welt nur auf der Basis naturrechtlicher Argumentation zu begründen. Sie haben stattdessen die christliche Weltbejahung einerseits mit dem schon vorkonziliaren Hinweis auf den Menschen als Ebenbild Gottes begründet und anderseits in der Auferstehung Christi verankert.

## V. Drei prophetische Anekdoten

Von Anfang seines Pontifikates an war Johannes immer für viel erzählte Anekdoten gut – und rückforschend entdecken die Biographen noch und noch solche auch aus der Zeit vor seiner Wahl zum Papst. Manche von ihnen sind freilich inzwischen auch als legendarisch oder als auf Johannes übertragene Wanderlegenden erwiesen. Aber drei hoffentlich echte mögen den Schluss dieses Portraits bilden, weil sie prophetischen Charakter haben.

1. Ein neu ernannter Bischof beklagt sich in der ihm von Johannes erstmals gewährten Privataudienz, dass die neue Bürde ihn nicht mehr schlafen lasse. »Oh«, entgegnete Johannes mitleidig, »mir ging es in den ersten Wochen meines Pontifikates genau so. Aber dann sah ich einmal im Wachtraum meinen Schutzengel, der mir zuraunte: Giovanni, nimm dich nicht so wichtig ... Seitdem schlafe ich wieder.«

Welche Prophetie an diejenigen, die heute – ich rede nicht nur und sogar nicht einmal in erster Linie vom dritten Nachfolger Johannes' XXIII.! – sich aus vorgeblich reiner, in Wahrheit angstbesessener und/oder gar machtversessener Sorge »wichtig nehmen«, die Kirche mit immer neuen »Maßnahmen« retten zu müssen – fern dem Vertrauen des Konzilspapstes, der theoretisch nicht auf einen Nenner bringen konnte, wie hierarchische und kommunitäre Kirche zusammengehen können und trotzdem das Konzil einberief, damit die Fragen der Welt an den Glauben zur Sprache kämen.

2. Seminaristen sprechen den Papst auf die ihm als Papst zukommende Unfehlbarkeit an. Er verweist sie auf die wichtige Einschränkung, wie sie das Erste Vatikanische Konzil formuliert hat: »Nur, wenn der Papst ex cathedra spricht.« Und dann fügte er hinzu: »Ich werde nie ex cathedra sprechen.«

Dies Wort der Erfahrung, dass doktrinäre Verkündigung keine Probleme löst, sondern neue schafft, ins Ohr all derjenigen, die heute wieder – zum Zwecke der »Klärung« – von neuen Dogmen träumen, sei es von der Corredemptrix Maria, sei es vom Verbot der »künstlichen« Empfängnisverhütung, sei es vom Verbot der Frauenordination.

3. Johannes XXIII. hat 1924/25 nichts davon gewusst, dass er in den Akten des Sanctum Officium als des Modernismus verdächtig geführt wurde. 1958, als Papst, ging er ziemlich bald ins Officium und verlangte seine Personalakte zu sehen. Er fand: »Des

Modernismus verdächtig«. Als Beleg war (man fasst sich an den Kopf im Gedanken an deutsche Nihil-obstat-Konflikte jüngerer Zeit) nichts weiter eingeheftet als eine offenbar abgefangene Postkarte von Buonaiutti, die an ihn, Roncalli, adressiert war. Der Zorn übermannte den Papst. Er verlangte nach einen Füllfederhalter und schrieb auf die Aktennotiz: »Ich, Johannes XXIII., Papst, erkläre, dass ich nie Modernist war.«

Später, milder gestimmt, sprach er mit einer Gruppe Studenten über die Bedeutung der Grundsätze des Dogmas. Dann forderte er sie auf, gegen Furchtsamkeit anzukämpfen. »Ich bin ein lebendes Beispiel dafür, dass ein Priester, der unter der Beobachtung des Heiligen Officiums gestanden hat, doch noch Papst werden kann.«

## Literatur

Alberigo, G., Johannes XXIII. Leben und Wirken des Konzilspapstes, Mainz 2000.

Alberigo, G./ Wittstadt, K. (Hg.), Ein Blick zurück – nach vorn: Johannes XXIII. Spiritualität – Theologie – Wirken, Würzburg 1993.

–: Geschichte des Zweiten Vatikanischen Konzils, Bisher Bd.1–4, Leuven/Mainz 1997–2005.

Elliot, L, Johannes XXIII. Papst der Güte, Papst des Friedens (1974), deutsch Freiburg i.Br. 1978.

Hebblethwaite, P., Johannes XXIII. Das Leben des Angelo Roncalli (1984), deutsch Zürich 1986.

Johannes XXIII.: Geistliches Tagebuch, Freiburg i.Br. 1964, als Herder-Taschenbuch 1968, mit einem Nachwort von Hannah Arendt: Der christliche Papst.

Kaufmann, L./ Klein, N., Johannes XXIII. Prophetie im Vermächtnis, Fribourg (Schw.)/ Brig 1990.

Klinger, K., Ein Papst lacht. Anekdoten um Johannes XXIII., Freiburg i.Br. 1977.

Kranz, G., Papst Johannes XXIII. als literarische Figur, in: Geschichtsverein für das Bistum Aachen e.V. (Hg.), Geschichte im Bistum Aachen. Von Pius XII. bis Johannes XXIII. Beiheft 2, 2001/ 2002, Neustadt an der Aisch 2002, 217–241 (sehr versteckt, aber wichtig gegen den »Johannes-Mythos«).

Pesch, O.H., Das Zweite Vatikanische Konzil. Vorgeschichte – Verlauf – Ergebnisse – Nachgeschichte. Würzburg $^{5}$1993.

Hartmut Löwe

# Wilhelm Stählin

## Nicht nur der Kopf, der ganze Mensch will glauben

24. September 1883–16. Dezember 1975. 1917 bis 1926 im Pfarrdienst, ab 1926 Prof. für Praktische Theologie in Münster. 1945–1952 Bischof der Evangelisch Lutherischen Kirche in Oldenburg. Zusammen mit Karl Bernhard Ritter gründete er die Evangelische Michaels-Bruderschaft und war einer der wichtigsten evangelischen Förderer der Liturgischen Bewegung. Seit 1946 teilte er sich mit L. Kardinal Jaeger die Leitung des »Ökumenischen Arbeitskreises evangelischer und katholischer Theologen«. Seine Mitarbeit bei der Weltkonferenz für Glaube und Kirchenverfassung 1952 in Lund brachte seine theologischen Anliegen in die Arbeit des Weltkirchenrates ein.

### I. Eröffnung

Es war im Kasseler Bahnhofsrestaurant vor vielleicht 35 Jahren. Der Kellner bringt das Gewünschte und sagt artig: »Guten Tag, Herr Bischof.« Wilhelm Stählin, erstaunt, wohl auch erfreut: »Woher kennen Sie mich denn?« Darauf der Kellner: »Vom Wort zum Sonntag.«

Heute ist Wilhelm Stählin wohl nur noch wenigen Studenten der Theologie bekannt. Die Namenkalender von Kirche und Wissenschaft verzeichnen ihn nicht. Aber es gab eine Zeit, eine lange Zeit von bald 70 Jahren, da war Wilhelm Stählin eine prägende Gestalt der Christenheit in Deutschland: Pfarrer an St. Lorenz in Nürnberg und Führer der Jugendbewegung, Professor in Münster und Mitstifter der Evangelischen Michaelsbruderschaft, Bischof in Oldenburg und evangelischer Vorsitzender des ökumenischen Arbeitskreises evangelischer und katholischer Theologen, vor allem und immer neu: Seelsorger und Prediger, Leiter von geistlichen Wochen, Ausleger der Heiligen Schrift. Wäre seine Berufung auf den Lehrstuhl für Praktische Theologie hier in Heidelberg nicht am Widerstand der Karlsruher Kirchenleitung gescheitert, stünden vor seinem Bild noch heute die Heidelberger Studentinnen und Studenten der Praktischen Theologie. Sein Lebensweg hat erst im Ruhestand wieder eine Wendung nach Süddeutschland genommen. Zuvor hat der bayerische Theologe Jahrzehnte im Norden verbracht.

## II. Herkunft, Biographisches

Die eigene Geschichte, Herkunft und familiäre Verzweigungen, hat Wilhelm Stählin in seinen 1968 erschienenen Lebenserinnerungen erzählt. Das Buch, beinahe 750 Seiten dick, ist eine Fundgrube der jüngeren Kirchen-, auch Geistesgeschichte, und berichtet von einem prall gefüllten tätigen Leben mit ungeschminkten Urteilen über Freunde und Gegner, immer wieder ehrlich und selbstkritisch, aber ohne Schonung der Zeitgenossen, die in sein Umfeld traten.

Der Ausgangspunkt der Familie war das bayerische Schwaben, eine Pfarrer-, Gelehrten- und Handwerkerfamilie aus Memmingen. Als letztes von 11 Kindern, von denen 6 überlebten, wurde Wilhelm Stählin am 24. September 1883 in Gunzenhausen geboren. Der Vater sollte bald sterben. Zuvor war er Missionar in Indien gewesen, jetzt Pfarrer in Franken. Die Mutter siedelte nach Augsburg über. Diese Stadt wurde prägend bis zum Abitur, niemals aber ein wirkliches Zuhause.

Der Satz wiederholt sich: »Ich war fast immer allein.«[1] Die Mutter hat er niemals lachen sehen.[2] Von der ersten bis zur letzten Klasse war er konkurrenzlos der beste Schüler, im Ersten Theologischen Examen hatte er nach der strengen bayerischen Rangfolge den Platz I 1/1. Sonntäglicher Kirchgang war selbst-

[1] Stählin: Via Vitae, z.B. 13, 17, 27, 38, 41.
[2] Stählin: Via Vitae, 24.

verständlich, aber das Kind nahm, unprotestantisch schon früh, die Dinge der Kirche stärker mit den Augen als den Ohren auf.[3] Die pietistische Frömmigkeit der Familie blieb ihm fremd; er wandte sich später gegen die besondere Anziehungskraft des Pietismus »für unreife und unklare junge Menschen«.[4] Ökumenische Neigungen konnten noch nicht aufkommen; die Mutter verbot ihm die Beziehung zu einem katholischen Schüler.[5] Theologe geworden ist Stählin aus Familientradition.[6] Aber weder das Studium in Erlangen und Rostock noch in Berlin hinterließ tiefere Spuren. Am Ende fühlte er sich »ohne Erkenntnis, ohne geistliches Leben.«[7] In der Praktischen Theologie, gar nicht einmal selten bei späteren Lehrern dieses Faches, hatte er keine einzige Vorlesung besucht. In Nietzsche hatte er sich mehr als in die Bibel vertieft. Der theologische Stern der Examenszeit hieß Friedrich Daniel Ernst Schleiermacher. Immerhin war er in Nürnberg ein regelmäßiger Hörer der Kanzelredner Christian Geyer (geb. 1861) und Friedrich Rittelmeyer (geb. 1872). »Bei Rittelmeyer erfuhren wir zum ersten Male und mit höchster Überraschung, dass Langeweile nicht zu den notwendigen Merkmalen einer Predigt gehört.«[8] Für den kirchlichen Dienst war er nach eigenem Urteil »in keiner Weise innerlich gerüstet.«[9] In Bayern wurden damals die Vikare am Anfang ihres kirchlichen Dienstes ordiniert. Wie noch heute üblich, war dem Antrag auf Ordination eine Stellungnahme zu den lutherischen Bekenntnisschriften beizufügen. Stählin wollte ehrlich sein und schrieb, es sei ihm unmöglich, »in dem Apostolischen Glaubensbekenntnis ... in allen Stücken den Ausdruck meines eigenen Glaubens zu sehen«.[10] Verständlich, dass bei dieser Haltung des jungen Kandidaten die kirchliche Behörde zunächst die Ordination verweigerte. Unverständlich allerdings, dass dieselbe Behörde nach fürsprechender Intervention – die Verwandtschaft bekleidete hohe kirchliche

---

[3] Stählin: Via Vitae, 18.
[4] Stählin: Via Vitae, 39.
[5] Stählin: Via Vitae, 36.
[6] Stählin: Via Vitae, 45.
[7] Stählin: Via Vitae, 55.
[8] Stählin: Via Vitae, 59.
[9] Stählin: Via Vitae, 64.
[10] Stählin: Via Vitae, 69.

Ämter – auch nur ohne ein persönliches Gespräch schließlich doch die Ordination anordnete. Gegen einen rein bürokratischen Umgang mit dem kirchlichen Leben und dem kirchlichen Amt hat Stählin sein ganzes späteres Leben revoltiert.

Er blieb also dem Kirchendienst erhalten, sammelte erste Erfahrungen in einer jeder kirchlichen Sitte fremd gewordenen Arbeitergemeinde in Nürnberg. Zum Beispiel fand man dort nach dem Konfirmandenabendmahl hinter dem Altar »eine ganze Anzahl ausgespuckter Hostien«.[11] Stählin hielt sich zu den »Freier Gerichteten«[12], die in Bayern nicht so bestimmt wie andernorts die »Liberalen« auftraten, aber Ehrlichkeit des Denkens und Echtheit persönlichen Lebens verlangten.

Wilhelm Stählin erhielt ein Reisestipendium nach England. Die Anglikaner empfanden sich nicht einer protestantischen, sondern der evangelisch-katholischen Kirche zugehörig: »I hate the word protestant; I believe in the One Holy Evangelical Catholic Church«[13] sagte der Kaplan des Deans von Westminster. Dieses Erlebnis blieb bestimmend. Die Hinwendung zur Kirche nahm ihren Anfang. Stählin konnte dem verehrten Kollegen Christian Geyer nicht folgen, wenn der meinte: »Mein Verhältnis zur Kirche beschränkt sich darauf, dass sie mir ein kolossal anständiges Lokal (gemeint war die Kirche St. Sebald) für meine religiösen Vorträge zur Verfügung stellt.«[14]

Mit 27 Jahren trat Stählin sein erstes Pfarramt an in Egloffstein. Im Krieg als freiwilliger Feldgeistlicher bekam er Kontakt zum Wandervogel. Gewählt schon 1916, wurde er zum 1. Oktober 1917 2. Pfarrer an St. Lorenz in Nürnberg. Die acht Jahre bis zum Wechsel auf eine Professur für Praktische Theologie in Münster waren eine Zeit intensivster Tätigkeit, immer neuer Aufbrüche, ungewöhnlichen Zuspruchs aus der Bevölkerung, leidenschaftlichen Suchens nach neuen Wegen: Abendgottesdienste mit Väterlesungen, die liturgisch reich ausgestaltet waren; Themapredigten neben Textpredigten; eine Mitternachtsmesse zu Weihnachten, bei der schon um halb elf Uhr eine un-

---

[11] Stählin: Via Vitae, 75.
[12] Stählin: Via Vitae, 86.
[13] Stählin: Via Vitae, 96.
[14] Stählin: Via Vitae, 158.

übersehbare Menschenmenge in die Kirche drängte; eine lebendige Jugendarbeit des deutschlandweiten Bundesleiters des Bundes Deutscher Jugendvereine (1922–1932); überall reges Leben und Neuanfänge, natürlich auch Spannungen und Kämpfe, aber noch größere Erfolge. Immer drängender wird dabei die Unruhe, »ob denn die Treue zu den Entscheidungen des 16. Jahrhunderts der letztgültige Maßstab für die heutige christliche und kirchliche Denkweise und Gestaltung sein kann.«[15] Die Notwendigkeiten eines Großstadtpfarramtes führen in Neuland. Die größere Kirche, die Ökumene, kommt in den Blick.

Den Wechsel aus dem Pfarramt in das akademische Lehramt in Münster vergleicht Stählin mit dem Wechsel eines Frontoffiziers in die Etappe.[16] Der Zuspruch bleibt auch dort nicht aus, auch nicht in der evangelischen Bevölkerung der katholischen Stadt. Kollegen aus anderen Fakultäten wie der aus der Theologie in die Philosophie gewechselte Heinrich Scholz gehören zu den regelmäßigen Gottesdienstbesuchern. Verwundert stellt er fest, dass die evangelischen Kollegen an dem ökumenischen Gespräch mit der katholischen Fakultät kein Interesse haben. Also schlafen die Kontakte wieder ein. Der eigentliche Antipode zu Stählin ist Karl Barth, der zur gleichen Zeit in Münster lehrt. Stählin wirft Barth eine gefährliche Einseitigkeit vor, konstatiert eine bleibende Fremdheit, empfindet die Barthianer als überhebliche Intellektualisten.

> Damals jedenfalls habe ich – und nicht nur ich – manchmal unter ihm gelitten und fühlte mich durch den Nimbus seiner Unfehlbarkeit in dem Eigenen, das ich zu bieten hatte, gehemmt und gelähmt.[17]

Der Gegensatz wirkt nach in Stählins spannungsvollem Verhältnis zur Bekennenden Kirche, der er sich für kurze Zeit anschloß, um sich dann – ohne zur Gegenseite zu wechseln – vehement ihrer Einseitigkeiten wegen von ihr zu distanzieren.

Wilhelm Stählin ist auch in seinem wissenschaftlichen Amt immer praktisch tätig gewesen, nicht nur als Universitätsprediger. Er richtete auch einen Religionsunterricht für Erwachsene

---

[15] Stählin: Via Vitae, 183.
[16] Stählin: Via Vitae, 216.
[17] Stählin: Via Vitae, 221.

ein, nahm im deutschen Ausschuß des Weltbundes für Freundschaftsarbeit der Kirchen ökumenische Beziehungen wahr, musste sich deshalb von Hirsch und Althaus den Vorwurf mangelnder nationaler Zuverlässigkeit gefallen lassen.[18] Eng war sein Horizont niemals, weder im Blick auf seine Kirche noch auf sein Volk.

In diesen Jahren wuchsen aus der christlich bestimmten Jugendbewegung, die Stählin führte, die Berneuchener Konferenzen heraus. 1931 entstand dann die Evangelische Michaelsbruderschaft, weil – so sagt es die Urkunde – »wir nur an der Kirche bauen können, wenn wir selber Kirche sind.«[19] Um die Liturgie der Karwoche kennenzulernen, fuhr er ins Kloster Maria Laach. Britisch-deutsche Theologenkonferenzen und Begegnungen mit der römisch-katholischen Kirche weiteten den Blick eines Theologen und Pfarrers, der schon 1938 sich dem Urteil derjenigen anschloß, die von sich sagten, »aus dem Protestantismus ausgewandert zu sein.«[20] In einem Gutachten zur Ordination, das er 1941 dem Evangelischen Oberkirchenrat in Berlin erstattete, vertrat er eine betont sakramentale Auffassung.[21] Zeitlebens hat er gern den Satz wiederholt: »Wenn ein protestantischer Pfarrer etwas nicht kapiert, so nennt er es katholisch.«[22]

Der Krieg brachte den akademischen Lehrbetrieb zum Erliegen. Für Stählin war der universitäre Rahmen ohnehin zu eng geworden. Mit seinen Büchern »Vom Sinn des Leibes« und »Vom göttlichen Geheimnis«[23], mit fortlaufenden »Predigthilfen«, die schließlich fünf stattliche Bände ausmachten und alle Lesungen und Predigttexte samt den Wochensprüchen und Leitbildern der Feste und Sonntage umfaßten, zielte er ab auf konkrete kirchliche Gestaltung, nicht nur akademische Lehre und theologische Forschung. So begann im September 1944 ein neuer Lebensabschnitt, als ihm das verwaiste Bischofsamt in Olden-

---

[18] Stählin: Via Vitae, 241.

[19] Vgl. die Urkunde der evangelischen Michaelsbruderschaft von 1931 I 2.

[20] Stählin: Via Vitae, 336.

[21] Stählin: Via Vitae, 257.

[22] So der westfälische Genealsuperintendent D. Zoellner, vgl. Stählin: Via Vitae, 250.

[23] Stählin nennt es »mein eigentliches theologisches Bekenntnis«: Via Vitae, 369.

burg angeboten wurde, in das ihn die Synode im Oktober 1945 wählte. Bei der Einführung am 13. März 1946 fehlte die gewünschte Assistenz durch einen schwedischen Bischof, die den ökumenischen Charakter des Bischofsamtes und die successio apostolica hätte sichtbar machen sollen.[24] Sogleich war der Vorwurf »katholisierender Neigungen« zur Stelle. Aber zunächst ging Stählin mit seinen Mitstreitern Hermann Ehlers, Heinz Kloppenburg und Edo Osterloh – niemals hat es in einer deutschen Kirchenleitung eine solche Ansammlung an klugen und kraftvollen Gestalten gegeben – daran, die Oldenburger Kirche neu zu bauen, das liturgische Chaos zu überwinden, die »protestantische« Tradition mit ihrer intellektualistischen Theologie hinter sich zu lassen, die christliche Unterweisung aus einem rein säkularen Denken herauszulösen.

Natürlich gab es Widerstände. Aber für den Chronisten ist die Aufbauleistung stupend. Stählin war ein hervorragender Pädagoge und gewann in kurzer Zeit die anfangs widerstrebende Lehrerschaft. Für die gottesdienstliche Erneuerung waren seine ungewöhnlich gut besuchten Gottesdienste das Vorbild. Die Pfarrerschaft freilich – »schwierig war es eigentlich nur mit den Pfarrern«[25] heißt es im Rückblick – konnte so geschwind nicht folgen. Der Leitungsstil von Stählin war auch für die damalige Zeit keine geringe Zumutung. Die bruderrätliche Orientierung seines, zuerst, Förderers und späteren Widerparts, Heinz Kloppenburg, widersprach seinem monarchischen Bischofsamt-Verständnis – dabei waren beide in gleicher Weise machtbewußt, ja autoritär. So endete die Oldenburger Zeit schon 1952. Immerhin war Stählin zu dieser Zeit 69 Jahre alt.

In seinem Ruhestand in Bayern hat er eine enorme publizistische Wirksamkeit entfaltet, Vorträge gehalten und geistliche Wochen, in Funk und Fernsehen den christlichen Glauben weitergesagt, der Ökumene aufgeholfen. Politisch und kirchlich ist er immer konservativer geworden. Die »freier« gerichteten Anfänge in Nürnberg lagen lange zurück, als er in Eichstätt in der Abendländischen Akademie mitarbeitete und zum 80. Geburtstag in Rom von Paul VI. in Privataudienz empfangen wur-

---

[24] Stählin: Via Vitae, 429.
[25] Stählin: Via Vitae, 481.

de. Aber auch jetzt war er noch für Überraschungen gut. Der Protest der Jugendbewegung brannte in ihm weiter. Über Fronten hinweg blieb er ein Anreger und, wenn es sein musste, auch Störenfried. Am 16. Dezember 1975 ist er, zweiundneunzigjährig, in Prien am Chiemsee verstorben.

## III. Voraussetzungen und geistige Entscheidungen

Wilhelm Stählin, selber hochgebildet und mit einem kräftigen Verstand ausgestattet, wetterte gegen die Vorherrschaft der Begriffe in der Theologie. Wie Luther gegen die Scholastik, kämpfte er gegen die Alleinherrschaft des rationalen Denkens. Abstrakte Begriffe, konnte er sagen, haben seit dem Zeitalter der Aufklärung die Rolle übernommen, die einst Götter im mythischen Bewusstsein der Menschheit gespielt haben.[26] Bereits im Sommersemester 1909 hatte er sich für ein Studium der Psychologie in Würzburg beurlauben lassen. Seine sprachpsychologischen Untersuchungen zeigen ihm, wie anders die Bibel von der Wirklichkeit des Glaubens spricht: bildkräftig, gesättigt mit Anschauung:

> Das ist die eigentümliche Art der Bibel, dass die Geheimnisse der göttlichen Welt in der durchsichtigen Hülle einer irdischen Erscheinung angeschaut werden und in dem Medium dieser Wirklichkeiten in die Geschichte eintreten.[27]

Gott ist in der Bibel Licht, Fels, Burg. Durch diese Wörter wird kein zuvor schon feststehender Gottesbegriff nachträglich veranschaulicht. Sie halten vielmehr eine Erfahrung fest und reichen sie weiter. Stählin meint, eine ursprünglichere, der bloß rationalen überlegene Weise des Denkens gefunden zu haben. Wie die Bibel denken Kinder, Künstler, alle Menschen, wenn sie träumen.[28]

---

[26] Vgl. Köberle: Geleitwort zu »Freiheit und Ordnung«, 7.
[27] Stählin: Gleichnisrede und Gleichnisdenken, 32.
[28] Vgl. Stählin: Über die Meditation von Bibeltexten, 401.

Die wahren Entscheidungen fallen in anderen Dimensionen als in der des rationalen Denkens; mit dem zerspaltenen Denken können wir die Bibel nicht mehr lesen. Die Erlösung muss sich auch an der Art unseres Denkens auswirken.[29]

Stählins Affekte gegen einen überbordenden Intellektualismus bringen ihn früh schon in einen grundsätzlichen Gegensatz zum »Geist der Aufklärung« und dem von ihm bestimmten neuzeitlichen Christentum.[30] Die Impulse der Jugendbewegung nimmt der Theologe und Kirchenmann auf: das Interesse an der Einheit und Ganzheit des lebendigen Menschen, die Abkehr von der Intellektualisierung und dem Pathos der Ideale, die Rückkehr zu einem intensiven Verhältnis zur Natur (Flucht aus der Stadt, Unterscheidung des Gewachsenen vom Gemachten, Zivilisationsaskese), eine unbefangene Offenheit für den anderen im Verhältnis von Mensch zu Mensch.[31]

Anthropologisch hat Stählin diese Einsichten ausgesprochen in dem zuerst 1930 erschienenen Buch »Vom Sinn des Leibes«, theologisch sechs Jahre später in der Veröffentlichung »Vom göttlichen Geheimnis«. Beide Bücher sind so etwas wie die Grundlegung des christlichen Denkens, geistlichen Lebens und kirchlichen Gestaltens von Wilhelm Stählin. Sie verbinden ihn mit Einsichten, wie sie Romano Guardini auf seine Weise formuliert hat. Bei beiden sind die Anstöße der Jugendbewegung und der liturgischen Bewegung offensichtlich.

---

[29] Stählin: Via Vitae, 456.

[30] In der Streitschrift »Ende des Protestantismus?« von 1934 heißt es: »Der ›Protestantismus‹ hat Bundesgenossen gesucht und gefunden, mit denen er eins war im Protest, mit denen er nicht eins war im positiven Zeugnis. Dieser Protestantismus ist es, der nun ganz und gar verflochten und verschmolzen ist mit dem Geist der Aufklärung. Dieser Protestantismus musste, zunächst wehrlos, dem Ansturm der fremden Mächte erliegen, weil diese fremden Mächte längst in seinen eigenen Reihen an seiner Zerstörung arbeiteten. Dieser Protestantismus geht zu Ende. Und wir danken Gott, wenn er diesem Protestantismus ein Ende macht.« (118)
Moderater und gegen eine vorschnelle Verurteilung von Aufklärung und Rationalismus, jedenfalls auch seine Leistungen und positiven Absichten anerkennend, äußert sich Stählin in seinem Vortrag von 1946 »Was sind ›katholisierende Neigungen‹?« Vgl. Stählin: Katholisierende Neigungen, 19. Aber das geschieht eher beiläufig und ändert nichts an seiner grundsätzlich negativen Einschätzung der Aufklärung.

[31] Vgl. hierzu Stählin: Rückblick nach 50 Jahren: Was bleibt?, 14–26.

## Vom Sinn des Leibes

Die Grundthese steht schon auf der ersten Seite des Buches:

> Wir »haben« nicht Leib und Seele, sondern wir sind Leib und Seele ... Leib zu sein ist die Form unseres Daseins auf Erden. Wir reden von uns selbst, wenn wir von unserem Leib reden. Wir fragen nach dem Sinn unseres Daseins auf Erden, wenn wir nach dem Sinn des Leibes fragen.[32]

Stählin polemisiert gegen ein verkopftes Bildungsideal, das uns zur Beschäftigung mit Fragen zwingt, »an denen wir nicht unmittelbar beteiligt sind«.[33] In Abkehr davon will er »Hilfe für eine verantwortliche Gestaltung des Lebens«[34] geben. Stählin grenzt sich ab von Auffassungen des Leibes als Feind oder Sklave des Menschen[35], aber auch von der Überschätzung des Leibes als des eigentlichen Menschen. Auch das Verständnis des Leibes als Werkzeug[36] ist unzureichend. Er ist vielmehr als die »Form unseres irdischen Daseins«[37]

> nicht die zufällige und im Grunde bedeutungslose Voraussetzung oder Nebensache, ... freilich auch nicht nur Hemmung, Störung und Erschwerung unseres Lebenssinns; sondern der Leib ist gerade der Ort und die Form, in der sich der Sinn des Lebens verwirklichen will.[38]

Stählin bleibt nicht bei solchen Überlegungen und fundamentalanthropologischen Bestimmungen stehen. Seine Absicht, unmittelbar zur Gestaltung des Lebens zu helfen, führt zu dem Imperativ, die Ausdruckskraft des Leibes zu pflegen und zu üben in der doppelten Weise des Aus-Übens und Ein-Übens.[39]

Dass der Weg der Bildung immer nur von innen nach außen führt, bezeichnet Stählin als einen Grundirrtum. Der umgekehrte Weg von außen nach innen hat mindestens das gleiche Gewicht,

---

32 Stählin: Vom Sinn des Leibes, 11.
33 Stählin: Vom Sinn des Leibes, 9.
34 Stählin: Vom Sinn des Leibes, 5.
35 Stählin: Vom Sinn des Leibes, 20ff.
36 Stählin: Vom Sinn des Leibes, 44ff.
37 Stählin: Vom Sinn des Leibes, 53.
38 Stählin: Vom Sinn des Leibes, 56.
39 Stählin: Vom Sinn des Leibes, 69ff.

wie Atem-Übungen, Singen, körperliche Bewegung, die Art der Ernährung für seelische Reaktionen des Menschen belegen.

> Diese leibliche Übung meint den ganzen Menschen und will auf dem Zugangsweg leiblicher Übung auf den ganzen Menschen, auf seine seelische Haltung wirken, sein inwendiges Wesen bilden und prägen.[40]

Oder:

> Was wir leiblich »einüben«, wird unserem Wesen »einverleibt«; es geht nicht nur in unser Wissen, Denken und Wollen, sondern »in unser Fleisch und Blut«.[41]

Von hier ist der Weg nicht weit zur Rehabilitation der Gebärde im Gottesdienst, überhaupt zur Wiederentdeckung von liturgischer Haltung und liturgischen Formen, symbolischer Handlungen, der Elemente Wasser, Brot und Wein.

> Die Nachlässigkeit und Schlamperei, mit der der Leib »sich gehen läßt«, während der Mensch vor Gott steht, zerstört die Andacht ... Liturgie ohne liturgische »Haltung« ist etwas Schreckliches und Widersinniges, ein schlechtes Erbstück aus dem intellektualistischen Mißverständnis des Glaubens. Die »Formlosigkeit«, die von manchen Pfarrern als Bekenntnis zur evangelischen Freiheit empfohlen und geübt wird, ist eine Selbsttäuschung; es gibt keine Form-losigkeit, es gibt nur gute, d.h. sachgemäße, und schlechte, d.h. der Sache unangemessene Formen, grob gesagt: gute und schlechte Manieren.[42]

Das waren für protestantische Ohren ungewohnte Töne. Der kopfbestimmte evangelische Predigtgottesdienst, die Überschätzung der Lehre für das Leben des Glaubens geraten ins Gedränge: noch vor allen theologischen Einwänden gehen sie anthropologisch an der Wirklichkeit des Menschen vorbei.

Unter der – unzureichenden – Überschrift »Der Leib als Glied« beschreibt Stählin den Leib als »Ort eines großen Zusammenhangs«[43], als Zentrum des Austauschs mit der umgebenden Wirklichkeit: der Atem ist über die Erhaltung des Organis-

---

[40] Stählin: Vom Sinn des Leibes, 71.
[41] Stählin: Vom Sinn des Leibes, 72.
[42] Stählin: Vom Sinn des Leibes, 130–132.
[43] Stählin: Vom Sinn des Leibes, 77.

mus hinaus zugleich »Bild für den schöpferischen Geist Gottes«[44], durch Essen und Trinken »nehmen wir Anteil an dem Opfergeheimnis alles Lebens und lassen uns das Opfer gefallen, das für uns gebracht ist.«[45] Was im Abendmahl geschieht, ist schon im leiblichen Essen verborgen.[46] Das Kapitel über den »Leib als Gleichnis« macht das spezifisch christliche Verständnis von Leib und Leibhaftigkeit zum Thema.[47] Wieder hält Stählin fest, dass die Körperlichkeit des Menschen kein Fluch ist und kein Mangel gegenüber Seele und Geist. Die christliche Botschaft zielt nicht ab auf die Erlösung vom Leib, sondern auf die Erlösung des Leibes, wie sie der Auferstehungsglaube bestimmt. Fällt es evangelischer Theologie häufig schwer, über die Wirklichkeit der Kirche mehr und anderes als unanschauliche Aussagen zu machen, stellt Stählin mit Bestimmtheit fest und blickt damit hinaus über die eigenen konfessionellen Grenzen: »Die Kirche ist der Ort in der Welt, wo sich die Leibwerdung des göttlichen Geistes durch die Geschichte hin fortsetzt.«[48] Damit blickt er voraus und führt hin zu dem anderen grundlegenden Text »Mysterium«.

## Mysterium

Ursprünglich konzipiert als Vortrag zu dem Thema »Sakrament und Kirchengestalt«, liest sich das Buch als Stählins theologisch-kirchliche Programmschrift. Indem er bei den in der Kirche streitenden Gruppen schon 1936 nicht anders als 1970 den sich lediglich verschieden auswirkenden »Abfall vom Mysterium« diagnostiziert, wird das Wort Mysterium zur Kurzfassung des Inhalts des christlichen Glaubens. Ähnlich wie Schleiermachers Bestimmung des Wesens der Religion als »schlechthinnige Abhängigkeit« oder Rudolf Ottos Kategorie des »Heiligen« versammelt Stählin im Wort Mysterium das Besondere und Unterscheidende jeder Religion, auch des christlichen Glaubens. Begriffliche Klä-

---

[44] Stählin: Vom Sinn des Leibes, 79.
[45] Stählin: Vom Sinn des Leibes, 81.
[46] Stählin: Vom Sinn des Leibes, 82.
[47] Stählin: Vom Sinn des Leibes, 90ff.
[48] Stählin: Vom Sinn des Leibes, 129.

rungen, gar Definitionen, sind weder Stärke noch Absicht Stählins. Er sucht eine Verständigung mit dem Leser eher durch Hinweise auf Zusammenhänge, in denen sich das Geheimnis Gottes zeigt und mitteilt. Fundamentaltheologische Überlegungen zur Kategorie des Geheimnisses, wie sie etwa Karl Rahner vorgetragen hat[49], sind Stählin fremd. Auch die sorgfältigen Analysen, die seit 1942 im 4. Band des Theologischen Wörterbuchs vorliegen, übergeht er bei der ansonsten gründlich überarbeiteten Neuauflage. Stattdessen knüpft er immer wieder an an die Mysterientheologie des Benediktiners Odo Casel und der Laacher Schule.

Die biblische Grundlage ist verhältnismäßig schmal: Mt 13,11; Röm 16,25f.; 1 Kor 4,1; Kol 2,2; 1 Tim 3,16. Stählin fasst den Sachverhalt so zusammen:

> Das Geheimnis Gottes hört nicht auf, Geheimnis zu sein, auch wenn es offenbar geworden ist. Es bleibt das Nicht-Sichtbare, das Nicht-Sagbare, das Nicht-Begreifliche, das Unerforschliche und Unzugängliche. Das Mysterium kann bezeugt und verkündigt, es kann auch »verraten«, aber es kann nicht veröffentlicht werden.[50]

Wer nicht selber vom Mysterium angefaßt ist, steht einigermaßen ratlos vor solchen Sätzen, die mehr verschweigen als erklären. Immerhin formulieren sie das Wissen von etwas anderem als dem, was uns Menschen gemeinhin zuhanden ist, etwas, das wie ein Blitz aufzuckt, und wieder von einer Wolke verdeckt wird. Bei Matthias Claudius fand ich eine einleuchtende Formulierung des Sachverhalts, der bei Stählin ziemlich dunkel bleibt. Claudius bemerkt einmal:

> Es ist immer so, Andres, die Hauptpunkte einer Religion sind verhüllt und zugedeckt ... Wie es nun überhaupt mit Geheimnissen ist; wer sie nicht weiß, der erklärt sie, und wer sie erklärt, der weiß sie nicht.[51]

Folgerichtig bestimmt Stählin in einem anderen Teil »Gott selbst als das Geheimnis schlechthin«.[52] Aber dieser Gott bezeugt sich

---

[49] Vgl. Rahner: Über den Begriff des Geheimnisses, 51–99.
[50] Stählin: Mysterium, 11f; vgl. auch Anm. 23.
[51] Vgl. Claudius: Sämtliche Werke, 488.
[52] Stählin: Mysterium, 15.

in Zeichen und Symbolen, erscheint nicht in einer Sonderwelt, sondern »in, mit und unter« irdischen Wirklichkeiten[53]: diesem bestimmten Volk Israel, diesem bestimmten Jesus Christus, den zwölf Aposteln, in unseren natürlichen Ordnungen, im Wort, in der Taufe, im Abendmahl, auch in der Struktur der Kirche (die bestimmt ist durch Communio und Amt), in der Welt auch im Leib, dem Geschlecht, schließlich dem Kosmos. Die lutherische Reformation hat sich gegen die römische Transsubstantiationslehre gewandt, aber an der Realpräsenz Christi im Abendmahl festgehalten: im Brot, das Brot bleibt, mit dem Wein, der Wein bleibt, unter irdischen Gestalten ist Christus tatsächlich anwesend. Diese Consubstantiation weitet Stählin auf andere Felder und Lebenszusammenhänge aus, immer darauf bedacht, es niemals zu einer Verwandlung kommen zu lassen: Die Dinge der Welt, mit denen sich das Geheimnis Gottes verbindet, bleiben weltliche Dinge, sind aber gewissermaßen geladen mit der Präsenz Gottes und Christi. Der Eros muss nicht in Agape verwandelt werden, damit die Ehe teilhaben kann am Mysterium Christi.

Stählin sieht in der Ersetzung des griechischen Wortes mysterion durch den lateinischen Begriff sacramentum »einen der verhängnisvollsten Unglücksfälle in der Geschichte der christlichen Sprache«.[54] In der Tat verweist der Begriff sacramentum auf einen anderen Zusammenhang und eine andere Tradition: er ist ursprünglich terminus technicus für den Fahneneid, erinnert also an die Vereidigung des Soldaten, einen feierlichen Akt, der ihn bindet. Die sprachliche und gedankliche Brücke jedoch ist deutlich: Was mit dem Soldaten beim Fahneneid geschieht, geschieht vergleichbar mit dem Christen beim Weiheakt der Taufe, die ihn auf den Inhalt des christlichen Glaubens und den Herrn Jesus Christus verpflichtet. Stählins Widerspruch gegen eine juristische Überfremdung des christlichen Glaubens und kirchlichen Lebens durch den sacramentum-Begriff überzeugt ebensowenig wie seine Polemik gegen die Redeweise von der Kirche als Ursakrament. Er selbst kommt auch nicht aus ohne einen Begriff, der Handlungen wie Taufe, Abendmahl, Beichte, Ordination zu-

---

[53] Stählin, Mysterium, 42ff und 89ff und 203ff.

[54] Stählin, Mysterium, 13.

sammenfaßt. Das juristische Umfeld des sacramentum-Begriffs ist nicht die wesentliche Ursache einer problematischen römischen Verrechtlichung von Glaube und Kirche.

Dagegen hat er die Eigenart des Glaubens, der nicht Ethik ist und schon gar nicht Moral, das Wesen der Gotteserfahrung, die in dieser Welt geschieht und nicht aus ihr herausführt, die Weisen der religiösen Vermittlung, die symbolhaft und durch Zeichen erfolgen, eindrucksvoll aufgewiesen und damit der Kirche ihren spezifischen Ort und Auftrag zurückgegeben. Ein so bestimmter Glaube hat zwar konkrete Folgen, löst sich aber nicht in Aktionen auf; eine so verstandene Kirche hat ein eigenes Gesicht und läßt sich nicht verwechseln mit pädagogischen Anstalten zur Erziehung des Menschengeschlechts.

## IV. Klärungen

Wir können uns heute kaum noch vorstellen, welche Aufbruchstimmung nach 1945 in den Kirchen herrschte. Als einzige Institution im Urteil der Leute unbeschädigt aus dem Zusammenbruch hervorgegangen, richteten sich auf sie die Hoffnungen der Menschen. Als ihm das Bischofsamt übertragen wurde, zögerte Stählin nicht, entfaltete nach Jahren erzwungener Muße eine rastlose Aktivität, begann mit einer vollständigen kirchlichen Neuordnung, wollte nicht unter die Dornen erstarrter Verhältnisse säen, sondern wirklich ein Neues pflügen (Jer 4,3). Sofort regten sich auch Widerstand und Widerspruch. Was sich seit Generationen als kirchliche Praxis herausgebildet hatte, konnte Stählins Eifer der Erneuerung nicht standhalten. Die Gegner warfen ihm deshalb »katholisierende Neigungen« vor.

### Was sind »katholisierende Neigungen«?

Stählin packte den Stier bei den Hörnern. Zum 11. April 1946 lud er in die ehemalige Oldenburger Garnisonkirche ein und antwortete mit einem Vortrag »Was sind ›katholisierende Neigungen‹?«[55] Der Bischof spricht ruhig und souverän. Auf dem Höhepunkt seines Ansehens, in seiner näheren Umgebung völlig unangefochten, kann er es sich sogar leisten, Verständnis für die entstandene Unruhe zu signalisieren. In der Sache argumentiert er entschieden und selbstbewußt. In der Tat: »Wir können als Protestanten nicht katholisch werden.«[56] Insofern ist eine wachsame Sorge durchaus angebracht. Das Erbe der Reformation ist in dreifacher Hinsicht zu verteidigen: Es geht im christlichen Glauben allein um die Ehre Gottes, keiner irdischen Größe kommt die Würde Gottes zu[57]; der Mensch wird gerecht gesprochen allein aus Glauben, nicht seiner guten Werke wegen; das »Gesetz des Ursprungs«[58], die Bibel, bleibt aller menschlichen Tradition übergeordnet. Stählin macht nun aber deutlich, dass dieses Erbe der Reformation in der jüngsten Geschichte der evangelischen Kirche verraten worden ist, der Vorwurf katholisierender Neigungen deshalb auf die zurückfällt, die ihn gegen ihn erheben: Die religiöse Verklärung des Führers habe dem »Gott allein« widersprochen; die Werkgerechtigkeit sei zurückgekehrt als »bürgerliche Anständigkeit, soziale Leistung, das Lob der Biederkeit und Bravheit«[59], schließlich:

> Wenn man die theologischen Entscheidungen des 16. Jahrhunderts absolut setzt, wenn man gar nicht mehr mit der Möglichkeit rechnet, dass die Heilige Schrift größer und weiter ist als das, was in unseren Konfessionskirchen Gestalt gewonnen hat, dann setzt dieser »Konfessionalismus« die menschliche Tradition über die Heilige Schrift, und ist also im Sinne der reformatorischen Polemik römisch-katholisch.[60]

Stählin diagnostiziert in den jüngeren Entwicklungen der evangelischen Kirche »Auflösung und Verfall«[61]: die Auflösung des Dogmas als verbindlicher Lehre, den Verfall der Messe als der vollen Gestalt des Gottesdienstes zum reinen Predigtgottesdienst (»das Sakrament des Altars ist in vielen unserer Gemeinden

---

[55] Vgl. oben Anm. 30; im folgenden zitiert nach der Fassung von 1947.
[56] Stählin: Katholisierende Neigungen, 8.
[57] Stählin: Katholisierende Neigungen, 9.
[58] Stählin: Katholisierende Neigungen, 13.
[59] Stählin: Katholisierende Neigungen, 11.
[60] Stählin: Katholisierende Neigungen, 14.
[61] Stählin: Katholisierende Neigungen, 18.

praktisch verloren gegangen«[62]), die Auflösung von »Ordnung und Amt der Kirche«. Stählin konstatiert: »Man soll nicht die Krankheit für protestantisch und den Willen zur Genesung für eine ›katholisierende Neigung‹ halten.«[63] Schließlich aber hätten viele noch nicht begriffen, dass »bei aller betonten Treue zur Reformation die Einheit der christlichen Kirche wichtiger und verpflichtender sei als die antikatholische Front und der Kampf der Konfessionen.«[64] Stählin vermutet bei seinen Gegnern als letzten verborgenen Grund die Weigerung, »dass unsere evangelische Kirche wirklich Kirche ist und Kirche wird«[65] und schließt mit rhetorischem Pathos: »Was meint ihr eigentlich? Wovor warnt ihr? Wofür kämpft ihr?«

## Auseinandersetzung mit den protestantischen »soli«

In den folgenden Jahren führt Stählin seine Auseinandersetzung mit problematischen Weichenstellungen, die zu Fehlentwicklungen geführt haben, fort. 1950 setzt er sich mit dem »Allein« der Reformation auseinander und schreibt über »Recht und Gefahr einer polemischen Formel«. Die Formel »Allein durch das Wort« darf nicht die Bibel und die lebendige traditio der Kirche gegeneinanderstellen: Weil

> ohne diese ständige Beziehung auf die lebendige Überlieferung, die im Kultus und in der Verkündigung der Kirche geschieht ..., das »sola scriptura« nicht eine christlich-kirchliche, sondern eine humanistische Formel (ist) … meint auch die Formel »Schrift und Tradition« etwas Richtiges und Notwendiges.[66]

Der Kampfruf »Allein durch den Glauben« hat nicht geholfen, die »Werke als notwendige Folge des Glaubens darzutun«[67], vielmehr den Gegensatz überspitzt. Bei dem Thema »Gnade und

---

[62] Stählin: Katholisierende Neigungen, 25.
[63] Stählin: Katholisierende Neigungen, 28.
[64] Stählin: Katholisierende Neigungen, 32.
[65] Stählin: Katholisierende Neigungen, 37.
[66] Stählin: Recht und Gefahr einer polemischen Formel, 197 und 199.
[67] Stählin: Recht und Gefahr einer polemischen Formel, 200.

Verdienst« stellt sich die Aufgabe, »bestechend einfache Gegensätze zu überwinden«:

Statt das »Und« zu verdammen, gilt es, die innere Ordnung zu erkennen und zu beschreiben, in der das zusammengehört, was doch nicht einfach nebeneinander stehen darf.[68]

## Die Mitte zwischen Rom und Genf
## Der Ort der lutherischen Kirche im ökumenischen Gespräch

Mit den geschichtlich gewordenen Konfessionskirchen hat sich Stählin niemals arrangiert. Immer will er aus Enge und Frontstellung heraus. Die real erfahrene Einheit der Kirche verlangt Anstrengungen, Abgrenzungen zu überwinden. Deshalb bemüht er sich, den Ort der lutherischen Kirche im ökumenischen Gespräch genauer zu bestimmen. 1952 erscheint seine Abhandlung »Was ist lutherisch?« Er hält es für nicht leicht, diese Frage zu beantworten. Also geht er von eher allgemeinen Beobachtungen aus und verzichtet auf strikte theologische Feststellungen. Mit Wilhelm Löhe sieht er in der lutherischen Kirche die »Kirche der Mitte« zwischen Rom und Genf.[69] Fraglos spielt in ihr die Lehre eine besondere Rolle. Aber »jede Kirche ist immer mehr als ihre Lehre«.[70] Eine – damals war das noch Theorie und Praxis – Abendmahls-Lehre zur Voraussetzung zu machen von Abendmahlsempfang und Abendmahlsgemeinschaft, sei problematisch. Häufig erkläre erst eine spezifische Frontstellung die lutherische Lehre, jedoch: »Alles Anti-Denken verführt zu überspitzten Einseitigkeiten, die dann allzuleicht in die entgegengesetzte Gefahr geraten.«[71] Wechselt der bekämpfte Gegner seinen Standort, hängt die eigene Position in der Luft. Stählin mißt den vortheologischen Entscheidungen eine große Rolle zu und führt Luthers Marburger Gespräch mit Zwingli als Beispiel an: Hier sei es nach dem Philosophen Erwin Metzke um das Sein gegen das

---

[68] Stählin: Recht und Gefahr einer polemischen Formel, 210f.
[69] Stählin: Was ist lutherisch?, 35f.
[70] Stählin: Was ist lutherisch?, 10.
[71] Stählin: Was ist lutherisch?, 16.

Bewusstsein gegangen. Daraus folgert er: »Das Luthertum ist für die spiritualistische Entleerung weniger anfällig als alle anderen reformatorischen Teilkirchen.«[72] Also haben Leibhaftigkeit und Sinnenhaftigkeit des geistlichen Geschehens Gewicht. Auch ein spezifisches Verhältnis zur Geschichte sei von Bedeutung: »Die Meinung, es sei irgend etwas in der Kirche gebessert, wenn etwas Bestehendes abgeschafft, zerstört oder wenigstens geändert wird, erscheint ihm als Torheit und Verblendung.«[73] Zwar habe Luther den Bilderstürmern erfolgreich widerstanden, aber dem gefährlicheren Bildersturm der Aufklärung habe die lutherische Kirche nicht widerstanden.

Stählin beschreibt die lutherische Kirche in einer Weise, die ihn selbst als legitimen Sohn dieser Kirche ausweist: leidenschaftlich an Leibhaftigkeit interessiert, zwischen den Extremen angesiedelt, ökumenisch offen, in den Zuspitzungen der Lehre jedoch leider zu stark vergangenen Kampfstellungen verhaftet. Vor allem habe Luther gegen Zwingli am göttlichen Mysterium festgehalten, ohne es scholastisch (Transsubstantiationslehre) oder neuzeitlich-rationalistisch zu verraten.

## V. Konkrete Ökumene

Stählins Verhältnis zu der Kirche, in die hinein er getauft worden ist, war niemals frei von Spannungen. Im Rückblick nennt er es »eine unglückliche Liebe«.[74] Einmal hat er einem Vortrag den Titel gegeben »Kirche als Ärgernis«. Dabei kann offen bleiben, welche Schwierigkeiten mit seiner Kirche seiner zugleich zarten und verletzlichen Natur und welche seiner Neigung zu schroffen Urteilen entsprangen. Er stellt sogar die Frage, »ob man nicht um des christlichen Glaubens willen aus der Kirche austreten müßte« und gibt die verlegene Antwort: »Wenn man nur wüßte, wohin.«[75]

---

[72] Stählin: Was ist lutherisch?, 22.
[73] Stählin: Was ist lutherisch?, 24.
[74] Stählin: Via Vitae, 731.
[75] Stählin: Mysterium, 103.

Stählins Engagement für die Ökumene entsprang deshalb immer auch dem Ungenügen an der Wirklichkeit der Kirche, wie er sie vorfand. Niemals hat er sich idealistischen Träumen hingegeben. Mit beiden Beinen stand er fest auf der Erde, hatte Respekt vor dem in der Geschichte Gewordenen und schätzte die Möglichkeiten für Veränderungen realistisch ein. Die »Zerspaltenheit« der Christenheit nannte er »eine brennende und eiternde Wunde«, gab sich aber nicht nostalgischen Schwärmereien hin, bestritt vielmehr im gleichen Satz »den Anspruch der römischen Kirche auf Katholizität«.[76] Von Streitschriften und Diskussionen erhoffte er nichts für die Einheit der Kirche, wohl aber vom Gespräch und geduldigem Dialog. Deshalb auch ist er ein Vierteljahrhundert lang, von der Gründung im Jahre 1946 bis 1970, der evangelische Vorsitzende des ökumenischen Arbeitskreises evangelischer und katholischer Theologen gewesen (zusammen mit Lorenz Kardinal Jaeger als katholischem Vorsitzendem). Weil jede Konfession »begrenzt und ergänzungsbedürftig« ist,[77] plädierte er für die Anerkennung »legitimer Verschiedenheiten«.[78] Diesen ökumenischen Horizont verstand er als eine neue Dimension der gesamten Kirche. Jedes Programm einer Wiedervereinigung hielt Stählin für unrealistisch.[79] Stattdessen gelte es, die »vorgegebene Einheit aller Christen im Glauben an den einen Herrn«[80] wahrzunehmen und daraus die nötigen konkreten Folgerungen zu ziehen; denn der Gedanke der Einheit einer unsichtbaren Kirche sei keine zureichende Vorstellung. Niemals nämlich habe es die Einigkeit der Christenheit »als dogmatische, liturgische oder rechtliche Uniformität« gegeben, sondern stets nur »als die wechselseitige Beziehung und wechselseitige Anerkennung des Verschiedenen«.[81] Das verlangt eine »komplementäre Beziehung des scheinbar Verschiedenen oder selbst Gegen-

---

[76] Stählin: Warum pflegen wir die Zusammenarbeit der Christen?, 28.
[77] Vgl. Stählin: Die Frage nach der Einheit der Kirche, 199.
[78] Stählin: Die Frage nach der Einheit der Kirche, 198.
[79] Stählin: Die Frage nach der Einheit der Kirche, 194f.
[80] Stählin: Die Frage nach der Einheit der Kirche, 193.
[81] Stählin: Das Amt der Einheit, 11. Das Zitat stammt aus Stählins Einleitung zu dem Sammelband.

sätzlichen«, die »Überwindung eines starren Entweder-Oder-Denkens«.[82]

In einer Zeit, in der sich bei vielen ein neues konfessionelles Bewusstsein regt, wird Wilhelm Stählin zu einer fremden Stimme. Aber der Vorwurf mangelnder theologischer Klarheit greift zu kurz. Harmonisieren um jeden Preis wollte Stählin nicht. Hat jedoch die Geschichte der Kirche nicht gezeigt, welche fatalen Folgen Einseitigkeiten haben, die in einer konkreten Situation unvermeidbar sein mögen, aber doch nicht auf Dauer die Wahrheit des Glaubens festhalten können? Die Psalmen jedenfalls lehren uns, Gottes Anrede an uns (die Verkündigung) und unsere Hinwendung zu ihm im Gebet nicht auseinanderzureißen, weil in ihnen beides ineinander verflochten ist.[83] Entsprechend sind Individuum und Gemeinschaft (»frommes Einzel-Ich oder Bindung in der Gemeinschaft der Kirche«[84]) ebensowenig ein Gegensatz wie die doppelte Bezeichnung der Kirche als Volk Gottes und Leib Christi. Statt unzureichender Definitionen ist auf die »komplexe Einheit polarer Gesichtspunkte«[85] zu achten. Stählin hält die aus der Unterscheidung von Wort und Sakrament gefolgerte Einteilung in Kirchen des Worts und Kirchen des Sakraments für verhängnisvoll. Das allgemeine Priestertum und die besondere priesterliche Aufgabe will er nicht alternativ gegeneinandersetzen. Vielleicht sind der Begriff Komplementarität und die Arbeit an der Überwindung falscher Gegensätze noch keine zureichende Beschreibung der ökumenischen Aufgaben, die vor uns liegen. Auf jeden Fall aber ist das konkrete christliche Leben auch von erheblichem theologischen Gewicht. Es ist daher im Sinne Stählins den unbeabsichtigten Folgen theologischer Lehre mehr Aufmerksamkeit zuzuwenden.

[82] Stählin: Das Amt der Einheit, 12.
[83] Stählin: Das Amt der Einheit, 14.
[84] Stählin: Das Amt der Einheit, 16.
[85] Stählin: Das Amt der Einheit, 18.

## VI. Schluss

Liest man heute Wilhelm Stählin, spürt man beides, Nähe und Abstand. Der Verfasser der fünfbändigen Predigthilfen ist überraschend unverbraucht, immer wieder anregend, von elementarer geistlicher Kraft. Die Zeit des Patriarchen nicht ohne autoritäre Züge ist jedoch vorbei und kehrt niemals wieder. Spuren freilich hat er hinterlassen, ohne die das heutige kirchliche Leben undenkbar ist: Freizeiten für Konfirmanden etwa, ein am Tageslauf orientiertes Gebet, Leitbilder für die Sonntage des Kirchenjahres und Wochensprüche, das Verständnis eines nicht konfessionalistischen, vielmehr ökumenefähigen Luthertums, das keine eigene Organisation braucht ... Stählin ist ein Vorbild für eine verbindliche Gestalt christlichen Lebens in der »Bruder- und Schwesternschaft« der Glaubenden. Er hielt Martyria, Leiturgia und Diakonia beieinander, verband die Verwurzelung der Christen im Gottesdienst der Kirche und ihr Zeugnis für die Welt. Das alles ist nicht wenig. Dieses Erbe darf nicht preisgegeben werden. Es bereitet der Ökumene einen Weg auch im 21. Jahrhundert.

## Literatur

Claudius, M.: Sämtliche Werke, Darmstadt 1980. Seither in mehreren, teilw. überarbeiteten Auflagen erschienen.

Köberle, A.: Geleitwort zu »Freiheit und Ordnung«, Symbolon 4. Folge, 1980.

Rahner, K.: Über den Begriff des Geheimnisses in der katholischen Theologie, 3 Vorlesungen 1959, jetzt in:Ders., Schriften zur Theologie IV, Einsiedeln 1960, 51–99.

Stählin, W. u.a.: Das Amt der Einheit: Grundlegendes zur Theologie des Bischofsamtes, Stuttgart 1964.

–: Die Frage nach der Einheit der Kirche (1973), jetzt in: Ders., Symbolon IV.

–: Ende des »Protestantismus«?, Kassel 1934.

–: Gleichnisrede und Gleichnisdenken (1930), jetzt in: Ders., Symbolon I.

–: Katholisierende Neigungen in der Evangelischen Kirche, Stuttgart 1947. Die Schrift ist die erweiterte Fassung eines im April 1946 in Oldenburg gehaltenen und zunächst im »Gesetz- und Verordnungsblatt für die Ev.-luth. Kirche in Oldenburg« vom 5. Juli 1946 veröffentlichten Vortrags. Zitiert wird in den Anmerkungen nach der Fassung von 1947.

–: Kirche als Ärgernis, Vortrag, 1952 in Düsseldorf gehalten, als Manuskript gedruckt.

–: Mysterium. Vom Geheimnis Gottes, Kassel 1970. Das Buch ist die zweite Auflage und zugleich weithin veränderte Fassung der 1936 erschienen Werks »Vom göttlichen Geheimnis«.
–: Recht und Gefahr einer polemischen Formel, jetzt in: ders., Symbolon I, 190–211.
–: Rückblick nach 50 Jahren: Was bleibt?, Vortrag zum Meißner-Fest von 1913, jetzt in: ders., Symbolon IV, 14–26.
–: Symbolon; 1. Folge: Vom gleichnishaften Denken. Zum 75. Geburtstag im Auftrag der Evangelischen Michaelsbruderschaft mit einem Geleitwort herausgegeben von Adolf Köberle, Stuttgart 1958; 2. Folge: Erkenntnisse und Betrachtungen. Zum 80. Geburtstag im Auftrag der Evangelischen Michaelsbruderschaft mit einem Geleitwort herausgegeben von Adolf Köberle, Stuttgart 1963; 3. Folge: Wissen und Weisheit. Zum 90. Geburtstag im Auftrag der Evangelischen Michaelsbruderschaft und des Berneuchener Dienstes herausgegeben von Adolf Köberle, Stuttgart 1973; 4. Folge: Freiheit und Ordnung. Im Namen des Rates der Evangelischen Michaelsbruderschaft herausgegeben von Reinhard Mumm, Frankfurt u.a. 1980. (Beiträge aus den einzelnen Symbolon-Bänden werden im Literaturverzeichnis zitiert als »Symbolon I« etc.)
–: Über die Meditation von Bibeltexten (1943), jetzt in: Ders., Symbolon I, Seiten von–bis.
–: Via Vitae. Lebenserinnerungen, Kassel 1968.
–: Vom göttlichen Geheimnis, Kassel 1936. 1970 weithin verändert neu aufgelegt als: »Mysterium. Vom Geheimnis Gottes«.
–: Vom Sinn des Leibes, Stuttgart 1930. In der in den Anmerkungen zitierten 4. Auflage (Konstanz 1968) um einen 4. Teil erweitert: Leibliche geistliche Übung.
–: Warum pflegen wir die Zusammenarbeit der Christen im deutschen Raum?, Vortrag, gehalten 1957.
–: Was ist lutherisch? Zum Selbstverständnis der »lutherischen« Kirche im ökumenischen Gespräch, Kassel 1952.

Michael Welker

# Karl Barth

## Vom Kämpfer gegen die »römische Häresie« zum Vordenker für die Ökumene

10. Mai 1886–10. Dezember 1968. Nach dem Studium in Bern, Berlin, Marburg und Tübingen gab Barth als Pfarrer der Arbeitergemeinde Safenwil (1911–1921) der theologischen Diskussion durch seinen »Römerbrief« (1919, [2]1922) entscheidende Impulse. 1921 Professor für reformierte Theologie. 1925–1929 Professor für Dogmatik und NT in Münster, 1930 Professor für Systematische Theologie in Bonn. Verfasser der Barmer Theologischen Erklärung der Bekennenden Kirche (1934). Nach zwangsweiser Versetzung in den Ruhestand ab 1935 Prof. in Basel. Durch sein Hauptwerk, die »Kirchliche Dogmatik« (1932–1967), prägte Barth die internationale ökumenische theologische Diskussion wie kein zweiter evangelischer Theologe im 20. Jahrhundert. H.U. v. Balthasar und H. Küng machten ihn der katholischen Theologie bekannt.

Am 1. April 1962 erteilt Karl Barth einem jungen amerikanischen Kollegen in Princeton, Charles West, der ihn um einen Beitrag zur Festschrift für den Ökumeniker Willem Adolf Visser't Hooft gebeten hatte, eine Absage. Seine Hauptgründe dafür sind: dass »ich in oecumenicis immer mehr eine Randfigur gewesen bin« und dass »die Theologie dort überhaupt immer mehr geduldet als eigentlich gehört wurde«.[1] Sechs Jahre zuvor allerdings hatte Visser't Hooft selbst Karl Barth mit einem Beitrag zu dessen Festschrift geehrt. Darin hieß es, dass sich die ökumenische Bewegung in ihrer vorliegenden Gestalt in einem hohen

[1] Briefe 1961–1968, 51.

Maße Barths warnender und kritischer Stimme verdanke.[2] Bei einer Trauerfeier zu Barths Tod im Jahre 1968 verstärkt Visser't Hooft diese Aussage: Barth sei in einzigartiger Weise ein »Pastor Pastorum Oecumenicus«, ein ökumenischer Oberhirte, gewesen.[3] Welche Feststellung gilt nun? Gehört Barth zu den »Wegbereitern der Ökumene im 20. Jahrhundert« – oder ist er mehr eine Randfigur gewesen, eher geduldet als wirklich gehört?

Suchen wir auf diese Frage hin Rat, indem wir in Barths monumentalem Hauptwerk, in seiner »Kirchlichen Dogmatik«, unter dem Stichwort »Ökumene« nachschlagen, so ist die Ausbeute tatsächlich spärlich. Auch sucht man im umfangreichen Namensverzeichnis vergeblich nach Visser't Hooft und manchen anderen bedeutenden Ökumenikern. Der negative Befund ändert sich jedoch, wenn wir von Barths Biographie und von seinen Schriften außerhalb der Kirchlichen Dogmatik ausgehen, vor allem aber, wenn wir Barths intensive Beschäftigung mit dem römischen Katholizismus bedenken, sowie die Würdigung, die sein Werk in der römischen Theologie und Kirche erhalten hat.

Karl Barth war ein leidenschaftlicher, ein kämpferischer Theologe. Er war, nach allem was wir hören, auch eine freiheitsliebende und mit Humor und Witz begabte Persönlichkeit, die andere Menschen zu beeindrucken und zu gewinnen vermochte.[4] Entsprechend reich ist der Erzählstoff über ihn. Lassen wir diesen Erzählstoff auf uns wirken und berücksichtigen wir die verschiedenen Bedeutungen, die der Ausdruck »ökumenische Theologie« annehmen kann, so wären mindestens acht Kapitel über Barth als ökumenischen Theologen zu schreiben.[5] Im Rahmen eines Aufsatzes können wir nur Spuren davon aufnehmen. Wir müssen uns mit acht Skizzen zu »Barth als Wegbereiter der Ökumene« begnügen, die seinem Lebensweg folgen. Im zweiten Teil soll die rote Linie aufgezeigt werden, die die verschiedenen Stadien der Beschäftigung Barths mit ökumenischen Themen verbindet: Vom Kämpfer gegen die ›römische Häresie‹ zum Vordenker für die Ökumene.

---

[2] Wolf: Antwort, 14f.

[3] TsSt: Barth, 52.

[4] Busch: Leidenschaft, 13ff.

[5] Visser't Hooft: Barth, 129ff.

## I. Karl Barth als ökumenischer Theologe: Acht Skizzen

1. Zunächst ist vom jungen Theologieprofessor Karl Barth zu berichten, der in den zwanziger Jahren des letzten Jahrhunderts in Göttingen und Münster ein klares Verhältnis zum römischen Katholizismus zu gewinnen sucht. Barth arbeitet Vorträge aus, zum Beispiel über den »Römischen Katholizismus als Frage an die protestantische Kirche«. Im Seminar wird der erste Band der Summe der Theologie des Thomas von Aquin studiert. 1929 lädt Barth den in München lebenden Jesuiten Erich Przywara nach Münster ein. Przywara, der gerade mit beachtlichem Erfolg eine »Religionsphilosophie« veröffentlicht hat, soll nicht nur einen Vortrag halten, sondern auch im Seminar mit Barth und den Studierenden diskutieren.

Przywara berichtet im Rückblick, dass zwei Sessel zeichenhaft hinter das Katheder gestellt waren, »um sichtbar zu machen, dass seit Jahrhunderten wieder der evangelische und katholische Theologe ›an einem Tisch‹ säßen zu streng sachlich dynamischem ›Gespräch‹, bei dem es nicht um billige Kompromisse ging, sondern um letzte Klarheit über die entgegenstehenden Standpunkte.«[6] Barth schreibt am 29. Februar 1929 über die Begegnung an seinen Freund Eduard Thurneysen, dass ihn der höchst beeindruckende katholische Gast zwei Tage lang mit seiner Theologie geradezu »überströmt« habe. Irritiert fragt er nach all den Bemühungen um »letzte Klarheit«: »Was ist es eigentlich mit dem Katholizismus, der allen unsern Reformationsfeiern zum Trotz so alert auf dem Plane ist? Wars ein Engel des Antichrist oder ein auserwähltes Rüstzeug des Herrn? Der Großinquisitor oder wirklich ein Jünger des ›Völkerapostels‹? Oder beides zugleich oder keines von beiden ... ich empfinde es irgendwie als sehr gesund, über ein Staunen voll Abscheu und Bewunderung vorläufig gar nicht weit hinaus gekommen zu sein ... Wer hat wohl vom Himmel aus gesehen recht, eigentlich und wirklich recht in diesem großen Hader?«[7] Wie wir im zweiten Teil des Vortrags sehen werden, bezieht Barth trotz dieser Verunsicherung durch die Begegnung mit Przywara bald darauf im

[6] Przywara: Gespräch 7f. nach Busch: Leidenschaft, 197.
[7] Barth–Thurneysen II, 654.

ersten Band seiner Kirchlichen Dogmatik sehr deutlich Position gegenüber der römisch-katholischen Theologie: er nennt sie eine »Häresie«, d.h. eine Gestalt des christlichen Glaubens, »die wir nur als Widerspruch gegen den Glauben verstehen können«.[8]

2. Das zweite Kapitel über Barth als ökumenischen Theologen ist dem Bonner Professor und Kirchenkämpfer im Dritten Reich bzw. dem ab 1935 in Basel Lehrenden und seinen ersten Begegnungen mit bekannten Ökumenikern zu widmen. Diese Begegnungen sind von einer zumindest verhaltenen, oft auch emphatisch-kritischen Einstellung gegenüber der ökumenischen Bewegung geprägt. Eine eingehende Darstellung hätte zu berichten von Besuchen des damaligen niederländischen Generalsekretärs des Weltbundes Christlicher Studenten, Visser't Hooft, und des französischen Pfarrers Pierre Maury bei Barth und von gemeinsamen Unternehmungen. Die Ökumeniker treffen sich mit ihm unter anderem auf dem Bergli, seinem Schweizer Urlaubs- und Arbeitsort zwischen den Semestern. Es kommt zu intensivem Gedankenaustausch. Barth lässt sich für einen Vortrag auf der Internationalen Studentenkonferenz 1934 gewinnen. Im darauf folgenden Jahr hält er in Genf Vorlesungen über »Die Einheit der Kirche«, »Die Vielheit der Kirchen«, »Die Aufgabe der Einigung der Kirchen« und »Die Kirche in den Kirchen«.[9] In diesen Vorträgen entwickelt er Grundlinien einer ökumenischen Ekklesiologie.

Als Barth unter Hitler in Deutschland die Dienstentlassung droht, versucht Visser't Hooft, ihn für eine Dozentur in Genf zu gewinnen, um ihn »fest in den ökumenischen Diskurs einzubinden«.[10] Doch Barth beschließt, diesen Weg nicht einzuschlagen, nicht zuletzt aus tiefer Enttäuschung darüber, dass die ökumenische Bewegung, ihre Wortführer und ihre Organe die Bekennende Kirche im Dritten Reich und ihren Kampf gegen die Nazi-Diktatur nicht genügend unterstützen.

Barth, Bonhoeffer und andere hatten den Ökumenischen Rat für Praktisches Christentum aufgefordert, die Beziehungen zur

---

[8] KD I/ 1, 31.
[9] Barth: Kirche, 214–232. Herwig, Barth.
[10] Herwig: Barth, 33.

Deutschen Reichskirche abzubrechen, also die mit dem Nationalsozialismus konform gehende Kirche zu isolieren. Als im Mai 1934 die von den Deutschen Christen beherrschte Deutsche Evangelische Kirche in die ökumenische Kommission Glauben und Kirchenverfassung aufgenommen wird, sehen sie dies als einen Schlag ins Gesicht an. Wohl stellt sich der Rat im Laufe des Jahres 1934 eindeutig hinter die Beschlüsse, die die Bekennende Kirche auf ihren Synoden in Barmen und Dahlem gefasst hat.[11] Doch Barths Verhältnis zur Ökumenischen Bewegung und auch zu Visser't Hooft bleibt auf Jahre hin skeptisch und belastet.

3. Das dritte Kapitel gilt Karl Barths Suche nach einem klaren ökumenischen Kurs in der Zeit des Zweiten Weltkriegs und in den Jahren des Kalten Krieges. In diesem Kapitel ist an die Freundschaft Barths mit dem Prager Theologen Josef Hromádka und an ihren langjährigen theologischen Austausch zu erinnern. Es sind aber auch die großen subjektiven und objektiven Schwierigkeiten festzuhalten, die Barth hat, seine Position anderen zu vermitteln, Schwierigkeiten, die ihn oft isolieren. Als er am 19. September 1939 in einem offenen Brief an Hromádka die Tschechen zum militärischen Widerstand gegen die Deutschen auffordert und seine Überzeugung ausspricht, »dass jetzt jeder tschechische Soldat nicht nur für die Freiheit Europas, sondern auch für die christliche Kirche stehen und fallen wird«[12], bricht ein Sturm der Entrüstung aus. Nicht nur von der nationalsozialistischen Presse wird Barth als übler Kriegshetzer angeprangert.

Als Barth erkennen muss, dass der Ökumenische Rat nach Ausbruch des Zweiten Weltkriegs zu keiner klaren Position gegenüber den Deutschen Christen und der deutschen Kriegspolitik findet, verfasst er über längere Zeit hinweg eine Reihe von ökumenischen Sendschreiben an Christen und Gemeinden in verschiedenen Ländern, die später unter dem Titel »Eine Schweizer Stimme« veröffentlicht werden. Er versucht, die Botschaft der Bekennenden Kirche, ganz besonders ihre Barmer Theologische Erklärung, in der gesamten Ökumene orientierend zur Geltung

---

[11] Ebd.

[12] Busch: Leidenschaft, 302.

zu bringen. Das trägt ihm den Vorwurf ein, er wolle »Ökumene auf eigene Faust« betreiben.[13]

Große Schwierigkeiten, seine Position weiteren Kreisen zu vermitteln, hat Barth auch in der Nachkriegszeit und in den 1950er Jahren. Immer wieder betont er, dass die Kirche »über den Mächten und Weltanschauungen« stehe und dass sie »sich durch nichts, auch durch keine Tradition und Ideologie und Geschichtsdeutung prinzipiell binden lassen dürfe – außer allein durch die Aufgabe, das Evangelium zu verkündigen«. Diese Aufgabe aber sei in der ganzen Offenheit des Glaubens anzugehen, in der Gewissheit: »Jesus Christus ist auch für die ›Marxisten‹, er ist aber auch für die ›Kapitalisten‹, ›Imperialisten‹ und ›Faschisten‹ gestorben.«[14] Viele Menschen konnten und können diese Position nicht nachvollziehen. Sie können schon gar nicht verstehen, wie sich das theologische Plädoyer, die Kirche habe das Evangelium zu verkündigen, mit den sehr konkreten und engagierten politischen und sozialethischen Stellungnahmen vertragen soll, die aus der Basler Pilgerstraße und ab 1955 aus der Basler Bruderholzallee in alle Welt gehen.

4. Das vierte Kapitel muss sich mit der Mitwirkung Barths an der Vorbereitung und Durchführung der Weltkirchenkonferenz in Amsterdam im Jahre 1948 befassen. Diese Mitwirkung ist als Barths »Ja« zur Institution der ökumenischen Bewegung und zum neu gegründeten Weltrat der Kirchen angesehen worden. In dem 1966 von John Godsey herausgegebenen Buch: Karl Barth, How I Changed My Mind, hat Barth selbst einen Überzeugungswandel eingeräumt.[15] Er hält auf der Weltkirchenkonferenz den Eröffnungsvortrag über das ihm gestellte Thema »Die Unordnung der Welt und Gottes Heilsplan«. In einem für sein theologisches Denken charakteristischen Manöver empfiehlt er dringend, zuerst von Gottes Heilsplan und erst danach von den Problemen und Desastern der Welt zu sprechen. Die Gefahr sei sonst groß, in der Selbstbespiegelung der Welt und in allerlei nur menschlichen Plänen, die Nöte der Welt zu bekämpfen und zu

[13] Herwig: Barth, 76.
[14] Nachwort zu Hromádka: Evangelium, 63.
[15] Godsey (Hg.): Barth, 59f.

beheben, stecken zu bleiben. »Nur eine Kirche, die sich auf das versöhnende Werk und Wort Gottes in Jesus Christus besinnt, ist in der Lage, sich selbst als Teil der verlorenen Welt wahrzunehmen.«[16] Nur eine solche Kirche ist in der Lage, sich ernsthaft auf Gottes Heilshandeln zu konzentrieren.

Über seinen vieldiskutierten Vortrag hinaus wirkt Barth in verschiedenen Kommissionen dieser Weltkirchenkonferenz mit. In der Sektion I »Frage der Kirche und ihrer Einheit« macht er Vorschläge zum hermeneutischen Umgang mit ökumenischen Differenzen, die von so verschiedenen profilierten Theologen wie dem Anglikaner Arthur Michael Ramsey, dem Orthodoxen Georges Florovsky und dem Lutheraner Anders Nygren sehr positiv aufgenommen werden. Die am stärksten trennenden Differenzen sollen herausgehoben werden, um gerade darin noch nach einer letzten Basis der Gemeinsamkeit zu suchen. Weniger überzeugend und erfolgreich ist seine Mitwirkung im Komitee für Leben und Arbeit der Frauen in der Kirche. Viele der beteiligten Frauen sehen in Barths Thesen vor allem den defensiven Patriarchen. Dennoch kommt Barth selbst zu einer positiven Gesamtbilanz. Er würdigt jetzt die Offenheit der Ökumeniker für eine genuin theologische Orientierung; er lobt ihre guten Fähigkeiten im Umgang mit Differenzen. Auch die Kreativität und das Gewicht der vor Ort gemeinsam geleisteten Arbeit beeindrucken ihn, und nicht zuletzt schätzt er die Kraft, politische und kirchenpolitische Blockbildungen zu vermeiden. Ganz besonders fesseln ihn die so genannten Jungen Kirchen außerhalb Europas und Nordamerikas, mit deren Vertretern er intensiven Austausch sucht. Luther hatte das Evangelium als »fahrenden Platzregen« bezeichnet. Dieser Platzregen sei auch dann belebend über die Welt gegangen, wenn er mit »Meister Melanchthon« nur beim Bier gesessen habe. Barth nimmt dieses Bild auf und schreibt: Mir wurde klar, »dass ein allfälliges Aufhören des ›fahrenden Platzregens‹ des Wortes Gottes hier in Europa nur bedeuten würde, dass er sich inzwischen anderswohin begeben hat ...«[17]

---

[16] Herwig: Barth, 157.
[17] Busch: Leidenschaft, 373.

5. Das fünfte Kapitel muss von der mehrfach wiederholten Aussagc Barths ausgehen, »dass es schließlich nur eine große ökumenische Frage gibt: unsere Beziehungen zum Judentum.«[18] Hier ist allerdings noch viel Forschungsarbeit zu leisten, denn diese pointierte These wird nicht durch klare Ausarbeitungen von Barth selbst gestützt. 1942 veröffentlicht er im Band II/ 2 der Kirchlichen Dogmatik die so genannte Erwählungslehre, die das Volk Gottes in der Doppelgestalt von Kirche und Israel sieht.[19] Doch in diesem seither kontrovers diskutierten Beitrag zum Verhältnis von Kirche und Israel findet sich die genannte These noch nicht. Um Barths weiterentwickelte Position zu rekonstruieren, sind vor allem die Vorarbeiten für die zweite Weltkirchenkonferenz 1954 in Evanston zu studieren. Barth hatte zugesagt, an dieser Konferenz teilzunehmen. Er wollte in diesem Zusammenhang – erstmals – verschiedene Orte in den USA besuchen. Lobend berichtet Vissert't Hooft, dass Barth mit Heinrich Vogel, Edmund Schlink, Lesslie Newbegin, Gustav Wingren und Hendrik Kraemer zu den sechs vorbildlichen unter 25 Theologen gehörte, die an allen drei die Weltkonferenz vorbereitenden Tagungen mitwirkten.

Dann aber sagt Barth zur größten Enttäuschung der Veranstalter die Reise in die Staaten ab. Er sendet jedoch einen Text »Die Hoffnung Israels«, der aus einem von ihm in Basel gehaltenen Seminar hervorgegangen ist. Unklar ist bis heute, ob Barth nur eine Ausarbeitung von Studenten redigiert oder ob er wesentlichen Anteil an diesem Dokument hat. Der Text, seine Entstehung und seine Aufnahme auf der Weltkirchenkonferenz bedürfen dringend genauerer Erforschung.[20] Dabei sind nicht nur kirchen- und ökumenegeschichtlich interessante Sachverhalte zu erhellen, sondern eben vor allem Barths These, die eigentlich große ökumenische Frage betreffe die Beziehungen von Christen und Juden, von Kirche und Israel.

Anfang September 1967 liest Barth das Buch des Berliner Theologen Friedrich-Wilhelm Marquardt: Die Entdeckung des Judentums für die christliche Theologie. Israel im Denken Karl

---

[18] Frankfurter Rundschau 1976/ XXVIII 27.

[19] Vgl. KD II/ 2, 215ff; siehe aber auch Busch: Bogen.

[20] Vgl. Visser't Hooft: Barth, 146ff.

Barths. Sichtlich bewegt schreibt er dem Verfasser[21] und sendet ihm mehrere veröffentlichte und unveröffentlichte Texte, in denen er sich seit 1938 zu diesem Thema geäußert hatte. Vieles spricht dafür, dass Barth hier nicht zu einer konsolidierten Position gelangt ist.

6. Das sechste Kapitel über Barth als Ökumeniker muss sich mit der Rezeption seines Werkes im römischen Katholizismus in den 1950er und 1960er Jahren des 20. Jahrhunderts beschäftigen. Eines der besten Bücher zu seiner Theologie, vielleicht das beste überhaupt, hat Hans Urs von Balthasar 1951 unter dem lapidaren Titel »Karl Barth. Darstellung und Deutung seiner Theologie« veröffentlicht. Das Buch ist hervorgegangen aus zehn Vorträgen über das Thema: »Karl Barth und der Katholizismus«, die von Balthasar 1948/49 in Basel hielt und die auch Barth in der Regel besuchte, um – wie er bemerkte – »›mich von ihm über mich selbst unterrichten‹ zu lassen. Anschließend gab es ›jeweils im kleinsten Kreis mit Balthasar zusammen eine Manöverkritik bei Charon‹«, in einer seinerzeit von Barth »gern und häufig mit seinen Besuchern und Studenten aufgesuchte(n) Weinschenke am Basler Spalentor«.[22]

1956 werden in Paris zwei römisch-katholische Theologen mit gewichtigen Arbeiten über Barth promoviert. Eberhard Busch berichtet in seiner Barth-Biographie: »Mitte Juni 1956 fuhr Barth zusammen mit Hans Urs von Balthasar und Frau Adrienne Kaegy-von Speyr nach Paris. Sie wollten dort ›die Doktorpromotion eines Jesuiten‹, Père Henri Bouillard, miterleben.« Bouillard hatte erstaunliche 1200 Seiten über Barth geschrieben, die in drei Bänden veröffentlicht wurden. Im Beisein Barths wird Bouillard an der Sorbonne fünf Stunden lang über seinen Dissertationsgegenstand examiniert. Eine Nachfeier gibt es in einem Chinesischen Restaurant.[23] Bald darauf wird, ebenfalls in Paris, Hans Küng mit einer in Rom geschriebenen Arbeit promoviert, in der er Karl Barths Lehre von der Rechtfertigung des Menschen vor Gott als völlig verträglich mit römisch-

[21] Briefe 1961–1968, 419–423.
[22] Busch: Leidenschaft, 375.
[23] Vgl. Busch: Leidenschaft, 437.

katholischer Lehre und also als eine Brücke zwischen der römisch-katholischen und der protestantischen Theologie darstellt. Barth berichtet seinen Söhnen mit ersichtlicher Freude, dass »ein köstlicher katholischer Eidgenosse«, »der überaus muntere Luzerner Theologe Küng«, »am Germanicum in Rom und also sozus. unter der Nase von S. Heiligkeit eine Arbeit über ›meine‹ Rechtfertigungslehre erstellt« habe.[24] Barth schreibt ein Vorwort dazu, in dem er feststellt, Küng habe seine Gedanken gut und treffend wiedergegeben. »Darüber hinaus begrüße ich – gleich Noah vom Fenster meiner Arche aus – Ihr Buch als ein weiteres deutliches Symptom dafür, dass die Sündflut der Zeiten, in denen katholische und protestantische Theologen nur entweder polemisch gegeneinander oder in unverbindlichem Pazisfismus, meistens gar nicht, miteinander reden wollten, zwar noch nicht vorbei, aber immerhin im Sinken ist.«[25]

7. Das siebente Kapitel über Karl Barth als ökumenischen Theologen muss auf seine intensive Beschäftigung mit den Verhandlungen des Zweiten Vatikanischen Konzils und seine Reise nach Rom im Jahre 1966 eingehen. 1963 hatte das Sekretariat für die christliche Einheit in Rom »indirekt und inoffiziell« bei Barth angefragt, ob er nicht als Beobachter an den beiden letzten Sessionen des Konzils teilnehmen wolle. Aus Krankheitsgründen kann Barth die Einladung nicht annehmen. Etwa zweieinhalb Jahre später signalisiert er, dass er gern zu einem privaten Besuch nach Rom und in den Vatikan käme. Er studiert gründlich die 16 vom Konzil erarbeiteten lateinischen Texte und formuliert »Verständnisfragen« und »kritische Fragen« dazu, die er vor Ort vortragen will. 1967 werden diese Fragen zusammen mit einem kurzen Reisebericht unter dem Titel »Ad Limina Apostolorum« in einem Büchlein veröffentlicht.

Nun zur Romreise selbst: Am 22. September 1966 fährt der Achtzigjährige, begleitet von seiner Frau und seinem katholischen Freund und Hausarzt Alfred Briellmann, für eine Woche in die »Heilige Stadt«. Es kommt zu guten Begegnungen mit Benediktinern und Dominikanern, namentlich mit Karl Rahner

---

[24] Busch: Leidenschaft, 437.
[25] Küng: Rechtfertigung, 13.

und Josef Ratzinger. Als besonders erfreulich empfindet er die Gespräche mit den Jesuiten auf dem Dach der Päpstlichen Universität Gregoriana. Nicht ganz so friedlich, wie Barth selbst es zunächst darstellt, verläuft offenbar die Begegnung mit Kardinal Bea, dem Leiter des »Sekretariats für die Einheit der Christen«. Der ihn begleitende Arzt berichtet, dass man schließlich auf die natürliche Gotteserkenntnis zu sprechen kam, die der Kardinal »in ruhiger und bedächtiger Art« verteidigte. »Als Gegner derselben wurde Karl Barth bei der Diskussion aber immer heftiger in seiner Argumentation und schlug schließlich bei jedem Satz hörbar mit der Faust auf die rechte Stuhllehne.« Mit einem »sanften Fußstoß ... unter dem Tisch« versucht der Arzt – vergeblich –, »die Erregung des Theologieprofessors ... zum Abklingen (zu) bringen«.[26]

Friedlicher verläuft dagegen die Begegnung mit Papst Paul VI., obwohl auch hier theologische Differenzen angesprochen werden, zum Beispiel in Fragen der Mariologie. Barth selbst summiert: »der Papst hatte davon gehört, dass ich Joseph, den Nährvater Jesu, als Urbild des Wesens und der Funktion der Kirche der nachträglich zur Himmelskönigin erhobenen ancilla Domini vorziehen möchte, und versicherte mir, er werde für mich beten, dass mir in meinem hohen Alter in dieser Sache noch tiefere Einsicht geschenkt werden möchte.«[27] Barth betont zwar abschließend, dass er »so trotzig evangelisch ... aus Rom zurückgekehrt« sei, wie er dort hingefahren war.[28] Er würdigt aber doch sehr die Erneuerung durch das Zweite Vatikanum, vor allem die konsequentere Orientierung der katholischen Theologie an der Schrift. Er schreibt: »Ich habe eine Kirche und Theologie aus der Nähe kennen gelernt, die in eine in ihren Auswirkungen unübersehbare, langsame, aber sicher echte und nicht mehr rückgängig zu machende Bewegung geraten ist, im Blick auf die man nur wünschen möchte, es ließe sich ihr bei uns etwas Entsprechendes an die Seite stellen.«[29] 1968 kommt es zu einem kurzen Briefwechsel zwischen Barth und dem Vatikan, in dem er

[26] Briellmann: Barth, 20f.
[27] Barth: limina, 16.
[28] Barth: limina, 19.
[29] Barth: limina, 17.

seine kritischen Anfragen an die römisch-katholische Lehre noch einmal zu explizieren sucht.[30]

8. Alfred Briellmann, Karl Barths Arzt in seinen letzten Lebensjahren, spricht über »Karl Barth als ökumenischer Christ« auf einer Erinnerungsfeier der Basler Theologischen Fakultät zum zehnten Todestag Barths am 10. Dezember 1978 in der Leonhardskirche zu Basel. An diesen Beitrag könnte ein achtes Kapitel über Karl Barths persönliche ökumenische Existenz und Frömmigkeit anschließen. Barth empfängt nicht nur von 1954 bis 1964, mit einer durch Krankheit bedingten Ausnahme, alljährlich eine Gruppe von Genfer Ökumenikern, um sich über die ökumenische Entwicklung auf dem laufenden zu halten. Er lädt auch in den letzten Lebensjahren öfter »einige jüngere katholische Vikare zu Gesprächen und zu gemeinsamen Seminaren zu sich nach Hause ein.« Vor allem aber praktiziert und bezeugt er in den letzten Lebensjahren eine eindrückliche persönliche ökumenische Existenz, von der eben sein ihm freundschaftlich verbundener Arzt, Alfred Briellmann, berichtet.

»Karl Barth war uns Katholiken und im speziellen unserer Bruder-Klaus-Gemeinde auf dem Bruderholz in echter, wirklicher Freundschaft verbunden. So besuchte er mehrere Male mit mir zusammen und hie und da auch alleine die Messe.«[31] Barth lädt aber auch den Freund zu Gegenbesuchen in die reformierte Titusgemeinde ein. Gemeinsam tragen sie in aller Bescheidenheit zur Ausbildung einer langjährigen ökumenischen Partnerschaft bei. Fast jeden Sonntag hört Barth sich neben der reformierten auch die katholische Predigt im Radio an, und oft, so berichtet der Freund und Arzt, habe er sich »an einem ›Zusammenklang‹ des Gebotenen und Verkündeten gefreut«.[32] Diese irenische ökumenische Haltung, die sich nicht nur für die letzten Lebensjahre bezeugen lässt, darf aber nicht über einen zutiefst kritischen Grundzug in Barths Verhältnis gegenüber dem römischen Katholizismus hinwegtäuschen. Dieser kritische Grundzug hält sich in seiner Theologie über Jahrzehnte hinweg durch. Die

[30] S.u. Teil II.
[31] Briellmann: Barth, 19.
[32] Briellmann: Barth, 23, vgl. 22f.

theologische Einsicht und Überzeugung, die diese Kritik bestimmt, prägt auch Barths Verhältnis zur Ökumene im Allgemeinen.

## II. Vom Kämpfer gegen die ›römische Häresie‹ zum Vordenker für die Ökumene

Am 3. Oktober 1967 bedankt sich Barth bei Papst Paul VI. für den ein Jahr zurückliegenden Empfang im Vatikan und gratuliert ihm nachträglich zum 70. Geburtstag. Im November antwortet der Papst mit einem von einem Kalligraphen geschriebenen, aber vom Papst selbst unterzeichneten Handschreiben. Im Januar 1968 kommen Buchgeschenke aus dem Vatikan. Barth bedankt sich im März und ist, wie die übrige Korrespondenz des letzten Lebensjahrs reichlich dokumentiert, sichtlich erfreut über die Auszeichnung und über seinen »Direktkontakt nach Rom«. Ende Juli erhält Barth erneut zwei wertvolle Buchgeschenke über den päpstlichen Staatssekretär und den Nuntius. Er antwortet im September mit einem auf Strecken recht devot gehaltenen Dankesbrief an den »Heiligen Vater«. Im zweiten Teil dieses Briefs geht er dann aber sehr kritisch auf theologische Aussagen in der päpstlichen Enzyklika Humanae vitae (Über die Geburtenregelung) vom 25. Juli 1968 ein.

Deutlich formuliert er sowohl die Differenz als auch seine Kritik: »Der mich ... bewegende Punkt ist das fundamentaltheologische Problem des in der Enzyklika so folgenschwer angerufenen ›Naturgesetzes‹ – vielmehr dessen Würdigung als eine Art zweiter Offenbarungsquelle ...«[33] Auch viele Gegner der Enzyklika beriefen sich auf eine zweite Offenbarungsquelle, nämlich auf das Gewissen des einzelnen Menschen. Er selbst könne weder mit den Freunden noch mit den Gegnern der Enzyklika übereinstimmen. »Es ist mir auf dem langen Weg meiner Beschäftigung mit der Theologie unmöglich geworden, in dieser Sache mit Thomas von Aquino zu gehen, auf dessen Weg sich ja mit Ihrer Heiligkeit selbst die Freunde und die Kritiker – und übri-

---

[33] Briefe 1961–1968, 501. Die folgenden Zitate ebd.

gens auch nur zu viele nicht-römische Katholiken – bewegen.« Mit Bedauern hält Barth fest: »Ich meinerseits kann die Enzyklika aber in dieser Hinsicht auch nicht mit der schönen Konstitution Dei Verbum des letzten Konzils zusammenbringen, in welcher ich weder vom ›Naturgesetz‹ noch vom ›Gewissen‹ als von Offenbarungsquellen geredet finde.«

Der Papst beauftragt Kardinal Cicognani, Barth in seinem Namen zu antworten. Der Kardinal gesteht Barth zwar zu, dass das Naturgesetz und das Gewissen nicht im strengen Sinne Quellen der Offenbarung seien.[34] Unter Berufung auf die Konzilskonstitution »Gaudium et Spes« § 16 wendet er jedoch ein: es sei auch unabweisbar, dass der Mensch auf dem Grunde seines Gewissens ein Gesetz finde, das er sich nicht selbst gegeben habe, das er aber zu halten verpflichtet sei.[35] Auch wenn dieser Weg, Gottes Willen zu erkennen, oft verdunkelt sei, so sei er doch nicht in radikaler Weise irreführend.[36]

Wenige Tage vor seinem Tod antwortet Barth dem Kardinal. Er stellt fest: Es geht in der diskutierten Differenz »um nicht weniger als um die formale und sachliche Grundfrage alles christlichen, kirchlichen und theologischen Denkens und Redens, über die in den Kirchen aller Konfessionen, Länder und Jahrhunderte nachgedacht und diskutiert worden ist«.[37] Er versichert einerseits, er wolle nicht bestreiten, dass »Natur« und »Gewissen« die Form der Bezeugung der Offenbarung Gottes »zu allen Zeiten und an allen Orten mitbestimmen«. Er fragt aber andrerseits zurück: »Sollten wir uns nicht auch darüber einig sein, dass zwischen der Offenbarung Gottes einerseits, Natur und Gewissen ... andrerseits nicht notwendig ein Gegensatz, wohl aber ein grundsätzlicher Unterschied besteht?« »Gottes Offenbarung ist Gottes eigenes, persönliches, in der Epiphanie seines Sohnes laut, klar und bestimmt von ihm gesprochenes Wort«. Natur und Gewissen hingegen sprechen, wie Psalm 19 formuliert, »›ohne Sprache, ohne Worte, mit unhörbarer Stimme‹«. Ohne die Erhebung durch Gottes freie Gnade seien sie nicht fähig, das Wort Gottes zu be-

---

[34] »il est bien évident que la loi naturelle, pas plus que la conscience, ne sont, au sens propre, sources de la Révélation«.

[35] Briefe 1961–1968, 573, 573f.

[36] »radicalement trompeuse«.

[37] Briefe 1961–1968, 535.

zeugen. Er zitiert 2 Kor 1,19f: »In Jesus Christus war ... nicht Ja und Nein, ... sondern das Ja durch ihn (war) auch das Amen«. Er fügt hinzu: »Das kann man weder von der Natur noch von dem Gewissen sagen. In ihnen als solchen ist Ja und Nein und kein Amen.« Deshalb dürfe man nicht – wie es in der päpstlichen Enzyklika, bei ihren Gegnern, aber auch im Brief des Kardinals geschehe – »die ›Natur‹ und das ›Gewissen‹ der Offenbarung als (gleichermaßen göttlich) ›également divine‹ zur Seite stellen.« Mit bohrenden Fragen setzt Barth nach: »Wo geschieht solche Äquation in der Heiligen Schrift? Wo wird sie in der Heiligen Schrift der Kirche erlaubt oder gar vorgeschrieben?«[38]

Mit dieser Kritik und mit diesen Fragen macht Barth unmissverständlich deutlich, dass er bei aller Hochachtung für die Reformbewegung im römischen Katholizismus und bei aller Freude über die Rezeption seines Werkes in der katholischen Theologie in einem Kernpunkt über Jahrzehnte hinweg unverändert an seiner Position festgehalten hat. Am Beginn seines Hauptwerkes, der Kirchlichen Dogmatik, beschreibt er das Phänomen, dass uns in der Kirche der, wie er sagt, »Andersglaube« begegne. Im Andersglauben erkennen wir einerseits die Gestalt des christlichen Glaubens, andererseits können wir ihn »nur als Widerspruch gegen den Glauben verstehen«.[39] Wohlüberlegt wählt Barth den Begriff der »Häresie«, der Ketzerei, für dieses Phänomen. Den Streit des Glaubens mit sich selbst, den Tatbestand der Häresie, haben wir nach seiner Überzeugung in zweierlei Ausprägungen ins Auge zu fassen: 1. »wir stehen vor dem Faktum des römischen Katholizismus in der Gestalt, die er sich im 16. Jahrhundert im Kampf gegen die Reformation gegeben hat.« 2. »wir stehen innerhalb der organisatorischen Einheiten der evangelischen Kirchen selbst vor dem Faktum des in der mittelalterlichen Mystik und in der humanistischen Renaissance wurzelnden pietistisch-rationalistischen Modernismus«. Neben dieser doppelten Häresie, so Barth pointiert, sei das »Faktum der modernen ›Offenbarungsleugnung‹ usw. völlig uninteressant«.[40]

---

[38] Ebd. 536.
[39] KD I/ 1, 32.
[40] KD I/ 1, 33.

Barths Abgrenzung gegen den römischen Katholizismus orientiert sich primär an Texten des Thomas von Aquin, des Tridentinum und zeitgenössischer katholischer Dogmatiker. Sein entscheidender Einwand lautet: Wohl macht der römische Katholizismus »mit dem Begriff des handelnden Gottes, des grundsätzlichen Außerhalb aller menschlichen Möglichkeiten als Quelle dogmatischer Erkenntnis wenigstens im Ansatz ernst«. Aber der unabhängigen, »auf sich selbst beruhenden Wirklichkeit der göttlichen Offenbarung« soll nach Überzeugung des römischen Katholizismus ein übernatürlicher Glaube entsprechen. Dem außerhalb aller menschlichen Möglichkeiten handelnden Gott entspricht dann doch eine menschliche Möglichkeit, die übernatürlich sein soll, die aber eben doch eine menschliche Möglichkeit ist. Die übernatürliche Gnade wird Natur, Gottes Handeln geht über in das Handeln des begnadeten Menschen.[41] Analogia entis, d.h. »das Stattfinden einer Gottähnlichkeit des Geschöpfs auch in der gefallenen Welt« – dies ist das Lehrprinzip, in dem sich Barth vom Katholizismus radikal getrennt sieht. Dramatisch formuliert er im Vorwort des ersten Bandes seiner Dogmatik: »Ich halte die analogia entis für die Erfindung des Antichrist und denke, dass man ihretwegen nicht katholisch werden kann. Wobei ich mir zugleich erlaube, alle anderen Gründe, die man haben kann, nicht katholisch zu werden, für kurzsichtig und unernsthaft zu halten.«

Aufgrund der analogia entis lässt die katholische Dogmatik des Handeln Gottes nicht nur verschwinden und aufgehen im Handeln des begnadeten Menschen. Sie verwandelt das Außerhalb des frei handelnden Gottes in ein »geschlossenes Innerhalb kirchlicher Wirklichkeit«, und der freie »personale Akt göttlicher Zuwendung (wird zu einer) kontinuierlich vorfindlichen Beziehung.« Über diese Beziehung, über »Gott und die göttliche Dinge« kann dann im Prinzip so gesprochen werden wie über profane Sachverhalte. Damit aber wird die Offenbarung Gottes verharmlost, ja sie wird verdunkelt und verstellt. Eine solche Verzerrung und Verstellung der Offenbarung erfolgt, wenn ihr ein übernatürlicher Glaube, ein übernatürliches Gesetz oder auch das Gewissen als »gleichermaßen göttlich« an die Seite gesetzt wer-

[41] KD I/ 1, 39f.

den. Wie wir sehen, bleibt Barth sich treu in seinem theologischen Protest.

Die Auseinandersetzung mit dem römischen Katholizismus ist für Barth kein Selbstzweck. Wie meine kroatische Doktorandin Lidija Matosevic in ihrer Doktorarbeit gezeigt hat, ist die Beschäftigung mit dem Katholizismus bei Barth seit seiner Göttinger Zeit durchgängig eng verbunden mit dem Versuch, die andere Häresie, den protestantischen Modernismus, besser zu verstehen und ihm entgegenzutreten.[42] Diesen »Andersglauben« sah Barth als noch gefährlicher an, offener für ideologische Vereinnahmung, weniger theologisch lern- und einsichtsfähig. Die Abgrenzung gegen den protestantischen Modernismus vollzieht er vor allem in einer Auseinandersetzung mit Schleiermacher, aber auch mit anderen Theologen des 19. und 20. Jahrhunderts im Einflussbereich der idealistischen Philosophie. Was ist das Problematische und Kritikwürdige an der modernistischen Theologie und ihrer Dogmatik? Sie setzt »einen dem Sein der Kirche übergeordneten Seinszusammenhang und also einen der Dogmatik übergeordneten wissenschaftlichen Problemzusammenhang«.[43] Das Sein der Kirche ist eine – von mehreren – Bestimmungen der menschlichen Wirklichkeit, mag diese Wirklichkeit nun »gläubige Existenz«, »Frömmigkeit« oder anders genannt werden. Innerhalb des Bezugssystems der allgemeinen menschlichen Wirklichkeit wird dann darüber befunden, was Kirche, was dogmatische Sätze seien. Außerhalb der Kirche sollen an den »allgemeinen Strukturgesetzen« des umfassenden Seinszusammenhangs die besonderen Erkenntnisbedingungen der christlichen Theologie abgelesen werden.[44] Gegen diese Vereinnahmung von Kirche, Theologie und Dogmatik, gegen diese Umklammerung und gegen diesen Anpassungszwang richtet sich Barths Protest.

Die evangelische Theologie hat beiden Formen des »Andersglaubens« gegenüber die Unverfügbarkeit der freien Offenbarung Gottes zu betonen, die eine unverfügbare, freie göttliche Handlung bleibt in der Zuwendung Gottes zum Menschen. Das

[42] Matosevic: Lieber katholisch.
[43] KD I/ 1, 37.
[44] KD I/ 1, 35.

Sein der Kirche ist und bleibt freie göttliche Handlung, es wurzelt nicht in einem verfügbaren, übertragbaren, manipulierbaren Zustand, und es wird nicht zu einem solchen Zustand. Die Unverfügbarkeit des Handelns und Entscheidens Gottes zu wahren und dennoch von Gott zu reden – das ist die Aufgabe, vor die sich evangelische Theologie gestellt weiß. Gestützt auf Gottes Verheißung, erwartet sie die Entscheidung des Herrn der Kirche über ihr Reden von Gott, über ihr Tun. Ihre Rede erfolgt im Vertrauen auf das gesprochene Wort Gottes und in Erwartung des ihre Rede bestätigenden Wortes Gottes. An diesem Wort Gottes orientiert sich die Kirche auf ihrem Weg »von der geschehenen Offenbarung her auf die verheißene Offenbarung hin.«

Was dies konkret heißt, verdeutlicht Barth in Abgrenzung vom modernistischen und vom katholischen Verständnis der Verkündigung. Der Modernismus ebne die Unterschiedenheit der Verkündigung von den anderen Funktionen der Kirche ein: nicht nur das Wort, sondern auch die Tat, die Musik, die Gebärde usf. gäben Zeugnis von Gott. Damit wäre die Verkündigung eine von vielen grundsätzlich gleichwertigen Lebensäußerungen der Kirche. Damit aber werde die entscheidende Herausforderung der Kirche verdrängt: »dass der Mensch im Verhältnis zu Gott sich immer wieder etwas sagen zu lassen, immer wieder etwas zu hören hat, was er noch nicht weiß und was er sich unter keinen Umständen und in keinem Sinn selber sagen kann«.[45]

Die Unverfügbarkeit Gottes in Gottes personalem Gegenüber und die Natürlichsprachlichkeit des Wortes Gottes betont Barth auch gegenüber dem katholischen Verständnis der Verkündigung. Hier wird bekanntlich das Sakrament ins Zentrum der Kirche gerückt. Barth gesteht zu, dass die Verkündigung in Predigt und Sakrament zu erfolgen habe. Gerade das Sakrament weise darauf hin, dass das Wort Gottes nicht im gesprochenen und vernommenen Menschenwort aufgehe, dass Gottes Wort nicht nur Wahrheit, sondern »Wahrheit als Wirklichkeit« eigen ist, dass »Gottes Wort als Gottes Werk verkündigt« werden will,[46] dass Gott in seinem Wort handelt. Er folgert, dass also »die Predigt mit dem Sakrament, mit dem ihre menschliche Rede als göttli-

[45] KD I/ 1, 62.
[46] KD I/ 1, 61f.

ches Werk bestätigenden sichtbaren Handeln ... das konstitutive Element, die anschauliche Mitte des Lebens der Kirche« ist.[47] Damit aber sei auch zu sagen, dass »das Sakrament um der Predigt willen (sei) und nicht umgekehrt«. »Es gibt wohl Wort ohne Sakrament, niemals aber Sakrament ohne Wort«, wie Barth unter Rückgriff auf Zitate reformatorischer Tradition gegen den Katholizismus seiner Tage jedenfalls betont. Das Sakrament hat eine bestätigende, unterstreichende, konkretisierende, weiterführende Aufgabe – aber es bestätigt, unterstreicht, konkretisiert und führt die Wortverkündigung weiter, die ihrerseits ihren Grund hat im Verhältnis von anredendem Gott und angeredetem Menschen, im Verhältnis des Gottes, der den Menschen in Frage stellt, und dem von Gott zur Verantwortung gerufenen Menschen. Die evangelische Dogmatik hilft der Kirche, sich ihrer – in diesem Gegenübertreten Gottes begründeten – zentralen Aufgabe und grundlegenden Beauftragung und Herausforderung zu stellen und treu zu bleiben.

Die relativ spärlichen Aussagen zur Ökumene im weiteren Sinne, die die Kirchliche Dogmatik bietet, stehen in einem aufschlussreichen theologisch-sachlichen Zusammenhang mit dieser Kritik Barths an der Häresie in ihrer römisch-katholischen und neuprotestantischen Gestalt. Sie erklären auch die lange eher skeptische Haltung Barths gegenüber der ökumenischen Bewegung. Die ausführlichsten Auslassungen zum Thema Ökumene bietet Barth im dritten Teil seiner Versöhnungslehre im Band IV/ 3 auf wenigen Seiten.[48] Er würdigt den »Gedanke(n) der Einheit der Kirchen in der einen Kirche Jesu Christi, aber auch das Streben nach dieser Einheit«. Gedanke und Streben nach der Einheit der Kirche seien »in der Neuzeit nicht nur latent von Anfang an vorhanden« gewesen, sondern hätten auch »an Kraft greifbar und sichtbar zugenommen«.[49] Die prinzipielle Schwäche der Ökumene sieht er in der dauernd drohenden Gefahr, »die Einheit der Kirche ... als Selbstzweck« zu verstehen. Das aber führt zu einem wohlbekannten Dilemma: »Entweder beharrende Glaubenstreue gegenüber dem, was man bisher hier wie dort in

---

[47] KD I/ 1, 71.
[48] KD IV/ 3, 37–40.
[49] KD IV/ 3, 37.

wohlbegründeter Überzeugung als rechte christliche Lehre, Verfassung und Lebensgestalt erkannt und bekannt hatte«. Damit aber wäre der bisherige Zwiespalt aufrechterhalten. »Oder Triumph der Liebe, freundliche Toleranz zugunsten der erstrebten Vereinigung«. Damit aber drohe die »charakterlose Relativierung oder sogar Preisgabe der bisher als notwendig empfundenen und erklärten beiderseitigen Glaubenserkenntnisse und Glaubensbekenntnisse«.

Diese Schwäche sei überwunden worden durch eine »teleologisch-dynamische« Einigungsbewegung, die die Einheit »von Jesus Christus her als Einigung für ihn, nämlich für die Bezeugung seines Werkes in der Welt und für die Welt zu verstehen begann«.[50] Diese Differenz – Einigung der Kirche um der Einigung willen und Einigung der Kirche um eines sich von Jesus Christus her und auf ihn hin verstehenden Zeugnisses willen – das ist für Barth die Meßlatte, an der gute oder problematische ökumenische Entwicklungen gemessen werden müssen. Er bejaht durchaus die übergreifenden Allianzbildungen und die weltweiten Zusammenschlüsse, die damit verbundenen Konferenzen, Organisationen und Verlautbarungen. Er würdigt diese Entwicklungen, auch wenn er in ihnen immer wieder die Selbstzwecklichkeit der Zusammenschlüsse als Gefahr drohen sieht, auch wenn er einen »Nebel von Unentschiedenheit und Unergiebigkeit ... über all den in Bossey und anderwärts so fleißig ausgearbeiteten ökumenischen papers« und eine Unklarheit darüber gegeben sieht, was »die Kirche als Botschaft des Heils in das Unheil der weltlichen Politik und Wirtschaft hineinzurufen hätte.«[51] Er würdigt in allem die ökumenischen Aufbrüche und Anfänge, die Anfänge auch darin sind, dass die Kirche auf die Abwendung der Welt vom Evangelium mit einer Zuwendung zur Welt antwortet und dass sie in dieser Bewegung der zusammenwachsenden Welt durchaus vorausgelaufen sei.[52]

Die Ökumene und das Bemühen um die Einheit der Kirchen darf nicht zu einem Selbstzweck werden. Die Einigung der Kirchen kann nur »von Jesus Christus her als Einigung für ihn,

---

[50] KD IV/ 3, 38.
[51] KD IV/ 3, 39.
[52] Vgl. ebd. und KD IV/ 1, 588.

nämlich für die Bezeugung seines Werkes in der Welt und für die Welt« verstanden werden. Dieser Grundgedanke, mit dem Barth – trotz seiner Existenz als ökumenische Randfigur – zum Vordenker der Ökumene wird, entspricht der Erkenntnis, mit der er dem römischen Katholizismus und dem protestantischen Modernismus entgegentritt. Die wahre und segensreiche Einigung der Kirche ist kein Selbstzweck, und sie ist nicht das Ziel menschlicher Pläne und Kraftanstrengungen. Sie erwächst aus der Bezeugung der Offenbarung Gottes und ist letztlich ein göttliches Geschenk.

Der deutsche Ökumeniker Harding Meyer hat von einem Gespräch mit Visser't Hooft im Jahre 1980 berichtet, in dem er ihn noch einmal nach der Bedeutung von Karl Barth für die ökumenische Bewegung gefragt habe. Der große alte Mann der Ökumene, von Barth nicht immer freundlich behandelt, habe mit seiner Antwort gezögert. Schließlich antwortet er: Barth hat ein »anti-triumphalistisches« Element in die ökumenische Bewegung hineingebracht, das ihr am Anfang nicht eigen war. Er habe die Einsicht zu wecken versucht, dass die Kirche und die Einheit der Kirche vor allem »Ereignis« sei.[53] Ich ergänze: Ein durch Gottes Wort und Offenbarung gewirktes Ereignis.

Eine kleine Episode unterstreicht das Urteil von Visser't Hooft:

Wie wir hörten, war es Barths Hausarzt nicht gelungen, den achtzigjährigen Barth im Gespräch mit Kardinal Bea über natürliche Gotteserkenntnis davon abzuhalten, seine Erregung mit Faustschlägen auf die Stuhllehne zu bekunden. Nachdem selbst ein Fußstoß unter dem Tisch nichts fruchtet, ergreift er schließlich Partei für die Position des Kardinals. Er schreibt: »Da schaute mich Karl Barth erschrocken an, die Diskussion brach ab, und man entschloß sich zu gehen. Der Kardinal begleitete uns hinunter zum päpstlichen Mercedes 300 und verabschiedete uns freundlich. Im Auto sagte dann Karl Barth zu mir: ›Jetzt habe ich also wirklich Angst gehabt, dass auch wir zwei noch Streit miteinander bekommen könnten: Gotteserkenntnis ist doch immer allein nur eine Gnade!‹ Ich begriff!«

---

[53] Meyer: Importance, 26–30.

Diese Episode spiegelt auf einfache und liebenswürdige Weise, was wir etwas martialisch mit der Formel zu erfassen suchten: Vom Kämpfer gegen die ›römische Häresie‹ zum Vordenker für die Ökumene.

## Literatur

Balthasar, H.U. von: Karl Barth. Darstellung und Deutung seiner Theologie, Einsiedeln $^{4}$1976.

Barth, K.: Ad limina, Zürich 1967.

–: Die Kirche und die Kirchen, in: ders., Theologische Fragen und Antworten. Gesammelte Vorträge Bd. 3, Zollikon 1957, 214–232.

–: Eine Schweizer Stimme 1938–1945 , Zollikon-Zürich 1945.

–: Die Kirchliche Dogmatik, 1932ff. Zürich u.a. (KD)

–: Briefe, hg.v. Jürgen Fangmeier, Zürich 1975.

Bouillard, H.: Karl Barth, Paris 1957.

Briellmann, A.: Karl Barth als ökumenischer Christ, in: Das theologische Erbe Karl Barths und die Kirche von heute, Zürich 1979.

Busch, E.: Die große Leidenschaft. Einführung in die Theologie Karl Barths, Gütersloh 1998.

–: Unter dem Bogen des einen Bundes. Karl Barth und die Juden 1933–1945, Neukirchen 1996.

Godsey, J.D. (Hg.): Karl Barth, How I Changed My Mind, Richmond 1966.

Herwig, Thomas: Karl Barth und die ökumenische Bewegung. Das Gespräch zwischen Karl Barth und Willem Adolf Visser't Hooft auf der Grundlage ihres Briefwechsels 1930–1968, Neukirchen-Vluyn 1998.

Hromádka, J.: Evangelium für Atheisten, Witten 1969.

Küng, H.: Rechtfertigung, Einsiedeln 1957.

Marquardt, W.: Die Entdeckung des Judentums für die christliche Theologie. Israel im Denken Karl Barths, München 1967.

Matosevic, L.: »Lieber katholisch als neuprotestantisch«. Karl Barths Rezeption der katholischen Theologie 1921–1930, Neukirchen 2005.

Meyer, H.: The Importance of Barth's Theology in the Ecumenical Movement, Dialog 20, Winter 1981.

Przywara, E.: Gespräch zwischen den Kirchen, 1956.

ThSt: Karl Barth 1886–1968. Gedenkfeier im Basler Münster, Theologische Studien 100, Zürich 1969.

Wolf, E.: Antwort. Festschrift zum 70. Geburtstag von Karl Barth, Zürich 1956.

Visser't Hooft, W.A.: Karl Barth and the Ecumenical Movement, The Ecumenical Review Vol 32, 1980.

Anastasios Kallis

# Patriarch Athenagoras

## Ein Visionär der orthodoxen Einheit und der Ökumene

Geboren 25. März 1886 als Aristoteles Spyrou, gestorben 7. Juli 1972. Wurde 1910 Mönch und floh als Diakon in Monastir Ende des 1. Weltkriegs auf den Heiligen Berg Athos. 1922 Priester und Bischof, Metropolit von Korfu. 1930 Erzbischof von Nord- und Südamerika, nutzte er seinen politischen Einfluss zur Verbesserung der Christen in Osteuropa. 1948 Ökumenischer Patriarch und Erzbischof von Neu-Rom (Konstantinopel). Athenagoras' Wirken war dem Versuch gewidmet, die orthodoxe Welt zusammenzuführen. Damit bereitete er die Aussöhnung von Konstantinopel und Rom vor und gab den orthodoxen Kirchen einen wichtigen Platz in der Ökumenischen Bewegung.

### I. Ein Kosmopolit als Patriarch

Mitten in der Zeit des Kalten Krieges landete am 26. Januar 1949 auf dem Istanbuler Flughafen an Bord des Privatflugzeugs des Präsidenten der Vereinigten Staaten von Amerika, Harry S. Truman, der 63-jährige griechisch-orthodoxe Erzbischof von Nord- und Südamerika, Athenagoras, den die Synode des Ökumenischen Patriarchats am 1. November 1948 mit auffälliger Zurückhaltung (11 Ja-Stimmen gegen 6 Stimmenthaltungen) zum Nachfolger des 51-jährigen Patriarchen Maximos V. gewählt hatte, der in seinem schlechten Gesundheitszustand den Anforderungen, die die durch den Eisernen Vorhang in zwei Lager gefallene Orthodoxie an sein Amt stellte, nicht gewachsen war und »gesundheitshalber« zurücktrat.

In diesem ungewöhnlichen Vorgang, zu dem auch die Bereitschaft der Türkei gehörte, die Wahl eines Ausländers, d.h. amerikanischen Staatsbürgers, zum Patriarchen mit Sitz auf ihrem Territorium zu akzeptieren, lassen sich zum einen die Schwierigkeiten erkennen, vor denen Athenagoras stand, wie auch die Erwartungen, die man in der freien Welt an seine Person knüpfte.

Vor dem Hintergrund der politischen Ost-West-Konstellation geriet Athenagoras ins Kreuzfeuer der antiwestlichen Kampagne der Sowjetpresse, die in ihm ein Werkzeug der herrschenden Kreise in den USA, Griechenland und der Türkei erblickte. Dementsprechend blieb auch das Moskauer Patriarchat reserviert. Patriarch Aleksij I. wahrte zwar die Form und antwortete auf die Grußbotschaft des neuen Ökumenischen Patriarchen, doch er blieb kühl und sprach von »Missverständnissen«, die zwischen beiden Patriarchaten bestünden. Um so unverhohlener jedoch startete die Zeitschrift Žurnal Moskovskoj Patriarchii eine Kampagne gegen das Ökumenische Patriarchat, dem namhafte russische Theologen papistische Allüren vorwarfen; man stellte sogar den Titel »Ökumenischer Patriarch« in Frage und hielt mit Bezug auf die bedrängte Lage der Kirche Konstantinopels die Bezeichnung »Patriarch von Istanbul« für angemessen.

Die machtpolitische Konstellation projizierte in die Gemeinschaft der orthodoxen Kirchen ein Kirchensystem, das wohl der katholischen, aber nicht der orthodoxen Kirche entspricht, deren Rangordnungssystem einen primus inter pares kennt, der die jurisdiktionelle Souveränität der autokephalen orthodoxen Kirchen respektiert. Hatte Stalin Patriarch Aleksij I. für die Expansionspolitik der Sowjets eingesetzt, in der die Idee vom Dritten Rom eine Neugeburt erfuhr, verband der Westen mit der Wahl Athenagoras' die Hoffnung, dass er dem kirchenpolitischen Einfluss der Kommunisten auf dem Balkan und im nahen Osten Einhalt gebieten würde. Vom Freund des Präsidenten Truman glaubte man erwarten zu können, dass er die antikommunistische Front stärken würde.

Als überzeugter Demokrat stand Athenagoras politisch auf der Seite des Westens, doch er trat sein neues Amt an mit dem Vorsatz, einen Strich unter die Vergangenheit zu ziehen. Damit irritierte er aber sowohl die politisch wie auch die kirchlich geltenden Ordnungssysteme, die unter der Last der Konfrontation und der unbewältigten Vergangenheit standen. Seine Bemühungen, das Vertrauen der Türkei zu gewinnen, enttäuschte die Griechen, in deren Augen er sich als willfähriger Turkophile entpuppt hätte. Stärker noch war der Widerstand innerhalb seiner Synode, in der die meisten Bischöfe in seiner Aufgeschlossenheit gegenüber der neuen Welt und den nichtorthodoxen Kirchen die Gefahr des Modernismus und der Nivellierung der Orthodoxie erblickten. Zu Beginn der fünfziger Jahre musste er gegen die Mehrheit der Synode kämpfen, die an eine Rückkehr des Alt-Patriarchen Maximos dachte. Es gehörte viel Geduld und Geschick dazu, um aus einstigen Opponenten Mitarbeiter bei der Realisierung seiner Ideen zu gewinnen.

Die Diplomatie des Phanars, die auf eine reiche Erfahrung zurückblickt, stellt selbst für Prälaten der patriarchalen Administration eine Herausforderung dar, der ein Auswärtiger kaum gewachsen sein dürfte. Doch mit Athenagoras kam ein Kosmopolit an die Spitze einer Synode, die lernen musste, umzudenken und hart zu arbeiten wie er selbst, der im bescheidenen Gebäude des Patriarchats wie ein Asket lebte.

## II. Schicksalsjahre

Aus einem Dorf in Epirus (Tsaraplana bzw. Vasilikon) in der Nähe der albanischen Grenze stammend, das damals zum Osmanischen Reich gehörte, wuchs Aristokles Spyrou, der Sohn eines Landarztes, unter dem Mönchsnamen Athenagoras zu einem gewandten Weltbürger. Mit 17 Jahren (1903) wurde er auf Empfehlung des Metropoliten von Konitsa in die Schule von Halki aufgenommen, in der er die letzten Schulklassen absolvierte, um anschließend an der dortigen Theologischen Hochschule des Ökumenischen Patriarchats Theologie zu studieren. Hier kam er in eine kosmopolitische Umgebung, denn Konstantinopel, in dessen Nähe die Insel Halki liegt, war ein international-kultureller Umschlagplatz. Etwa 500.000, d.h. fast die Hälfte der Einwohner waren Griechen, die neben anderen Europäern die

Führungsschicht der Bevölkerung bildeten. Griechisch waren auch die Städte auf dem Istanbul gegenüberliegenden Ufer.

Doch die erste entscheidende existentielle Erfahrung, die für seine dialogische und großherzige Aufgeschlossenheit ausschlaggebend werden sollte, machte er als junger Diakon (1910–1918) in Monastir. Im heutigen Bitolj bei Ohrid lebten damals 30.000 Türken, 15.000 Griechen, 5.000 Bulgaren, 3.000 Serben und andere Minderheiten:

> Als ich 1910 nach Monastir ... kam, befand ich mich unmittelbar in einer Atmosphäre des Hasses. Griechen, Türken, Albaner, Bulgaren, Serben, Rumänen, Juden, alle diese Völker rangen dort miteinander, das eine das andere zu verschlingen ... Ich habe selbst in diesem Haß ... ganze 8 Jahre gelebt ... Diese tragische Erfahrung hat der Krieg von 1914 tragischer gemacht. In Mazedonien sammelten sich die Armeen von Freunden und Alliierten, Freunden und Feinden. Und was habe ich gesehen? Daß der Mensch nichts wert ist ... Ich habe die Priester und die Kleriker der orthodoxen Kirchen vom Balkan und der nichtorthodoxen des Westens gesehen, jeden das Heer seines Volkes zu begleiten, unfähig, sich zwischen die kämpfenden Christen zu stellen und wenigstens die Gewalt, das Blutvergießen und die Unmenschlichkeit zu dämpfen, weil sie selbst in der schrecklichen Antinomie der Intoleranz lebten, der Spaltungen und der Trennungen.

Ebenso ausschlaggebend für seinen Werdegang war der anschließende Dienst als Diakon und Sekretär des Metropoliten von Athen und Primas der Kirche Griechenlands, Meletios Metaxakis (1919–1921), des späteren Patriarchen von Konstantinopel (1921–1923), dessen Spuren er 1949 als ein ebenbürtiger Nachfolger aufnahm.

Zwei weitere Etappen seines Weges waren bestimmend für sein Wirken als Ökumenischer Patriarch. Noch als Diakon wurde er mit 36 Jahren 1922 zum Bischof der Insel Kerkyra gewählt, deren geographische Lage und politische Geschichte sie zur Begegnungsstätte mit dem Westen prädestinierte. Denn die Insel, die zwischenzeitlich Venedig, Frankreich und zuletzt England gehörte, das sie 1864 zusammen mit den anderen Ionischen Inseln an Griechenland abtrat, trägt die Spuren dieser wechselvollen Vergangenheit, die in der Gegenwart eines römisch-katholischen Erzbischofs augenfällig ist. Hier machte Athenagoras erneut die Erfahrungen der Kirchenspaltung im Alltag der

Menschen und nahm den Dialog mit der katholischen Ortskirche auf. Mit vielen Katholiken und vor allem mit ihrem Erzbischof pflegte er freundschaftliche Kontakte. Da die meisten Katholiken der Insel Italiener waren, die zum Erzbistum Brindisi gehörten, unternahm er die erste ökumenische Reise zum gegenüberliegenden Ufer und suchte seinen italienischen Amtsbruder auf. Er ließ sich von der feindseligen Stimmung zwischen Griechen und Italienern nicht irritieren, sondern trat als Vermittler und mutiger Anwalt der Inselbevölkerung auf. Als am 31. August 1923 italienische Schiffe aus naher Entfernung die Insel unter Beschuss nahmen, bestieg er eine Fischerbarke und ruderte allein zum italienischen Admiral Solari und protestierte gegen diesen feigen Angriff.

Er blieb kein isolierter Insulaner. 1930 fuhr er zur Lambethkonferenz, während er zugleich Kontakte auch zu führenden Persönlichkeiten des Protestantismus aufnahm.

Athenagoras war auf Kerkyra eine Legende, als im August 1930 die Synode des Ökumenischen Patriarchats ihn einstimmig zum Erzbischof von Nord- und Südamerika wählte. Sein Ruf war zwar in Griechenland groß, doch in Amerika war er ein Nobody. Als er am 26. Februar 1931 in New York ankam, wurde er vom Klerus und Mitgliedern der griechisch-orthodoxen Kirchengemeinden herzlich begrüßt, doch die Presse nahm keine Notiz von ihm. Die gewachsene Freundschaft mit den Präsidenten Franklin D. Roosevelt (1933–1945) und Harry S. Truman (1945–1953) sind bezeichnend für sein überzeugendes Auftreten, das Autorität mit Herzlichkeit verband. Mehr als auf Kerkyra sind in den USA noch heute die Spuren seines prägenden Wirkens spürbar.

Die Organisation und integrale Struktur des griechisch-orthodoxen Erzbistums von Nord- und Südamerika gehen auf Athenagoras zurück. Seine Sorge galt nicht nur der griechischstämmigen Orthodoxie, sondern der orthodoxen Kirche in Amerika überhaupt, die in jurisdiktionell unabhängige bzw. ihren Mutterkirchen unterstellte Bistümer gegliedert ist. Schon sein Vorbild Meletios Metaxakis hatte sich um die kanonische Regelung der orthodoxen Bistümer in Amerika bemüht, allerdings vergeblich. Dass schließlich 1960 die »Standing Conference of Canonical Orthodox Bishops in America« ins Leben gerufen wurde, geht auf die systematische interorthodoxe Kooperation zurück, die Athenagoras eingeleitet hatte.

Sein 18-jähriges Wirken in Amerika lag in der Kontinuität seines priesterlichen Dienstes in einer multikulturellen, multikonfessionellen und multireligiösen Welt, die den zweifachen Schwerpunkt seines Einsatzes als Ökumenischer Patriarch bestimmte, zum einen die sichtbare Einheit der autokephalen orthodoxen Kirchen und zum anderen die Überwindung der Kirchenspaltungen, die er für einen Anachronismus hielt.

## III. Der innerorthodoxe Dialog

In seinem Inthronisationsbrief als Patriarch an die Vorsteher der orthodoxen Kirchen versicherte er sie seines Einsatzes zur Stärkung »des Bandes der Liebe zwischen den autokephalen orthodoxen Kirchen«, das er zu »einer ständigen, regelmäßigen Zusammenarbeit gestalten« möchte. Ihr Ziel sollte die gemeinsame Beratung und Koordination bei der Auseinandersetzung mit Fragen sein, die das kirchliche und das gesellschaftliche Leben betreffen. Indem er auf die mahnenden Stimmen von religiösen und politischen Führern wie auch Philosophen, Soziologen und anderen Wissenschaftlern verwies, appellierte er an die Verantwortung der orthodoxen Kirchen für die ihnen anvertrauten Seelen.

Es ist bezeichnend für Athenagoras, dass er seine panorthodoxe Initiative nicht mit seiner Stellung als Ökumenischer Patriarch begründet, sondern mit der Herausforderung der Zeit, die auf die Einmütigkeit und Zusammenarbeit der orthodoxen Kirchen drängt, deren effektiver Einsatz zur Lösung der Probleme ihr gemeinsames Auftreten voraussetzt. Im Bewusstsein seiner Verantwortung als erster im orthodoxen Bischofskollegium ergriff er die Initiative und versuchte, die vernachlässigte Synodalität in der Familie der orthodoxen Kirchen zu beleben zum Nutzen des Kirchenvolkes und der Welt.

Die Notwendigkeit eines innerorthodoxen Dialogs, der die Glaubenseinheit der orthodoxen Kirchen in ihrem Leben umsetzen sollte, ist Athenagoras vor allem in Amerika bewusst geworden, in dem die Isolation der orthodoxen Kirchen sich in einem Dschungel orthodoxer Jurisdiktionen widerspiegelte. Die organisatorisch-sichtbare Einheit der Orthodoxie war nicht nur eine Frage ihrer ekklesiologischen Glaubwürdigkeit, sondern auch einer schon längst fälligen Konsolidierung der orthodoxen Kirchen, die den Anforderungen der neuen Zeit gemeinsam hätten begegnen müssen.

Es ist kein Zufall, dass Athenagoras an ein Vorhaben anknüpfte, das Meletios IV. 1923 mit der Einberufung eines Panorthodoxen Kongresses nach Konstantinopel ins Auge gefasst hatte. Der Kongress befasste sich damals mit einer Reihe von Problemen panorthodoxer Relevanz und ersuchte das Ökumenische Patriarchat im Hinblick auf die bevorstehende 1600-Jahrfeier des I. Ökumenischen Konzils, »die Initiative zu ergreifen, damit dieses Ereignis würdig von der gesamten orthodoxen Kirche gefeiert wird, nicht nur auf lokaler Ebene, sondern auch durch die Einberufung eines panorthodoxen Konzils zur Lösung aller Fragen, die gegenwärtig die orthodoxe Kirche beschäftigen.«

Auf diesen Plan wie auch auf spätere ähnliche Versuche nahm Athenagoras schon zu Beginn seines Patriarchats Bezug und stellte in seinem Schreiben vom 12. Februar 1951 an die Vorsteher der orthodoxen Kirchen »die Einberufung eines großen Ökumenischen Konzils« in Aussicht. Unter Berücksichtigung des Themenkatalogs, den ein Präliminarer Interorthodoxer Ausschuß, dessen Sekretär er war, 1930 in Vatopedi auf dem Berg Athos aufgestellt hatte, erinnerte er an die Einberufung der seinerzeit geplanten Prosynode. Das fast ausschließlich negative Echo – nur das Patriarchat von Alexandreia begrüßte die Initiative – ließ Athenagoras nicht resignieren. In seinem Antwortschreiben vom 2. November 1952 geht er auf die Bedenken der orthodoxen Kirchen ein, die in der schlechten Vorbereitung bestanden, und schlägt ihnen vor, dem Beispiel Konstantinopels zu folgen und Expertenausschüsse aus Klerikern und Theologieprofessoren zu bilden, die den Weg zum Konzil vorbereiten sollten. Er setzt sie regelrecht unter Druck, indem er ihnen den Themenkatalog, den der Vatopedi-Ausschuß verabschiedet hatte, zuschickt mit der Bitte, ihn im Hinblick auf das künftige Konzil zu prüfen und entsprechende Vorschläge auszuarbeiten.

Parallel dazu intensivierte er durch persönliche Begegnungen die Kontakte zu den orthodoxen Kirchen und regelte strittige Fragen, die vor allem zwischen Konstantinopel und Moskau bestanden, so dass er 1960 die Weihnachtsliturgie zusammen mit dem Moskauer Patriarchen Aleksij I. in der Konstantinopler Patriarchalskirche zum Heiligen Georg feiern konnte. Es ist nicht nur dem politischen Klimawechsel des Kremls, sondern vor allem Athenagoras zu verdanken, dass zum ersten Mal ein Moskauer Patriarch die Schwelle des Phanars überschritt.

Damit konnte er den konziliaren Prozess der orthodoxen Kirchen einleiten, die vom 24. September bis zum 1. Oktober 1961 auf Rhodos zur I. Panorthodoxen Konferenz zusammenkamen. Die Versammlung, die in beeindruckender Weise die Einheit der orthodoxen Kirche demonstrierte, bekundete in ihrer Arbeit und in ihrer Botschaft den gemeinsamen Willen zu einer organischen Einheit, solidarischen Auseinandersetzung mit den Problemen der Zeit und verantwortungsvollen ökumenischen Anstrengung zur Überwindung der Kirchenspaltung. Athenagoras ging in seiner Weihnachtsbotschaft auf die Konferenz ein und dankte Gott »für seinen ... Segen, nämlich für die Verwirklichung eines außerordentlich großen, vielleicht des größten Ereignisses in der Geschichte der zeitgenössischen orthodoxen Christenheit.« Aus der Botschaft sprudelt die Begeisterung des Patriarchen hervor, wenn er feststellt: »Nach einem jahrhundertelangen Schweigen wird erneut die Stimme der ökumenischen Kirche gehört.«

Der auf Rhodos verabschiedete Themenkatalog, der das ganze kirchliche Leben in seinen Beziehungen zur Welt und zu den anderen Kirchen umfasst, bildete die Grundlage der Arbeit weiterer Konferenzen, die aber zunehmend die Euphorie der ersten Stunde eingebüßt haben und deren Ergebnisse inzwischen überholt sind infolge des völlig veränderten Kontextes nach der politischen Wende in Osteuropa 1989/90.

## IV. Der Dialog der Liebe

Ähnliches gilt auch für die ökumenischen Dialoge der orthodoxen Kirche, die auf den Panorthodoxen Konferenzen beschlossen worden sind. Athenagoras war von Natur aus ein aufgeschlossener, dialogischer Mensch, der mit seiner spontanen, unprotokollarischen, herzlichen Art eine Anziehungskraft ausübte. Schon als Diakon in Monastir wurde er von Menschen unterschiedlicher Religionszugehörigkeit und Nationalität aufgesucht, deren Sprachen er lernte und die oft ohne konkreten Anlass zu ihm kamen. Später erzählte er, dass auf seine Frage nach deren Anliegen die Besucher, häufig einfache Bauern, antworteten: »Um des Blickkontaktes willen.« Alle Stationen seines Wirkens waren ein Leben der Begegnung und des Dialogs. Als Ökumenischer Patriarch drängte er zum Dialog: »Die Spaltungen«, sagte er, »müssen endgültig vorübergehen, weil sie zu anderen Epochen gehören. Das war meine Predigt achtzehn Jahre lang in Amerika.«

Getreu seiner Großherzigkeit, über alle konfessionskundlichen Erkenntnisse hinweg, erklärte er oft katholischen Besuchern gegenüber: »Uns trennt nichts als die 900 Jahre der Trennung.« Um offizielle Kontakte zur katholischen Kirche zu knüpfen, besuchte er zum ersten Mal in der Geschichte des Ökumenischen Patriarchats den Vertreter des Vatikans in Istanbul, der den Besuch erwiderte, so dass dieser Austausch Tradition wurde. Athenagoras war sich der psychologischen Belastung der Beziehungen zwischen Orthodoxen und Katholiken bewusst. 1951 noch blieb der Vatikan demonstrativ den unter ökumenischer Beteiligung gestalteten Feierlichkeiten der 1900-jährigen Wiederkehr der Ankunft des Apostels Paulus in Europa fern. Die ablehnende Antwort hatte ein Untersekretär namens Giovanni Battista Montini unterschrieben, der spätere Papst Paul VI.

Athenagoras versuchte das Eis zu brechen. Im Oktober 1958 erwies er anlässlich der Krankheit und des Todes Papst Pius' XII. sowie der Wahl des Patriarchen von Venedig Angelo Giuseppe Roncalli zum Papst unter dem Namen Johannes XXIII. mit drei Presseerklärungen Rom eine freundliche Geste, die keine offizielle Reaktion des Vatikans hervorrief. Auf die Botschaft des Papstes zu Weihnachten 1958, in der er zu Einheit und Frieden aufrief, reagierte Athenagoras postwendend, indem er seine Botschaft zum neuen Jahr als direkte Antwort konzipierte: »Dieser Heilige Apostolische und Ökumenische Thron und wir persönlich ... begrüßen freudig jeden aufrichtigen Aufruf zum Frieden, gleich, woher er kommt, um so mehr aber natürlich, wenn er ausgeht von einem christlichen Mittelpunkt, wie es das Alte Rom ist.«

Mit dem Ziel, den Dialog mit Rom aufzunehmen, intensivierte er die Kontakte zum Vatikan mit seinen »diplomatischen« Mitteln: Briefe, Geschenke, persönliche Gesandte. Den Durchbruch in den eigenen Reihen erreichte Athenagoras im September 1963 auf der II. Panorthodoxen Konferenz, die sich ausschließlich mit den Beziehungen der orthodoxen Kirche zu der römisch-katholischen Kirche befasste. Die Konferenz hatte zu entscheiden über die Einladung des neu gewählten Papstes Paul VI., zum wiedereinberufenen II. Vatikanischen Konzil Beobachter zu entsenden, und über den Vorschlag des Ökumenischen Patriarchen, der römisch-katholischen Kirche einen »Dialog auf der Basis der Gleichberechtigung« vorzuschlagen. Während die Entscheidung über die Entsendung von Beobachtern jeder einzelnen orthodoxen Kirche überlassen wurde, fand der Dialogvorschlag die Zustimmung aller Delegierten.

Doch die entscheidende Wende erfolgte im Jahr 1964, als Paul VI. und Athenagoras an der Geburtsstätte ihrer Kirchen, in Jerusalem, den Friedenskuss austauschten. Bei der ersten Begegnung am Abend des 5. Januar bemerkte der Patriarch: »Die christliche Welt erlebt seit Jahrhunderten die Nacht der Spaltung. Ihre Augen sind müde, in die Finsternis zu schauen.« So sprach er den Wunsch aus: »Möge diese unsere Begegnung die Morgenröte eines strahlenden und gesegneten Tages sein, an dem die kommenden christlichen Generationen in der Teilnahme am selben Kelch des kostbaren Leibes und Blutes des Herrn den einzigen Herrn und Retter aller in Liebe, Frieden und Einheit loben und preisen.«

Die Jerusalemer Begegnung leitete eine Wende in den Beziehungen zwischen der orthodoxen und der katholischen Kirche ein, obschon sie zunächst mehrere orthodoxe Kirchen irritiert hatte. Es war aber unübersehbar, dass hier ein neues Kapitel der zwischenkirchlichen Beziehungen aufgeschlagen worden war.

Zu Beginn der III. Panorthodoxen Konferenz von Rhodos im November desselben Jahres wurde eine persönliche Grußbotschaft des Papstes verlesen, die er als »Evêque de Rome« unterzeichnete. Sie wurde als ein Akt brüderlicher Beziehungen empfunden, wie sie noch vor der Spaltung üblich waren, und daher auch herzlich beantwortet.

Um den Weg zum Dialog zu ebnen, setzte Athenagoras nicht Kommissionen ein, sondern er vertraute mehr auf Zeichen der Versöhnung. Daher schlug er die Bereinigung der Vorfälle von 1054 vor, die das Verhältnis zwischen beiden Kirchen belasteten und deren Beziehungen vergifteten. Der Versöhnungsakt vom 7. Dezember 1965, in dem Paul VI. und Athenagoras die Bannsprüche von 1054 »missbilligen, aus dem Gedächtnis und aus der Mitte der Kirche entfernen und der Vergessenheit überliefern«, setzte an Stelle eines Symbols der Trennung ein Zeichen der Versöhnung, das den Anlauf zum »Dialog der Liebe« markiert. Dieser eingeschlagene Weg kommt demonstrativ zum Ausdruck beim Besuchsaustausch zwischen Papst und Ökumenischem Patriarchen im Juli 1967 im Phanar und im darauf folgenden Oktober im Vatikan.

Athenagoras betrachtete die Bemühungen um die Wiederherstellung der Einheit der Kirchen als eine Christenpflicht der zerrissenen Welt gegenüber:

> Der Sauerteig der Einheit der Menschen muss die christliche Einheit sein. Die Vereinigung der Menschheit ist zugleich Ausdruck und Ermittlung unser vollzogenen Einheit in Christus, in dem wir alle Glieder sind. Ich gehöre allen Kirchen an oder besser es gibt nur eine Kirche, die Kirche Christi, eine Theologie, die Botschaft des auferstandenen Christus, der uns zum neuen Leben erweckt und die Kraft zum Lieben gibt.

Indem er offensichtlich die Kritiker seiner großherzigen dialogischen Öffnung im Blick hatte, meinte er am 26. Oktober 1967 in seiner Ansprache an den Papst im Petersdom: »Die ökumenische Bewegung, das Zweite Vatikanische Konzil, die Panorthodoxen Konferenzen, die Lambethkonferenzen und die Weltkongresse der anderen christlichen Kirchen und Konfessionen, die Kontakte mit Eurer Heiligkeit und zwischen anderen christlichen Leitern haben die nackte, schwere Sünde der Trennung der Kirche in einem Ausmaß vor aller Augen gebracht, dass es heute nicht möglich ist, dass eine Ortskirche, ein verantwortlicher christlicher Hirt und Lehrer existiert, der das dringende Bedürfnis der Heilung des Übels nicht anerkennt.«

Für Athenagoras besaß der Dialog mit Rom eine Priorität, die er mit der besonderen Verantwortung beider Kirchen für die Überwindung der Kirchenspaltung begründete. Dazu bekannte er sich ausdrücklich in seiner »Deklaration anlässlich des ersten Jahrestages der gegenseitigen Aufhebung der Anathemata«: »Zu diesem Problem tragen den größeren Teil der Verantwortung unsere zwei älteren christlichen Kirchen, die römisch-katholische des Westens und die orthodoxe des Ostens, die mutig und mit Taten zur Einheit voranschreiten müssen.« Er verlor allerdings auch die anderen Kirchen nicht aus dem Blick. So hielt er für unerlässlich die Mitgliedschaft aller orthodoxen Kirchen im kurz vor seiner Wahl zum Patriarchen in Amsterdam gegründeten (1948) Ökumenischen Rat der Kirchen (ÖRK), dessen orthodoxe Gründungsmitglieder neben dem Ökumenischen Patriarchat nur die Kirchen von Zypern und Griechenland waren. 1952 nahm er die bevorstehende Konferenz für Glauben und Kirchenverfassung in Lund zum Anlass, um die orthodoxen Kirchen auf die Ziele des ÖRK aufmerksam zu machen und zu bemerken, »dass in der Zukunft die Teilnahme und Mitarbeit der Orthodoxen Kirche im ÖRK vielfach geboten ist«. In Anbetracht der Bemühungen der Völker, den großen Problemen gemeinsam zu begegnen, und der außerordentlichen Bedeutung der Notwendigkeit der sichtbaren Einheit der christlichen Welt, »stellt das Werk der Annäherung und Zusammenarbeit aller christlichen Konfessionen und Organisationen eine gottgeweihte Schuldigkeit und eine heilige Pflicht dar, die von ihrer Eigenschaft und ihrer Sendung ausgehen«. Die Aufnahme schließlich der Thematik Orthodoxie – ÖRK in den Themenkatalog des Panorthodoxen Konzils entspricht dem Vorschlag bzw. den Bemühungen des Patriarchen um eine koordinierte Mitarbeit der orthodoxen Kirchen, denen er empfahl, entsprechende synodale Kommissionen unter Beteiligung von Professoren der Theologischen Fakultäten zu bilden.

Athenagoras verband seine ökumenische Öffnung mit dem innerorthodoxen Dialog, der in den Panorthodoxen Konferenzen eine institutionelle Form angenommen hatte. Daher ist es auch kein Zufall, dass er 1967 im Anschluss an seinen Friedensbesuch bei den Patriarchaten von Serbien, Rumänien und Bulgarien auch den Papst Paul VI. im Vatikan sowie den ÖRK in Genf und den Erzbischof von Canterbury, Dr. Michael Ramsey, besuchte, der ihn in einem Te Deum in Lambeth »als Vorreiter der Einheit des gesamten christlichen Volkes« begrüßte.

Darin stimmte der »Primas von ganz England« mit Papst Paul VI. überein, der in seinem Brief vom 8. Februar 1971 an Athenagoras schrieb: »Liebster Bruder in Christus, ... wir danken dem Herrn auch dafür, dass er seiner Kirche in der Person Eurer Heiligkeit einen der großmütigsten Förderer der heiligen Sache der Einheit geschenkt hat.« Die Antwort des Patriarchen ist eine Mischung aus Hoffnung und Wehmut: »Wir schreiben Ihnen aus dem Osten kurz vor dem Leiden des Herrn. Der Tisch ist im Coenaculum bereit, und unser Herr will mit uns das Pashamahl essen. Werden wir es ablehnen?« Daran knüpft er aber die resignierend klingende Feststellung: »In der Tat, die aus dem historischen und sonstigen Erbe herrührenden Hindernisse stehen noch, und der Feind des Reiches Gottes bewacht sie. Aber haben wir nicht an den geglaubt, der gesagt hat, dass, was den Menschen unmöglich ist, bei Gott möglich ist und dass alles dem möglich ist, der glaubt?«

## V. Der enttäuschte Prophet

Als Athenagoras am 7. Juli 1972 starb, war die orthodoxe Kirche aus ihrer Isolation herausgetreten und schickte sich an, auf panorthodoxer Ebene bilaterale theologische Dialoge mit nichtorthodoxen Kirchen aufzunehmen. Doch viele seiner Wünsche und Hoffnungen blieben unerfüllt.

Er hat an die türkisch-griechische Versöhnung geglaubt und sich als loyaler türkischer Staatsbürger dafür eingesetzt. Als Pennäler kam er nach Konstantinopel, in eine mit ihrer halben Million Griechen europäisch geprägte Metropole. Zu Beginn seines Patriarchats fand er noch ca. 90.000 Griechen vor, die in den 1950er Jahren fluchtartig den Exodus antreten mussten. Das von der Regierung Adnan Menderes gesteuerte Pogrom in der

Nacht vom 6. auf den 7. September 1955, in dem Athenagoras um sein Leben bangen und den Tod von 16 Griechen, 600 Verletzte, die Vergewaltigung von 2.000 Frauen, die Ausplünderung von 4.500 griechischen Geschäften, 110 Hotels, 21 Fabriken und 1.000 Wohnungen, das Anzünden von 73 Kirchen, 3 Klöstern und die Schändung der Gräber seiner Vorgänger beklagen musste, bedeutete für ihn die größte Enttäuschung seines Lebens. Ergreifend sind die Bilder des niedergeschlagenen Patriarchen inmitten der Trümmer seiner Kirchen. Die Flucht der Griechen war nicht mehr aufzuhalten. »Wer wird die Kerzen auf den Gräbern unserer Vorfahren anzünden?« rief er der schwindenden Gemeinde zu, die inzwischen keine 3.000 Seelen mehr zählt. Ein Jahr vor seinem Tod musste er erleben, dass der Betrieb der Theologischen Hochschule des Patriarchats auf der Insel Halki verboten wurde wie auch die beiden periodischen Publikationen des Patriarchats, die Zeitung Apostolos Andreas und die Zeitschrift Orthodoxia.

Zwar gelang es ihm, mit vielen Opfern das Moskauer Patriarchat für die Panorthodoxen Konferenzen zu gewinnen, doch einen stetigen Sinneswandel hat er offensichtlich nicht bewirkt. Die Russische Orthodoxe Kirche und mit ihr alle orthodoxen Kirchen in den sozialistischen Ländern blieben dem ÖRK fern. Ihr Beitritt auf der III. Vollversammlung des ÖRK 1961 in Neu Delhi geht nicht auf seine Bemühungen zurück, sondern auf die Änderung der Außenpolitik Moskaus nach dem Tod Stalins durch Nikita Chruschtschow. Um Moskau entgegenzukommen, entließ er 1965 das Erzbistum der orthodoxen russischen Gemeinden in Westeuropa aus der Jurisdiktion des Ökumenischen Patriarchats, die er 1971 erneut aufnahm, nachdem zuvor (1970) das Moskauer Patriarchat im Alleingang der russischen Metropolia in Nordamerika die Autokephalie verlieh, die ein Zerrbild orthodoxer Ekklesiologie darstellt.

In seinem letzten Brief an Patriarch Athenagoras vom 4. Juni 1972, wenige Tage vor dessen Tod, zollte Papst Paul VI. seinen Respekt und seine Dankbarkeit dem großen Förderer der Einheit, und, indem er einen Gedanken von Athenagoras aufnahm, versicherte er ihm als vorgeahnten Abschied: »Auch wir möchten mit Eurer Heiligkeit den Weg nach Emmaus gehen, indem wir die Heilige Schrift studieren, um dem Herrn beim Brechen des Brotes zu begegnen.« Auf die wiederholten Fragen von Reportern nach der Verwendung des Kelches, den ihm der Papst 1964 in Jerusalem geschenkt hatte, antwortete Athenagoras, er bewahre ihn in der Hoffnung, gemeinsam mit dem Papst aus ihm zu trinken.

Auf diese Stunde hat er hingearbeitet und daran geglaubt, obschon er um Geduld warb. In seiner Ansprache vom 26. Oktober 1967 an die Kardinäle und die Mitglieder der Bischofssynode in Rom wiederholte er seine Vision: »Wir blicken auf jenen großen und heiligen Moment, in dem die Bischöfe aus dem Westen und dem Osten am selben Opferaltar in gemeinsamer Eucharistie den Kelch des Herrn erheben werden. Vielleicht wird diese Stunde sich verzögern. Aber die Stunde der Liebe ist gegenwärtig.«

Das ist ihm nicht gegönnt gewesen, wie auch viele seiner Visionen, die selbst in seiner unmittelbaren Umgebung oft nicht verstanden wurden, nicht in Erfüllung gegangen sind. Sein Werk ist mehr in der Weltchristenheit als innerhalb der Familie der orthodoxen Kirchen gewürdigt worden. Dies wird in augenfälliger Weise auch in der Zusammensetzung der Trauergemeinde beim Begräbnis des Patriarchen am 11. Juli 1972 deutlich. Der Generalsekretär des ÖRK, Eugene C. Blake, der zusammen mit seinem Amtsvorgänger, Willem A. Visser't Hooft, am Trauergottesdienst teilnahm, kondolierte mit den Worten:

> Es trauert nicht nur die Orthodoxie, es trauert der Katholizismus, es trauert der Protestantismus, es trauern alle Kirchen Christi über den Tod von Athenagoras. Die Zusammenkunft so vieler Häupter der Weltchristenheit ist nicht zufällig. Unsere Anwesenheit ist bezeichnend für unser Interesse und die Gefühle tiefer Trauer über den großen Verlust.

Seiner Autorität, Großherzigkeit und Weitsicht ist zu verdanken, dass er den innerorthodoxen Dialog in Gang gesetzt und die Tür der Orthodoxie zur Begegnung mit den nichtorthodoxen Kirchen aufgestoßen hat.

Es ist nicht möglich, in einer Vorlesung eine Skizze dieser großen Gestalt eines Propheten der Liebe und des Dialogs zu entwerfen. Es sind schwache Konturen eines Kometen projiziert worden, der am Firmament der Christenheit zu Beginn des neuen Millenniums einstweilen ausbleibt. Daher gehört zu den ökumenischen Bemühungen, die im Gebet ihren Ausgang und ihre

Stärke finden, auch die Bitte um die Zusendung von Propheten des Friedens und des Dialogs, die das Volk Gottes in seiner Wanderschaft anführen, die in Jerusalem begann und zum himmlischen Jerusalem führt, von dem der Lieblingsjünger Christi in seiner Vision vom Wohnen Gottes unter den Menschen spricht (Offb 21,1–8).

## Literatur

Der Briefwechsel zwischen Athenagoras und Paul VI. ist dokumentiert in:

Papandreou, D. u.a. (Hg.): Tomos Agapis, Vatikan – Phanar (1958–1970), Rom, Istanbul 1971; [dt.] Tomos Agapis. Dokumentation zum Dialog der Liebe zwischen dem Hl. Stuhl und dem Ökumenischen Patriarchat 1958–1976 (Pro Oriente 33), Innsbruck u.a. 1978.

Enzykliken und andere Schreiben des Patriarchen sind veröffentlicht in den entsprechenden Jahrgängen der offiziellen Publikationen des Patriarchats: dem Wochenblatt Apostolos Andreas und der Vierteljahresschrift Orthodoxia.

Einen Einblick in die Persönlichkeit des Patriarchen und seiner Vision vermittelt

Clément, O.: Dialogues avec le Patriarche Athenagoras, Paris [2]1976.

Die Praktika kai Apophaseis (Protokolle und Entscheidungen) des Panorthodoxen Kongresses von 1923 und die Praktika tes Prokatartikes Epitropes ... (die Protokolle des Präliminaren ...) Interorthodoxen Ausschusses von 1930 sind 1923 bzw. 1930 in Istanbul erschienen.

Zu den Panorthodoxen Konferenzen, der Entwicklung der innerorthodoxen Beziehungen und den ökumenischen Dialogen der orthodoxen Kirche:

Kallis, A.: Brennender, nicht verbrennender Dornbusch. Reflexionen orthodoxer Theologie, Münster 1999.

Wolfgang Thönissen

# Lorenz Kardinal Jaeger

## Wiedervereinigung im Glauben als Gebot der Gegenwart

23. September 1892–1. April 1975. Studium in Paderborn und München. 1922 Priesterweihe, Diasporaseelsorger und Studienrat in Herne und Dortmund. 1940 Divisionspfarrer, ab 1941 Bischof in Paderborn. 1965 Ernennung zum Kardinal. Auf Jaegers Initiative richtete die Bischofskonferenz 1943 in Fulda ein »Referat für Fragen betreffs Wiedervereinigung im Glauben« ein. 1946 gründete Jaeger zusammen mit dem ev. Landesbischof W. Stählin den »Ökumenischen Arbeitskreis evangelischer und katholischer Theologen«. Die Gründung des »Johann-Adam-Möhler-Instituts für Ökumenik« in Paderborn wurde von Jaeger veranlasst. Er regte die Errichtung des römischen Einheitssekretariats an und spielte im Verlauf und bei der Umsetzung desVaticanum II eine wichtige Rolle.

»Ich kann das Wort Frieden nicht aussprechen in dieser Stunde, ohne auch unserer evangelischen Glaubensbrüder in der Liebe des Guten Hirten zu gedenken.«[1] Bei der ersten sich bietenden Gelegenheit wandte sich der 1941 zum Erzbischof von Paderborn ernannte und am 19. Oktober 1941 geweihte vormalige Divisionspfarrer Lorenz Jaeger mitten in den Wirren des Krieges an die Gläubigen seiner Diözese und sprach von der Wiedervereinigung im Glauben. Es gehörte damals wohl nicht zu den Gepflogenheiten eines bischöflichen Amtsantrittes, freundliche Worte an die Adresse der nichtkatholischen Christen zu richten.[2] Ökumenische Äußerungen waren nicht an der Tagesordnung. Das Wort und der Begriff Ökumene waren in der katholischen

[1] Predigt am Tage der Bischofsweihe. 19. Oktober 1941 in Jaeger: Einheit, 7.
[2] Vgl. dazu das Vorwort von Paul-Werner Scheele zu Jaeger: Einheit, XIII.

Kirche nicht gebräuchlich, hatte Rom doch erst wenige Jahre zuvor alle ökumenischen Annäherungsversuche kategorisch abgelehnt.[3] Hier wagte also jemand ein Wort an die nichtkatholischen Christen, ohne das Wort »Ökumene« selbst in den Mund zu nehmen. Wie kam ein bis dahin unbekannter Bischof dazu, sich der Frage der Wiedervereinigung im Glauben zu widmen? Was bewegte ihn zu dieser Aussage? Was verstand er unter der Wiedervereinigung im Glauben? Wie hat er sie selbst betrieben?

## I. Die Herausforderung durch die ökumenische Bewegung

Das Bistum Paderborn, im 19. und 20. Jahrhundert territorial beträchtlich erweitert, ist aus einem alten Reichsbistum an der Wende vom 8. zum 9. Jahrhundert hervorgegangen – schon damals reich gesegnet durch die 836 von Le Mans überführten Reliquien des Heiligen Liborius. In das territorial vergrößerte Bistum fiel nach dem Konkordat von 1821 auch das Zentralgebiet der Reformation. Auf Schritt und Tritt begegnete man danach der durch die Reformation bedingten Lage und ihren Herausforderungen. In diesen Gebieten lebten Katholiken in einer absoluten Diaspora. In anderen Gebieten wiederum traf man auf wechselnde Mehrheitsverhältnisse und damit auf ein ständiges Gegenüber von katholischen und evangelischen Christen. In wieder anderen Gebieten behauptete sich der Katholizismus über Reformation, Mediatisierung und Industrialisierung ungebrochen bis weit in das zwanzigste Jahrhundert hinein. In diese kirchenpolitisch zerrissene Situation hinein wurde Lorenz Jaeger am 23. September 1892 in Halle an der Saale als ältestes von 5 Kindern des Eisendrehers Lorenz Jaeger und dessen Ehefrau Anna Enke geboren.[4] Als Sohn eines protestantischen Arbeiters wuchs er in einer Großstadt der sächsischen Diaspora auf. Er besuchte dort die Volksschule und das Gymnasium der Frankeschen Stiftungen bis zum Jahre 1908. Nach dem frühen Tod des Vaters und dem Wegzug der Familie nach Olpe bestand er seine Reifeprüfung an

---

[3] Vgl. die Enzyklika Pius XI. »Mortalium animos« vom 6. Januar 1928.
[4] Brandt: Bischöfe, 341–349.

einem Gymnasium in Wipperfürth, an dem Katholiken eine Minderheit bildeten. Als Offizier im Ersten Weltkrieg und in der sich daran anschließenden einjährigen britischen Gefangenschaft hatte er eine Kameradschaft erfahren, ungeachtet der konfessionellen Herkunft. Als Vikar fühlte er sich in seiner ersten Stelle in Oebisfelde, in der sächsischen Diaspora, wieder daheim. Nicht anders dürfte es ihm auf seinem späteren Lebensweg als Religionslehrer in öffentlichen Schulen und am staatlichen Seminar ergangen sein.[5]

Lorenz Jaeger erfuhr die eigene Konfession wie die der anderen in lebendiger Begegnung.[6] Seine Mutter war im besten Sinne fromm, sie stammte aus dem katholischen Eichsfeld. Nach dem Tod des Vaters nahm sie ihre Kinder mit nach Westfalen. Hier war eine andere religiöse und konfessionelle Prägung vorherrschend. Sein Verantwortungsbewusstsein, seine Disziplin und seine Frömmigkeit erscheinen als mütterliche Mitgift. Die Suche nach dem Gespräch und den Gemeinsamkeiten mit den evangelischen Christen kann aus der Zuneigung des ältesten Sohnes zu seinem früh verstorbenen Vater gedeutet werden. All dies muss man voraussetzen, wenn man verstehen will, was Lorenz Jaeger 1941 bewegte, als er sich wie selbstverständlich an die evangelischen Christen seiner Zeit wandte.

Lorenz Jaeger nahm von Anfang an das Leiden an der Spaltung der Kirche auch auf evangelischer Seite wahr. »Ich weiß, wie sehr auch sie darunter leiden, dass die Kirche in Deutschland nun schon so lange gespalten ist. Ich weiß, wie viel auch bei ihnen gebetet wird um die Wiedervereinigung im Glauben. Es kann noch niemand sehen, auf welchem Wege Gott in seiner Weisheit einst die Wiedervereinigung im Glauben uns schenkt. Aber wir müssen schon jetzt alles tun, um alles Misstrauen, alle Lieblosigkeit abzutragen, die sich zwischen den Konfessionen im Laufe der Jahrhunderte aufgetürmt haben. Wir leben in der Hoffnung, dass die Zeit nicht mehr fern ist, wo Gottes Weisheit uns die Wege zeigt, auf denen diese Einheit der Kirche wiederherzustellen ist. Bis dahin wollen wir darum ringen, Christus immer mehr in uns Gestalt gewinnen zu lassen, uns frei zu ma-

---

[5] Vgl. hierzu insbesondere Wittstadt, Verdienste, 185f.
[6] Vgl. Brandt: Bischöfe, 346f.

chen von allen menschlichen Eifersüchteleien und Hemmungen, und nichts anderes erstreben, als Gottes heiligen Willen so zu erfüllen, wie seine Gnade ihn uns erkennen lässt.«[7] Schon hier erkennt man die Umrisse des von Lorenz Jaeger formulierten Bemühens um die Einheit der Kirche. Das Gespräch soll ohne Misstrauen geführt werden. Es lebt von der Hoffnung auf das Ende des Weges, von der Hoffnung auf Wiederherstellung der Einheit. In der Zwischenzeit geht es darum, dass Christus im Menschen Gestalt gewinnt, dass Christus als Ziel allen Bemühens jenseits der Kontroversen erscheint. Dass Christus Gestalt gewinnt, das ist Gottes heiliger Wille, das ist seine Gnade, die er uns erkennen lässt. Wer 23 Jahre später das Dekret über den Ökumenismus des Zweiten Vatikanischen Konzils liest, mag sich die Augen reiben über Ähnlichkeiten in Wortlaut und Stil.

Noch im ersten Jahr nach seiner Weihe schlug Lorenz Jaeger in einem Votum für die Deutsche Bischofskonferenz vor, eine Art ökumenisches Seminar zu bilden, dem anerkannte katholische Theologen angehören sollen, um die ökumenische Frage voranzutreiben.[8] Zwar wählte Lorenz Jaeger für seinen Plan, den er dann ein Jahr später in eine Arbeits- und Aufbauordnung für ein entsprechendes Referat münden ließ,[9] noch das Wort von der Wiedervereinigung im Glauben, doch der Hinweis auf die ökumenische Bewegung gewann bereits in diesem Votum sehr früh Gestalt.[10] Jaeger fand so einen Weg, das Thema der Ökumene über die Anerkenntnis der Bewegung zu gestalten. Klar und deutlich sprach er auch die Schwierigkeiten an, die sich mit einer positiven Wahrnehmung der ökumenischen Frage verbinden. Er wusste um das echte Anliegen der Reformation und sah die Aufgabe der Katholiken darin, dieses Anliegen zu verstehen.

---

[7] Predigt am Tage der Bischofsweihe. 19. Oktober 1941 in Jaeger: Einheit, 7.

[8] Votum für die Deutsche Bischofskonferenz. 5. August 1942 in Jaeger: Einheit, 8–17.

[9] Arbeits- und Aufbauordnung des Referates der Fuldaer Bischofskonferenz für die Fragen betr. die Wiedervereinigung im Glauben in Jaeger: Einheit, 18f.

[10] »Außerdem ist der Protestantismus Deutschlands seit dem Weltkrieg durch die ›ökumenische Bewegung‹ sowohl mit dem anglikanischen Protestantismus wie mit der orthodoxen Ostkirche in vielfache Berührung gekommen. Seit der Tagung von Stockholm und Lausanne ist der Begriff ›ökumenisch‹ in den Sprachschatz der evangelischen Theologen aller Länder eingegangen« (Votum für die Deutsche Bischofskonferenz in Jaeger: Einheit, 11).

Die wichtigste innerkirchliche Aufgabe scheint mir aber eine theologische zu sein. Die sogen. ökumenische Bewegung ist mittlerweile so gewachsen und hat einen so starken Einfluß auf die katholische Theologie ausgeübt, daß es unbedingt notwendig wäre, Sinn, Wesen und Entwicklung dieser ökumenischen Bewegung von Theologen genau studieren zu lassen.[11]

Es ging ihm darum, das Wesen der ökumenischen Bewegung genauer zu erfassen. Wohl zielte er keine Unionsverhandlungen an, wie er sogleich feststellte. Kritisch stellt er sich zur Frage der Rückkehr der Protestanten zur Kirche. Für falsch hält er die Konversion. Was er will, ist sachliche Information, gegenseitiges Verstehen, Gespräch und Austausch.[12]

1943 schlug er der Deutschen Bischofskonferenz die Gründung eines Referates für die Fragen der Wiedervereinigung im Glauben vor. Bald darauf wurde er selbst zusammen mit Kardinal Innitzer von Wien von der Bischofskonferenz mit der Wahrnehmung dieser Aufgabe beauftragt. Bis zu seinem Ausscheiden im Jahr 1973 bleibt er für die ökumenische Frage in der Bischofskonferenz verantwortlich.[13] Lorenz Jaeger ist hierin alles andere als ein Phantast. Er ist ein klar denkender und strukturierender Stratege. Er entwirft Arbeits- und Strukturpläne, die einen genauen Weg vorzeichnen. Was schon zu Beginn seiner Amtszeit aufleuchtet, begleitet ihn bis an das Ende seines Lebens. Er gibt den ökumenischen Bemühungen der katholischen Kirche eine klare und wegweisende Struktur.

Nur wenige Monate nach Ende des Zweiten Weltkrieges hielt er in einem ökumenischen Situationsbericht für die Deutsche Bischofskonferenz fest, dass auch in protestantischen Kreisen größte Bereitschaft bestehe, mit katholischen Theologen über kirchliche und theologische Fragen im Geiste der Versöhnung und des aufrichtigen Verlangens nach Einheit der Christenheit zu sprechen.[14] Lorenz Jaeger erspürte auch hier wieder die besondere Situation und die Herausforderung der Zeit. Er sah sich selbst und die Mitchristen in einem unerschütterlichen Kampf gegen

---

[11] Jaeger: Einheit, 15.

[12] Jaeger: Einheit, 12f.

[13] Vgl. hierzu insbesondere Klein: Una-Sancta-Bewegung, 329–340.

[14] Aus einem ökumenischen Situationsbericht für die Deutsche Bischofskonferenz. 1. Januar 1946 in Jaeger: Einheit, 20.

das Neuheidentum, das ihm in der Gestalt des Nationalsozialismus entgegengekommen war. Er begrüßte den bewundernswerten Heldenmut vieler evangelischer Pfarrer, die das Christentum in dieser Zeit getreu verteidigt hatten. Alles dies empfand er aus katholischer Tradition heraus anerkennenswert. Er war von der evangelischen Frömmigkeit tief beeindruckt, die seiner eigenen katholischen Frömmigkeit sehr ähnlich erschien. So regte er noch nicht einmal ein Jahr nach Ende des Krieges die Gründung eines ökumenischen Arbeitskreises an. Im April 1946 kam es in der Nähe von Paderborn zur Gründung zweier ökumenischer Arbeitsgemeinschaften, eines evangelischen und eines katholischen Arbeitskreises. Zusammen mit dem Oldenburger Bischof Wilhelm Stählin übernahm Lorenz Jaeger den Vorsitz dieser Arbeitsgemeinschaft. Aus dem sog. Jaeger-Stählin-Kreis wird mit der Zeit eine einzige Arbeitsgemeinschaft, der heutige Ökumenische Arbeitskreis evangelischer und katholischer Theologen.[15]

## II. Der Glaube an Jesus Christus als gemeinsamer Anknüpfungspunkt für das interkonfessionelle Gespräch

Anfang der 1950er-Jahre erwies Lorenz Jaeger erneut Gespür für die Umsetzung der ökumenischen Idee in Strukturen und Institutionen. Die Gründung des Ökumenischen Rates der Kirchen 1948 in Amsterdam führte auch auf katholischer Seite zu einer neuen konfessionskundlichen Wahrnehmung. Von verschiedenen Seiten wird die Einrichtung eines konfessionskundlichen Institutes zur Erforschung der interkonfessionellen Verhältnisse auf katholischer Seite vorgeschlagen.[16] Lorenz Jaeger begriff es als ein Gebot der Stunde, ein katholisches Institut für Konfessionskunde zu schaffen. Dabei erweist sich der Standort Paderborn als äußerst günstig, gab es doch hier seit Mitte des 19. Jahrhunderts das Bonifatiuswerk der Deutschen Katholiken, das die in der Diaspora lebenden Katholiken auf vielfache Weise unterstützte. Überlegungen im Umkreis des Bonifatiuswerkes führten

[15] Vgl. Schwahn: Arbeitskreis.
[16] Bartz: Konfessionskunde, 18–32.

dazu, ein bischöfliches Institut, so etwas wie eine theologische Kommission, einzurichten, um die mit den Lebensverhältnissen der Katholiken in der Diaspora gegebenen theologischen und konfessionskundlichen Fragen aufzunehmen und zu diskutieren.[17] Im Einvernehmen mit dem Bonifatiuswerk schritt Lorenz Jaeger im Laufe des Sommers 1956 zur Tat. Die Vorbereitungen wurden im Januar des Jahres 1957 abgeschlossen: es kam zur Gründung eines Institutes für Konfessions- und Diasporakunde, das den Namen des genialen und früh verstorbenen Tübinger Theologen Johann Adam Möhler tragen sollte. Das Institut wurde an die Theologische Fakultät Paderborn angeschlossen, einer der Professoren wurde zum Leitenden Direktor bestellt, es erhielt aber eine eigene Leitung und Verwaltung.[18] Zahlreiche katholische Theologen anderer theologischer Fakultäten, Akademien und kirchlicher Hochschulen waren daran beteiligt, Gottlieb Söhngen aus München, Konrad Algermissen aus Hildesheim, Heinrich Fries aus Tübingen, Heinrich Bacht aus St. Georgen, Heinrich Schlier und Hubert Jedin aus Bonn, ebenso Hans Urs von Balthasar aus Basel sowie Hermann Volk aus Münster. Die Crème de la Crème der deutschen katholischen Universitätstheologie war zugegen.

Die Gründung des Möhler-Institutes erlaubte Lorenz Jaeger, die Erträge der Konfessionskunde und der Kontroverstheologie des 20. Jahrhunderts gebündelt vorzutragen. In seinem Referat zur Eröffnung des Instituts stellte er heraus: »Wir fangen heute neu an und sind doch zugleich schon Fortsetzung. Wir stehen auf den Schultern bedeutender und ich muss wohl sagen mutiger Theologen, von denen verschiedene unter uns sind.«[19] Den entscheidenden Anknüpfungspunkt für die objektive Wahrnehmung evangelischer Theologie stellte in den Augen der deutschen katholischen Theologie die Abwendung der evangelischen Theologie vom Kulturprotestantismus dar und die radikale Hinwendung zu jener »Urtatsache«, die inmitten aller Zusammenbrüche der Zeit allein ihren wahrhaft absoluten Wert behalten hat. Der

[17] Vgl. hierzu Klein: Konfessionskunde, 147–157.

[18] Vgl. Brandenburg: Jaeger, 780–797.

[19] Referat bei der Eröffnung des Johann-Adam-Möhler-Instituts Paderborn. 19. Januar 1957 in Jaeger: Einheit, 68.

Durchbruch »zum Gott allein«[20] ist das Signal für den Aufbruch der Kontroverstheologie katholischer Prägung. Es ist ganz natürlich, dass in der Mitte dieser Bewegung der evangelischen Theologie der Schweizer Theologe Karl Barth steht. Kein Zweifel, die Theologie Karl Barths stellte den wohl entschiedensten Anknüpfungspunkt für die ökumenische Gesprächslage im 20. Jahrhundert dar. So haben es vor allem Robert Grosche, Hans Urs von Balthasar, Gottlieb Söhngen, Hans Küng und seither viele jüngere katholische Theologen empfunden. Das Entscheidende war dabei die Beobachtung, dass die evangelische Theologie zu ihrer Sache zurückgefunden hatte. Ein echtes Gespräch war möglich geworden, weil es in der evangelischen Theologie eine »Hinwendung zur Offenbarung, zu Gott in Christus, zum Worte Gottes«[21] gibt. Auch das von dorther kommende theologische Verständnis des Menschen kann trotz bestehender Differenzen in der Anthropologie neu aufgenommen werden. Die Differenzen zwischen der katholischen und der Barthschen Theologie haben in der Einschätzung katholischer Theologie nicht das Gewicht, dass sie allein die Last einer Kirchenspaltung tragen könnten. Hinzu kam die Entdeckung, dass die Differenzen etwa innerhalb der evangelischen Theologie zwischen Barth und seinen ehemaligen Mitstreitern, wie etwa Emil Brunner oder Friedrich Gogarten, nicht geringer waren als evangelisch-katholische Differenzpunkte. Um der gemeinsamen Sache willen, so die Entdeckung auf katholischer Seite, nämlich um der Hinwendung zur Offenbarung Gottes in Jesus Christus durch den Heiligen Geist, könnte sich das gemeinsame Gespräch lohnen.

Für das zu gründende Institut für Konfessions- und Diasporakunde war nun aber auch ein innerkatholisches Motiv ausschlaggebend. Es lässt sich in einer Kurzformel so exponieren: Es gibt kein neues Nachdenken über die Wege der Einheit in der Kirche ohne klare Verständigung über die Erneuerung in der eigenen Kirche. Zu dieser Erkenntnis wurde Lorenz Jaeger durch die Wiederaufnahme der über lange Zeit in Vergessenheit geratenen Theologie der Tübinger Theologen zu Beginn des 19. Jahrhun-

---

[20] Jaeger: Einheit, 69.
[21] Jaeger: Einheit, 69.

derts geführt.[22] In seinen Augen war es Johann Adam Möhler gewesen, der durch seine Arbeiten über die »Einheit in der Kirche oder das Prinzip des Katholizismus« im Wesentlichen zu einem neuen Nachdenken über die Theologie der Einheit angeregt hatte. Drei Grundzüge im Leben und Wirken des Tübinger und später Münchener Theologen markieren für Jaeger den Einsatz des ökumenischen Gesprächs:[23] Erstens ist es die Erkenntnis, dass Möhler als Überwinder des Zeitgeistes und als Erneuerer der katholischen Theologie gilt. In der Auseinandersetzung mit der idealistisch geprägten Philosophie seiner Zeit kehrte er zu den apostolischen Quellen der christlichen Theologie zurück. In zweiter Linie ist Möhler der Theologe der Einheit der Kirche. Sein pneumatologisch bestimmter Kirchenbegriff, im Rückgriff auf das Verständnis des Mysteriums, ließ in ihm eine neue Sicht der Einheit heranreifen. Er versteht und begründet Einheit wesentlich im Sinne von Gemeinschaft. In einer dritten Hinsicht gilt Möhler als Theologe der Wiedervereinigung. Das Gespräch zwischen den Konfessionen hielt Möhler nicht für einen Selbstzweck. Es verdankt sich einem höheren Zweck, nämlich zur Erkenntnis der Wahrheit, zu gegenseitiger Einigung und Einheit zu gelangen.[24] Diesem Zweck war sein zweites großes Werk, die »Symbolik oder die Darstellung der dogmatischen Gegensätze der Katholiken und Protestanten nach ihren öffentlichen Bekenntnisschriften«[25] gewidmet. Die christlichen Kirchen sollten nicht nur friedlich nebeneinander, sondern künftig ineinander leben.[26] Aber diese Einheit des Ineinanders, so sagte es Möhler, kann nur das Werk des Heiligen Geistes sein. So führen sowohl die Veränderungen in der eigenen wie die Aufbrüche auf der anderen Seite zu der unumkehrbaren Einsicht, dass das Gespräch zwischen den Konfessionen neu gewagt werden müsse. Ein solches Gespräch aber kann man nicht dem Zufall überlassen, son-

---

[22] Vgl. zur Einschätzung der Tübinger Theologie im 19. Jahrhundert vor allem Geiselmann: Schule; Seckler: Schule.

[23] Ansprache bei der Einweihung des Johann-Adam-Möhler-Instituts Paderborn. 19. Januar 1957: Jaeger: Einheit, 63–67.

[24] Jaeger: Einheit, 67.

[25] Möhler: Symbolik.

[26] In der Einleitung zur »Symbolik« gibt Möhler detailliert Auskunft über Sinn und Zweck des Unternehmens, nämlich die Beförderung eines Friedens zwischen den Konfessionen (Möhler: Symbolik, VIII).

dern es bedarf der gründlichen Vorbereitung. Dafür brauchte Lorenz Jaeger ein Instrument, das er mit dem Johann-Adam-Möhler-Institut verwirklichen konnte.[27]

## III. Die ökumenischen Bemühungen der katholischen Kirche als Konsequenz einer veränderten Ekklesiologie

Am 25. Januar 1959 kündigte Papst Johannes XXIII. für das Jahr 1962 das Zweite Vatikanische Konzil an. Der Papst hatte keinen fest umrissenen Plan und keine genaue Thematik für die Kirchenversammlung ausgearbeitet.[28] So rief das Wort »ökumenisch«, das er dem geplanten Konzil voranstellte, zunächst große Hoffnungen und Erwartungen, dann aber zugleich Irritationen und tiefe Missverständnisse hervor. Zunächst einmal war in der evangelischen Christenheit ein gewisses Unverständnis über der Frage entbrannt, ob der Papst mit der Ankündigung eines ökumenischen Konzils die in Gestalt des Ökumenischen Rates der Kirchen gerade erst tätig gewordene ökumenische Bewegung konterkarieren wollte. Bald aber wurde klargestellt, dass der Papst nicht an ein Unionskonzil dachte, das sich der Wiedervereinigung der getrennten Christenheit widmen sollte. Das kommende Konzil konnte nur eine innerkatholische Angelegenheit sein. Doch nimmt die ökumenische Frage einen besonderen Raum in den Vorbereitungen des Konzils ein. Schon nach kurzer

[27] Bei der Einschätzung Möhlers konnte sich Lorenz Jaeger wohl auf das Urteil zweier Paderborner Theologen stützen, die in Tübingen gewirkt und gelernt hatten: Dompropst Dr. Paul Simon, zuvor Professor für scholastische Philosophie und Apologetik in Tübingen und zuletzt persönlicher Berater des Erzbischofs, und Prof. Dr. Eduard Stakemeier, der erste Direktor des Instituts. Zum aktuellen Stand der Möhler-Forschung vgl. Wagner: Möhler. Eine Wirkungsgeschichte Möhlers ist noch nicht geschrieben. In Möhler sah Erzbischof Jaeger jedenfalls den Initiator katholischer Ökumene. H. Wagner bezeichnet Möhler in den achtziger Jahren als Galionsfigur katholischer Ökumenik. Zwar kann Möhler zu Recht nicht als Ökumeniker im Sinne der Errungenschaften des Zweiten Vatikanischen Konzils bezeichnet werden, mit seinen beiden Hauptwerken ist er aber zweifelsohne der Wegbereiter der Ökumene. Auch lässt sich mit guten Gründen davon ausgehen, dass Möhler als Erneuerer katholischer Theologie im 19. Jahrhundert gelten kann. Vgl. Wagner: Aspekte.

[28] Vgl. Pesch: Konzil; Alberigo: Konzil.

Bedenkzeit war Lorenz Jaeger bewusst, dass der innerkatholische Aufbruch, der mit der Ankündigung des Konzils signalisiert wurde, zugleich mit der Frage nach der Wiedervereinigung der getrennten Kirchen zusammenhängt. Auf beides musste das Konzil eine Antwort finden. Lorenz Jaeger beschäftigte sich daher schon sehr früh mit den Desideraten für das kommende Konzil. Dazu war ihm natürlich das gerade erst gegründete Johann-Adam-Möhler-Institut von Nutzen. In einer Reihe von großen Vorträgen und bedeutenden Buchpublikationen konnte er auf diesen Zusammenhang zwischen innerkatholischer Erneuerung und ökumenischem Aufbruch aufmerksam machen. Es kommt ihm dabei darauf an, auch hier wieder das berechtigte Anliegen der Reformation und der ökumenischen Bewegung in ihrer Herausforderung für die innerkatholische Verständigung deutlich zu machen.

In seinem mehrere Auflagen erreichenden Buch über »Das Ökumenische Konzil, die Kirche und die Christenheit. Erbe und Auftrag«, das vom Johann-Adam-Möhler-Institut in seiner konfessionskundlichen Schriftenreihe veröffentlicht wurde, beschäftigte sich Lorenz Jaeger mit einem Vergleich zwischen dem Trienter Konzil, dem Ersten Vatikanischen Konzil und dem jetzt anberaumten Zweiten Vatikanischen Konzil. Er schildert darin zunächst die Situation am Vorabend des Ersten Vatikanischen Konzils. Die Hoffnungen Pius IX. bei der Einberufung des Konzils richteten sich sowohl auf die Orthodoxen als auch auf die Protestanten und andere Nichtkatholiken. Freilich lief die Einladung damals ins Leere. Die Orthodoxen wiesen die Einladung zurück, weil sie kein Theologengezänk über Fragen wollten, die ohnehin nicht entschieden werden konnten, die Protestanten lehnten diese Einladung aus verständlichen Gründen ab, denn sie enthielt die Aufforderung zur Rückkehr in die katholische Einheit. So erscheint es Lorenz Jaeger nicht erstaunlich, dass bei der Ankündigung des Zweiten Vatikanischen Konzils die noch nicht einmal 100 Jahre zurückliegende Geschichte mit ähnlichen Befürchtungen wahrgenommen wurde. Er macht aber von Anfang an in seinem öffentlichen Wirken darauf aufmerksam, dass sich in der katholischen Kirche inzwischen einiges verändert hatte. Er weist darauf hin, dass die katholische Theologie in den letzten 30 Jahren das reformatorische Anliegen und die von Protestanten gestellten theologischen Fragen viel klarer und objektiver aufgenommen hatte. Zwar sieht er deutlich ein prinzipiell verschiedenes theologisches Verständnis des Konzils und der Kirche, doch ein berechtigtes Anliegen, die Trennungen der Kirchen zu überwinden, kann er auch auf protestantischer Seite wahrnehmen. Mit geradezu schlafwandlerischer Sicherheit steuert Lorenz Jaeger auf die ekklesiologische Kernfrage zu.

In einer schon zwei Jahre vor Beginn des Konzils an den deutschen Episkopat eingereichten Vorlage fordert Lorenz Jaeger: »In dem dogmatischen Teil der Konzilsvorschläge müßte die Ekklesiologie im Mittelpunkt stehen.«[29] Er weist hier insbesondere auf das Konzil von Trient wie das Erste Vatikanische Konzil hin, die beide in dieser Frage unvollendet geblieben waren. Zwar ist die Lehre von der Kirche immer wieder verhandelt worden, aber es kam nicht zu einer durchgreifenden Sicht auf die Ekklesiologie. Es wäre nun, schreibt Lorenz Jaeger, »die Aufgabe des kommenden Konzils, das Tridentinum und das Vaticanum durch eine umfassende, auf die Fragen der Protestanten antwortende Ekklesiologie zu ergänzen und zu vollenden.«[30] Er verknüpft diese Einsicht mit dem Hinweis, dass das hierfür vorbereitete Schema »De Ecclesia« nicht den erwarteten Fortschritt beinhalten würde. Auf Fragen und Anliegen der Protestanten könne man so nicht Rücksicht nehmen. Er schlägt stattdessen für die Frage der zu behandelnden Ekklesiologie als Ausgangspunkt die Enzyklika »Mystici Corporis« Pius XII. vor, da sie die Gnaden- und Sakramentenlehre, die Lehre von den kirchlichen Ämtern und ihre Beziehung zu Jesus Christus als dem Haupt der Kirche sowie die Frage der Zugehörigkeit der Nichtkatholiken zum mystischen Leib Christi behandelt. Die neu auszuarbeitende Ekklesiologie müsse eher von der paulinisch-augustinisch-thomasischen Konzeption des mystischen Leibes Christi ausgehen. Wenn die Reformatoren den eigentlichen Gegensatz zur katholischen Kirche in der Rechtfertigungslehre erblicken, so muss es das Anliegen der katholischen Kirche sein, den zentralen Unterschied im Glaubensgeheimnis der Kirche zur Sprache zu

---

[29] Vorlage für eine Eingabe des Deutschen Episkopates an die vorbereitende Konzilskommission. 19. Februar 1960: Jaeger: Einheit, 126.

[30] Jaeger: Einheit, 127.

bringen. Ist die Rechtfertigungslehre tatsächlich die Antithese zur katholischen Kirche? Lorenz Jaeger verneint dies. Stattdessen meint er, man müsse vom Geheimnis der Kirche, vom Mysterium Ecclesiae, ausgehen. Täte man dies, so könnte man auch Luthers Lehre von den Sakramenten der Taufe und des Abendmahls hier ohne weiteres einbeziehen. Man könnte stärker auf Luthers katholische Tradition zurückgreifen.[31] Mit dieser Einsicht markiert Lorenz Jaeger das Selbstverständnis des Zweiten Vatikanischen Konzils wie kein anderer. Er setzt sich deshalb nachdrücklich dafür ein, dass in den Mittelpunkt aller ökumenischer Bemühungen das Schema »De Ecclesia« zu rücken sei. Tatsächlich erweist sich im Verlauf des Konzils die Kirchenkonstitution »Lumen gentium« als die entscheidende Brücke für die Erneuerung des Verhältnisses zu den Protestanten und zu den Orthodoxen. Das berühmte »Subsistit« aus der Kirchenkonstitution »Lumen gentium«[32] eröffnet den ökumenischen Horizont der katholischen Kirche und begründet ein positives Verhältnis zu den von ihr getrennten Kirchen.

Bei all dem vergaß Lorenz Jaeger keineswegs, dass es wesentlich auf eine innerkatholische Erneuerung ankommt. Ausgehend von den bereits gemachten Vorschlägen müsse eine Theologie des Episkopates im Sinne eines apostolischen Kollegiums der Bischöfe entfaltet werden. Hier kam es ihm darauf an, den Gedanken der Gemeinschaft der Bischöfe in den Vordergrund zu stellen. Dies alles könnte aber alleine noch nicht die notwendigen Schritte für eine Erneuerung herbeiführen, und so münden seine Vorschläge auch in eine Theologie des Laienstandes ein, die der katholischen Ekklesiologie eingefügt werden müsse.[33]

Seine Bemerkungen zu den Plänen des angekündigten Konzils erschöpften sich freilich nicht nur in theologischen Vorschlägen. Auch hier zeigte sich wieder seine Begabung für die Entfaltung von Strukturen. In Zusammenarbeit mit dem in Rom wirkenden Bibelforscher und Jesuiten Augustin Kardinal Bea, der aus Südbaden stammte, schlug er am 4. März 1960 in einem Schreiben an Papst Johannes XXIII. die Gründung einer Päpstlichen Kom-

---

[31] Jaeger: Einheit, 129.

[32] LG Nr. 8.

[33] Jaeger: Einheit, 134.

mission zur Förderung der Einheit der Christen vor. Es sollte deren Aufgabe sein, Pläne und Vorhaben zu beobachten und zu unterstützen, »die darauf abzielen, all jene in der einen, heiligen, katholischen und apostolischen Kirche zu vereinen, die getauft sind und an Christus den Herrn glauben.«[34] Hierzu bediente er sich wieder der Mitarbeit des von ihm gegründeten Johann-Adam-Möhler-Institutes. Eine solche vom Heiligen Stuhl zu gründende Kommission wäre von großer Bedeutung für die Unterstützung und Förderung jener Zuneigung zum Heiligen Stuhl, »die unter dem Beistand des Heiligen Geistes in vielen gewachsen ist und die manche vorgefassten falsche Meinungen durch eine Untersuchung der Wahrheitsfrage überwunden und beseitigt hat«.[35] Es sollte darüber hinaus die Aufgabe der Päpstlichen Kommission sein, die ökumenische Bewegung, die Initiativen, die Studien und Werke in den verschiedenen Ländern, die der Einigung der Christen dienen, zu betreuen und ihnen höchste Sorge zu schenken. Sie müsse darüber hinaus den Auftrag erhalten, den Katholiken in den verschiedenen Gebieten das Kennenlernen der ökumenischen Bewegung zu ermöglichen.

---

[34] Schreiben an Papst Johannes XXIII. vom 4. März 1960: Jaeger: Einheit, 139. Vgl. hierzu: Wittstadt: Verdienste, 181–203. Wittstadt macht auf den überragenden Einfluss Jaegers bei der Gründung des Einheitssekretariats aufmerksam. Er stützt sich dabei auf bisher unveröffentlichte Quellen aus dem Nachlass Jaegers. Ebenso bezieht er sich auf eine Ausarbeitung von Bacht: Bea, 173–188. Auch Kardinal Bea gibt in einem autobiographischen Vermerk zu erkennen, welche Rolle Jaeger bei der Errichtung des Einheitssekretariats spielte, von dem er ein Gesuch erhalten habe, um es an Papst Johannes XXIII. weiterzuleiten: Bea: Wegbereiter, 118. Wittstadt hält hierzu fest: »Der Briefwechsel zwischen dem Paderborner Erzbischof Jaeger und Augustinus Bea zeigt eine weitgehende Sinneseinheit zwischen beiden Männern. Beide ergänzen sich, beide verdanken einander viel, beide lebten für die Kirche, das besondere Anliegen beider war die Ökumene, beide waren von der Sehnsucht nach einer Wiedervereinigung im Glauben durchdrungen« (Wittstadt: Verdienste, 202). Der Biograph Kardinal Beas, S. Schmidt, kommt allerdings zu einem anderen Urteil: Nach ihm war es Kardinal Bea, der den Antrag des Möhler-Instituts veranlasste, nicht Erzbischof Jaeger. S. Schmidt will die Verfasserschaft Beas mit Hinweis auf den Beitrag von H. Bacht und Einsicht in den Nachlass Beas eindeutig festlegen. Wittstadt dagegen bezieht Akten Jaegers ein, die S. Schmidt nicht zur Verfügung standen, und kommt dann zu einem wesentlich ausgewogeneren Urteil. Die Errichtung des Einheitssekretariats war die Leistung zweier kongenialer Männer der Kirche. S. Schmidts Urteil ist einseitig und lässt sich daher in seiner Einseitigkeit nicht halten; vgl. Schmidt: Bea, 404–407.

[35] Jaeger: Einheit, 139.

Jaegers Vorschläge enthalten genaue und detaillierte Angaben zur Organisation des dann von Papst Johannes XXIII. so benannten Päpstlichen Sekretariates zur Förderung der Einheit der Christen (Secretariatus ad unitatem Christianorum fovendam). Präses sollte ein römischer Kurienkardinal sein, dem ein Sekretär zur Seite steht. Mitglieder der Kommission sollten Offiziale der römischen Kongregationen sein, in deren Zuständigkeitsbereich die Fragen der Wiedervereinigung fallen. Die Konsultoren der Kommission sollten erfahrene Männer sein, die in Rom selbst oder außerhalb wohnen. Zu den Letzteren gehören Bischöfe oder die Leiter der Institute, die sich mit den Fragen der Wiedervereinigung befassen. Jährlich sollten Generalkonsultationen stattfinden, bei denen bedeutende Angelegenheiten zu diskutieren sind. Aus all dem kann man entnehmen, wie klar Lorenz Jaeger in Strukturen denken und handeln konnte. Im Kern wurden diese Pläne im Motu proprio »Superno Dei nutu« vom 5. Juni 1960 offiziell in die Realität umgesetzt und sind bis heute Bestand des Päpstlichen Rates zur Förderung der Einheit der Christen.

Lorenz Jaeger gelang es im Verlaufe des Konzils, sich mit bemerkenswerten Beiträgen in die jeweiligen Debatten einzuschalten.[36] Wichtig wurde sein Beitrag für das Ökumenismusdekret »Unitatis redintegratio«. Hierbei konnte er wieder auf die Hilfe des Möhler-Instituts zurückgreifen. Nach dem Konzil erscheint unter seinem Namen ein Kommentar zum Ökumenismusdekret, herausgegeben vom Möhler-Institut.[37]

## IV. Die Krise nach dem Konzil und neue Aufgaben

Lorenz Jaeger kehrte 1965 vom Konzil mit der Einsicht in seine Heimatdiözese zurück, Zeuge eines einzigartigen Schauspiels von Einheit und Einheitlichkeit der katholischen Kirche gewesen zu sein.

Das Konzil war in der Tat trotz gelegentlicher Spannungen, die nur zu verständlich sind, von einer geradezu bewundernswerten Einmütigkeit.

[36] Vgl. dazu Stakemeier: Jaeger, 278–303.
[37] Jaeger: Konzilsdekret.

Wir kehrten in den Alltag unserer Bistümer zurück, um an der Realisierung des kollegial-gemeinsam Beschlossenen zu arbeiten. Doch dann mußten wir erleben, daß unsere Kirche ganz unerwartet in einen Krisenzustand geriet, wie wir ihn in der Neuzeit so noch nicht erlebt haben.[38]

Der auf Grund seiner großen Verdienste für die ökumenischen Bemühungen der katholischen Kirche von Papst Paul VI. 1965 in den Kardinalsstand erhobene Erzbischof von Paderborn erlebt nach dem Konzil alles andere als einen Aufbruch. Er versteht die Eruptionen, auf die das Konzil selbst aber auch nur eine Antwort war, als ein Abgleiten in einen nicht abgeschlossenen Verfallsprozess.

Er sieht, was er sieht, als einen Rückgang des kirchlichen Lebens, als ein Erlahmen des religiösen Eifers. Darin vollzieht sich seiner Meinung nach ein Kulturwandel größten Ausmaßes. Alles andere als erwartet führt die nachkonziliare Entwicklung nicht zu einer Erneuerung im Sinne des Glaubensgeheimnisses der Kirche, sondern schnurstracks in die Demokratisierung der Kirche.[39] Er sieht darin eine Schwächung des ökumenischen Anliegens und ganz und gar keine Möglichkeit für eine Annäherung an die getrennte Christenheit. Auch hierin erspürt der Kardinal, dass Ökumene auf Kosten der Wahrheit in die Irre führe. Wer Ökumene so betreibe, dass er immer mehr Abstriche von der Glaubenswahrheit zu machen bereit sei und dem Zeitgeist zu stark entgegenkomme, der verliert das Ziel der Einheit aus dem Blick. Eine ökumenische Neuorientierung kann es nur aus einer inneren Erneuerung der Kirche geben. Ein zerstrittenes Christentum habe keine Chance, wirksam den Gott der Liebe und der Barmherzigkeit zu verkündigen.[40] Durch die Verbundenheit mit der reformatorischen Theologie sieht er sich viel stärker mit den Problemen der Säkularisierung und des geschichtlichen Denkens verbunden.[41] So sucht er durch die Fragen der Gegenwart hindurch eine vertiefende Reflexion auf die Grundlagen des Glaubens, den die geteilte Christenheit allmählich gemeinsam zum Ausdruck bringt. So richtet sein letzter Sinn sich darauf, die vom Konzil

[38] Rückblick auf die Auswirkungen des Zweiten Vatikanischen Konzils. 9. Dezember 1970: Jaeger: Einheit, 381.

[39] Jaeger: Einheit, 381.

[40] Jaeger: Einheit, 383.

[41] Jaeger: Einheit, 383f.

angestoßenen Bemühungen zur Aufnahme des reformatorischen Anliegens auch hier wieder in feste Strukturen einzubinden. Nachdrücklich macht er auf die Gründung von Dialogkommissionen aufmerksam, die das Begonnene in organisiertem Gespräch fortführen.

## V. Ein Fazit

Lorenz Kardinal Jaegers ökumenische Bemühungen sind aus den Zeitumständen nicht herauszulösen. Er hatte den Krieg als einen schmerzlichen Einschnitt und als Heraufkommen einer neuen Zeit gedeutet. In einer zerrissenen und auf das Neuheidentum zugehenden Welt, wie er den Nationalsozialismus deutet, konnte es nur eine Antwort geben: das gemeinsame Zeugnis des Glaubens an Jesus Christus. So verstand er das reformatorische Anliegen, so deutete er den Aufbruch der protestantischen Theologie des 20. Jahrhunderts, so nahm er aber auch den inneren Neuaufbruch wahr, der durch das Zweite Vatikanische Konzil in der katholischen Kirche begonnen hatte. »Lumen gentium«: Christus ist das Licht der Völker, das schien ihm die notwendige Verheißung zu sein, auf welche die immer noch getrennte Christenheit setzen sollte. Die ökumenische Frage erwies sich dabei als notwendige Antwort an die den Glauben herausfordernde Zeit.

Lorenz Jaeger war kein Wissenschaftler. Er war Bischof, dem der ganze Bereich des Zusammenlebens und des Gespräches mit den im Glauben getrennten Brüdern zur besonderen Sorge anvertraut erschien. Er wusste um die schwierigen kontroverstheologischen, aber auch lebensmäßig praktischen Fragen, die mit der ökumenischen Bewegung verbunden waren. Man kann es seiner Genialität zuschreiben, dass er sowohl die theologischen wie auch die praktischen Fragen zugleich in den Mittelpunkt rückte.[42] Was nützt eine Ökumene theologischer Fragen, wenn sie nicht eingebettet ist in klare Strukturen, an die sich die Menschen halten können. Deshalb gründete er das Johann-Adam-

[42] Vgl. die Selbsteinschätzung Jaegers im Referat zur Eröffnung des Johann-Adam-Möhler-Instituts: Jaeger: Einheit, 78.

Möhler-Institut, deshalb schlug er zusammen mit Augustin Kardinal Bea die Gründung eines Päpstlichen Sekretariates zur Förderung der Einheit der Christen vor, deshalb war ihm der ökumenische Dialog nur so möglich, wie er heute in strukturierten und institutionalisierten Dialogkommissionen geführt wird. Deshalb regte er zusammen mit Wilhelm Stählin den nach ihm mitbenannten ökumenischen Arbeitskreis an. Man kann solche Beharrung auf dem Institutionellen als Einschränkung bedauern, aber rückblickend betrachtet hat sich darin der ganze Erfolg der ökumenischen Bemühungen der römisch-katholischen Kirche widergespiegelt.

Ein drittes wesentliches Moment seines Wirkens zeigte sich in der Verknüpfung von innerer Erneuerung und ökumenischer Annäherung. Das Konzil brachte es auf den Punkt: es gibt keinen echten Ökumenismus ohne ständige Erneuerung der Kirche und innere Bekehrung.[43] Es kann geradezu als Lebensgesetz der ökumenischen Bewegung bezeichnet werden, die in Buße und Bekehrung geschehende Erneuerung und die ökumenische Annäherung miteinander zu verknüpfen.

Erst in diesem Dreischritt wird das ökumenische Lebensgesetz erkennbar. Die ökumenische Bewegung ist die Antwort auf die Glaubenslosigkeit der Zeit, sie hat ihr Motiv in der von Jesus Christus herkommenden Einheit der Kirche als Gemeinschaft, sie lebt aus dem Willen zur Erneuerung und Umkehr. Aus der Verknüpfung dieser Momente ist Lorenz Jaeger ein einzigartiges Lebenswerk gelungen.

---

[43] Vgl. Unitatis redintegratio Nr. 6 und 7.

## Literatur

Alberigo, G. (Hg.): Geschichte des Zweiten Vatikanischen Konzils (1959–1962) Bd. 1, Mainz–Leuven 1997.

Bacht, H.: Kardinal Bea: Wegbereiter der Einheit: Cath(M) 25 (1981) 173–188.

Bartz, W.: Katholische Konfessionskunde heute: Trierer Theologische Zeitschrift 63 (1954) 18–32.

Bea, A. Kardinal: Wegbereiter der Einheit, Augsburg 1971.

Brandenburg, A.: Kardinal Jaeger und das Möhler-Institut: Paderbornensis Ecclesia. FS für Lorenz Jaeger, P.-W. Scheele (Hg.), Paderborn 1972, 780–797.

Brandt, H. J./ Hengst, K.: Die Bischöfe und Erzbischöfe von Paderborn, Paderborn 1984.

–: Geschichte des Erzbistums Paderborn, Bd. 1, Das Bistum Paderborn im Mittelalter, Paderborn 2002.

–: Geschichte des Erzbistums Paderborn, Bd. 3, Das Bistum Paderborn im Industriezeitalter 1821–1930, Paderborn 1997.

Geiselmann, J.R.: Die Katholische Tübinger Schule. Ihre theologische Eigenart, Freiburg i.Br. 1964.

Jaeger, L. Kardinal: Das Konzilsdekret »Über den Ökumenismus«. Sein Werden, sein Inhalt und seine Bedeutung. Lateinischer und deutscher Text mit Kommentar, Konfessionskundliche und kontroverstheologische Studien, Bd. 13, Paderborn 1965.

–: Das Ökumenische Konzil, die Kirche und die Christenheit. Erbe und Auftrag, Konfessionskundliche Schriften des Johann-Adam-Möhler-Instituts, Nr. 4, Paderborn 1960.

–: Einheit und Gemeinschaft. Stellungnahmen zu Fragen der christlichen Einheit, hrsg. vom Johann-Adam-Möhler-Institut, Konfessionskundliche und kontroverstheologische Studien, Bd. 31, Paderborn 1972.

Klein, A.: Es begann mit der Una-Sancta-Bewegung. Die Fuldaer Bischofskonferenz in Verantwortung für die Einheit im Glauben: J. Ernst/ St. Leimgruber (Hg.): Surrexit Dominus vere, FS für Erzbischof Dr. J.J. Degenhardt, Paderborn 1995, 329–340.

–: Konfessionskunde – Diasporawissenschaft – Ökumenik. Das Bonifatiuswerk und das Johann-Adam-Möhler-Institut für Ökumenik als Weggefährten: Bonifatiuswerk der deutschen Katholiken (Hg.), Diaspora: Zeugnis von Christen für Christen. 150 Jahre Bonifatiuswerk der deutschen Katholiken, Paderborn 1999.

Möhler, J.A.: Die Einheit in der Kirche oder das Princip des Katholicismus, dargestellt im Geiste der Kirchenväter der drei ersten Jahrhunderte, Tübingen 1825.

–: Symbolik oder die Darstellung der dogmatischen Gegensätze der Katholiken und Protestanten nach ihren öffentlichen Bekenntnisschriften, Mainz 1832.

Pesch, O.H.: Das Zweite Vatikanische Konzil. Vorgeschichte – Verlauf – Ergebnisse – Nachgeschichte, Würzburg 1993.

Schmidt, S.: Augustin Bea. Der Kardinal Bea, Graz/Wien/Köln 1989.

Schwahn, B.: Der Ökumenische Arbeitskreis evangelischer und katholischer Theologen von 1976 bis 1975, Forschungen zur systematischen und ökumenischen Theologie, Bd. 74, Göttingen 1996.

Seckler, M.: Art. »Katholische Tübinger Schule«: LThK³ 10, 287–290.

Stakemeier, E.: Lorenz Kardinal Jaeger im zweiten Vatikanischen Konzil: ThGl 56 (1966) 278–303.

Wagner, H. (Hg.): Johann Adam Möhler (1796–1838) – Kirchenvater der Moderne, Konfessionskundliche Schriften des Johann-Adam-Möhler-Instituts, Nr. 20, Paderborn 1996.

Wittstadt, K.: Die Verdienste des Paderborner Erzbischofs Lorenz Jaeger um die Errichtung des Einheitssekretariats: Communio Sanctorum. Einheit der Christen – Einheit der Kirche, FS für Paul-Werner Scheele, Schreiner, J./ Wittstadt, K., Würzburg 1988, 185f.

Dietrich Ritschl

# Willem Visser't Hooft

## Zeuge und Architekt der ökumenischen Bewegung

20. September 1900–4. Juli 1985. Studierte Theologie in Leiden und Selly Oak, Birmingham und promovierte über das »Social Gospel«. 1924 Sekretär des Weltbundes des YMCA, nahm 1925 an der Weltkirchenkonferenz für Praktisches Christentum in Stockholm teil. 1932 Generalsekretär der World Student Christian Federation. Ab 1938 Generalsekretär des damals entstehenden ÖRK, ein Amt, das er nach der offiziellen Gründung des ÖRK 1948 bis zu seiner Pensionierung 1966 bekleidete. 1945 organisierte er die Begegnung zwischen dem Rat der EKD und Vertretern der Ökumene, bei der das Stuttgarter Schuldbekenntnis formuliert wurde.

Visser't Hooft war über Jahrzehnte der Chefarchitekt der Ökumenischen Bewegung und der Institution des ÖRK in hochgefährlichen Zeiten, ein (wenn man so will) konservativer holländischer Reformierter, ein Barthianer der ersten Stunde aber auch – via Bücher – ein Schüler R. Niebuhrs und auch des Social Gospel, – das er so kritisch analysiert hatte –, der sozialen und politischen Verwirklichung des ganz und gar nicht auf die einzelne Seele gemünzten, »ganzen Evangeliums«. Alle Zeitgenossen bezeugen, dass er trotz seiner überlegenen Intelligenz und seines beachtlichen Einflusses, auch seines Führungsstils, »demütig und bescheiden« geblieben ist, wie es in einer Quelle heißt.[1]

Der Haarlemer Willem Visser't Hooft, der mittlere von drei Söhnen eines einflussreichen Anwalts und einer starken Mutter, die, wie es heißt, »ihre vier Männer sehr entschieden und mit

[1] Als großes zeitgeschichtliches Dokument kann Visser't Hoofts Autobiographie Die Welt war meine Gemeinde, München 1972, gelten.

totaler Hingabe lenkte«, der Enkel eines Parlamentsmitglieds und studierten Theologen, wuchs zwischen Bergen von Büchern im elterlichen und großelterlichen Haus auf. Dort war – »Hoch, Oranien!« – die Begeisterung für das Königshaus und die Kritik an den Sozialisten groß. Er wurde in der arminianischen Kirche der Remonstranten groß, in einem »modernistischen« theologischen Milieu. Sein Konfirmator führte ihn zu Hegel und im Schüleralter las er Spinoza, Mystiker, Agnostiker, Pantheisten und Bücher über die verschiedensten Religionen, beim Großvater holte er sich Schleiermachers Werke. Der ältere Bruder wurde Chemiker, der jüngere Arzt. Alle trieben Sport, Musik, begeisterten sich für Literatur, deutsche, französische, englische. Es war eine herrliche Kindheit in einem großbürgerlichen Haus, friedlich, inhaltsreich, alles andere als oberflächlich.

Ja, Bücher! Bei einem fliegenden Händler, »kaufte ich 51 Bücher auf einmal. Dieser Wahnsinn hatte keinerlei Methode« – berichtete er später. Heinrich Heine, Oscar Wilde, Romain Rolland, Dostojewski »und vieles andere«. Er las und schrieb Gedichte, in den schwierigsten Versformen, denen er nicht gewachsen war, wie er zugab. Es war eine Kindheit und frühe Jugend im stabilsten und saturiertesten Holland, das man sich denken kann. Königin Wilhelmina beobachtete von Ferienhaus seines Vaters aus die Manöver an der Küste. Der Vater in einem vierhundert Jahre bestehenden, literarischen, nicht ohne Humor organisierten Rhetorik-Klub, alle Familienmitglieder enthusiastisch in der Bachgesellschaft, immer wieder in Konzerten, in Museen – alles war in Ordnung, noch alles offen, Neugierde und Lebensfreude bestimmten die Brüder, die Familie und ihre gesamte Umgebung. Man fuhr in die Ferien in andere Länder, immer wieder nach Deutschland, so auch am Vorabend des Ersten Weltkriegs. »Heile Welt« wäre eine zu triviale Etikettierung, nein, es war der ganze kulturelle Reichtum, die einzigartige Liberalität der Niederlande, die sich in dieser Familie widerspiegelte, in der Christen aller Sparten, Juden, die Klassiker der Antike und der Moderne, die europäischen Nachbarn, gleich viel galten. Die alten und neuen Sprachen – er sprach fließend Deutsch, Französisch und Englisch mit dem charmanten, unverkennbar holländischen Akzent, der die Hörer weniger reizt als ein französischer oder deutscher Zungenschlag – die Sprachen waren nie eine Barriere für ihn. Dieser Mann, der an Festen so viel überschwängliche Freude fand – seine Hochzeit später wurde 10 Tage lang mit Empfängen und Diners gefeiert, sein Doktorexamen mit vierspänniger Kutsche und großem Umzug – der zwischen feierlichen politischen und kirchlichen Konferenzen bis ins hohe Alter immer gerne ins Meer oder einen Fluss sprang um zu schwimmen, diesen Mann gilt es vorzustellen als einen Zeugen, vor allem als einen der Chef-Architekten der ökumenischen Bewegung.

»Erkennen Sie die Initialen G.K.B.?« fragte er mich, im Flugzeug neben mir sitzend, und zeigte auf seinen abgewetzten, kleinen Reisekoffer, den er vom 1958 verstorbenen Bischof von Chichester, George Bell, geerbt hatte. Er wusste sich ganz in der Reihe der Grossen der ökumenischen Bewegung. Und er war einer von ihnen. Ich kann diesen für die Ökumene so überaus wichtigen und wegweisenden Mann mit dem großzügigen, immer zum Lachen aufgelegten Mund und den tiefliegenden Augen jedoch nicht als einen der großen, kreativen Theologen darstellen, denn das war er nicht. Zwar war er durch und durch Theologe, seine Identität als überzeugter reformierter Christ und theologisch glänzend ausgebildeter Kopf nie vergessend, auch wenn er Ghandi besuchte, oder bei Eisenhower, bei Nehru, Rockefeller, einem Machthaber im Ostblock, beim UN-Generalsekretär U Thant oder bei Sukarno im Büro saß, verhandelnd, fordernd, erklärend und schlichtend – denn dies, so scheint es mir, waren seine großen Gaben die ihn zu einem klugen, lauteren kirchlichen Diplomaten machten, vielleicht den bedeutendsten, jedenfalls den erfolgreichsten, den die ökumenische Bewegung im zwanzigsten Jahrhundert gesehen hat.

## I. Beginn der ökumenischen Bewegung Kritik an konfessionellen Gräben

Die zahlreichen historischen Studien über die Vorläufer der ökumenischen Bewegung bringen klar heraus, dass Kritik an konfessioneller Verhärtung vor allem aus Enttäuschung und vielfältigem Defiziterleben erwachsen war. Es handelte sich dabei nicht um Denkfrüchte aus der Universitätstheologie, sondern um scharfsinnige und willensstarke praktisch-theologische und politisch-ethische Kritiken von einflussreichen kirchlichen Persönlichkeiten, die gerade nicht eine akademische Laufbahn angestrebt hatten. Wir können sie vier Feldern von Aktivitäten zuordnen:

– der Missionsarbeit, d.h. der Wahrnehmung der sinnlosen konfessionellen Konkurrenz auf dem Missionsfeld,

– den Sozialen Arbeitsgemeinschaften in den settlements in London, Berlin und anderswo,

– der Friedens- und sog. Freundschaftsarbeit angesichts des für hellsichtige Beobachter drohenden Ersten Weltkrieges

– der internationalen Christlichen Studentenbewegung, dem britischen SCM, der CSV im deutschen Sprachbereich und insgesamt der World Student Christian Federation (WSCF).

Die großen Namen von John Mott (den ich als Student noch kennen gelernt habe), Friedrich Siegmund-Schultze, von Nathan Söderblom, von Erzbischof William Temple, des schottischen Presbyterianers Joseph Oldham und dann Marc Boegner, Bischof Charles Brent aus New York und vieler anderer – gehören in diese frühe Zeit der viergegliederten Vorstufe der ökumenischen Bewegung. »Movement« – Bewegung, das ist das richtige Wort, denn es handelte sich in diesen vier Aktionsfeldern natürlich nicht um festgefügte Organisationen oder gar Konfessionen. Sie formierten sich erst langsam zu interkonfessionellen Vereinigungen und Arbeitsgemeinschaften, deren Konturen später in der »Bewegung für Praktisches Christentum« (Life and Work) und in anderen Teilen der sich etablierenden Ökumene wiedererkennbar sind.[2]

---

[2] Die Dissertation von Barbara Fink-Stöve für die frühe Zeit, sowie die Heidelberger Habil.-Schrift von Wolfram Weisse für den späteren Weg von »Life and

Wir können diese Bewegungen – an denen schon einige Orthodoxe teilnahmen, aber noch keine Vertreter der röm.-kath. Kirche – sowohl in die Landkarte der Konfessionen als auch in die der großen theologischen Strömungen der Zeit von ca. 1890 bis 1925 einzeichnen und zwar derart, dass wir sie sozusagen wie Folien übereinanderlegen.

Die konfessionelle Gesamtsituation lässt sich bekanntlich – mit allen Nachteilen eines solchen Schemas – wie ein Baum darstellen. Mit Augustin der im Westen wachsende Stamm neben den byzantinischen und orientalischen Ostkirchen, durch das westliche Mittelalter und die sog. Vorreformatoren auf das 16. Jahrhundert zuwachsend in die Zeit der Reformation, aus der fünf Kirchen bzw. Konfessionen oder Gruppen entstanden: die römisch-katholische (nach dem Konzil von Trient teilweise neu organisiert), die anglikanische, die lutherischen, die reformierten (aus ihnen die englischsprachigen Presbyterianer), sowie die Gemeinden und Kirchen des sog. linken Flügels der Reformation.[3] Visser't Hooft jedoch sah den klassischen »Baum« der Konfessionen noch als sein Arbeitsfeld an.

Innerhalb der reformatorischen Kirchen sowie der anglikanischen Kirchenfamilie (die sich nur begrenzt und zögernd reformatorisch nennen wollte und will) stellte sich damals die alte Spannung zwischen der konservativen und liberalen Richtung der Theologie neu dar als unüberbrückbare Differenz zwischen – wie Visser't Hooft es nennt – »eschatologisch oder jenseits bezogenen und evolutionistischen oder diesseitsbezogenen Vorstellungen vom Reiche Gottes«. Zur ersten Richtung gehörten die Erweckungsbewegungen sowie konservative Strömungen in protestantischer Theologie, zur zweiten die einflussreiche Bewegung des »Social Gospel«, besonders in den USA, jedoch mit Parallelen auf dem Kontinent.

---

Work« sind hier zu nennen; für die deutsche Szene ist die damalige hochinteressante Zeitschrift »Die Eiche« 1913–33, eine Fundgrube.

[3] Dieser »Baum«, in den man für das 18. Jahrhundert noch die Methodisten und das 19. die Altkatholiken einzeichnen kann, ist heute in dieser schematisch klaren Weise nicht mehr zu zeichnen, weil die Konturen der neuen Kirchen in Afrika und Asien, der charismatischen Großgruppen in Lateinamerika und der millionenstarken evangelikalen und fundamentalistischen Bewegungen in den USA sowie in Asien sich mit den damaligen Ästen des Baumes nicht mehr gleichsetzen lassen.

Während Visser't Hooft im Studium noch »konventionelle«, historisch ausgerichtete Theologie gelernt hatte, sah er jetzt in dieser Spannung sein eigentliches Thema. Er schrieb eine Dissertation über »Die Hintergründe des Sozialen Evangeliums in Amerika« (Leiden 1928), eine Arbeit, die kurz nach ihrem Erscheinen von Dietrich Bonhoeffer benutzt wurde. Die ersten Zeichen eine Einwirkung von Reinhold Niebuhr sind bereits sichtbar; er war für ihn der »Kämpfer für soziale Gerechtigkeit und zugleich ein scharfer Gegner des Sozialen Evangeliums«. Hatte er die Antwort auf die Frage, wie der Graben zu überwinden sei? Das Thema blieb für Visser't Hooft ein Leben lang bestimmend: Kirche und Welt – Evangelium und Gesellschaft. Den deutschen Theologen warf er die Tendenz zur Trennung von Theologie und Politik vor, die »säuberliche Scheidung zwischen Christentum und politischen oder sozialen Fragen«, und klammerte sich an die wenigen, die hier nicht einstimmten. Die Amerikaner aber bauten für ihn »Luftschlösser, die mit der harten geschichtlichen Wirklichkeit kaum etwas gemein hatten«. Er warf ihnen eine »Romantisierung des Menschen« vor, »...dass sie im Einklang mit Präsident Wilsons Idee, die Welt für die Demokratie sicher zu machen (to make the world safe for democracy) versuchte, auch Gott für die Demokratie sicher zu machen«.

Die Spannung innerhalb der Theologie, ja, in den christlichen Kirchen, war schon gegen Ende seiner Studienzeit durch den Einbruch von Karl Barths Denken in sein eigenes und das einiger seiner Freunde deutlich geworden. Die christliche Studentenbewegung enttäuscht ihn in dieser Hinsicht noch, aber umso mehr engagierte er sich. 1924 wurde er Sekretär des Weltbundes des CVJM mit Sitz in Genf. 1925 nahm er in dieser Eigenschaft als jüngstes Mitglied an der großen Weltkonferenz von »Life and Work« in Stockholm teil. 1933 sollte er in dieser Laufbahn weiter aufsteigen und wurde Generalsekretär und 1936 Vorsitzender der World Student Christian Federation (WSCF).

Genauer besehen waren das einflussreiche Posten. Genf war nun seine neue Heimat geworden. Es war die Zeit der Völkerbundproblematik, der Kriegsschuldfrage Deutschlands nach Versailles, des Briand-Kellogg-Paktes 1928 mit der Ächtung des Krieges, der lange anhaltenden Störung der Beziehung zwischen französischen und deutschen Christen und Kirchen in der sogenannten Friedens- und Freundschaftsarbeit, des japanischen Angriffs auf Shanghai 1932, der Folgen der Weltwirtschaftskrise und der Erneuerung der Wirtschaftsordnung in den USA. Visser't Hooft nahm diese Ereignisse nicht allein am Schreibtisch wahr. Er bereiste ganz Europa, auch den europäischen Osten, die USA, Asien. In Indonesien besuchte er den holländischen Generalgouverneur, den liebenswürdigen Onkel seiner Frau, und sagte ihm das Ende des holländischen Kolonialismus voraus. Er begann, realen Einfluss auf wichtige Persönlichkeiten zu nehmen.

Es war aber auch die große Zeit des SCM, zumindest in den britischen Teilen der Erde. Während auf dem Kontinent – bis heute – Studien- und Berufszeit voneinander abgegrenzt sind, wissen sich anderswo Politiker, Wirtschaftsleute, Universitätspräsidenten und Bankiers, Künstler und Militärs, wenn sie auch nur erste Kontakte mit der Kirche im SCM oder der WSCF gemacht hatten, oft ein Leben lang diesen Kreisen und Organisationen verbunden. In England waren die Swanwick-Konferenzen, (die ich in den frühen fünfziger Jahren noch kennen lernen konnte), ein wahrer »think tank« christlicher Intellektueller aus allen möglichen Ländern. Es gab Publikationen, Zeitschriften (»Student World«) und einen renommierten Verlag, die SCM-Press, die bis heute besteht.

Die große Ausstrahlungskraft ließ erst in den sechziger Jahren nach. Visser't Hooft war für viele in diesen Organisationen ein Vorbild. Zu den Mitgliedern zählten nun auch Orthodoxe aus verschiedenen Ländern und viele Christen aus Asien. – Eine der Hauptquellen für unsere Kenntnis der politischen und theologischen Analysen, kirchlichen Vermittlungskonzepte, Berichte, Kontroversen und Thesen Visser't Hoofts sind die Zeitschriften »Student World« und später »Ecumenical Review«. Unermüdlich veröffentlichte er dort seine Tagungs- und Gesprächsbeiträge, Protokolle von Verhandlungen mit Politikern und Staatsmännern, kritische Kommentare.

## II. Welche Theologie kommt vor Kriegsbeginn zur Bewährung?

Welche theologischen Konzepte regulierten Visser't Hoofts Aktivitäten in dieser Zeit? Es war der Anfang der Hitler-Herrschaft und des Kirchenkampfes. Die Freundschaft mit Karl Barth intensivierte sich, die mit Joseph Oldham blieb für viele Entscheidungen zentral, auch der Respekt vor der väterlichen Figur John Motts, die enge Beziehung mit Marc Boegner, die wachsende Freude an der Verlässlichkeit und dem Rat von George Bell, Pierre Maury, die Kontakte mit Dietrich Bonhoeffer, mit Adam von Trott zu Solz, der schon als Student im Hause Visser't Hooft wohnte. Der Rahmen war durch diese Persönlichkeiten abgesteckt. Aber welche theologischen Wege sollten eingeschlagen werden?

Sein Thema war und blieb die Ekklesiologie, die Lehre von der Kirche, ihrem Auftrag in der Gesellschaft, immer verbunden mit J. Oldhams vehementer Betonung der Sozialethik. Es gab für ihn nur eine Kirche, in Christus begründet, wenn er auch ein Leben lang auf der historisch und sozial bedingten Eigenständigkeit der Konfessionen beharrte. Diese Begründung war nicht trinitarisch, sie war strikt Christus-bezogen, christologisch. Der Einheitsgedanke war somit für ihn theologisch begründet, wenn ihm auch das praktische Funktionieren, mithin die funktionale Seite der Ekklesiologie, das vordringliche Problem und Aufgabenfeld war. Seine Diktion war die seiner Zeit: »Herrschaft Christi«, »Christus Herr der Geschichte«, die Kirche als »Missionsgemeinschaft« (ein Ausdruck, den er von einem chinesischen Christen hörte), »Auftrag«, »Botschaft«, »Gehorsam«, u.a. Und er konnte diese Ausdrücke – die uns heute nicht mehr so leicht über die Lippen gehen – gegen »Heidentum« und »Neuheidentum« abgrenzen. Die Grundbegriffe kamen aus seiner reformierten Tradition, auch aus der Sprache Barths. Das Studium der Bibel wollte er, wie es damals in ökumenischen Kreisen und in vielen Gemeinden üblich war, in deduktiver Weise betrieben sehen: Man suchte in der Bibel Stellen und Verse, die zu unsern heutigen Problemen etwas sagen können. Dahinter zeigt sich ein versteckter »Biblizismus«, den wir heute in unsern Großkirchen weniger finden als damals. In diesem Sinn hat Visser't Hooft auch gepredigt. Er hat seine krasse Ablehnung etwa des Neutestamentlers E. Käsemann nicht verheimlicht, er fürchtete, dieser würde mit seinen Beobachtungen über die verschiedenen Traditionsstränge, die mit den Büchern des Neuen Testaments anheben, die biblisch begründete Einheit der Kirche unterhöhlen. Und an dieser biblischen Rückbeziehung lag ihm alles. Er wusste sich im Verständnis des Auftrags der Kirche mit der »Barmer Theologischen Erklärung« einig. Er verband aber, mehr noch als die deutschen Theologen der Bekennenden Kirche, sondern eher im Sinn von Dietrich Bonhoeffer, diese Überzeugungen mit den Zielsetzungen des Friedensauftrags der Kirche. Diese Friedensarbeit, verbunden mit der Kommission für gerechten und dauerhaften Frieden, mit den Konferenzen in Oxford und Edinburgh 1937, war integraler Teil seiner Ekklesiologie. Den Vorwurf, den man seit den Arbeiten von Klaus Scholder und anderen Zeitgeschichtlern hört, die Bekennende Kirche sei vornehmlich an der Verkündigungsfreiheit der Kirche interessiert gewesen, könnte jedenfalls gegen Visser't Hooft nicht geltend gemacht werden.

Mit unwahrscheinlicher Energie und Zähigkeit betrieb Visser't Hooft diese Umsetzung theologischer Einsichten und Überzeugungen über die Aufgabe der Kirche in vertrauensbildende Maßnahmen zwischen den Kirchen. Damals wurden die orthodoxen Kirchen als ökumenische Partner entdeckt. Das bestätigte für den kommenden Generalsekretär der Ökumene – seit 1938 (Utrecht) war er für dieses zukünftige Amt designiert – seine reformatorischen Grundüberzeugungen: Gott führte die Kirche auf ihrem Weg zur Verwirklichung der Einheit, die Kirche soll Gottes Spuren folgen, seine Wege nachzeichnen. Die konfessionelle Eigengestalt der Kirchen soll jedoch unberührt bleiben. Darin blieb er ein innerkirchlicher Pluralist, wenn dieser Ausdruck so verwendet werden kann. Ein pluralistisches Religionsverständnis war im fremd. Er respektierte an Menschen anderer Religionen und Ethnien ihr Menschsein, nicht ihre Zugehörigkeit zu einer eventuell direkt oder indirekt mit dem Christentum vergleichbaren Religion.

## III. Theologische Diplomatie in Krieg und Nachkriegszeit

Bis zum Beginn des Krieges kann Visser't Hoofts Arbeit als Fortsetzung und Ausführung der Aufgaben der ökumenischen Konferenzen seit Stockholm (1925) bezeichnet werden. Im Krieg kamen drei neue Dimensionen hinzu:

– die Koordination der Flüchtlingsarbeit der Kirchen außerhalb Deutschlands,

– die Verbreitung von Informationen über die beginnende Vernichtung des jüdischen Volkes und Anstrengungen zu politischen Gegenmaßnahmen,

– Kontakte mit dem deutschen Widerstand und Verhandlungen in Großbritannien und den USA darüber sowie über die verantwortliche Gestaltung der Zeit unmittelbar nach dem Krieg.

Diese Jahre waren die »konferenzlose« Zeit der Ökumene, und sie ist gerade aus dieser Zeit erstarkt hervorgegangen. Visser't Hoofts unvergleichbar reiche Erfahrungen bei Besuchen auf allen Kontinenten, seine zahllosen Kontakte und Freundschaften sowie der Respekt, den er bei etlichen der Weltpolitiker hatte und ausnützte, kamen voll zum Tragen. Sein Gerechtigkeitsgefühl und sein kritischer Verstand dirigierten ihn ebenso wie sein biblisch gegründeter, einfacher Glaube. Er glaubte nicht an das Gute im Menschen, sondern an die Güte, Führung und Weisheit Gottes. Er schrieb kritisch, bittend und protestierend kluge Briefe an Präsidenten, Könige und Generäle. Er suchte etliche dieser Machthaber persönlich auf. Im Genfer Büro liefen die Fäden zusammen. Den Geheimdienst in Bern unterrichtete er laufend über seine Kontakte, Gespräche und Unternehmungen. D. Bonhoeffer sowie A.v.Trott und manche andere Besucher aus Deutschland waren unauffällig bei ihm. Er durchschaute die komplexe Situation im Kirchlichen Außenamt in Deutschland, gab auch einigen schillernden und zunächst unentschlossenen Persönlichkeiten in den deutschen Kirchen vorsichtigen Kredit und lenkte manche so auf richtige Bahnen.[4] In schwierigen Fragen konsultierte er Karl Barth. Die Freundschaft litt nicht darunter, dass er sich damals und später auch von einigen Positionen Barths distanzierte. Visser't Hooft hatte in diesen Krisenjahren etwas von einem frommen, schlauen Fuchs.

Auch die Nachkriegszeit war zunächst nicht durch ökumenische Konferenzen gekennzeichnet, sieht man von seinem denkwürdigen Besuch in Deutschland ab, der zur »Stuttgarter Schulderklärung« vom Oktober 1945 führte. Aber auch bei der bald beginnenden Epoche der »Konferenz-Ökumene«, Amsterdam 1948, Toronto 1950, fehlten den Verantwortlichen theologische Modelle für die institutionelle Gestaltung der ökumenischen Bewegung. Diese mussten aus der Arbeit der Studienkommissionen und großen Konferenzen erst herauswachsen. Frühe Vorbilder waren freilich Edinburgh 1910, Stockholm 1925, Oxford 1937 gewesen. Sie alle konnten sich wenig auf die Ergebnisse der Universitätstheologie zurückgreifen, obgleich wichtige Gestalten wie A. Deißmann, Martin Dibelius und die gelehrten Briten sich persönlich engagiert hatten.

Die große Reihe der Konferenzen und sog. Weltkonferenzen wird heute nicht selten von Universitätstheologen in Deutschland oder in den USA als Konferenz- oder »Konsens-Ökumene« etwas abschätzig eingestuft. Prinzipiell scheinen mir folgende sechs Schwierigkeiten für jede der ökumenischen Konferenzen mitbestimmend zu sein:

– Der Öffentlichkeitscharakter; während akademische theologische Bücher von vergleichsweise wenigen gelesen werden, sind Konferenzen vielen Tausenden einschließlich den Medien international (auch in mehrere Sprachen übersetzt) vor Augen.

– Die eingeschränkte Äusserungsfreiheit der Delegierten: in wessen Namen sprechen sie? Inwieweit gibt es überhaupt korporative Meinungsbildung?

[4] Einige blieben unbelehrbar, wie Bischof Heckel, andere, wie Hans Schönfeld nicht, der zwielichtige Eugen Gestenmeier stieß immerhin in später Stunde noch zum Kreisauer Kreis um Helmuth v. Molkte.

– Welchen Wert, oder: welche Halbwertszeit haben die aus Konferenzen stammenden Deklarationen?

– Die praktische Schwierigkeit: inwieweit können sich die Delegierten vor den Konferenzen voll informieren; oft wird ihnen eine Überfülle an Material präsentiert.

– Welche Rückwirkung haben die Konferenzergebnisse auf die Kirchen der Delegierten?

– Letztlich: freilich kann Wahrheit, christliche Wahrheit, nicht durch Mehrheitsbeschluss festgestellt werden; kirchliche Konferenzen/ Synoden sind keine Parlamente (auch diese können nur über Gesetze, über Vorgehen und Handlungsrichtlinien entscheiden). Wenn trotzdem in ökumenischen Konferenzen durch Abstimmung Mehrheiten entstehen, was gelten Minderheitspositionen?

Visser't Hooft war ein Meister im Verstehen dieser Klippen und Schwierigkeiten. Er hat sich darüber nicht nur privat, sondern in ungezählten Berichten, Analysen und Artikeln geäußert und die Beteiligten im besten Sinn des Wortes immer wieder »belehrt«. Nie erleben wir ihn in seinen Berichten als Agitator, nie präskriptiv und fordernd; vielmehr bedient er sich der geheimnisvoll wirksamen Waffe – wenn man es eine Waffe nennen soll – der deskriptiven Sprache. Er sah immer mit höchstem Realismus und in großer Nüchternheit, wofür die einzelnen Kirchen, Gruppen und Minderheiten stehen, was man ernst nehmen soll, was unmöglich übergangen werden darf – gerade auch Politikern und Nichtchristen gegenüber ist dies unverrückbar seine Sprechweise. Und gerade darin kommt das christliche Bekenntnis deutlich ans Licht. Er kann in nüchtern-deskriptiver Sprache mehrere sich widerstreitende Positionen innerhalb der Kirche ernst nehmen und darstellen und dabei dem Übergewicht dessen, was er für wahr hält, durchaus das letzte Wort lassen. Diese – man kann fast sagen, hier läge seine theologische Genialität und Weisheit – Weise des Umgangs mit komplexen Situationen unterschied ihn auch nicht selten von seinen nächsten Lehrmeistern wie Karl Barth oder William Temple.

Theologische Modelle fehlten auch als Vorbilder für die Entscheidung, welches Bekenntnis und welche Lebensgestaltung von den neu um Aufnahme in den Ökumenischen Rat nachsuchenden Kirchen in Afrika und Asien erwartet werden könnte. Sollten es die bewährten europäischen sein, und wenn nicht, welche? Können Kirchen Aufnahme finden, die nur Einheimische akzeptieren und Andersrassige oder Angehörige bestimmter Kasten faktisch ausschließen? Können Kirchen aufgenommen werden, die entweder gar keine Bekenntnisgrundlage oder eine solche haben, die den Kirchen der Ökumene inhaltlich fremd sind? Der für Visser't Hooft neu beginnende Kontakt mit der römisch-katholischen Kirche, später auch der Beitritt der orthodoxen Kirchen zum ÖRK, stellte freilich diese Fragen in einen größeren Zusammenhang. Um es noch einmal klar zu sagen: Eine Überkirche oder ein Zusammenschluss aller Kirchen oder eine Konsens aller Theologien schwebte Visser't Hooft nie vor. In seinem Denken war schon die spätere Formel von der versöhnten Verschiedenheit angelegt. Die heutigen Kritiker der sog. Konsens-Ökumene sollten das klarer sehen.

In der seit Amsterdam 1948 und Toronto 1950 bestehenden Ökumene waren die Grundlagen für die Behandlung dieser Fragen und die Gestaltung der Beziehungen zu den historischen Großkirchen gelegt. Mit dem Beginn der Ost-West-Spaltung in Europa entstanden aber neue Situationen für die Kirchen in Osteuropa. Zumindest die protestantischen Kirchen in den neuen kommunistischen Ländern wiesen bald erhebliche innere Spannungen auf. Die für die Kirchen zuständigen staatlichen Stellen suchten die Kontakte mit dem Westen zu unterbinden oder auf wirklich oder vermeintlich regimehörige Kirchenleute einzuschränken. Ferner versuchten sie, alle Kirchen in die sowjetische Friedenspropaganda einzuspannen. Visser't Hooft hat mit untrüglichem Urteil über viele Jahre äußerst schwierige kirchendiplomatische Anstrengungen unternommen, die ihm Kritik eintrugen aber auch etliche Erfolge brachten. Kritisch war vor allem die Zeit der Suez-Krise und des Aufstandes in Ungarn 1956. Er konnte Vertrauen zwischen Kirchen sowie zwischen einflussreichen und autoritären Kirchenleuten fördern und konnte nicht selten sowohl ihnen sowie den Funktionären in den östlichen Ländern als auch Politikern im Westen, besonders in den USA, seine durch und durch theologisch reflektierte Linie klar machen und wichtige Entscheidungen herbeiführen.[5] Er sprach immer davon, dass er ohne die ständige kritische Beratung des Freundes George Bell dies nicht hätte leisten können.

## IV. Die christologische Konzentration der Nachkriegsökumene

Visser't Hooft hat nach Kriegsende noch zwanzig Jahre lang den Weg des ÖRK bestimmt und noch weitere zwanzig Jahre – bis zu seinem Tod 1985 – seinen Nachfolgern ihre Arbeit nicht ganz leicht gemacht. Das Kleid, in das sie zu schlüpfen hatten, war für sie etwas zu groß gewesen, und er selber konnte sich nicht gut zurückhalten. In seine aktive Zeit fallen die großen Generalversammlungen des ÖRK und die zahlreichen Weltkonferenzen, Konferenzen und ungezählten Treffen der Studienausschüsse. Er reiste unermüdlich, publizierte – auch ein Buch über den Maler Rembrandt –, sprach an Universitäten und in Kirchen vieler Länder.

Nicht nur sein Denken, auch die Grundrichtung der ökumenischen Gremien und Konferenzen seiner Zeit waren christozentrisch. Erst mit der Vollversammlung in Vancouver 1984 wurden neue Generalthemen wie »Schöpfung« und »Haushalt Gottes« sowie der Versuch, die Trinitätslehre aus ihrem akademischen Versteck herauszuholen, hörbar. Vorher waren alle Oberthemen auf Jesus Christus als Zentrum des Glaubens und der Theologie ausgerichtet.

Es wäre zu viel gesagt, wollte man behaupten, die neue Herausarbeitung der Trinitätslehre widerstreite der klassisch-ökumenischen Christozentrik. Visser't Hooft hätte die neuen Bemühungen begrüßt, schon, weil er sie auf einer Linie mit seiner reformierten Tradition gesehen hätte. Aber die neue Israel-

[5] Ich habe manche dieser Persönlichkeiten in den sechziger Jahren und danach in der Sowjetunion, der Tschechoslowakei und in Ungarn kennen gelernt und bin im Ganzen mit der heute nicht selten geübten kritischen Beurteilung der Stellung der Kirchen in den kommunistischen Ländern in diesen Jahrzehnten nur teilweise einig.

Theologie, d.h. die nicht zuletzt in Holland, dann in den USA und in Deutschland, auch in der römisch-katholischen Theologie entwickelte gänzlich neue Sicht des Verhältnisses von Juden und Christen, hat es schwer, in einer christozentrischen ökumenischen Theologie einen Platz einzunehmen. Bei Visser't Hooft, nicht anders als bei Karl Barth, waren alle Weichen auf eine solche Israel-Theologie gestellt. Beide waren als Mahner aufgetreten, die Beziehung Israel/ Kirche, Juden/ Christen neu und selbstkritisch zu durchdenken. Aber beide haben keine eigentliche Israel-Theologie, wie man sie heute nennt, ausgestaltet. Es ist zu früh vorauszusagen, ob diese theologische Sicht – es ist weitgehend eine Einladung zu einem neuen Selbstverständnis der Christen – der klassischen Christozentrik Hemmnisse bieten wird. Jedenfalls war für Visser't Hooft eine Lösung dieser Frage noch weit entfernt. Zu nah war ihm die Situation der Verfolgung und Vernichtung der Juden und die damals so dringend notwendige Hilfeleistung seitens der Kirchen sowie der ehemals christlichen westlichen Länder, die wahrlich allzu schwach ausfiel. Er sah die Frage der Beziehung Juden/ Christen noch weitgehend in diesem Horizont und nicht als neues exegetisches und systematisch-theologisches Aufgabenfeld.

In den Gremien des ÖRK sind heute zu Recht neue Großthemen formuliert worden: Konziliarität, Koinonia, Haushalt Gottes, Gerechtigkeit und Frieden, Überwindung der Gewalt und das unübersetzbare »integrity of creation« und andere mehr, die zum Teil auf die Gedanken und Diktion Visser't Hoofts zurückgehen, die aber heute neu mit Inhalt und auch mit offenen Fragen gefüllt werden. Bei Visser't Hooft war vieles sozusagen geschlossen, gesichert, was uns heute als offen erscheint. Er gehörte zur Generation, für die der Hintergrund einer verlässlichen Dogmatik, eines festgefügten Netzwerks biblischer Wahrheit letztlich noch für möglich gehalten wurde. Heute haben viele von uns einen stärkeren Sinn für das Fragmentarische und Experimentelle des christlichen Glaubens, und manche sehen es im Zusammenhang der offenen und unheilbaren Wunde der Beziehung der Kirche zu Israel, der Christen zu den Juden. Wie gesagt, Visser't Hooft war sehr offen für letzteres, nicht aber für ersteres. Seine Weise die Christozentrik als Leitstern zu sehen, befreite ihn von vielen Fragen, die wir heute haben.

## V. Was Visser't Hooft uns heute sagen und wir ihn fragen würden

Gegen Ende seines Lebens hörte ich Visser't Hooft öfter seiner Verwunderung Ausdruck geben, dass für uns heutige die Fronten der großen Probleme nicht mehr so eindeutig und klar sind. Er hatte, trotz der Erfahrung des Elends, Schreckens und der verbrecherischen Diktaturen, mithin des Kirchenkampfes in Deutschland sowie der Krise der Kirchen in Osteuropa, eine – wenn man so will – »sieghafte« Zeit der christlichen, insbesondere der reformatorisch gesteuerten Theologie erlebt. Sie hatte, verantwortlich betrieben, die Chance, das Letzte und Richtige zu sagen. Die Barmer Erklärung ist ein Beispiel und hat gewaltigen Einfluss gehabt. Die orthodoxen Kirchen traten dem ÖRK bei, zugleich entstanden neue Kirchen in Afrika und Asien, die Ökumene umgriff sie hilfreich, sie brachten neue Einsichten, auch neue Frömmigkeit und die Chancen neuer Aufgaben.

Wir leben heute nicht mehr in dieser Zeit. Der ÖRK umfasst nur noch einen Teil der klassischen Kirchen. Die Stimmen aus dem Vatikan sind nicht mehr ermutigend, eher irritieren sie und lösen Ängste aus, bei Katholiken und anderen. Die Selbsteinschätzung der Orthodoxen hat sich seit dem Zerfall der kommunistischen Regime geändert, somit auch ihre Beziehung zum ÖRK, der nun aufs Neue mit westlichem Denken in eins gesetzt wird.

Visser't Hooft würde uns dies alles heute nicht sagen müssen, denn wir sehen es selber und nennen es oft – etwas oberflächlich und unscharf – eine »Krise der Ökumene«. Er würde uns zeigen, dass die Probleme tiefer liegen und dass mit unserer westlichen Selbsteinschätzung und der Verkennung der Notwendigkeit eines Umdenkens im großen Stil in Wirtschaft, Politik und eben in den Kirchen wir zum Teil selber Schuld sind an den Reaktionen aus dem Vatikan und den Ostkirchen. Auch das rasante Anwachsen der antiökumenisch gesinnten neuen, ultrakonservativen oder charismatischen, ursprünglich aus dem Protestantismus erwachsenen Kirchen und Bewegungen ist nicht ohne die Enttäuschung über die klassische Theologie unserer westlichen Kirchen und

Hochschulen zu erklären. Ich kann mir vorstellen, dass Visser't Hooft uns sagen würde:

– Die Erweiterung der Christozentrik auf trinitarische Begründungen und die Ausweitung auf Ökologie, ein neues Verständnis von Schöpfung und Natur und auch die Neufassung der in der Ökumene unverzichtbaren Konsens-Konzepte könne er voll gutheißen.

– Die sozialethischen Neuansätze, das Programm zur Überwindung von Gewalt, das Streben nach einer gerechten Weltwirtschaftsordnung, (in der es wohl Kapitalismus, aber keinen Kapitalismus ohne Ethik gibt), die Friedensarbeit, die Erklärungen (auch des Papstes) zur Irak-Krise – all dies sei völlig in seinem Sinn.

– Die neben dem ÖRK-Dialogprogramm mit den Weltreligionen entstandene »Theologie der Religionen« jedoch zeige starke pluralistische Grundüberzeugungen, die der christlichen Theologie nicht entsprechen. Die gemeinsame Schnittmenge des Christentums mit den Weltreligionen sei sehr klein oder bestünde gar nicht. Die Zielsetzung einer »Grossen Ökumene« aller Religionen sei nicht sinnvoll.

– Die neuen Ansätze zu einer Entfaltung einer »Theologie des Heiligen Geistes« seien ausbaufähig und sollten weitergedacht werden.

Solche Äusserungen Visser't Hoofts sind vorstellbar, zum Teil sind sie schon bei ihm zu finden. Im Gegenzug könnten wir ihn fragen, wie er seine exklusivistische Haltung im Hinblick auf die Beziehung der christlichen Kirche zu den Weltreligionen – die ich im übrigen teile – so ausformulieren könnte, dass der Respekt vor anderen Religionen nicht gemindert und die Bereitschaft, von anderen Religionen zu lernen, nicht verneint wird. Wir könnten ihn nach dem Verhältnis von Evangelium und Geschichte fragen, also nach dem Sinn und der Wahrheit der lapidaren Thesen von Christus als »Herrn der Geschichte« aus den fünfziger bis siebziger Jahren der Ökumene. Und weiter würden wir fragen, welche Wege er gehen würde, um den Fundamentalismus, – den gefährlichsten Feind der christlichen Kirche – zu dämpfen und letztlich mit biblisch-theologischen Kräften aus den Angeln zu heben. Wir könnten ihn fragen, ob ein Kraut gewachsen ist gegen das unsägliche Hochspielen der sog. Ämterfrage in nahezu allen christlichen Kirchen im Kontrast zum Gewicht ihrer gottgewollten, wunderbaren Mission in einer sich selbst zerfleischenden, weithin sinnentleerten und höchst gefährdeten Welt.

## Literatur

Fink-Stöve, B.: Der Weg zur Bewegung für Praktisches Christentum (Life and Work), Bern 1985.

Visser't Hooft, W.: Die Welt war meine Gemeinde, Autobiographie, München 1972.

Weisse, W.: Praktisches Christentum und Reich Gottes. Die ökumenische Bewegung Life and Work 1919–1937, Göttingen 1991.

Christoph Schwöbel

# Edmund Schlink

## Ökumenische Dogmatik

6. März 1903–20. Mai 1984. Nach dem Studium der Naturwissenschaften, Mathematik, Psychologie und Philosophie (1922–1927, Abschluss mit Diss.), studierte Schlink in Münster evangelische Theologie (Diss. bei K. Barth 1931). Pfarrdienst ab 1931. 1934 Habilitation, die allerdings vom Ministerium aus politischen Gründen – Anlass bot eine Predigt Schlinks – nicht bestätigt wurde. Ab 1935 Lehrtätigkeit an der theologischen Schule der Bekennenden Kirche in Bethel bis zu ihrer Schließung durch die Nationalsozialisten 1939. Fortsetzung der Lehrtätigkeit 1946 als Ordinarius für Systematische Theologie an der Universität Heidelberg bis zur Emeritierung 1971. Einen Schwerpunkt des Engagements Schlinks bildete sein Einsatz für die Ökumene: Lange Jahre war er evangelischer Leiter des Ökumenischen Arbeitskreises evangelischer und katholischer Theologen, arbeitete im ÖRK in leitenden Positionen, gründete 1946 das erste ökumenische Universitätsinstitut in Heidelberg und 1950 (zusammen mit W. Freytag) den Deutschen Ökumenischen Studienausschuss (DÖSTA). Mitherausgeber der Ökumenischen Rundschau. Nahm als offizieller Beobachter der EKD von 1962–1965 am Vaticanum II teil.

1975 erscheint unter dem Autorennamen Sebastian Knecht in einer gemeinsamen Ausgabe der Verlage Vandenhoeck & Ruprecht, Göttingen, und Styria, Graz, eine Erzählung mit dem Titel »Die Vision des Papstes«. Der Autor erzählt die Geschichte eines Papstes, der im Zuge von Krankheitserfahrungen auf das Wort der Bibel verwiesen wird und durch seine Orientierung an der Schrift in Konflikt mit der Kurie kommt. Er hat drei aufeinander folgende Visionen. Zunächst erscheint ihm der zerrissene Leib Christi, und er hört die Worte: »Das ist mein Leib«. Bei der zweiten Vision, die ihm noch einmal den durch Risse zertrennten Leib Christi zeigt, diesmal mit dem klaren Bewusstsein, es sei Christus und seine Kirche, d.h. Christus und die ganze getrennte Christenheit, hört er die Worte: »Ich will, daß alle eins sind. Tue Buße.« Bei der dritten Vision schließlich schaut der Papst die heile Gestalt des segnenden Christus, von dem ein das All ausfüllender Lichtglanz ausgeht, und er hört die Worte: »Friede sei mit dir! Stärke deine Brüder! Folge mir nach.« Unter dem Eindruck dieser Visionen will der Papst eine neue ökumenische Initiative auf den Weg bringen, die die Impulse des II. Vatikanischen Konzils fortsetzen soll. Vor den Kardinälen der Kurie begründet er diesen Plan: »Es gibt eine Einheit in Christus, die durch die Spaltungen zwar verdeckt und entstellt, aber nicht aufgehoben ist.«[1] Diese Einheit ist eine Einheit in Mannigfaltigkeit, die nach der Lehre von der »Hierarchie der Wahrheiten« auch Verschiedenheit dogmatischer Aussagen zulassen soll, wo diese nicht für die Einheit der Kirche konstitutiv ist. Ferner müsse eine »Auflockerung des Zentralismus« vollzogen werden:

> Die Einigung der Kirchen ist immer noch zu einseitig unter dem Gesichtspunkt der notwendigen Unterwerfung unter den universalen Herrschaftsanspruch des Papsttums verstanden worden.[2]

Gegen die Bedenken der Kurie verfasst der Papst eine Enzyklika, die diesem Bestreben Ausdruck geben soll. Er muss aber entdecken, dass der Text der Enzyklika ohne sein Wissen verändert worden ist:

> Seine Worte über die Schuld der katholischen Kirche, über das Wirken Christi in den anderen Kirchen und über die notwendige Korrektur des zentralistischen und uniformistischen Einheitsverständnisses waren sehr abgeschwächt.[3]

---

[1] Schlink: Vision des Papstes, 64. Das Buch ist im Folgenden zitiert nach der Neuausgabe Karlsruhe 1997.

[2] Schlink: Vision des Papstes, 64.

[3] Schlink: Vision des Papstes, 90.

Der Papst begibt sich inkognito nach Jerusalem, nimmt an der Feier der heiligen Liturgie in der orthodoxen Kirche und am Gottesdienst der lutherischen Kirche teil und kommuniziert bei beiden Gelegenheiten. Nach seiner Rückkehr in den Vatikan macht er diese Tatsache publik und erfährt, obwohl es einige Rücktritte im Kardinalskollegium gibt, innerhalb und außerhalb der römisch-katholischen Kirche breite Zustimmung. Über Pfingsten findet ein großes ökumenisches Treffen auf Patmos statt, an dem sich die Pfingsterfahrung wiederholt und die Einheit der Kirche in der Mannigfaltigkeit der Kirchen erfahren wird. Nun beginnt die Arbeit der theologischen Kommissionen:

> Die neuen Erfahrungen mussten der Wahrheitsfrage standhalten. Es mußte geklärt werden, welche unterschiedlichen Glaubensaussagen als Bezeugung derselben Wahrheit anzuerkennen waren.[4]

Die Frage der Anerkennung der Ämter kann angegangen werden, ebenso wie die Frage der Abendmahlsgemeinschaft.

> Es war die Blockierung gefallen, die die früheren Bemühungen gehemmt hatte. Die richtige Rangordnung der einzelnen Probleme war nun sichtbar geworden. Die Aufgabe der Theologen und Juristen bestand nun nicht mehr darin, die Lösung herbeizuführen, sondern sie brauchten nur die geschenkte Lösung zu formulieren.[5]

Als der Einigungsprozess weiter geht, wird der Papst gebeten, die oberste Leitung der in ihrer Mannigfaltigkeit geeinten Kirche zu übernehmen.

> Aber wiederum lehnte er ab. Er wolle keine Aufgabe übernehmen, die als Herrschaft über die anderen Kirchen mißverstanden werden könnte. Er verstehe sein Petrusamt als den Auftrag des Herrn, die Brüder zu stärken und zu ermutigen, nicht aber über sie zu herrschen. Er wolle sein Amt nur als Dienst innerhalb der Gemeinschaft der anderen Oberhirten ausüben und stehe hierfür so lange zur Verfügung, wie Gott ihm die Kraft gebe ... Gerade mit diesem Verzicht wurde der Papst zu der Autorität, von der auf das Ganze der Christenheit die stärksten Auswirkungen ausgingen.[6]

---

[4] Schlink: Vision des Papstes, 150.
[5] Schlink: Vision des Papstes, 150.
[6] Schlink: Vision des Papstes, 150f.

In seinem »Nachwort« erinnert der Verfasser an die alte Idee des »Papa angelicus«, des engelgleichen Papstes, der kommen und die Kirche »reinigen und einigen wird«.[7] Die Vision solle ein Impuls und eine Warnung davor sein, »daß die Kirchen sich wieder gegeneinander verhärten und das verfehlen, was ihnen inmitten der zunehmenden Krise der Menschheit aufgetragen ist.«[8]

Bei Erscheinen des Buches gibt es viel Zustimmung unter ökumenisch engagierten Theologen in der katholischen wie auch in der evangelischen Kirche. Eine italienische und eine französische Ausgabe weiten die Diskussion aus. Der Autor der Erzählung hingegen bleibt unbekannt. Wer also verbirgt sich hinter dem Pseudonym »Sebastian Knecht«? Erst etwa zehn Jahre später, nach dem Tod des Verfassers wird das Geheimnis gelüftet: Der Autor ist der Heidelberger Professor für Dogmatik und Ökumenische Theologie Edmund Schlink. Er hatte dieses Buch ganz aus der katholischen Perspektive[9] und – wie ihm von katholischen Rezensenten bescheinigt wurde – mit intimer Kenntnis des Vatikan geschrieben, um innerhalb der römisch-katholischen Kirche einen neuen Impuls für den nach dem II. Vatikanum ins Stocken geratenen ökumenischen Prozess zu geben.

Die Arbeit an der Erzählung – ein Plan, den Schlink schon während seiner Zeit als Konzilsbeobachter reflektiert hatte – unterbrach für kurze Zeit das große Projekt, dem Schlink die Jahre nach seiner Emeritierung gewidmet hatte: die »Ökumenische Dogmatik«. Dieses Werk, das zunächst den Obertitel »Die großen Taten Gottes« tragen sollte,[10] ist der sich schon früh ankün-

---

[7] Schlink: Vision des Papstes, 152.

[8] Schlink: Vision des Papstes, 153.

[9] Die Wahl des Pseudonyms war dadurch motiviert, dass Schlink hoffte, auf diese Weise Zugang zu einer katholischen Leserschaft zu gewinnen, aus deren Perspektive er die Erzählung entworfen hatte. Dies ist allerdings nicht die Perspektive seiner eigenen »Ökumenischen Dogmatik«. In einem Brief an seinen Verleger Arnd Ruprecht vom 26. Oktober 1975 schreibt er dazu: »Auch scheint es mir für die Wirkung meiner Ökumenischen Dogmatik nötig, dass die Identität des Verfassers der beiden Veröffentlichungen nicht bekannt wird, da ich die Dichtung viel stärker von den inneren Voraussetzungen der römisch-katholischen Kirche entworfen habe, als ich dies in meiner Dogmatik tun könnte«. Zitiert bei Eber: Einheit der Kirche, 49, A. 192. Eber zitiert dort (a.a.O., 49f.) auch das »Leserecho« von Hans Küng, Wilhelm Stählin, Lukas Vischer, Jean-Jacques von Allmen und Bo Giertz.

[10] Vgl. Schnurr: Edmund Schlink 80 Jahre.

digende Zielpunkt des theologischen Werkes von Edmund Schlink. Der Titel »Ökumenische Dogmatik« enthält das Programm, das sich aus seiner Erfahrung in der Kirche in der bewegten Geschichte des 20. Jahrhunderts für seine Theologie herausbildete:

> Eine ökumenische Dogmatik ist ausgerichtet auf das Ganze der Christenheit auf Erden mit der Frage nach der Einheit ihres Glaubens und ihrer Glaubensbekenntnisse. In der ökumenischen Dogmatik geht es zugleich um die Gemeinschaft der Glaubenden und somit um die Einheit der Kirche.[11]

Diese beiden ersten Sätze des Buches enthalten eine doppelte Zielsetzung: Sie bestimmen einerseits das Programm der Dogmatik. Sie soll sich als ökumenische mit der Frage nach der Einheit des Glaubens, der Gemeinschaft der Glaubenden »und somit« nach der Einheit der Kirche auf das Ganze der Christenheit ausrichten. Andererseits ist damit aber auch die Ausrichtung der Ökumene bestimmt. Für Edmund Schlink war jede Form von Ökumene unzureichend, die sich nicht an der Frage der Wahrheit des Glaubens und damit an der Dogmatik orientiert und dabei entdeckt, dass Struktur und Aufgabe der Dogmatik in den Grundäußerungen des Glaubens selbst verwurzelt sind, in dem Menschen auf die »großen Taten Gottes« antworten. Die Herausforderung, vor die das Lebenswerk von Edmund Schlink uns stellt, ist somit eine doppelte: Kann Dogmatik als »ökumenische« betrieben werden, die sich am Ganzen der Christenheit ausrichtet; und kann Ökumene als »dogmatische« betrieben werden, die sich an der Wahrheit des christlichen Glaubens orientiert und an ihr die Möglichkeiten der Gemeinschaft der Glaubenden ausrichtet?

Diese doppelte Orientierung, Ökumene dogmatisch und Dogmatik ökumenisch zu verstehen, erhielt im Leben Edmund Schlinks ihre Motivation und ihr Profil aus vier Bereichen der geschichtlichen Erfahrung: dem Kirchenkampf, dem Anfang der ökumenischen Bewegung in den evangelischen Kirchen und der

---

[11] Schlink: Ökumenische Dogmatik, 1.

Begegnung mit dem römischen Katholizismus und mit den orthodoxen Ostkirchen.[12]

## I. Der Kirchenkampf und die Neuentdeckung der Kirche

Die ersten selbständigen theologischen Schritte Edmund Schlinks, der am 6. März 1903 in Darmstadt geboren wurde, fallen in die Zeit des Kirchenkampfs.[13] Nachdem er zunächst von 1922–1925 in den Fußstapfen des Vaters, der Hochschulprofessor für Mechanik in Darmstadt, Braunschweig und dann wieder Darmstadt war, Mathematik, Philosophie, Psychologie und Naturwissenschaften mit dem Schwerpunkt Physik in Tübingen,

---

[12] Allerdings muss man mit dem Begriff der geschichtlichen Erfahrung bei Schlink sehr vorsichtig sein. Schon in seiner Habilitationsvorlesung an der Universität Gießen 1934, die »Die Frage der Erkennbarkeit göttlichen Handelns in der Geschichte« behandelt (hier zitiert nach: E. Schlink, Bekennende Kirche und Welt, 26–42), weigert sich Schlink – im Widerspruch zu den Theologen, die z.B. in der sog. »nationalen Revolution« die Hand Gottes in der Geschichte am Werk sahen – entschieden, Gottes Handeln in bestimmten Ereignissen erkennen zu wollen. Gott handelt erstens »in *allem* Geschehen« (28) schöpferisch und erhaltend, zweitens aber in Jesus Christus: »Wenn Gott es nicht bei der Erhaltung der gefallenen Welt in ihrer Sünde beläßt, sondern vergebend, rettend, erneuernd eingreift, so tut er diesen Eingriff nur in Jesu Christo« (30), heißt es in einem der Spitzensätze der Vorlesung. Dieser Eingriff wirkt fort in der Verkündigung des Evangeliums und der Feier der Sakramente, denn hier ist es Christus, der uns im Evangelium anredet und uns in den Sakramenten seine Lebensgemeinschaft gewährt. Allein vom Christusereignis her wird für Schlink Gott in allem Geschehen offenbar: »Nur in Jesu Christo ist Gott als der Herr über alles Geschehen offenbar. Nur in Jesu Christo wird deutlich, daß Gott in der Geschichte verborgen ist.« (34) Damit aber rückt jedes geschichtliche Ereignis in seiner Bedeutsamkeit in den Blick. Denn vom Christusereignis her, von der Offenbarung des Herrseins Gottes über alles Geschehen her, stellt sich gar nicht die Frage nach der Erkennbarkeit Gottes im geschichtlichen Geschehen, sondern die Frage: »Was will Gott in dieser Stunde, daß wir tun?« (41) Die Geschichte, in der uns durch das Christusereignis deutlich wird, dass Gott in allem Geschehen handelt, konfrontiert uns in jeder geschichtlichen Situation mit dem konkreten göttlichen Gebot. Fragen wir also nach den geschichtlichen Erfahrungen, die der Theologie Edmund Schlinks ihre Ausrichtung gaben, dann fragen wir nicht nach dem Gebot der Stunde, sondern nach dem »Gotteswort für die konkrete Situation« (42).

[13] Zur Biographie Schlinks vgl. das Kapitel zur Biographie bei Eber: Einheit der Kirche, 18–49. Eine schöne biographisch-theologische Darstellung Schlinks gibt Slenczka: Edmund Schlink, 155–166. Die bisher ausführlichste Darstellung findet sich bei Skibbe: A Quiet Reformer.

München, Kiel und Wien studierte, unterbricht er sein Studium für ein Jahr, um sich dann ab Ostern 1926 dem Theologiestudium zuzuwenden. Allerdings promoviert Schlink zunächst zum Dr. phil. mit einer empirischen psychologischen Studie zum Thema »Persönlichkeitsänderung« in Marburg,[14] bevor er nach kurzem Zwischenaufenthalt in Bethel bei Karl Barth in Münster Theologie studierte. Schon nach vier Semestern wird bei Barth 1930 die Lizentiatendissertation mit dem Titel »Emotionale Gotteserlebnisse: Ein empirisch-psychologischer Beitrag zum Problem der Natürlichen Religion«[15] eingereicht. Schlink bezieht das Predigerseminar der hessen-nassauischen Kirche in Friedberg, wird Pfarrassistent in Buchschlag und Sprendlingen und – zusätzlich – ab Herbst 1932 Hochschulpfarrer an der TH in Darmstadt. Der Pfarrdienst in Buchschlag endet mit einer ernsten Konfrontation mit der NSDAP, weil sich Schlink weigert, das von ihm verwaltete Winterhilfswerk in die Obhut der Partei zu überführen. Der Wechsel als Repetent an die theologische Fakultät der Universität Gießen bietet 1934 Möglichkeit zur Habilitation mit der – erweitert publizierten – Arbeit »Der Mensch in der Verkündigung der Kirche«.[16] In der Gießener Zeit sammelt Schlink mit dem späteren Kollegen und Freund Peter Brunner Studenten, Kandidaten und Vikare zum gemeinsamen Studium der Bekenntnisschriften.[17] Aber schon nach einem Semester Lehre endet die Lehrtätigkeit, weil die venia legendi vom Ministerium nicht bestätigt wurde.

Ein neuer Wechsel ist angesagt. Diesmal nach Bethel, wo Schlink als Dozent an die Theologische Schule berufen, aber –

---

[14] Vgl. die bibliographischen Angaben im Literaturverzeichnis am Ende des Textes.

[15] Vgl. die bibliographischen Angaben im Literaturverzeichnis. Im Anhang dieses Buches befindet sich der von Schlink zur Lizenziatendissertation eingereichte Lebenslauf.

[16] Vgl. die bibliographischen Angaben im Literaturverzeichnis.

[17] Vgl. E. Schlink, Predigt in der Trauerfeier für D. Peter Brunner, 2–6. Brunner, dessen Berufung nach Gießen durch das Kultusministerium abgelehnt wurde, war Pfarrer in Ranstadt in Oberhessen. Auf Grund seiner Kritik am nationalsozialistischen Regime wurde er 1935 in das KZ Dachau eingewiesen. Brunner gehörte zu den Pfarrern, die nach der kritischen Anfrage des Bischofs von Chichester, warum Pfarrer inhaftiert seien, freigelassen wurden – allerdings mit der Auflage, seine frühere Arbeit nicht wieder aufzunehmen, eine Auflage, die Brunner missachtete. Schlink holte ihn später als Professor für Dogmatik nach Heidelberg.

was sich als großer Vorteil erweisen sollte – als »Vereinsgeistlicher der Inneren Mission« bei den Bodelschwinghschen Anstalten angestellt wird. Theologisch ist die Zeit an der Theologischen Schule, an der nur Mitglieder der Bekennenden Kirche lehrten, für Schlink eine beglückende Zeit. Persönlich ist sie erschüttert durch den plötzlichen Tod seiner ersten Frau Elisabeth geb. Winkelmann, mit der er seit 1932 verheiratet war, im Mai 1936. Erst 1938, als die politischen Verhältnisse immer unruhiger werden, erhält das Leben der Familie Schlink durch die Heirat von Edmund Schlink mit Irmgard Ostwald neue Stabilität.

1939 wird die Theologische Schule durch die Gestapo geschlossen. Schlink bleibt Vereinsgeistlicher bis er von der Bekennenden Kirche in Hessen-Nassau als Visitator angestellt wird. Durch ein Redeverbot der Bielefelder Dienststelle der Gestapo wird diese Tätigkeit untersagt. Schlink wird, weil eine feste Anstellung als Pfarrer durch die Gestapo immer wieder verhindert wird, Pfarrverwalter der Marienkirche und dann der St. Reinoldikirche in Dortmund, sodann der Neustädter Marienkirche in Bielefeld. Eine Berufung als Studiendirektor am Thomasstift der lutherischen Kirche im Elsaß wird nur so realisiert, dass Schlink im November 1942 und von Mai 1943 bis Oktober 1944 monatlich vierzehn Tage in Straßburg der Ausbildung des theologischen Nachwuchses widmet. Es war Dietrich Bonhoeffer, der ihm im November 1942 bei einer Tagung der Gesellschaft für Evangelische Theologie in Berlin deutlich machte, dass der Krieg nicht zu gewinnen sei, und eine vollständige Übersiedlung nach Straßburg unter diesen Bedingungen nicht in Frage käme.[18]

In diesen unruhigen, von dauernden Ortswechseln geprägten Zeiten blieb die Konstanz in Edmund Schlinks Leben die theologische Arbeit bei Vorträgen, in der Gemeindearbeit und in der Publikationstätigkeit. 1940 erschien die Frucht der Betheler Jahre, die »Theologie der lutherischen Bekenntnisschriften«[19]. Die Frage der Ökumene tritt hier prononciert in der Ekklesiologie auf, die aus dem scharfen Gegenüber zwischen dem Reich des

---

[18] Skibbe: A Quiet Reformer, 45f. bietet Schlinks Reminiszenz an dieses Treffen mit Bonhoeffer.

[19] Vgl. die bibliographischen Anlagen im Literaturverzeichnis. In den Anmerkungen wird im Folgenden die 2. Aufl. München 1946 zitiert.

Teufels und dem Reich Christi entwickelt wird. Der Kampf zwischen beiden Reichen tritt »auf Erden in Erscheinung im Kampf um Wort und Sakrament und das heißt im Kampf um die Kirche«.[20] Die Kirche ist nach Schlink überall dort, wo Christi Herrschaft durch die Predigt des Evangeliums und die Darreichung der Sakramente ausgeübt wird. »Die Einheit der Kirche«, so heißt es lapidar, »ist die Einheit des Glaubens.«[21] Diese Einheit wird für Schlink real in der Einheit des Bekenntnisses. Hier liegt eine interpretierende Erweiterung des Begriffs der Kirche im Artikel VII der Confessio Augustana vor. Denn direkt ist hier von Bekenntnis nicht die Rede. Für Schlink ist das Bekenntnis ein Implikat der reinen Predigt des Evangeliums und der evangeliumsgemäßen Darreichung der Sakramente. »Das Bekenntnis ist ja nichts anderes als die einmütige schriftgemäße Bestimmung des ›pure‹ und ›recte‹ der Evangeliumspredigt und Sakramentsverwaltung.«[22] Hier ist der Grund wie die Grenze ökumenischer Gemeinschaft. Schlink schreibt:

> Aus diesem Grund ergibt sich für die Kirche die Notwendigkeit, bei allen ökumenischen Bestrebungen auf das bestimmteste – und sei es störend – zunächst die Frage nach der Lehre zu stellen und den Consensus in ihr zur Voraussetzung alles Redens von der Una Sancta und alles rechten Handelns in ihrem Namen zu erklären.[23]

Dieser Satz ist leicht misszuverstehen. Wird also die Einheit der Kirche in der Übereinstimmung in Lehrsätzen begründet? Nein! Denn Schlink macht deutlich, dass »predigen« und »lehren« in der Confessio Augustana dasselbe sind:

> Nicht stummer Besitz von Lehre, sondern das Ereignis mündlichen Lehrens ist hier gemeint, wiederum aber nicht ein Lehren, das von Zuspruch und Tröstung absieht, sondern ein Lehren, das Predigt ist.[24]

---

[20] Schlink: Theologie der lutherischen Bekenntnisschriften, 268.
[21] Schlink: Theologie der lutherischen Bekenntnisschriften, 280.
[22] Schlink: Theologie der lutherischen Bekenntnisschriften, 281.
[23] Schlink: Theologie der lutherischen Bekenntnisschriften, 282.
[24] Schlink: Theologie der lutherischen Bekenntnisschriften, 270.

Die Predigt aber ist nichts anderes als die äußere Gestalt von Christi »schenkendem Tun«[25], indem Gott sie als Mittel benutzt, um seine viva vox hören zu lassen.

Was die Confessio Augustana in ihrem Kirchenverständnis lehrt, wurde für Schlink real in der Erfahrung der Bekennenden Kirche: Dass die örtliche Gemeinschaft um Wort und Sakrament wirklich Kirche ist, ist für ihn – wie er in der Schrift »Der Ertrag des Kirchenkampfes«[26] schreibt – »die Neuentdeckung der Kirche«.[27] Die neu entdeckte Kirche aber geht über die eigene Konfessionskirche hinaus: Sie ist ökumenische Kirche. Schlink schreibt:

> Diese Entdeckung blieb nicht auf die eigene Konfessionskirche beschränkt. Brüder wurden auch außerhalb derselben dort sichtbar, wo wir sie bisher nicht gesucht.

Und er fährt fort:

> Wir werden es nie vergessen, daß wir in großer Not den Trost des Evangeliums auch aus dem Munde solcher Brüder vernahmen, die zu Kirchen gehören, in denen die reine Lehre des Evangeliums verdunkelt ist.[28]

Hier zeigt sich in der Neuentdeckung der Kirche die »Wirklichkeit des Herrn, der größer ist als unsere Erkenntnis und gnädiger als jedes Dogma«.[29] Man muss sich diese paradoxe Erfahrung ganz klar machen: Es ist der lutherische Kirchenbegriff, der Schlink die Erkenntnis eröffnete, dass die Kirche über die Grenzen der eigenen Konfessionskirche hinausgeht, wenn man den Grund ihres Seins und ihrer Einheit in »Christi schenkendem Tun« durch die Mittel von Wort und Sakrament sieht.[30]

Diese Erfahrung erschließt für Schlink zugleich die Aufgabe der Kirchengestaltung nach dem Kirchenkampf. Das Schlimmste wäre für ihn, dass die Bekennende Kirche »in gewisser Weise ihr

---

[25] Schlink: Theologie der lutherischen Bekenntnisschriften, 268.
[26] Vgl. die bibliographischen Angaben im Literaturverzeichnis.
[27] Schlink: Der Ertrag des Kirchenkampfes, 20.
[28] Schlink: Der Ertrag des Kirchenkampfes, 20.
[29] Schlink: Der Ertrag des Kirchenkampfes, 20.
[30] Schlink hat diesen Gedanken besonders in dem Vortrag »Die Weite der Kirche Augsburger Konfession« ausgeführt.

eigener Epigone wird«.[31] Mit dem Dritten Reich ist für Schlink ein für alle Mal das Konstantinische Zeitalter beendet, und damit stellt sich die Aufgabe der Gestaltung der Kirche auf der Basis ihres Grundes, des Evangeliums. Gerade das aber gehört keiner Kirche und wird – weil es Christi Evangelium ist – auch in anderen Kirchen laut. Die Fragestellung der ökumenischen Dogmatik beginnt bereits in der »Theologie der lutherischen Bekenntnisschriften«, und so ist es kein Wunder, dass Schlink die Theologie der Bekenntnisschriften als die Prolegomena zu seiner eigenen Dogmatik verstand, die er auch 1940 im Alter von 37 Jahren schon ankündigt.[32] Es sollten allerdings über 40 Jahre vergehen, bis diese Ankündigung sich realisierte.

## II. Die weltweite Ökumene und das Kommen Christi

1946 nimmt Schlink den Ruf auf den Lehrstuhl für Dogmatik an die Universität Heidelberg an und gründet das erste ökumenische Universitätsinstitut in Deutschland, das sich die »wissenschaftliche Untersuchung der Übereinstimmungen und Unterschiede zwischen den christlichen Kirchen und der zahlreichen Einigungsbestrebungen innerhalb der Christenheit zur Aufgabe«[33] macht. Schlink hat allerdings diese Aufgabe der kirchlichen Ökumene stets im Zusammenhang mit der anderen Aufgabe gesehen, die man als »Ökumene der Wissenschaften« bezeichnen könnte.[34] Schlinks eigener interdisziplinärer Bildungsweg bot dafür hervorragende Voraussetzungen:

---

[31] Schlink: Der Ertrag des Kirchenkampfes, 42.

[32] Schlink: Theologie der Lutherischen Bekenntnisschriften, 22: »Die vorgesehene Dogmatik, die zugleich die Prinzipien der Ethik umfassen soll, hoffe ich diesen Prolegomena in nicht zu fernerer Zeit folgen lassen zu dürfen.« Die »Einleitung« steht unter der Überschrift: »Theologie der Bekenntnisschriften als Prolegomena zur Dogmatik«.

[33] Schlink: Neubau, Separatdruck 4.

[34] Vgl. Schlink: Zum theologischen Problem der Musik; ders.: Thesen über Theologie und Naturwissenschaften; ders.: Zum Gespräch des christlichen Glaubens mit der Naturwissenschaft.

Seit Jahren schwebt mir als eine der wichtigsten Aufgaben der systematischen Theologie die Bemühung um die theologische Grundlegung der außertheologischen Wissenschaften vor, – eine Grundlegung, die nicht aristotelisch-scholastisch, sondern vom Rechtfertigungsglauben her zu erfolgen hätte,[35]

schrieb er 1945 in einem Brief. In seiner Heidelberger Antrittsvorlesung über das »Szepter der Universität Heidelberg«,[36] das die Wissenschaften im Kreise um den lehrenden Christus versammelt darstellt, hat Schlink dieses Programm interdisziplinären Gesprächs ausgeführt. Die Wissenschaften sind nicht die Magd der Theologie, sie haben ihre »lehrende Mitte«[37] in Christus. Das verpflichtet sie zur gegenseitigen Kritik: zur Kritik der Theologie an den Wissenschaften, wo andere Weltanschauungen deren Erkenntnisprozesse bestimmen, aber auch zur Kritik der Wissenschaften an der Theologie, wo diese sich selbst und ihre Systeme an die Stelle der Offenbarung rückt.[38] Schlink versucht wahrscheinlich zu machen, dass der erste Rektor der Heidelberger Universität, Marsilius von Inghen, der aus Paris kommend zur franziskanisch-occamistischen Tradition der Theologie gehörte, wissenschaftstheoretisch eher an Bonaventura als an Thomas von Aquin und seiner Synthese von Vernunft und Offenbarung, Natur und Gnade orientiert war. »Unus est magister vester, Christus«, gilt nach Bonaventura für alle Wissenschaften.[39] Darum führt der Weg der Erkenntnis vom Licht der Sinneserkenntnis (lumen cognitionis sensitivae) über das Licht der philosophischen Erkenntnis (lumen cognitionis philosophiae) zum Licht der ihnen überlegenen Schrift (lumen superius scripturae), also zum Wort Christi.

Denn jede wahre Entsprechung zwischen erkennendem Subjekt und Erkenntnis-Objekt wird allein durch die Kraft der Menschwerdung Gottes, der grundlegenden Überbrückung des Abstandes zwischen Gott und

---

[35] Schlink: Brief an Köhnlein, 30.

[36] Vgl. die bibliographischen Angaben im Literaturverzeichnis.

[37] Schlink: Das Szepter der Universität Heidelberg, 50.

[38] Vgl. Schlink: Das Szepter der Universität Heidelberg, 44–46.

[39] Zu dem Sermo über Matth. 25, 10 vgl. die Interpretation Schlinks: Das Szepter der Universität Heidelberg, 48–49.

Mensch geschaffen, die dann in den verschiedenen lumina wirksam wird.[40]

Es ist wichtig, sich in Schlinks Werk die Zusammengehörigkeit zwischen der Ökumene der Kirchen und der Ökumene der Wissenschaften deutlich zu machen: Die kirchliche Ökumene hat nicht ein kirchliches Sonderproblem zum Thema, sondern ganz grundsätzlich die Möglichkeit der Verständigung über das Zusammenleben der Menschen im Licht der Wahrheit, die in Christus erschienen ist.

Die ersten Jahre in Heidelberg sind geprägt von den Diskussionen um den Aufbau der EKD. Keine selbstgenügsame konfessionalistische Verhärtung im Sinne einer scheinorthodoxen Repristination! ist hier Schlinks – nicht ganz unpolemische und höchst aktuelle – Devise.[41] Dazu kommt Schlinks Beteiligung an der Arbeit des Ökumenischen Rats der Kirchen.[42] »Die Freiheit in der Gemeinschaft und Gemeinschaft in der Freiheit«[43]: Das ist in dieser Frage Schlinks Motto. Das Ziel der ökumenischen Verständigung ist nicht eine Aufhebung der Konfessionen, sondern eine Gemeinschaft der Konfessionen oder, wie er auch formuliert: »eine sich einander öffnende Mannigfaltigkeit der Kirchen, der die Abendmahlsgemeinschaft und die gegenseitige Anerkennung der Ämter mehr und mehr geschenkt wird«.[44]

Edmund Schlink beginnt nun in den großen internationalen Zusammenhängen der Ökumene zu wirken: Durch den Vortrag »Das wandernde Gottesvolk« bei der dritten Vollversammlung der Bewegung für Glaube und Kirchenverfassung in Lund und durch den Hauptvortrag bei der zweiten Vollversammlung des ÖRK (15.–31. August 1954) in Evanston unter dem Thema

---

[40] Schlink: Das Szepter der Universität Heidelberg, 50.

[41] Schlink: Der Ertrag des Kirchenkampfes, 72: »Es gilt nicht nur, die gemeinsame Entscheidung der Barmer Bekenntnissynode nicht zu vergessen, sondern auf dem Wege jenes gemeinsamen Bekennens fortzuschreiten. Nur so werden wir den Gefahren einer selbstgenügsamen konfessionalistischen Verhärtung im Sinne einer scheinorthodoxen Repristination entgehen.«

[42] Schlink war schon an der Vorbereitung für die zweite Weltkonferenz der Bewegung für Praktisches Christentum in Oxford 1937 beteiligt und nahm dann an der Amsterdamer Konferenz des Weltkirchenrates 1948 teil.

[43] Schlink: Die Kirche in Gottes Heilsplan, 651.

[44] Schlink: Die Kirche in Gottes Heilsplan, 651.

»Christus – die Hoffnung der Welt«. Schlinks Auftreten ist auf beiden Konferenzen eine Provokation, denn gegenüber allem rein pragmatischen ökumenischen Optimismus, auch gegenüber aller Konzentration auf die Kirche, so als stünde sie in sich selbst, insistiert Schlink darauf, dass die Kirche auf dem Weg ist, unterwegs von der Menschwerdung Christi zur Wiederkunft Christi:

Die Kirche befindet sich auf dem Wege zwischen dem ersten und dem zweiten Advent Jesu Christi. Sie befindet sich auf der Wanderschaft ihrem wiederkommenden Herrn entgegen.[45]

Nach diesem Verständnis ist die Kirche eine Institution der Zwischen-Zeit, eine Interimsinstitution. Was sie in dieser Situation der Wanderschaft, des Übergangs charakterisiert, kann darum keine Endgültigkeit beanspruchen. In diesem Sinne sind sowohl die gegenwärtigen Gestalten der Kirchen vorläufige, als auch die Trennungen zwischen den Kirchen. Eine ökumenische Methode, die sich allein darauf ausrichtet, den gegenwärtigen Lehrbestand der Kirchen auf der Suche nach Übereinstimmung zu prüfen und mögliche Konsense und Dissense festzuhalten, übersieht die Dynamik des Seins der Kirche, auch das Ende der Kirche in ihrer jetzigen Gestalt.[46] Es ist für Schlink ein Versagen der christlichen Hoffnung, dass die Kirche sich ihrer Vorläufigkeit nicht stärker bewusst ist: »In der neuen Schöpfung wird ›kein Tempel‹ sein; ›denn der Herr, der allmächtige Gott ist ihr Tempel und das Lamm‹«,[47] so zitiert Schlink in Evanston aus Offenbarung 21. Was die Kirche in der Zwischenzeit in Bewegung hält, ist allerdings nicht ihre rastlose Eile, die Zeit der Abwesenheit Jesu Christi zwischen seinem Gekommensein und seinem zukünftigen Kommen zu überbrücken, sondern seine jetzt schon in Wort und Sakrament gewährte Gegenwart. Schlink schreibt:

Die Einheit des Gottesvolkes wird überall da, wo sie in großen Nöten in Erscheinung tritt, erfahren als eine von Gott geschenkte Wirklichkeit, nämlich als die Wirklichkeit des gegenwärtigen Christus.[48]

---

[45] Schlink: Das wandernde Gottesvolk, 202.
[46] Vgl. Schlink: Das wandernde Gottesvolk, 206f.
[47] Schlink: Christus – die Hoffnung der Welt, 220.
[48] Schlink: Das wandernde Gottesvolk, 204.

Die Ökumenische Bewegung hat für Schlink nur dann Wirklichkeit, wenn sie an dieser Bewegung des wandernden Gottesvolkes teilhat, geleitet von der Hoffnung auf die Wiederkunft Christi. Ökumenische Dogmatik zu betreiben, bedeutet deswegen, die bestehenden Strukturen der Kirche, aber auch die der Dogmatik, zu dem dynamischen Grund des Glaubens in Beziehung zu setzen, den Schlink in dieser Zeit als die wirkende Wirklichkeit Christi charakterisiert.

## III. Das II. Vatikanum und das Erbarmen Christi

Das Gespräch mit der römisch-katholischen Theologie beginnt für Edmund Schlink schon im Jahr 1946 in intensiver Form. Kurz nach dem Beginn der Lehrtätigkeit in Heidelberg findet die erste Vorbesprechung des Jaeger-Stählin-Kreises statt, der seit 1968 den Namen »Ökumenischer Arbeitskreis evangelischer und katholischer Theologen« trägt. Drei Jahrzehnte lang, 1949 bis 1979, ist Schlink wissenschaftlicher Leiter des Arbeitskreises. Wilhelm Stählin hat Schlink gleich nach dem Kriegsende für diese Aufgabe gewonnen. Aber kaum hat sich der Arbeitskreis konsolidiert, gerät die Arbeit durch die Dogmatisierung der leiblichen Himmelfahrt Mariens auch schon in eine Krise. Schlink ist der Hauptverfasser eines Evangelischen Gutachtens zu dieser Frage, in dem vor der Verhärtung der evangelischen wie der katholischen Standpunkte gewarnt wird, die die Dogmatisierung mit sich bringen würde.[49] Es ist vielleicht die größte ökumenische Leistung des Jaeger-Stählin-Kreises, dass er damals weiter arbeitete und die ablehnende Haltung Roms zur Ökumene im »Monitum« von 1948 und in der »instructio« von 1949 nicht als das letzte Wort Roms zur Ökumene akzeptierte. Für Schlink gehören diese Äußerungen ebenso wie das Mariendogma von 1950 zu den Vorläufigkeiten, die die Kirche auf dem Weg zu ihrem Ziel überholen würde.

Neue Impulse zur Verständigung ergeben sich vor allem aus dem II. Vatikanischen Konzil vom 11. Oktober 1962 bis zum

---

[49] Vgl. die bibliographischen Angaben im Literaturverzeichnis.

8. Dezember 1965, an dem Edmund Schlink als offizieller Beobachter der EKD und als Sprecher der Beobachtergruppe teilnahm. In seinem Buch »Nach dem Konzil« zog er Bilanz über diese Zeit. Allen Forderungen einer Rückkehr-Ökumene zur katholischen Kirche gegenüber, wie sie auch im Ökumenismus-Dekret »Unitatis Redintegratio« anklingen, blieb Schlink standhaft – manchmal zur Irritation der römisch-katholischen Theologen. Allerdings nicht aus lutherisch-konfessionellem Eigeninteresse, sondern deswegen, weil die evangelische Kirche, dort, wo das Wort recht verkündet und die Sakramente evangeliumsgemäß gereicht werden, ja schon Kirche ist, zur einen Kirche schon gehört und deswegen nicht erst durch die Rückkehr zur römisch-katholischen Kirche von einer kirchlichen Gemeinschaft zur Kirche wird. Schlink widerspricht einer Sicht der Ökumene, die »von der römischen Kirche als der Mitte«[50] entworfen ist. Anstelle dieser ekklesiozentrischen Sicht der Ökumene fordert er, die Ökumene christozentrisch zu sehen.

> Wir dürfen nicht dabei stehenbleiben, die anderen Kirchen an uns zu messen, sondern müssen den Ausgangspunkt bei Christus nehmen, von dem wir zusammen mit allen Kirchen gemessen werden. Er ist die Sonne, um die wir zusammen mit anderen Kirchen als Planeten kreisen und das Licht empfangen. Eine Art von kopernikanischer Wende im ekklesiologischen Denken ist notwendig.[51]

Können die »Elemente der Heiligung und der Wahrheit«, die das Ökumenismus-Dekret den anderen Kirchen zugesteht, dann vielleicht anders interpretiert werden als als Elemente katholischen Kirche-Seins in den nicht-katholischen Kirchen? Nach Schlink müssen sie als »Taten Christi« verstanden werden, genauer: als das »Erbarmen Christi«,[52] durch das Christus die getrennten Kirchen gebraucht, um in ihnen und durch sie – in ihrer und durch ihre Verschiedenheit – ihre Einigung zu bewirken. Darum aber kann die Ökumene nicht als menschliche Arbeit an der Einheit der Kirche verstanden werden, als hätte die Kirche keine Einheit

---

[50] Schlink: Nach dem Konzil, 239.
[51] Schlink: Nach dem Konzil, 240.
[52] Schlink: Nach dem Konzil, 241.

abgesehen von unserem Handeln. Für die Einheit der Kirche gilt nicht: Es gibt keine Einheit, außer man schafft sie! Vielmehr gilt:

> Sie [die Einheit] ist in Christus gegeben. Wohl aber haben wir dieser Einheit Raum zu geben und abzutun, was sie entstellt und verbirgt. Von dem Gebot der Einigung gilt dasselbe wie von allen neutestamentlichen Imperativen: Gott fordert nichts, was er nicht in Christus zuvor gegeben hätte.[53]

Die Arbeit an der kirchlichen Verständigung ist so die Antwort des Glaubens auf das Erbarmen Christi, der die Einheit der Kirche in den getrennten Kirchen wirksam sein lässt.

Ökumenische Dogmatik ist darum eine Dogmatik, die sich auf die Barmherzigkeit Christi verlässt, der den getrennten Kirchen jetzt schon die unzerstörbare Einheit gibt und sie durch diese Gabe zur Gemeinschaft motiviert. Dabei ist für die ökumenische Dogmatik klar, dass sie sich niemals selbst an die Stelle Christi im kopernikanischen Universum stellen darf. Ökumenische Dogmatik bleibt auf ihrem Planeten, sie ist in ihrer Kirche verankert, indem sie dankbar anerkennt, dass die Sonne Christi diese Kirche erleuchtet, durch das Wort der Verkündigung und die Feier der Sakramente.[54] Aber von ihrem Planeten aus, verankert in ihrer Kirche, sieht ökumenische Dogmatik dasselbe Licht der Sonne auch auf anderen Planeten scheinen.[55] Sie lebt darum in

---

[53] Schlink: Nach dem Konzil, 244. Ähnlich formuliert Schlink in der Einleitung zu »Der kommende Christus«: »Christus will sich in der Einheit der Christenheit der Welt manifestieren als der eine Herr, dem das All unterstellt ist und durch dessen Kreuzessieg die Feindschaft zwischen den Menschen überwunden und der Friede angebrochen ist. Ja, er will nicht nur diese Einheit, er hat sie schon geschaffen. Sie ist nicht nur sein Ziel, sondern in ihm ist sie schon Wirklichkeit. Die Kirche ist als sein Werk die eine an allen Orten und Zeiten. Ihre Einheit kann zwar durch Menschen in Frage gestellt und entstellt, aber sie kann nicht aufgehoben werden. Darum ist es nicht unsere Aufgabe, die Einheit der Kirche zu schaffen, sondern die in Christus gegebene Einheit zur Darstellung zu bringen und alles abzutun, was sie verdunkelt.« Schlink: Der kommende Christus, 9f.

[54] Vgl. Schlink: Die Aufgaben einer oekumenischen Dogmatik, 92: »Nur als Glied einer der bestehenden Kirchen, nicht aber als isolierter Einzelner an einem Standort jenseits der bestehenden Kirchen kann ich gewiß sein, Glied der einen, heiligen, katholischen apostolischen Kirche zu sein.«

[55] Das von Schlink immer wieder gebrauchte Bild vom Transparentwerden der Wände zwischen den Konfessionen und Traditionen ist in diesem Sinne zu interpretieren.

der Hoffnung, dass – wenn Christus kommt – die ganze Menschheit im Licht dieser Sonne leben wird.

## IV. Die orthodoxen Kirchen und der Lobpreis der Herrlichkeit des dreieinigen Gottes

Überschaut man die Geschichte von Edmund Schlinks ökumenischem Engagement, hat man gelegentlich den Eindruck, dass die Enttäuschungen über verzögerte Klärungsprozesse im Verhältnis zwischen den evangelischen Kirchen und der römisch-katholischen Kirche durch seine vertiefte Bekanntschaft mit den Ostkirchen aufgefangen werden. Edmund Schlink ist einer der wenigen deutschen Theologen, der die Aufgabe der Ökumene nicht auf das Verhältnis von evangelischen Kirchen und römisch-katholischer Kirche beschränkt gesehen, sondern den orthodoxen Kirchen des Ostens große Aufmerksamkeit geschenkt hat. Es gibt eben mehr als nur zwei Planeten im Planetensystem Christi. Er hat, wie aus dem Vortrag deutlich wird, den er vor dem Zentralausschuss des Ökumenischen Rates 1959 auf Rhodos gehalten hat, die Bedeutung der östlichen und westlichen Traditionen als ein Verhältnis der Komplementarität gesehen, als ein Verhältnis der gegenseitigen Bereicherung und der geschwisterlichen Kritik.[56] Schlink erinnert gern daran, dass sich die reformatorischen Kirchen nie von der Ostkirche geschieden haben, sondern nur die Erben der alten Trennung zwischen Ost und West waren. Und er ruft immer wieder in Erinnerung, dass sowohl Luther als auch die Tübinger Theologen, die 1573 mit Jeremias II., dem Patriarchen von Konstantinopel in Korrespondenz traten, überzeugt waren, mit der Ostkirche im Glauben eins zu sein – im Glauben und in dem polyzentrischen Verständnis der Kirche eins, demzufolge sich die Einheit der Kirche in der Gemeinschaft der Kirchen verwirklicht.[57]

---

[56] Vgl. Schlink: Die Bedeutung der östlichen und westlichen Traditionen für die Christenheit, 232–240.

[57] Schlink: Die Bedeutung der östlichen und westlichen Traditionen für die Christenheit, 233.

Was Schlink an den Ostkirchen faszinierte, ist die Doxologie, der Lobpreis des dreieinigen Gottes. Je mehr er mit ostkirchlichen Theologen ins Gespräch kam – schon ganz früh mit Leo Zander[58] und George Florovsky, später vor allem mit Nikos Nissiotis[59] –, je mehr er die ostkirchliche Tradition studierte – so vor allem die Schriften von Sergej Bulgakow –, desto mehr veränderte sich seine christozentrische Sicht der Dogmatik zu einer trinitarischen Sichtweise, einer christozentrischen Trinitätslehre. Die Doxologie sah Schlink in drei Dimensionen des Lebens der Ostkirche wirksam. Sie zeigt sich erstens im Gottesdienst, wo die Kluft zwischen dem geschichtlichen Handeln Gottes in Israel und in Jesus und dem »Heute« der feiernden und anbetenden Gemeinde schwindet, weil beide aufgehoben sind in der zukünftigen Herrlichkeit des Reiches Gottes:

> Im Lobpreis des Sieges Christi am Kreuz und in der Auferstehung und in der Anbetung des ewig dreieinigen Gottes wird die zukünftige Herrlichkeit im Gottesdienst als präsent erfahren. Die Glaubenden werden in sie hineinverwandelt.[60]

Diese doxologische Struktur zeigt sich zweitens beim Dogma in den Ostkirchen, wo das Dogma primär als liturgische Redeform behandelt wird. Was keinen Ort in der doxologischen Feier des Gottesdienstes hat, wurde nicht dogmatisiert. Das Dogma weist so durch den gottesdienstlichen Vollzug permanent auf die Wirklichkeit hin, die es zur Sprache bringt. Die doxologische Struktur zeigt sich drittens für Schlink auch im Verständnis der Kirche. Alle Hierarachie ist in der Orthodoxie eingeschlossen in die Gemeinschaft und diese Gemeinschaft erfährt sich erst in ihrer Wahrheit, wenn sie den Lobpreis des dreieinigen Gottes in der Liturgie anstimmt.

Wenn man nach einem theologischen Gedanken fragt, der besonders mit dem Namen Edmund Schlinks verbunden ist, dann ist es seine Auffassung der doxologischen Struktur dogmatischen

---

[58] Vgl. Schlink: Leo Zander zum Gedächtnis, 157–159.

[59] Vgl. Nissiotis: Geleitwort zu Schlinks »Ökumenischer Dogmatik«, XIX–XXI.

[60] Schlink: Die Bedeutung der östlichen und westlichen Traditionen für die Christenheit, 235.

Redens.[61] In der Doxologie redet nicht ein Ich zu Gott, wie im Gebet; es wird nicht das Evangelium als Zeugnis verkündet, vielmehr wird Gott als Gott gepriesen. »Weicht in der Doxologie das Du dem göttlichen Er, so verschwindet in ihr zugleich das Ich des Menschen, der die Doxologie anstimmt.«[62] Und damit geht es um Gott als Gott, um Gott wie er in seinen großen Taten, vor, nach und jenseits seiner großen Taten Gott ist. Schlink schreibt: Es geht »um die Anerkennung Gottes als Gott, der von Ewigkeit zu Ewigkeit, der vor seinen Heilstaten und nach seinen Heilstaten derselben Heilige, Mächtige, Herrliche, Weise ist«.[63] In diesem von der Ostkirche aufgenommenen Gedanken wird für Schlink deutlich, dass die dogmatische Aussage durch eine mehrfache Verweisstruktur gekennzeichnet ist. Sie verweist auf das Evangelium, »Gottes tätiges Wort«,[64] und sie verweist auf die Herrlichkeit, die Gott, der Vater und der Sohn und der Heilige Geist in der Identität seines dreieinigen Wesens ist. Dieser Gedanke ist darum konstitutiv für eine ökumenische Dogmatik, weil jede christliche Dogmatik, die Dogmatik jeder christlichen Kirche, ihr Ziel im Lobpreis Gottes hat und darin ihre eigentümliche Objektivität, die durchgängige Bestimmtheit durch ihren Gegenstand, gewinnt.

## V. Edmund Schlink als Wegbereiter der Ökumene

Was Edmund Schlink, der am 20. Mai 1984 starb, als einen »Wegbereiter der Ökumene« im 20. Jahrhundert charakterisiert, ist vor allem dieses Verständnis der Aufgabe der ökumenischen Dogmatik: Keine Dogmatik, die nicht ökumenisch sein sollte; aber auch: Keine Ökumene, die nicht in dem Glaubensgrund verankert ist, den die Dogmatik zur Sprache zu bringen versucht. Eine solche ökumenische Dogmatik fragt erstens in ihrer jewei-

---

[61] Grundlegend dazu Schlink: Die Struktur dogmatischer Aussagen als ökumenisches Problem, 24–79. Den Aufsatz übernimmt Schlink leicht gekürzt in die »Ökumenische Dogmatik« (Kap. III, 1 und 2).

[62] Schlink: Ökumenische Dogmatik, 35.

[63] Schlink: Ökumenische Dogmatik, 35.

[64] Schlink: Ökumenische Dogmatik, 35.

ligen geschichtlichen Situation nach Gottes Gebot und ist darauf verwiesen, die Kirche durch Gottes Gnade immer wieder neu zu entdecken.

Sie sieht zweitens ihren Grund im schenkenden Tun Christi und sieht sich von der Wirklichkeit Christi auf den Weg gebracht, von seinem Kommen herkommend auf sein Kommen zuzugehen. Sie weiß sich drittens verwiesen auf das Erbarmen Christi, der schon jetzt den vielen Kirchen seine Gegenwart schenkt und sie zum Zeugnis der Einheit in der Gemeinschaft befähigt und beruft. Sie ist viertens die Arbeit des denkenden Glaubens, die aus dem Gebet und der Verkündigung ihre Kraft schöpft und durch die ihr von Gott gewährte Erkenntnis der Wahrheit gestärkt einmündet in den Lobpreis Gottes.

## Literatur

Eber, J.: Einheit der Kirche als dogmatisches Problem bei Edmund Schlink, FSÖTh 67, Göttingen 1993.

Nissiotis, N.A.: Geleitwort zu E. Schlinks »Ökumenischer Dogmatik«, Göttingen [2]1983, XIX–XXI.

Schlink, E.: Bekennende Kirche und Welt. Vorträge und Predigten aus den Jahren 1934 bis 1945, Tübingen 1947.

–: Brief an Arnd Ruprecht vom 26. Oktober 1975, zitiert bei J. Eber, Einheit der Kirche als dogmatisches Problem bei Edmund Schlink, FSÖTh 67, Göttingen 1993, 49.

–: Brief an Köhnlein, Bethel 24. Juli 1945, zitiert bei J. Eber, Einheit der Kirche als dogmatisches Problem bei Edmund Schlink, FSÖTh 67, Göttingen 1993, 30.

–: Christus – die Hoffnung der Welt, Vortrag, gehalten in der Eröffnungssitzung der zweiten Vollversammlung des Ökumenischen Rates der Kirchen in Evanston, in: Ders., Der kommende Christus und die kirchlichen Traditionen, Göttingen 1961, 211–220.

–: Das Szepter der Universität Heidelberg (Heidelberger Antrittsvorlesung), Aus Leben und Forschung der Universität 1947/48, hg.v. Wolfgang Kunkel. Schriften der Universität Heidelberg 4, Berlin/ Göttingen/ Heidelberg 1950, 31–50.

–: Das wandernde Gottesvolk, Vortrag, gehalten am 17. August in der Eröffnungssitzung der dritten Weltkonferenz für Glauben und Kirchenverfassung in Lund, in: Ders., Der kommende Christus und die kirchlichen Traditionen, Göttingen 1961, 202–210.

–: Der Ertrag des Kirchenkampfes, Gütersloh [1+2]1947.

–: Der kommende Christus und die kirchlichen Traditionen, Göttingen 1961.

–: Der Mensch in der Verkündigung der Kirche. Eine dogmatische Untersuchung, München 1936 (erweiterte Fassung der Habilitation Gießen 1934).

–: Der Neubau des Ökumenischen Instituts und Studentenwohnheims der Universität Heidelberg, Ruperto-Carola 10, Bd. 23 (1958), 197–200, Separatdruck 4.
–: Die Aufgaben einer oekumenischen Dogmatik, in: Zur Auferbauung des Leibes Christi. FS Prof. D. Peter Brunner zum 65. Geburtstag, hg.v. E. Schlink und A. Peters, Kassel 1965, 84–93.
–: Die Bedeutung der östlichen und westlichen Traditionen für die Christenheit, in: Ders., Der kommende Christus und die kirchlichen Traditionen, Göttingen 1961, 232–240.
–: Die Frage der Erkennbarkeit göttlichen Handelns in der Geschichte, Habilitationsvorlesung an der Universität Gießen 1934, in: ders, Bekennende Kirche und Welt. Vorträge und Predigten aus den Jahren 1934 bis 1945, Tübingen 1947.
–: Die Kirche in Gottes Heilsplan: Die Ergebnisse der ersten Sektion der Weltkirchenkonferenz in Amsterdam, ThLZ 73 (1948), 641–652.
–: Die Struktur dogmatischer Aussagen als ökumenisches Problem, in: Ders., Der kommende Christus und die kirchlichen Traditionen, Göttingen 1961, 24–79 (zuerst in: KuD 3 (1957), 251–306); diesen Aufsatz übernimmt Schlink leicht gekürzt in die »Ökumenische Dogmatik« (Kap. III, 1 und 2).
–: Die Vision des Papstes. Erzählung. Mit einem Vorwort von Franz Kardinal König und Landesbischof Klaus Engelhardt, Karlsruhe 1997.
–: Die Weite der Kirche Augsburger Konfession, LR 1 (1949), 1–13; Nachdruck in Schlink, E.: Der kommende Christus und die kirchlichen Traditionen, Göttingen 1991, 106–115.
–: Emotionale Gotteserlebnisse: Ein empirisch-psychologischer Beitrag zum Problem der Natürlichen Religion. Lizentiatendiss. Münster 1930, erschienen Leipzig 1931. Im Anhang dieses Buches befindet sich der von Schlink zur Lizentiatendissertation eingereichte Lebenslauf.
–: Evangelisches Gutachten zur Dogmatisierung der leiblichen Himmelfahrt Mariens, München 1950.
–: Leo Zander zum Gedächtnis, ÖR 14 (1965), 157–159.
–: Nach dem Konzil, Göttingen 1966.
–: Ökumenische Dogmatik. Grundzüge, Göttingen $^{2}$1983.
–: Persönlichkeitsänderung in Bekehrungen und Depressionen: Eine empirisch-religionspsychologische Untersuchung. Nebst kasuistischen Beiträgen zur Psychologie des Gotteserlebens als Anhang. Diss. Marburg (Masch.-schr.) 1927, Teilabdruck in: Archiv für die gesamte Psychologie 70 (1929), H. 1/2, 81–118.
–: Predigt in der Trauerfeier für D. Peter Brunner: Professor der Theologie, gehalten am Sonntag Rogate, dem 24. Mai 1981, KuD 28 (1982), 2–6.
–: Theologie der lutherischen Bekenntnisschriften, München 1940. In den Anm. wird München $^{2}$1946 zitiert.
–: Thesen über Theologie und Naturwissenschaften, EvTh 7 (1947), 93–94.
–: Zum Gespräch des christlichen Glaubens mit der Naturwissenschaft, in: Medicus Viator: Fragen und Gedanken am Wege Richard Siebecks. FS zum 75. Geburtstag, Tübingen/ Stuttgart 1959, 273–295.
–: Zum theologischen Problem der Musik, SGV 188, Tübingen $^{1}$1945, $^{2}$1950.
Schnurr, G.: Edmund Schlink 80 Jahre, Rhein-Neckar-Zeitung 5. März 1983.
Skibbe, E.M.: A Quiet Reformer. An Introduction to Edmund Schlink's Life and Ecumenical Theology, Minneapolis 1999.

Slenczka, R.: Edmund Schlink. Ökumene in theologischer Verantwortung, in: G. Gloede (Hg.), Ökumenische Profile. Brückenbauer der einen Kirche, Stuttgart 1963, 155–166.

Michel Deneken

# Yves Kardinal Congar

## Der Theologie der Ökumene des zwanzigsten Jahrhunderts in Frankreich

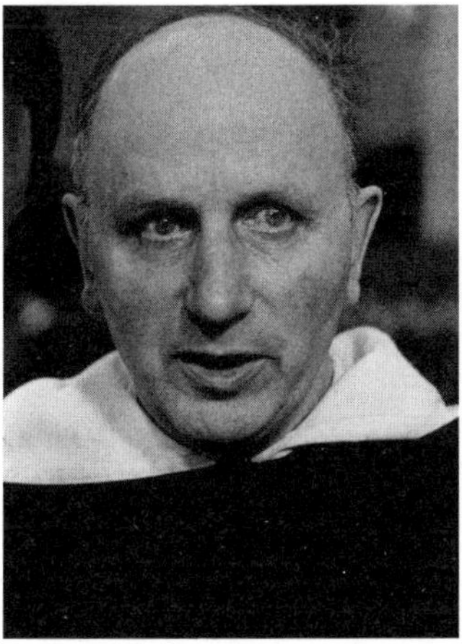

13. April 1904–27. Juni 1995. Nach dem Studium der Philosophie, der Aufnahme in den Orden der Dominikaner und dem Theologiestudium an der Dominikanerhochschule Le Saulchoir wurde er 1930 zum Priester geweiht. Seit 1931 Prof. für Fundamentaltheologie und Dogmatik an Le Saulchoir. Ab 1954 wurde seine Lehrtätigkeit eingeschränkt. 1962 wurde er durch die Berufung zum Konzilsberater durch Johannes XXIII rehabilitiert. Seine 1937 gegründete Publikationsreihe Unam Sanctam gab der römischatholischen Theologie wichtige Impulse. Congar formulierte programmatisch auf der Basis umfangreicher Studien das Verständnis der Kirche als Volk Gottes und Communio unter der Führung des Heiligen Geistes.

### I. Person und Leben

In seiner Eröffnungsrede zur Plenarsitzung, die er als Präsident des Pontifikalrates für die Förderung der Einheit der Christen in Rom im Herbst 2001 unter dem Titel »Aktuelle Situation und Werden der Ökumenischen Bewegung« hielt, bezeichnet Walter Kardinal Kasper Yves Marie Congar zusammen mit Johann Adam Möhler als einen der Väter der katholischen ökumenischen Theologie. Man muss Kardinal Kasper zustimmen: Dies zeigt sich mit immer größerer Deutlichkeit.

Zuerst soll hier etwas zur Person und zum Leben gesagt werden, denn hierüber ist wohl weniger bekannt, als man eigentlich annehmen könnte: Congar, Yves – Dominikaner, Professor, Kardinal, * 13. April 1904 in Sedan, † 22. Juni 1995 in Paris.

1925 trat er in den Dominikanerorden ein. Die Priesterweihe empfing er im Jahre 1930. 1931 wurde er nach Abschluß der Studien als Professor für Apologetik, dann für Ekklesiologie an die Ordenshochschule Le Saulchoir berufen, damals in Belgien, seit 1939 in Etiolles bei Paris.

Sehr rasch wurde er durch Schrift und Wort weithin bekannt. Vor allem sein Bemühen um die Ökumene brachte ihn fast in aller Munde. Er begründete die ökumenisch ausgerichtete Buchreihe »Unam Sanctam«. Als erster Band erschien 1937 seine programmatische Schrift: »Chrétiens désunis«. Der zweite Band ist die französische Übersetzung der »Einheit« des Tübinger Theologen Johann Adam Möhler.[1]

Im 2. Weltkrieg eingerückt, kam er beim Frankreichfeldzug 1940 als Offizier der französischen Armee in deutsche Kriegsgefangenschaft. 1945 kehrte er aus der Gefangenschaft zurück.

In den 1946 begonnenen Memoiren schildert er in ganz besonderer Weise die Entwicklung und den Werdegang seiner ökumenischen Aktivitäten. Auch den Weg zum Priestertum und die Grundrichtungen seiner Theologie entfaltet er an dieser Stelle. Von Bedeutung waren für ihn hier vor allem Johann Adam Möhler und Marie-Dominique Chenu. Auch der Name Henri-Marie Feret erscheint in diesem Zusammenhang.

Die Jahre 1946–1956 sind vor allem gekennzeichnet durch größte Schwierigkeiten mit den Vatikanischen Stellen und deren Verständnis bzw. Interpretation seiner Theologie. Das »Heilige Offizium«, wie damals die Glaubenskongregation hieß, zeichnete sich durch eine starre neuscholastisch-thomistische Position aus, die unweigerlich zum Konflikt führte mit dem theologischen Denken Congars.

1947 und 1948 erfolgen die ersten Warnungen des Generalmagisters des Dominikanerordens, Emmanuel Suarez, Congar möge sich doch in ökumenischen Fragen zurückhalten. Am 28. Februar 1952 verbietet ihm das Hl. Offizium die Neuauflage und jede Übersetzung des 1950 erschienenen Buches »Vraie et fausse réforme dans l'Église«. Alle künftigen Schriften werden der Zen-

---

[1] Möhler: Einheit in der Kirche.

sur des Generalmagisters unterworfen. Rom verbietet die Publikation seines Werkes »Le Christ, Marie et l'Église«.

1954 beginnen die eigentlichen Schläge. Darüber setzt uns ausführlich sein 2001 erschienenes Tagebuch in Kenntnis.[2] Die Denunziationen, die auch von Bischöfen und einer Reihe von Dominikanern kommen, betreffen anscheinend nicht mehr nur Congars theologische Haltung zu Fragen der Ökumene, sondern auch andere theologische und pastorale Fragen, vor allem seine Haltung zur Frage der Arbeiterpriester.[3]

Congar erhält Lehrverbot und muß die Ordenshochschule von Le Saulchoir verlassen. So kommt es zu Congars »erstem Exil«. Er wird in das Bibelinstitut der Dominikaner in Jerusalem geschickt, »wo er sich völlig isoliert fühlt«.[4] Im Winter 1954 wird er nach Rom zitiert. Dort findet Mitte Dezember ein langes »Gespräch« im Hl. Offizium statt. Bemerkenswert berichtet W. Seibel: »Notizen darf Congar keine machen, beide seien zu absolutem Stillschweigen verpflichtet.«[5] Rom wird zum zweiten Exil. Im Februar 1955 wird ihm gestattet, nach Frankreich zurückzukehren. Im November 1955 kommt die Weisung, Frankreich wieder zu verlassen. Congar muß nach Cambridge, wo er am 6. Februar 1956 ankommt.

Dies ist nun das dritte Exil. Seibel bemerkt dazu:

> Es ist das härteste, schreibt er, und er empfindet seine Lage als aussichtslos. Irgendeine Veröffentlichung ist ihm künftig offensichtlich unmöglich, da die Zensoren alle seine Manuskripte zurückweisen. Gründe erfuhr er nur einmal, und diese waren alles andere als stichhaltig ... Für den Entzug der Lehrerlaubnis, für die Weisung, Le Saulchoir zu verlassen, für die Verbannung nach Jerusalem oder Cambridge wurden ihm überhaupt keine Gründe genannt. So konnte er sich auch niemals verteidigen. Was er verlangt, ist einfach Gerechtigkeit. Aber diese wird ihm verwehrt.[6]

Congar ist verzweifelt. In einem Brief vom 10. September 1956 aus Cambridge an seine Mutter bekennt er, man habe ihn »zerstört«, er sei ein »mort-vivant«, man habe ihm alles genommen,

---

[2] Vgl. Congar: Journal d'un théologien.
[3] Vgl. Seibel: Yves Congar, 422.
[4] Seibel: Congar, 422.
[5] Seibel: Congar, 422.
[6] Seibel: Congar, 422f.

was für ihn und andere wahres Leben aus dem Glauben gewesen ist. Besonderen Wert legte er ja auf die lebendige Vermittlung des Glaubens an die Menschen, und auch dies war ihm zur Zeit verwehrt.

Père Congar ist zum Schweigen verurteilt. Er gerät ins Exil, in die Einsamkeit, in die Verzweiflung. Erschütternd der Brief, den er seiner Mutter zum 80. Geburtstag schickt:

> Sie haben mich praktisch zerstört ... Man hat mir alles genommen, woran ich geglaubt habe, was ich mir selbst gegeben habe: Ökumenismus, Unterricht, Vorträge, Priesterseelsorge, die Mitarbeit bei Témoignage Chrétien … Meinen Körper hat man nicht angerührt, meine Seele eigentlich auch nicht, man hat von mir nichts verlangt. Aber die menschliche Person ist nicht auf seinen Leib und seine Seele beschränkt. Vor allem wenn dieser Mensch ein Apostel ist, dann ist er seine Tätigkeit, seine Freundschaften, seine Beziehungen, das, was er ausstrahlt. All das hat man mir genommen, man hat es mit Füßen getreten, und so hat man mich tief verletzt. Man hat mich vernichtet.[7]

Es war ein einziger innerkirchlicher Skandal wie man von oberster Stelle mit Congar umging, ein zutiefst beschämendes Zeichen der Schattenseiten des Pontifikats von Pius XII. in seinen letzten Regierungsjahren. Trotzdem wies Congar immer wieder darauf hin, daß nicht bloße Unterwerfung und bloßer Gehorsam dem Hl. Offizium gegenüber, sondern lebendiges Glaubensdenken für die Gegenwart und für die Zukunft der Kirche vonnöten sei. Am 12. November 1956 wird ihm von seinem Provinzial mitgeteilt, daß er nach Frankreich zurückkehren kann.

Unter Johannes XXIII. endlich war die Zeit der Bedrückung für Congar zu Ende. Am 20. Juli 1960 wurde er zum Konsultor der theologischen Vorbereitungskommission des Zweiten Vatikanischen Konzils ernannt. Jean-Julien Weber, der Erzbischof von Straßburg, und sein Koadjutor Bischof Elchinger wählen Congar zu ihrem persönlichen theologischen Berater. Dies erhellt die paradoxe Situation, in welcher er lebt: er ist im Straßburger Dominikanerkloster beherbergt, weil der mutige Erzbischof ihm die Türen seiner Diözese für sein Exil eröffnet hat.

---

[7] Vgl. Congar: Journal d'un théologien, 424–431.

Beim Konzil selbst wurde Congar einer der einflußreichsten Theologen. Er war ein ausgesprochener Gegner der puren neuscholastischen Schultheologie. Er verwies vielmehr zur Erneuerung kirchlichen Denkens und Lebens auf die Quellen des Christentums und die Tradition der frühen Kirche. 1968 kehrte Congar nach Saulchoir zurück. Am 26. November 1994 berief ihn Johannes Paul II. ins Kardinalskollegium. Maria Osner stellt treffend fest:

> Dem Denker und Mystiker mit feinem Gespür für Geschichte und Realität geht es vor allem um Wesen und Lebensdimension der Kirche. Ihre Zerrissenheit macht ihn zum großen Wegbereiter der Ökumene. Inspiriert von J.A. Möhler entdeckte C. durch profunde Quellenforschung Kirche neu als Volk Gottes und Communio sowie deren Lebensprinzip, den Hl. Geist. Der Erneuerer der Kirche und einflußreiche Konzilstheologe erforschte die Rolle der Laien, die wahre Tradition (im Unterschied zum historisch Wandelbaren) und ihre Dynamik auf Eschatologie hin.[8]

## II. Die ökumenische Berufung

### Eine Berufung durch und zur Begegnung

Mit Yves Congar haben wir es mit einem Theologen zu tun, dessen fast unüberschaubares Werk viele ökumenisch bedeutsame Gedanken und Überlegungen enthält, die das theologische Gespräch zwischen den Konfessionen angeregt und beeinflusst haben. Manche seiner Formulierungen sind heute gewissermaßen zu weit verbreiteten und rezipierten »loci theologici« geworden.

Die Erkenntnis seiner »ökumenischen Berufung« datiert Congar selber auf das Jahr 1929. In einem längeren Vorwort zu seinem Buch »Chrétiens en dialogue«[9], berichtet er von seinem eigenen Weg und den dabei gemachten Erfahrungen. Die Lektüre zeigt, dass das Engagement für den Ökumenismus und die Bemühung um Kontakte zu den getrennten Christen manche Schwierigkeiten und Verdächtigungen im eigenen »Lager« zur

---

[8] Osner: Art. Congar, 1295–1296.

[9] Congar: Chrétiens en dialogue, IX–LXIV.

Folge haben konnte. Intensiv hat sich Congar immer wieder mit der östlichen Christenheit beschäftigt. Der Frage nach dem Grund des Schismas ist er häufig nachgegangen.

Von Bedeutung war für ihn in ökumenischer Hinsicht zunächst der Anglikanismus. Er hatte anfänglich die Hoffnung, ein Verständnis des Anglikanismus als »Via Media« könnte ökumenisch fruchtbar sein. Sehr schnell aber musste er sich der Wirklichkeit des Anglikanismus bewusst werden, der Vielfalt und der Zersplitterung dieser Konfession.

Besonders interessiert hat ihn der Protestantismus. Trotz aller wissenschaftlichen Beiträge, die Congar für eine bessere Kenntnis der östlichen Tradition geleistet hat, muss man sagen, dass er sich für die französische Theologie, und dies sehr früh, als *der* Wegbereiter der katholisch-evangelischen Ökumene erwiesen hat. Er ist wahrscheinlich der erste katholische Theologe Frankreichs, der Luther im Text gelesen und studiert hat. Diese Begegnung mit der Reformation und mit Luthers Werk und Weg hat für Congars ökumenische Berufung eine ausschlaggebende Rolle gespielt.

Mit einem umfangreichen Buch greift er 1937 in die Diskussion um die Ökumene ein und zeigt, auf welche Prinzipien sich ein »katholischer Ökumenismus« stützen könnte.[10]

In dem schon erwähnten Rückblick im Vorwort zu »Chrétiens en dialogue« kommt Congar auch auf dieses Werk von 1937 zu sprechen. Er gibt zu, dass diese Arbeit manche Mängel aufweist, dass sein Urteil über die ökumenische Bewegung vorschnell und häufig zu kategorisch gewesen sei, dass ihm der missionarische Dynamismus der Bewegung entgangen sei, und dass der theologische Ansatz des Buches nach Präzisierungen verlange. Dennoch hat dieses Buch einen erheblichen – einen dauerhaften und bis heute prophetischen – Einfluss ausgeübt. Für viele Katholiken und für manche späteren Konzilsväter war es der Anfang eines ökumenischen Erwachens. »Chrétiens désunis« stellt – so sah es Congar auch selbst – den ersten Versuch überhaupt dar, den Ökumenismus theologisch zu definieren oder doch wenigstens ihm seinen theologischen Ort anzuweisen. Darüber hinaus

[10] Congar: Chrétiens désunis.

behandelt das Werk das Problem des Ökumenismus in Bezug auf dic Katholizität der Kirche.[11]

## Ein ekklesiologischer Realismus

Wichtig an »Chrétiens désunis« scheint heute noch, dass sich Congar hier über jeden Dogmatismus und jedes Vorurteil hinaus bemüht, die Situation der nichtkatholischen Christen und ihrer kirchlichen Gemeinschaften theologisch zu deuten. Congar hält eine Gliedschaft in der Kirche für möglich, die sich auf mehr oder weniger vollkommene Weise realisiert.[12]

Von noch größerer Wichtigkeit scheint der Gedanke, dass sich das, was Kirche meint, in den einzelnen christlichen Konfessionen, insofern sie die soziologischen Realitäten darstellen, auf unterschiedliche Weise verwirklicht. Am deutlichsten und vollkommensten kommt das Kirchesein zwar der katholischen Kirche zu. Das bedeutet aber nicht, dass es in den anderen Gemeinschaften nicht doch noch »Elemente der Kirche« gibt.[13] Somit wird sich die Wiederherstellung der christlichen Einheit wohl nicht verwirklichen lassen ohne eine »Konversion« der kirchlichen Gemeinschaften, indem sie von der Una Sancta das aufnehmen, was ihnen jeweils fehlt. Wenn aber andererseits die Einheit und Katholizität schon in der katholischen Kirche realisiert sind, so handelt es sich bei der Kirche doch um eine lebendige Wirklichkeit. Deshalb enthält selbst das, was sich in ihr in einer gewissen Fülle und Vollkommenheit darstellen mag, in sich immer noch die Möglichkeit weiterer Entfaltung und weiteren Wachstums. Insofern die anderen Gemeinschaften christliche Werte bewahrt und entfaltet haben, streben diese Werte ihrer Natur nach zu einer Integration in der einen und katholischen

[11] Vgl. Congar: Chrétiens en dialogue, XXXVf.

[12] Vgl. Congar: Chrétiens désunis, 262.

[13] Congar: Chrétiens désunis, 314–321. Dieser Gedanke wurde im übrigen von den Konzilsvätern später geteilt, wie sich aus der Lektüre von »Unitatis redintegratio« ergibt.

Kirche.[14] Das II. Vatikanische Konzil hat von diesen Gedanken vieles aufgegriffen.

## Prinzip der Reformierung

Sehr früh befasst sich Congar mit großer Kühnheit mit dem Konzept der Reformierung der Kirche. In »Vraie et fausse réforme dans l'Église« vertritt er schon 1950 die Idee einer Reformierung der Kirche, die auf der Unterscheidung zwischen Struktur und Leben der Kirche beruht. Es kann bei dieser Reformierung also nicht nur darum gehen, den »Prinzipien« Rechnung zu tragen, sondern es müssen die konkreten Tatsachen des kirchlichen Lebens berücksichtigt werden. Deshalb fürchtet Congar sich nicht, Freiheit und Selbstkritik in Anspruch zu nehmen. Es werden Maßnahmen wahrhaftiger Reformierung beansprucht, die der evangelischen Wahrheit entsprechen. Manche konkreten Aspekte des kirchlichen Lebens müssen reformiert werden, neue Formen müssen ins Leben gerufen werden, damit die Treue zum Evangelium immer eindeutiger in den Mittelpunkt der Bemühungen der Kirche treten kann. In dieser Hinsicht spielen die Laien eine verheissungsvolle und immer grössere Rolle. Das Reformierungskonzept Congars ist alles andere als lediglich Theorie oder Ideologie. Es handelt sich um ein Unternehmen, das aus der Wirklichkeit der lebendigen Kirche hervorgeht. Einem heutigen Theologen mögen die Schlussfolgerungen Congars in »Vraie et fausse réforme« als sehr vorsichtig erscheinen. Zur Zeit der Erscheinung des Werkes vor einem noch gänzlich anderen Hintergrund und Stand der ökumenischen Beziehungen waren die Gedanken und Vorschläge Congars gewagt und für konservative Ohren unerhört. Er konnte zwar nicht schreiben, wie etwa ein Lutheraner, die Kirche sei peccatrix. Aber indem er behauptet, sie sei semper reformananda, sagt er schließlich nichts anderes. Wenn man das Buch heute liest, ist man erstaunt, wie modern es klingt, und es ist nicht sicher, ob manche heutigen

---

[14] Vgl. Congar: Chrétiens désunis, 314–321.

Kirchenoberhäupter das, was Congar schreibt, mit grösserem Wohlwollen empfangen als ihre Vorfahren …

## Der Ökumenische Weg

Wenn man »Chrétiens en dialogue« von 1964 in die historische Perspektive der persönlichen Entwicklung Congars setzt, das Werk zugleich aber auch im Horizont der Kirchengeschichte vor und nach dem Konzil liest, dann ergeben sich drei Hauptbeiträge Congars zur Ökumene.

*Die Ökumene als Berufung*
Congar sagt selbst, dass er während der Exerzitientage vor seiner Priesterweihe so etwas wie eine persönliche Berufung erfahren habe, an der Einheit der Christen zu arbeiten. Er war darin durch seine Meditation über Joh 17 bestärkt. Er will als Theologe dieser Einheit besonders dadurch dienen, dass er geschichtliche Theologie treibt, denn allein der Weg zur Geschichte und von der Geschichte her kann Probleme lösen und Dissense freigeben.

*Ökumene ist hauptsächlich eine Entdeckung der Anderen*
Sei es durch Bücher oder durch konkrete und unmittelbare persönliche Begegnung mit den »Anderen«, Congar zeigt sich unersättlich, seine Kenntnis der anderen Traditionen zu vertiefen. Man hat Schwierigkeiten sich vorzustellen, was Congar alles gelesen hat! Sehr früh entdeckt er, dass es etwas sehr Tiefes bei Luther zu finden und zu verstehen gibt.[15] Um die anderen kennen zu lernen, braucht es viel Zeit. Ökumene ist Ausdauer- und Langlauftheologie. Jedesmal, wenn man dem anderen in Wahrheit begegnet, entdeckt man sich selbst. Psychologische und theologische Wahrheit prüfen sich gegenseitig.

*Ein evolutives Konzept der Einheit*
Von Anfang an ist für ihn die Gebetswoche Gelegenheit, die Einheit der Christen als schon gegebene Wirklichkeit wahrzu-

[15] Vgl. Congar: Une passion, l'unité, 17.29.

nehmen. Deshalb wird er sich sehr früh bewusst, dass die ökumenische Arbeit keine theologische Spezialdisziplin sein darf, sondern sich vielmehr als eine bestimmte Art darstellt, (allgemeine) Theologie zu treiben. Deshalb wird Congar besonders auf dem Gebiet der Ekklesiologie tätig. Er geht von einem »katholischen Ökumenismus« über zu einem »katholischen Zugang zum Ökumenismus«. Nach dem Konzil betont er immer stärker den christlichen und theologischen Wert des sich Ex-zentrierens. Ökumenische Theologie wird er schliesslich am Ende seines Lebens als eine Erfahrung bezeichnen: »Die Art, auf welche man die Dinge betrachtet, ändert sich von Grund auf je nachdem man davon eine Erfahrung hat oder nicht.«[16] Dies wird dann in dem Meisterwerk »Diversités et communion« mit grosser prophetischer Kraft, aber auch mit tiefer historischer Einsicht bezeugt; Vielfalt und Kommunion in den Kirchen: Die Einheit ist schon gegeben!

## Die ökumenische Bekehrung

Es ist also schwierig, von einer Erfahrung zu sprechen. Man macht sie oder man macht sie nicht. Und dennoch ist sie unentbehrlich. Wenn man die Erfahrung aber macht, dann ergibt sich daraus so etwas wie eine Wiedergeburt. Durch diese Erfahrung wird man zu einem anderen Menschen.[17] In der Begegnung mit dem anderen ergibt sich eine Dynamik, die es möglich macht, eine kritische Rückfrage an die eigene Tradition zu wagen. Wenn man mit einer anderen Tradition ins Gespräch kommt und im Gespräch bleibt, dann bekommt man mehr Sinn für Geschichte. Die Bedeutung der Geschichte wird von Congar besonders im ökumenischen Kontext entdeckt, nicht nur als ein unschätzbares Instrument, um zur Wahrheit zu gelangen. Geschichte ist Ort und Blickwinkel der Theologie, so wie er sie versteht. Diese Sichtweise gerät natürlich in Konflikt mit einem klerikalen Selbsverständnis und mit einer nicht mehr zeitgemäßen apologeti-

[16] Congar: Une passion, l'unité, 51.
[17] Congar: Chrétiens en dialogue, 125f;130.

schen Schwarzweiß-Theologie. Congar hat in der ökumenischen Arbeit entdeckt, dass man ungetrennt empfangen und kritisieren muss, damit man zur gleichen Zeit zur Vollkommenheit und zum vollen Erschliessen der Wahrheit gelangen kann, die sich dem Menschen nur in der Geschichte schenkt. Und es ist nicht einfach, sich bis an das Ende seiner eigenen Wahrheit zu wagen, anstatt in der eigenen komfortabel schützenden Mittelmässigkeit zu verharren.

## Martin Luther

In seinem 1983, ein Jahr nach »Diversités et communion« erschienenen Lutherbuch[18], kommt Congar auf eine zentrale Figur seiner theologischen Arbeit zurück, denn schon 1950 erwies er sich in »Vraie et fausse réforme« als hervorragender katholischer Lutherspezialist. In seinem neuen Werk erkennt er nun, dass er Luthers Reformationswerk noch positiver einzuschätzen hat. Besonders gibt er zu, dass Luther dem Katholizismus des 16. Jahrhundert darum fremd geworden war, weil er sich nicht mehr in der Welt der Ontologie und der Scholastik bewegte. Für Congar hat Luther nichts Wesentliches am Dogma der Kirche angerührt. Er hat nur eine neue semantische Ära eröffnet. Er verschweigt nicht die Einwände, die er gegen die lutherische Theologie hat, zum Beispiel hinsichtlich der Frage der Sakramentalität von Wort und Kirche. Er schreibt endlich, dass trotz der jüngsten, positiven Entwicklungen in der Lutherrezeption des Katholizismus, »wir uns von Luther immer noch ansprechen lassen müssen«.[19]

[18] Vgl. Congar: Martin Luther.
[19] Congar: Martin Luther, 80.

### Theologie auf der Suche nach dem Menschen

Man kann letzten Endes nichts über Congars ökumenischen Einsatz und über seine ökumenische Arbeit sagen, ohne den Hintergrund seines gesamten theologischen Wirkens mit in die Betrachtung einzubeziehen. Ökumenische Theologie läßt sich bei Congar nicht von »sonstiger« Theologie trennen. Congar erkennt selber in seinem Leben eine Ausrichtung, die ihn immer genauer und mit zunehmender Schärfe auf die Wege einer Theologie bringt, die fähig ist, den konkreten, heutigen Menschen anzusprechen, in seiner Geschichtlichkeit, einen Mensch, der Sinn für Verantwortung in dieser Welt hat und der sich seiner geschichtlichen Dimension bewusst ist. Diese Theologie, so schreibt Congar, ist auf der Suche nach der konkreten weltlichen Wirklichkeit einer Welt, »so wie sie sich selber sucht und so wie sie im Gange ist, sich zu verwirklichen«.[20] Dieses Im-Werden-Sein der Wirklichkeit und das stetige Suchen des Menschen sind Kennzeichen der Congarschen Theologie.

## III. Congars Prinzipien der katholischen Ökumene: Eine Bilanz

### Theologie als Geschichte

Es ist schwierig, die Theologie Congars zu charakterisieren, weil die Durchbrüche, die ihm die Theologie und die Ökumene des 20. Jhdts zu verdanken haben, nicht zuerst einem vorgesetzten oder geahnten Ziel entsprechen, auch nicht auf seine Anwendung des Systems einer philosophischen Schule zurückzuführen sind, sondern sich vielmehr hauptsächlich aus einer im Laufe seines theologischen Wirkens gewählten Methodologie ergeben haben. Als man ihn als heranwachsenden Studenten fragte, welches die beste Ausbildung sei für einen guten zeitgenössischen katholischen Theologen, antwortete er: »Geschichte, Geschichte.« In

---

[20] Congar: Situations et tâches présentes, 15f.

der Ökumene erscheint diese Vorwegnahme der geschichtlichen Methodologie als besonders angebracht.

Das geschichtliche Prinzip ist jedoch für Congar nicht nur eine Methode. Congar »benutzt« die Geschichte nicht. Er ist der Ansicht, die christliche Botschaft sei ihrem Wesen nach geschichtlich, das heißt auf Geschichte bezogen und Geschichte produzierend. Sein Ordensmitbruder J.P. Jossua spricht in dieser Hinsicht von den »Rückkehren in die Vergangenheit«[21], die besonders prägnant sind: sie sind Kennzeichen nicht nur der Methode, sondern auch der Spiritualität und schließlich auch der Psychologie Congars.

Yves Congar, der wesentlich zur Erneuerung des katholischen Kirchenverständnisses während des II. Vatikanischen Konzils beigetragen hat, vermerkt in seinen theologischen Schriften mehrfach, dass er wesentliche Einsichten der orthodoxen Ekklesiologie verdankt. Insbesondere stand er mit den russischen Emigranten-Theologen in Paris in Verbindung, darunter mit Sergij Bulgakov.[22]

## Ökumene und Kirche / Ökumene oder Kirche?

Giuseppe Alberigo versucht die Frage »Ökumene oder Ekklesiologie« zu beanworten. Für ihn steht fest, dass Congar letzten Endes zuerst Ekklesiologe und dann Ökumeniker ist. Er hätte, so Alberigo, eine gewaltige ökumenische Arbeit geleistet, weil er die katholische Ekklesiologie aus dem Kerker des Essentialismus befreien wollte und ihr Geheimnis in seine geschichtliche Dimension zu setzen versucht hat.[23] Alberigo hat in gewissem Sinne Recht, aber gerade diese ekklesiologische Dimension macht, dass es doch schließlich der ökumenische Einsatz ist, der sich durchsetzt, weil Congar die Leidenschaft der Kirche als Einheit pflegte.

---

[21] Jossua: Signification théologique, 93f.
[22] Vgl. Congar: théologie du laicat.
[23] Alberigo: Réforme et unité de l'Église, 14–16.

Congar pflegte zu sagen: »Ich habe nie einen Plan gehabt.«[24] Man kann sogar behaupten, so paradox dies auch klingen mag, dass er niemals eine eigene Ekklesiologie entworfen hat – seine eigene Ekklesiologie ist ja unvollendet geblieben – und dass er auch weder eine gänzlich eigene ökumenische Theologie noch ein bestimmtes Programm für die Reformierung der Kirche geschaffen hat. Seine Leidenschaft für die Kirche und die Einheit der Christen und seine unermüdliche Forschung auf dem Gebiet der Geschichte haben es ihm aber ermöglicht, einen ausschlaggebenden und andauernden Beitrag zu einer erneuerten Ekklesiologie zu leisten. Es ist eine schöpferische Arbeit, die tief in der Tradition der Kirche wurzelt, dort, wo die geschichtliche Methode all ihr erfrischendes Wasser findet. Wie Thomas von Aquin hat Congar in der Tradition der Kirche Treue und Freiheit miteinander zu verbinden gewusst.

## Die Tradition kann nur in den Traditionen erfahren werden

Congar hat versucht, dem Konzept der Tradition seine ökumenische Relevanz nicht dadurch zu geben, dass er sie als das »Ziel« der konfessionellen Traditionen versteht, sondern, ganz im Gegenteil, indem er einleuchtend zeigt, dass Tradition immer schon in besonderen, kontextangewiesenen Traditionen erlebt wird.[25] Als abendländische Katholiken beispielsweise ist unsere Tradition insofern wahre Tradition. Die Traditionsunterschiede gehen nicht aus unwichtigen oder sekundären Detailfragen hervor, sondern sie rühren vom Quell selbst her. Bildlich gesprochen schöpfen also ein Lutheraner, ein Armenier, ein Kopte oder ein Katholik am Brunnen derselben einen Tradition, aber jeder mit seinem eigenen Eimer. Die Differenzen schöpfen wir am Brunnen selbst. Im Dissenz etwa zwischen katholisch-römischem Primat und orthodoxer Konziliarität beziehen die strittigen Auffassungen ihre Legitimität aus derselben Tradition, und tatsächlich sind

[24] Alberigo: Réforme et unité de l'Église, 25.

[25] Vgl. zu dieser und den folgenden Fragestellungen Congar: La Tradition et les Traditions.

beide Arten, Kirchenleitung zu verstehen, schon im Neuen Testament festzustellen. In seiner tiefen Meditation über Joh 17, die ihn von seiner Priesterweihe an bis ans Totenbett beschäftigt hat, merkt er, am Ende seines Lebens, dass es heißt: »liebt euch einander, wie der Vater und ich uns lieben«. Das »wie«, kathos, so Congars Erkenntnis, bedeutet nicht eine moralische Nachahmung, sondern drückt grundsätzlich den Quell unserer Einheit aus: der Vater, der Sohn und der Heilige Geist sind ja drei Hypostasen, die sich total unterscheiden, aber auch der gleichen Substanz gehören.

Wie soll es nun mit der theologischen Arbeit an der Einheit der Christen und der Kirchen weitergehen? Congar schlägt vor, die verschiedenen christlichen Konfessionen sollten einen gemeinsamen Stamm der Anfänge wieder finden. Es soll keine Einheitskirche erreicht werden, die eine uniforme Kirche wäre, es handelt sich auch nicht darum, so etwas wie eine ideale, zwangsläufig idealisierte Form der Urkirche zu beschwören. Es geht darum, gemeinsam als eine notwendige und genügende Bedingung zu bestimmen, dass das, was uns verpflichtet, die gemeinsame Anerkennung des Glaubens und der Strukturen (Faith and Order) der Kirche aus der Zeit der Kirchenväter sowie die Anerkennung der sieben ökumenischen Konzile ist.[26] »Dies würde von einem jeden eine tiefe Bekehrung erfordern. Ist dies ein Hirngespinst? Aber wer schlägt eine andere Synthese vor?«[27]

## IV. Zum Schluss

Congars Einfluss auf die ökumenische Theologie und auf die Theologie überhaupt in Frankreich ist unschätzbar. Er ist das hervorragendste Beispiel des hartnäckigen, von Grund auf gläubigen Christen, der seine eigene Tradition in einem Maße zu ver-

[26] Also die Konzile von Nizäa I (325), Konstantinopel I (381), Ephesus (431), Chalcedon (451), Konstantinopel II (553), Konstantinopel III (680/81) und Nizäa II (787). Diese sieben ökumenischen Konzile der Alten Kirche waren Versammlungen der Bischöfe der Kirche aus allen Teilen des Römischen Reichs, die den apostolischen Glauben klären und zum Ausdruck bringen sollten.

[27] Congar: Herbstgespräche, 104.

tiefen gewusst hat, dass er sie von dieser Kenntnis her auch kritisieren konnte. Er hat auch der Ökumene einen Weg gebahnt, der mit Ehrfurcht gegangen werden muss: den Weg des Dialogs, das heißt des verständnisvollen, gar liebenden Hörens auf den Anderen. Diesen Kampf hat er geführt, und hat viel dabei aufs Spiel gesetzt. »Propter verba labiorum tuorum, ego custodivi vias duras.«[28]

Nicht nur, oder nicht zuerst gilt, *was* Congar geleistet, gefundet und gestiftet hat. Zuerst bleibt, *wie* er Theologie und *warum* er Theologie betrieben hat. Wie? Vom Kern seines Glaubes, vom Herzen seiner Kirchlichkeit her hat Congar der ökumenischen Theologie in Frankreich und weit darüber hinaus den bedeutendsten Beitrag geleistet. Warum? Weil ihn, seinen Worten nach, die »Leidenschaft für die Einheit« ergriff, als er am Vorabend seiner Priesterweihe die Meditation über Joh 17 als ein existentielles Ereignis in seinem Leben erfahren hat: Ut unum sint. Für einen französischen Theologen, der wie ich Ekklesiologie und Ökumenik unterrichtet, ist dieses Leben eine Herausforderung.

## Literatur

Alberigo, G.: Réforme et unité de l'Église, in: A. Vauchez (Hg.), Cardinal Yves Congar.

Congar, Y.: Chrétiens désunis. Principes d'un «œcuménisme» catholique, Paris 1937 (dt. 1959).

–: Chrétiens en dialogue. Contributions catholiques à l'œcuménisme, Paris 1964.

–: Diversités et communion: dossier historique et conclusion théologique, Paris 1982.

–: Herbstgespräche. Erinnerungen u. Anstöße, hg.v. Bernard Lauret, München 1988.

–: Jalons pour une théologie du laicat, Paris 1969.

–: Journal d'un théologien 1946–1956, hg.v. Etienne Fouilloux, Paris 2001.

–: La Tradition et les Traditions, 3 Bd., Paris 1960 u. 1963 (dt. 1965).

–: Le Christ, Marie et l'Église, Bruges 1952 (dt. 1959).

–: Martin Luther, Sa foi, sa réforme. Études de théologie historique, Paris 1983.

–: Mon journal du Concile, présenté et annoté par Éric Mahieu, Paris 2002.

–: Situations et tâches présentes de la théologie, Paris 1967.

---

[28] Congar: Journal du Concile, 1. November 1965, 766.

–: Une passion, l'unité. Réflexions et Souvenirs 1929–1973, Paris 1974.
–: Vraie et fausse réforme dans l'Église, Paris $^{2}$1968.
Jossua, J.P.: Signification théologique de quelques retours sur le passé dans l'œuvre d'Yves Congar, in: A. Vauchez (Hg.), Cardinal Yves Congar.
Möhler, J.A.: Die Einheit in der Kirche oder das Princip des Katholicismus. Dargestellt im Geiste der Kirchenväter der drei ersten Jahrhunderte, Köln 1957 (zuerst Tübingen 1825); franz.: L'unité dans l'Église ou le principe du catholicisme. D'après l'esprit des pères des trois premiers siècles de l'Église, Paris 1938.
Osner, M.: Art. Congar, Yves, LThK$^{3}$ Bd. II, 1295–1296.
Seibel, W.: Yves Congar – Schicksal eines Theologen. Zu den Tagebüchern Yves Congars, Stimmen der Zeit 6/2002, 421–424.
Vauchez, A. (Hg.): Cardinal Yves Congar 1904–1995; actes du colloque réuni à Rome les 3–4 juin 1996, Paris 1999.

Karl Kardinal Lehmann

# Karl Rahner

## Ein katholischer Pionier der Ökumene

5. März 1904–30. März 1984. Nach Studien in Feldkirch, Pullach und Valkenburg (Holland) Weiterstudium der Philosophie unter anderem bei M. Heidegger. Nach der Ablehnung der Promotion bei dem Neuscholastiker M. Honecker in Freiburg promovierte und habilitierte sich Rahner in Innsbruck im Fach Theologie. 1949 Professor für Dogmatik und Dogmengeschichte in Innsbruck, 1962–1967 als Nachfolger R. Guardinis Professor für christliche Weltanschauung und Religionsphilosophie in München; 1967–1971 Professor für Dogmatik und Dogmengeschichte in Münster. Auf dem Vaticanum II war Rahner einer der einflussreichsten Konzilstheologen, der durch seine Transzendentaltheologie eine Versöhnung der katholischen Dogmatik mit der neuzeitlichen Philosophie anstrebte.

### I.

Karl Rahner gehört zweifellos zu den bedeutendsten Theologen des 20. Jahrhunderts auf katholischer Seite. Am meisten bekannt wurde er durch sein bohrendes Fragen in theologischen Grundfragen, das freilich nie ohne eine Antwort blieb. Er war im klassischen Sinn des Wortes Dogmatiker, d.h. er vertrat die Darlegung der Lehre des katholischen Glaubens. Aber von diesem Zentrum aus hat er fast allen theologischen Disziplinen neue Impulse gegeben. Dies gilt z.B. für die Ethik und ganz besonders für die Praktische Theologie, aber es hat auch Gültigkeit für das Kirchenrecht und die Sozialethik. Dadurch dass Karl Rahner durch seine wissenschaftsorganisatorischen Fähigkeiten, vor allem durch die Herausgabe großer Lexika und Handbücher, es immer wieder mit allen theologischen Fächern zu tun hatte, war er auch mit deren wichtigsten Erkenntnissen vertraut. Auch da, wo er eher nützliche Einsichten anderer aufgenommen hat, wie z.B. in der Exegese und aus der Kirchengeschichte, hat er selbst auch neue Anstöße und Anregungen gegeben.

In ähnlicher Weise gilt dies auch für die Ökumenische Theologie. Nun ist dies natürlich ein später und spezieller Begriff für eine Sache, die auch unter anderen Titeln geleistet wird. Es ist die theologische Reflexion auf die Voraussetzungen, Prinzipien und Ziele der Ökumene. Die Ökumenische Theologie hat sich aus der Kontrovers-Theologie heraus entwickelt. Diese ist primär an der Auseinandersetzung mit Andersgläubigen und an der kirchentrennenden Lehre und Lebenspraxis orientiert.

Im Laufe der ökumenischen Bemühungen des 20. Jahrhunderts ist der Begriff der Kontrovers-Theologie zurückgetreten. Man hat die konfessionell verschiedenen Sprach- und Denkformen sowie die Lehrdifferenzen nicht mehr einfach gegeneinander gestellt, sondern sie in ihrem Verhältnis zueinander aufzuarbeiten versucht. Dabei ist die Frage entstanden, wie weit Verschiedenheiten zwischen den Kirchen lediglich einen legitimen Pluralismus widerspiegeln oder wie weit doch noch kirchentrennende Unterschiede existieren. Inwiefern beim Stand der Ökumene der Begriff Kontrovers-Theologie überhaupt noch sinnvoll ist, kann deshalb offen bleiben.

Wir reden jedenfalls heute sehr viel mehr von Ökumenischer Theologie.[1] Diese enthält natürlich die klassischen Themen der Kontrovers-Theologie (z.B. Schrift und Tradition, Rechtfertigung, Kirche, Amt, Sakramente, Autorität, Unfehlbarkeit usw.), beschäftigt sich aber zunehmend auch mit ethischen Grundfragen in individueller und sozialer Hinsicht. Immer wichtiger sind die Zielvorstellungen der Einheit der Kirche geworden, nämlich die Frage, welche Modelle für eine Einheit maßgebend sind.[2]

---

[1] Vgl. Lengsfeld: Ökumenische Theologie; Neuner, Ökumenische Theologie. Vgl. auch Frieling: Weg.

[2] Vgl. dazu vor allem Meyer: Ökumenische Zielvorstellungen.

Von der Ökumenischen Theologie wird gewöhnlich die Konfessionskunde unterschieden, die die Kenntnis von Geschichte, Leben und Lehre der Konfessionen vermittelt.[3] Sie ist so etwas wie eine Ökumenische Realienkunde, die freilich in der heutigen Ökumenischen Theologie keinen wichtigen Stellenrang besitzt, was man bedauern muss. Methodisch bedient sich die Ökumenische Theologie der neueren Exegese, Dogmen- und Theologiegeschichte, aber auch der anderen theologischen Disziplinen, wie etwa der Liturgiewissenschaft. Durch die Arbeit der Ökumenischen Theologie haben sich in bisher strittigen Lehr- und Lebensfragen Konvergenzen und Konsense eröffnet und entwickelt. In allen Kirchen und Konfessionen haben sich dafür zu unterschiedlichen Zeiten innerhalb und außerhalb der Universitäten Lehrstühle und Institute errichten lassen, die diese Aufgabe Ökumenischer Theologie in Abhebung von anderen Disziplinen und zugleich in Kooperation mit ihnen betreiben.

Karl Rahner hat sich nie mit einer solchen Ökumenischen Theologie im Sinne einer spezifischen Disziplin beschäftigt. Es gab auch kein solches Institut im Umkreis seiner akademischen Lehrtätigkeit. Dies ist vielleicht auch der Grund, warum man bisher die ökumenische Bedeutung der Rahnerschen Theologie sehr wenig oder kaum untersucht hat. Es gibt zwar wissenschaftliche Untersuchungen über Karl Rahner aus dem ökumenischen Raum, aber eben auch hier geht es weniger um spezifisch ökumenische Fragestellungen. Dies ist eigentlich erstaunlich, denn zweifellos ist die ökumenische Dimension mehr und mehr im Ganzen der Theologie Karl Rahners in den Vordergrund getreten und gewichtiger geworden. Dies hängt sicher auch damit zusammen, dass der ökumenische Gesichtspunkt nicht nur in einem eigenen Fach konzentriert wurde, sondern als eine durchlaufende Perspektive so gut wie allen theologischen Disziplinen eigen ist. Dabei muss man natürlich auch Rahners theologiegeschichtlichen Ort im 20. Jahrhundert genauer betrachten und die jeweiligen Entwicklungsstadien der Theologie, gerade auch unter dem Gesichtspunkt der Ökumene, im Auge behalten. Lehrstühle und Institute für Ökumenische Theologie gab es relativ spät.

---

[3] Vgl. zuletzt als Beispiel Frieling, Geldbach, Thöle, Konfessionskunde.

## II.

Darum mag es zunächst im Sinne einer ersten Hinführung notwendig sein, so etwas wie verschiedene Etappen und Phasen von Rahners Beschäftigung mit der Ökumene darzustellen. Denn zweifellos gibt es hier relativ starke und gewichtige Einschnitte.[4]

Es gibt mehrere Verzeichnisse von gelesenen Büchern aus Rahners Studienzeit, nämlich aus den Jahren 1928 bis 1933/34. Unter fast 400 Titeln findet sich keine Veröffentlichung aus dem Bereich der reformatorischen Theologie. Dies ist auch nicht verwunderlich, denn Karl Rahner hatte vor allem in der Ordenshochschule der Jesuiten in Valkenburg (Holland) eine klassische theologische Ausbildung erhalten, die sich damals auf den Umfang der katholischen Themen beschränkte. Dies zeigt, wie der Ausgangspunkt der damaligen Ausbildung und Studien weit entfernt war von dem, was man heute Ökumenische Theologie nennt.

Eine erste Veröffentlichung ökumenischen Inhalts stellt der Aufsatz »Die deutsche protestantische Christologie der Gegenwart« dar, den Karl Rahner im Jahr 1936 publizierte.[5] Er konzentriert sich auf die protestantische Handbuch-Literatur. Aufschlussreich sind hier verwendete Kategorien einer Christologie »von unten« bzw. »von oben«,[6] auch wenn sich keine unmittelbare Beziehung zum Spätwerk ergibt. Der Beitrag bleibt etwas schematisch und wirkt wie ein in Auftrag gegebener Literaturbericht, der etwas zusammenhanglos im Frühwerk steht. Aufschlussreich in diesem Zusammenhang ist die an diesen Text anknüpfende Einordnung des eigenen – später in »Hörer des Wortes« veröffentlichten[7] – fundamentaltheologischen Entwurfs in dem Beitrag »Religionsphilosophie und Theologie«[8] aus dem Jahr 1937. Dies ist ein Aufriss der Gedankengänge bei den Vorlesungen und Seminaren der Salzburger Hochschulwochen vom

---

[4] Karl Rahners Texte zur Ökumene werden im Folgenden zitiert nach SW 27. In einzelnen Fällen müssen andere Bände oder auch Veröffentlichungen herangezogen werden, die bisher in den Sämtlichen Werken noch nicht erschienen sind.

[5] Jetzt abgedruckt in: SW 4, 299–312.

[6] Rahner: Protestantische Christologie, 306.

[7] Jetzt abgedruckt in: SW 4, 2–278.

[8] Jetzt abgedruck in: SW 4, 285–293.

10.–28. August 1937, liegt also noch relativ nahe an dem Bericht über die deutsche protestantische Christologie der Gegenwart. Er sieht seine eigene Religionsphilosophie als »eine höhere Synthese zwischen den beiden Grundtypen protestantischer Religionsphilosophie«, die er einerseits in den Linien von Schleiermacher und Ritschl und in der dialektischen Theologie anderseits, vor allem in der Regung durch Karl Barth, erblickt.

## III.

Diese erste Phase wirkt im Blick auf die Ökumene noch relativ schematisch und wenig interessiert an zentralen ökumenischen Fragestellungen. Dies ändert sich jedoch grundlegend mit dem großen Aufsatz »Theos im Neuen Testament« aus dem Jahr 1942.[9] Dieser Beitrag ist in vieler Hinsicht einzigartig. Zunächst ist erstaunlich, wie viel Karl Rahner aus dem Theos-Artikel des »Theologischen Wörterbuchs zum Neuen Testament« einfach referiert.[10] Es ist auch bemerkenswert, dass Karl Rahner sich hier, wie damals relativ selten in der katholischen Dogmatik, sehr intensiv auf den biblischen Gehalt einlässt. Es gibt kaum ähnliche Beispiele in dieser Zeit. Karl Rahner denkt damals intensiv nach über einen neuen Plan einer großen Dogmatik, so dass er immer auch Überlegungen über die Folgen solcher Erkenntnisse vor Augen hat. So schreibt er: »Doch bietet die Arbeit vielleicht auch so die eine oder andere Anregungen für eine bessere bibeltheologische Fundierung unserer üblichen dogmatischen Traktate ›De Deo uno‹, die ja meist bloß Philosophie mit ein wenig Schrift garniert sind.«[11]. Eine nähere Untersuchung könnte auch zeigen, wie sehr damals ein solches theologisches Vorgehen z.B. im berühmten Gröber-Memorandum abschätzig beurteilt wird. Eine solche Bezugnahme auf reformatorische

[9] Vgl. den Text heute in: SW 4, 346–403, die Arbeit stellte ursprünglich ein Referat in einem kleineren theologischen Arbeitskreis in Wien dar. Zu den verschiedenen Fassungen dieses Textes vgl. ebd., XXXV.

[10] Vgl. ThWNT Bd. III, 65–120.

[11] Rahner: Theos, 346; vgl. auch Rahner: Aufriss einer Dogmatik, 404–448. Eine Erstfassung des Beitrags geht auf das Jahr 1939 zurück.

Theologie wird geradezu beklagt. Rahners Antwort auf dieses Memorandum ist deutlich.[12] Rahner sieht hier keinen Grund zu einer übertriebenen Sorge gegenüber dem Einfluss der protestantischen Dogmatik auf die katholische Glaubenslehre. Er stellt auch sehr bewusst die Notwendigkeit exegetischer Arbeit heraus und fordert, »dass das Interesse an der Exegese und Bibeltheologie unter den deutschen katholischen Theologen noch größer sein dürfte, als es tatsächlich ist«.[13] Dieser Beitrag Rahners aus dem Jahr 1943 scheint mir zu belegen, dass Karl Rahner prinzipiell eine stärkere exegetische Grundlage der Dogmatik fordert und dadurch fast von selbst einer ökumenischen Gemeinsamkeit näher kommt. Dies wird ja auch im schon genannten Aufriss der Dogmatik, der in derselben Zeit weiter bearbeitet wird, deutlich. Rahner weist ausdrücklich darauf hin, dass man diese Exegese nicht nur bei den eigenen Theologen lerne, sondern auch »am Zaun« bleiben müsse, um hinüberzuschauen und miteinander zu reden.[14]

Die Aufsätze der Folgezeit, die von 1948 bis 1962 reichen, also bis zum Konzilsbeginn, zeigen zunächst einmal, dass die Zeit des Nationalsozialismus und des Zweiten Weltkrieges auch für Rahner eine neue ökumenische Erfahrung und eine andere Qualität der ökumenischen Beziehungen gebracht hat. Dies ist ja ein allgemeines Kennzeichen der damaligen Zeit. So erklärt sich z.B. auch der keineswegs selbstverständliche Zusammenschluss von Christen verschiedener Konfessionen zu einer christlich motivierten Partei, der CDU bzw. CSU. Dies ist zweifellos auch ein Element, das für die stärkere Ausprägung der Ökumenischen Theologie in Rechnung gestellt werden kann. Die gemeinsame Erfahrung von Diktatur und Unrecht ließ die Christen näher zusammenrücken. In diesem Sinne hat Karl Rahner auch die bekannte Instruktion des Heiligen Officium vom 20. Dezember 1949 als ein »bedeutsames Dokument« interpretiert, nämlich als Erlaubnis zum Weitergehen auf dem ökumenischen Weg, von dem er sagt: »Rom aber will, dass diese Bewegung weiter-

---

[12] Rahner: Zeitfragen, 497–576. Vgl. dazu den sorgfältigen Einführungstext mit Literaturangaben in SW 4, XXXVIf. Vgl. außerdem Maas-Ewerdt: Krise; Wolf: Rahner.

[13] Rahner: Zeitfragen, 513.

[14] So im Jahr 1950 in dem Offenen Brief an Hans Asmussen, 16.

geht«[15]. Rahner ist fest überzeugt, dass Gott selbst dieses Werk der Ökumenischen Bewegung begonnen hat und dass er eines Tages von uns Rechenschaft verlangen wird über das, was wir damit geschaffen haben. Rom ist also keineswegs nur misstrauisch und abwehrend, wie es nach der Mahnung vom 5. Juni 1948[16] aussah. Derartige deutlich nach vorne weisenden Äußerungen Rahners lassen sich auch in anderen Texten dieser Zeit leicht finden, so z.B. in der Besprechung von Karl Adams 1948 erschienenem Werk »Una Sancta in katholischer Sicht«. So heißt es dort:

> Sind wir Katholiken den getrennten Brüdern gegenüber nicht zu sehr theoretisch und zu vorsichtig, müssten wir nicht mit dem Mut der Liebe, die sich nicht vor Enttäuschung fürchtet, in all den disziplinären Dingen, die die Einigung erschweren, deutlicher und greifbarer entgegenkommen, jetzt schon und nicht erst, wenn es sicher ist, dass die Entäußerung der Liebe auf der anderen Seite ihr eindeutiges Echo findet! .. Können wir auch – menschlich gesehen – in nächster Zukunft keine Einheit aller deutschen Christen in der einen heiligen Kirche hoffen, so wäre es dennoch für alle eine furchtbare Verantwortung, wenn wir die neuen Ansätze der letzten Jahre wieder in Gleichgültigkeit verdorren ließen und nicht alles täten, in Gebet, Theologie und Leben, was wir selber tun können, damit Gott uns Sündern die Gnade der einen Kirche aller Christen schenke.[17]

Es ist auch bezeichnend, dass Rahner hier wiederum die Frage der Beurteilung Luthers, die offenbar mit dem großen Werk von J. Lortz »Die Reformation in Deutschland« zusammenhängt[18], und vor allem das Problem der Ergebnisse der neueren Exegese bewegt: »Gibt es nur eine Annäherung zwischen den deutschen Christen über Luther und seine Position oder auch, davon in etwa unabhängig, über die neuere Bibeltheologie auf beiden Seiten?«[19]

---

[15] Rahner: Ein bedeutsames Dokument, 10.

[16] Rahner: Ein bedeutsames Dokument, 7; vgl. auch die editorischen Anmerkungen zu diesem Text in SW 27, 487.

[17] Rahner: Una Sancta, 6.

[18] Vgl. Rahner: Una Sancta, 5; vgl. auch die editorischen Anmerkungen zu diesem Text in SW 27, 487.

[19] Rahner: Una Sancta, 6.

## IV.

Diese Ansätze, die aus den kleineren Arbeiten dieser Jahre noch verstärkt werden könnten, werden aber schon gegen Ende des Zweiten Weltkrieges durch eine wichtige ökumenische Aktivität verstärkt. Der neue Paderborner Erzbischof Lorenz Jaeger, der selber aus einer konfessionsverschiedenen Ehe stammte, hat besonders im Zusammenhang seiner Bischofsweihe am 19. Oktober 1941 und bald danach durch ein Votum für die Deutsche Bischofskonferenz sich für eine intensivere ökumenische Tätigkeit eingesetzt. Er hat dafür auch ein Programm mit der grundsätzlichen Zustimmung der Deutschen Bischofskonferenz entworfen und in ihr eine eigene Zentralstelle mit einem Referat verlangt. Die für diese Aktivitäten zur Förderung der ökumenischen Arbeit verfassten Texte sind erhalten.[20] Darin heißt es aus dem Jahr 1943:

> Zur Beratung und Durchführung aller dieser Aufgaben berufen die Hochwürdigsten Herren Erzbischöfe [gemeint von Paderborn und Wien; K.L.] einen Arbeitskreis (Studien-Kommission). Diesem Arbeitskreis werden Fachleute angehören, die in der ökumenischen Arbeit bewandert sind und über den Stand der Frage in ihrem Bereich berichten können, ferner bereit sind, ihrem Fach entsprechende Gutachten auszuarbeiten. – Die Mitarbeiter des Arbeitskreises besprechen sich je nach Notwendigkeit, wenigstens aber einmal im Jahr. Der Ort der Zusammenkunft wird jeweils bekannt gegeben.[21]

Die Fuldaer Bischofskonferenz hat am 18. August 1943 diese Anregungen aufgegriffen und fast wörtlich beschlossen.

Dieser Arbeitskreis traf sich zum ersten Mal im Januar 1944. Ihm gehörten u.a. Paul Simon, Robert Grosche, Romano Guardini und Karl Rahner an. Sie schlossen sich zu einer »Arbeitsgemeinschaft zum Studium der die Wiedervereinigung betreffenden Fragen« zusammen. Wegen der Kriegsereignisse konnte diese Arbeit zunächst nicht fortgesetzt werden. Auf katholische Initiative hin ist dann im Winter 1945/46 zwischen dem Erzbischof von Paderborn und dem evangelischen Bischof Wilhelm

---

[20] Vgl. Jaeger: Einheit und Gemeinschaft, 1ff, 8ff, 18ff.

[21] Jaeger: Einheit und Gemeinschaft, 19.

Stählin, früher Pastoraltheologe in Münster, in Oldenburg vereinbart worden, eine regelmäßige »Konferenz katholischer und evangelischer Theologen zur Erörterung kontrovers-theologischer Fragen« zu gründen.[22] Im April 1946 wurden zwei gleichberechtigte Arbeitskreise gegründet, die miteinander in Austausch treten sollten. Über die Anfangsjahre des Arbeitskreises braucht hier nicht berichtet zu werden.[23] Dieser Kreis hatte immer die Billigung beider Kirchenleitungen. Rahner war von Anfang an Mitglied.

Der Arbeitskreis hat in den ersten Jahrzehnten sehr diskret getagt. Die einzelnen Referenten konnten auf ihre eigene Entscheidung hin ihre Referate veröffentlichen. Es gab jedoch keine Dokumentation der Tagungen und auch keine öffentlichen Stellungnahmen. So sind viele Vorträge gedruckt, ohne dass ihre Herkunft immer im Blick auf den ursprünglichen Zweck eines Referates erkennbar wird. Vom Zweiten Vatikanischen Konzil her war es, wie sich später herausstellte, ganz besonders nützlich, dass wichtige Theologen aus dem deutschen Sprachgebiet sich über 15 Jahre bei ihren Tagungen nicht nur sachlich austauschten, sondern auch sich in einem geistlich und liturgisch geprägten Rahmen persönlich gut kennen lernten. Dies waren besonders günstige Voraussetzungen für ein fruchtbares Zusammenwirken der katholischen Bischöfe und Theologen mit den Konzilsbeobachtern und Gästen während des Zweiten Vatikanischen Konzils.

Auch Karl Rahner hat in diesen Jahren im Ökumenischen Arbeitskreis eine engere Zusammenarbeit mit evangelischen Theologen gefunden. Aus dieser Zeit stammt auch die engere Freundschaft mit Hermann Volk und Heinrich Fries. Wenn man anhand der Listen über die Tagungen und Referate sich einen Überblick verschafft, so hat Karl Rahner wohl von der 4. Tagung im Januar 1948 bis zur 33. Tagung im März 1972 mindestens acht Referate gehalten, die zum größten Teil veröffentlicht sind.[24] Die Themen sind aufschlussreich: »Der Apostolat«, »Zur Geschichte und

---

[22] Vgl. dazu aus den Lebenserinnerungen von W. Stählin: Via Vitae, 554.

[23] Vgl. dazu Schwahn: Arbeitskreis, 13ff, 17ff.

[24] Vgl. die genauere Aufstellung mit Nachweisen im Editionsbericht von: SW 27, XIf.

Theologie des Bußsakramentes«, »Die Gegenwart Christi im Sakrament des Herrenmahles«, »Was ist eine dogmatische Aussage?«, »Kirche und Parusie Christi«, »Die Sünde Adams«, »Das kirchliche Lehramt in der heutigen Autoritätskrise«, »Über die Verborgenheit Gottes«.

An diesen Aufsätzen lässt sich ein wichtiges Element der theologischen Methode erkennen, das mindestens diese ökumenisch orientierten Arbeiten Rahners kennzeichnet. Sie gehen nicht davon aus, direkt kontrovers-theologische Meinungsverschiedenheiten ins Auge zu fassen. Rahner befasst sich auch kaum mit ökumenischen Konsensdokumenten. Insofern nimmt er die üblichen Wege der ökumenischen Methode nicht in Anspruch.[25] Dies mag überraschen, kennzeichnet aber gerade seine eigene Methode der Annäherung an ökumenische Probleme. Er erweist sich in dieser Fragestellung zunächst als durch und durch katholischer Theologe. Immer geht es eigentlich darum, dass er die befragten katholischen Positionen tiefer angeht und aus den Grundsätzen her neu bedenkt. So gewinnt er nicht nur vertiefte katholische Positionen, sondern er macht diese transparenter und plausibler, zugleich aber springen Gemeinsamkeiten auf, an die man vorher vielleicht gar nicht dachte. Die Vertiefung und Erneuerung der eigenen Überzeugungen schafft also eine ökumenische Weite, die zwar ganz von der katholischen Theologie her entworfen ist, aber eben tatsächlich auch noch den Partner der anderen Seite erreicht. Man könnte dies gut aufzeigen an den Beispielen der Realpräsenz und der Transsubstantiation in der Eucharistie, am Verständnis von Kirche und Lehramt, von Bußsakrament und Erbsünde.

Deswegen lesen sich diese Aufsätze immer wieder als »normale« Beiträge zur katholischen Theologie, in Wirklichkeit aber haben sie einen eminenten ökumenischen Gehalt. Aus demselben Grund sind auch viele andere Beiträge Rahners, die weniger einen solchen ökumenischen Ursprung haben oder nicht unmittelbar einer ökumenischen Zielsetzung dienen, mehr als belangvoll für die Annäherung der Christen.

---

[25] Eine Ausnahme bildet die Rezension des Tübinger Ämtermemorandums. Vgl. Rahner: Sinn und Auftrag, 146–149; vgl. auch die editorischen Anmerkungen zu diesem Text in SW 27, 501.

Bei manchen Themen spielt es gewiss eine größere Rolle, dass Rahner sich ihnen im Verlauf seiner akademischen Lehrtätigkeit stärker gewidmet hat. Dies gilt für alle Fragen der Gnadenlehre, in der ja so etwas wie die Mitte seiner Theologie[26] ist. In diesen Kontext gehört Rahners Plädoyer für das Rechtfertigungsbuch von Hans Küng.[27] Dieser Beitrag ist ein besonders einleuchtendes Exempel dafür, wie Küngs Buch zum Anlass wird, die eigene Position zu vertiefen, woraus dann auch mehr ökumenischer Konsens zur Sache folgt. Dass dabei auch zentrale Fragen an Hans Küng gestellt werden, darf man nicht vergessen. Ähnliches gilt wiederum in Richtung der reformatorischen Kirchen, wenn Karl Rahner sich mit den Büchern von M. Lackmann zur reformatorischen Rechtfertigungslehre und von H. Asmussen zur Marienverehrung befasst.[28]

## V.

Eine neue Qualität gewinnt Karl Rahners Bemühen um ökumenische Probleme nach dem Zweiten Vatikanischen Konzil. Immer stärker wendet er sich nun ganz direkt dem Thema der Kircheneinigung zu. Dabei neigt Karl Rahner mehr und mehr auch einer ziemlich »pragmatischen« Fragestellung zu, was ja in der akademischen ökumenischen Theologie gewöhnlich nicht der Fall war und ist. Man kann diese Orientierung auch gut erkennen in dem wichtigen Festvortrag »Löscht den Geist nicht aus«, gehalten am 1. Juni 1962, also am Vorabend des Zweiten Vatikanischen Konzils, auf dem Österreichischen Katholikentag:

> Wir dürfen in ökumenischen Fragen beispielsweise nicht fragen: Was müssen wir den getrennten Brüdern zugestehen, sondern: Wie schöpfen wir alle nur sinnvollen, von unserem christlich-katholischen Gewissen nur irgendwie denkbaren Möglichkeiten eines Entgegenkommens aus, mutig und unbekümmert, weil wir uns heute einfach nicht mehr leisten

---

[26] Vgl. dazu Lehmann/ Raffelt: Rechenschaft, 13*–53*, bes. 36*ff.
[27] Vgl. Rahner: Kontroverstheologie, 237–271, zu Küng: Rechtfertigung.
[28] Vgl. genauere Angaben im Editionsbericht in: SW 27, XII.

können, da weniger zu tun, um der Einheit der Christen wenigstens näher zu kommen.[29]

Rahner wird diese Aspekte im Lauf der kommenden Jahre noch zusätzlich akzentuieren und schärfen.

Ein Schlüsseltext für das gesamte Thema sind die Vorlesungen, die Karl Rahner unter dem Titel »Zur Theologie des ökumenischen Gesprächs« in Skandinavien während des Jahres 1968 gehalten hat. Sie geben wohl die tiefste und am meisten reflektierte Einsicht in Rahners reife ökumenische Theologie. So heißt es am Anfang:

> Wir müssen in einer ökumenischen Theologie also darüber nachdenken, wie sie deshalb möglich ist, weil es sie faktisch vor einer reflexen Einsicht in ihre Möglichkeit schon als Wirklichkeit gibt.[30]

Bald darauf sagt er:

> Die letzte Voraussetzung der ökumenischen Theologie ist die in Hoffnung ergriffene Einheit eines schon auf beiden Seiten bestehenden selben, aber der Theologie samt dem begrifflich ausgesagten Bekenntnis noch vorgängigen Glaubens in der rechtfertigenden Gnade.[31]

Dieses Prinzip ist tragend in allen späteren Arbeiten. Dabei handelt es sich ganz offenkundig um eine Konsequenz aus Rahners Gnadenlehre.

Dieser Ansatz hat im Werk Karl Rahners viele Komponenten. Ganz gewiss kommt darin eine gnadentheologische Grundüberzeugung zum Tragen, dass nämlich – wie beim anonymen Christen – die Gnade Gottes schon in vielen Bereichen oft verborgen am Werk ist, bevor wir es in der »kategorialen« Realisierung wahrnehmen können. Dies hat auch etwas damit zu tun, dass im Spätwerk Rahners, besonders in manchen Phasen, die sich auch in der Bearbeitung anderer Themen durch Rahner beobachten lassen, das transzendentale Element einen Vorrang erhält gegenüber dem Kategorialen. Zugleich wird aber auch Rahners Ansatz auf manchen Strecken beinahe so etwas wie eine »religionsso-

---

[29] Rahner: Festvortrag, 85.
[30] Rahner: Theologie des ökumenischen Gesprächs, 62.
[31] Rahner: Theologie des ökumenischen Gesprächs, 66.

ziologische Betrachtung« der faktischen Situation der Gläubigen. So kann er z.B. zu Aussagen kommen wie

> dass die amtlichen und offiziellen Gründe der Kirchentrennung religionssoziologisch bei den verschiedenen Kirchenvölkern nicht oder fast nicht bekannt sind und dass die faktisch religionssoziologisch kirchentrennenden Gründe theologisch und amtlich größtenteils irrelevant sind.[32]

Rahner will damit nicht die Wahrheitsfrage relativieren, aber er will genauer den faktischen Befund ausleuchten.[33] Wenn die Theologie die Fragen der säkularen Welt und die Herausforderung des Christen in der Substanz aufnimmt, also immer mehr auch ihre künftige Herausforderung ins Auge fasst, dann stimmt ihre Orientierung.[34] Immer mehr verknüpft sich die Zukunft der Theologie überhaupt für Karl Rahner mit der künftigen Gestalt eines gemeinsamen ökumenischen Bemühens um die Präsenz des Christentums in der modernen Welt.

## VI.

An dieser Stelle kommen viele Gesichtspunkte und Perspektiven zusammen. Wie in einem Brennpunkt bilden sie eine neue Sicht. Es ist nicht ganz leicht, diese Elemente auf einen Nenner zu bringen.

Wie bereits deutlich wurde, vertrat Karl Rahner nicht zuletzt aufgrund seiner Theologie der Gnade die Überzeugung, dass durch die Wirksamkeit der Gnade Gottes schon vor unseren menschlichen Bemühungen auf die Einheit der Kirche drängende und sie anfangshaft auch schon realisierende Elemente am Werk sind. Dies schafft natürlich eine starke Zuversicht hinsichtlich

---

[32] Rahner: Theologie des ökumenischen Gesprächs, 77; vgl. auch die editorischen Anmerkungen in SW 27, 497.

[33] Genaueres vgl. Rahner: Theologie des ökumenischen Gesprächs, 77ff.

[34] Dies wird mehr und mehr in den Aufsätzen der 70er Jahre dargelegt, z.B. Rahner: Ökumenische Theologie, 105–118; Kircheneinigung, 119–134; Dritte Konfession?, 135–145; Möglichkeiten, 189–200; Ökumenisches Miteinander, 201–210; Schritte, 211–214 (alle in SW 27).

des bereits wirksamen Eingreifens Gottes auf dem Weg zur Einheit der Kirche.

Es gibt viel mehr Dinge, die uns mit diesem Christen vereinen, als es trennende Aspekte gibt ... Deshalb können wir jederzeit zu unseren protestantischen Brüdern sagen, dass wir mit ihnen in der sichtbaren Einheit der katholischen Kirche vereint sein wollen, da wir ja wissen bzw. hoffen, eins zu sein im Bekenntnis zu Jesus Christus, unserem Herrn und Heiland, und in der Taufe und der Gnade des Heiligen Geistes.[35]

Aber es gibt auch andere, fast gegenläufige Motive. Rahner ist der Überzeugung, dass mit der üblichen Einstellung und Erwartung eines Lehrkonsenses auf längere Sicht keine wirkliche Einheit erreichbar ist:

Zunächst strebt man dogmatisch einen Konsens an, der konkret nicht zu erzielen ist und auch in weiteren 10, 15 Jahren nicht erzielt werden kann; zweitens hat Rom kirchenrechtlich, also von der Kirchenverfassung her, noch nie deutlich erklärt, dass eine wirkliche Kircheneinigung nicht die radikale Homogenisierung aller Kirchen unter Rom bedeutet und bedeuten muss.[36]

Schließlich ist Rahner der festen Überzeugung, dass ein solcher Konsens auch gar nicht erreicht werden muss. »Einheit in der Vielfalt« versteht er als eine Pluralität von einzelnen »Teilkirchen«, zu denen z.B. die römisch-katholische Kirche in ihrer jetzigen Struktur und in ihrem Lebensstil, eine mit Rom unierte Ostkirche mit ihrer eigenen Tradition und schließlich eben doch die evangelischen Kirchen, wie immer dies noch genauer verstanden wird, gehören würden. Aufgrund dieser Gesamtschau ist Rahner der Überzeugung, man könne und müsse auf dem Weg zur Einheit der Kirche entschiedener vorangehen.

Rahner wird auf diesem Weg immer ungeduldiger. So heißt es in einem Artikel anlässlich des Reformationsjubiläums, dass »die Kirchen auf allen Seiten auch heute faktisch noch nicht den Willen zur Einheit (haben), den sie haben müssten«.[37] Die Trennung sei im faktischen Bewusstsein das, was stillschweigend

---

[35] Rahner: Clearing the way, 463.
[36] Rahner: Einheit der Kirche, 473.
[37] Rahner: Reformationsjubiläum, 54.

doch eher als das Selbstverständliche empfunden und vorausgesetzt wird. Wie an anderer Stelle spricht er davon, der Mut zum Wagnis sei der einzig mögliche Tutiorismus. Es sei auf allen Seiten noch – oft unbewusst und unterschwellig – zu viel Wille vorhanden, die faktische Spaltung nachträglich theologisch zu rechtfertigen.

Nicht lange darauf – 1973 – verlässt Karl Rahner den Ökumenischen Arbeitskreis evangelischer und katholischer Theologen. Neben der Belastung im wachsenden Alter – er geht auf das 70. Lebensjahr zu – spielt gewiss auch eine gewisse Enttäuschung hinsichtlich der spezifischen ökumenischen Fachtheologie eine Rolle, die ebenso wie die verfassten Kirchen von Karl Rahner gefragt wird, ob sie wirklich einen ausreichenden Willen zur Einheit hat. Es ist die Phase, in der Karl Rahners Überzeugung wächst, die nachkonziliare Erneuerung sei ins Stocken geraten.[38] In diese Situation hinein gehört auch Rahners Mitwirkung in der Gemeinsamen Synode der Bistümer in der Bundesrepublik Deutschland (1971–1975). Im Blick auf sie hat er auch das kleine Buch geschrieben »Strukturwandel der Kirche als Aufgabe und Chance«. In dem Absatz »Ökumenische Kirche« finden sich, zum Teil radikalisiert, die oben schon zitierten Äußerungen. So heißt es z.B.:

> Der realistisch erreichbare Einheitszustand in seinem empirisch greifbaren Bestand ist dem heute ökumenisch schon erreichten Verhältnis der Kirchen zueinander nicht so unähnlich, wie man oft denkt, wenn man nämlich übersieht, dass die künftige Kirche auf jeden Fall in sich viel pluralistischer sein wird, als es unsere Kirche rechtlich und religionssoziologisch greifbar seit der Reformationszeit gewesen ist.[39]

Er schlägt in dieser Situation auch einen anderen und neuen Zugang vor, wenn er für die Unionsfrage eine regelrechte Umkehr empfiehlt:

> Kann man nicht vielleicht auch umgekehrt vorgehen? Kann man nicht die volle glaubensmäßige und theologische Einheit als eine Folge einer institutionellen Einigung betrachten, zumal eine solche ja nicht eine institutionelle Uniformität im Sinne des bisherigen CIC von dogmatischen Grün-

---

[38] Vgl. Rahner/ Lehmann: Marsch ins Getto?
[39] Rahner: Strukturwandel, 110.

den her bedeuten müsste? ... Wenn somit die Kirchen sich in einer möglichen, auch für ein strenges dogmatisches katholisches Gewissen akzeptablen Weise institutionell einigen würden, dann würde sich der faktisch gegebene Glaubensbewusstseinsstand praktisch kaum ändern, auch nicht in dem Teil dieser einen Kirche, der aus der römisch-katholischen Kirche stammt.[40]

Diese Äußerungen haben verständlicherweise zu einigen Kontroversen geführt. Das Klima hatte sich verändert. Die Analysen sind härter. Rahner geht von der Diaspora-Situation im Weltmaßstab aus. Es geht ihm darum, von einer defensiven Haltung der »kleinen Herde« loszukommen, die neue Lage klar zu erkennen und die gegebene missionarische Situation zu ergreifen.

## VII.

Aus derselben Einstellung heraus verfasst Karl Rahner 1983 – wenige Monate vor seinem Tod – zusammen mit dem Münchner Fundamentaltheologen Heinrich Fries die Quaestio disputata »Einigung der Kirchen – reale Möglichkeit«, die mehrere Auflagen erlebte. Eine intensive Diskussion wurde ausgelöst. Heinrich Fries hat diese Diskussion nach Rahners Tod unter dem Titel »Zustimmung und Kritik. Eine Bilanz« zusammengefasst. In dieser Form ist der Text auch aufgenommen worden in den Ökumene-Band der Sämtlichen Werke.[41] Das Buch stieß auf begeisterte Aufnahme und zugleich schärfste Ablehnung. So hat J. Ratzinger nicht weniger heftig geantwortet, wenn er in einer Besprechung schreibt:

Ein Parforceritt zur Einheit, wie ihn neulich Heinrich Fries und Karl Rahner mit ihren Thesen angeboten haben, ist ein Kunstgriff theologischer Akrobatik, die leider der Realität nicht standhält. Man kann die Konfessionen nicht wie auf einem Kasernenhof zueinander dirigieren und sagen: Hauptsache, sie marschieren miteinander; was sie dabei denken, ist im einzelnen nicht so wichtig ... Die Wahrheitsfrage durch ein paar kirchenpolitische Operationen zu überspringen, wie dies im Grunde Fries

---

[40] Rahner: Strukturwandel, 112.
[41] Fries/ Rahner: Einigung der Kirchen, 286–396.

und Rahner vorzuschlagen scheinen, wäre ein ganz und gar unverantwortliches Verhalten.[42]

In ähnlicher Weise, jedoch genauer und ausführlicher, hat Rahner schwierige ökumenische Probleme, nämlich die Fragen zum Amtsverständnis und zur Interkommunion, behandelt, was hier nicht weiter dargestellt werden kann.[43]

Es ist nicht zu übersehen, dass Rahner in der Tiefe auch die Sorge bewegt, wie die Ökumene ihren Weg weitergeht, und zwar in und mit der verfassten Kirche. So schreibt er:

Soll aber diese Bewegung weitergehen, ohne dass es von der Basis her auch zu unüberlegten Schritten kommt, die auf die Dauer doch nicht wirklich weiterführen, sondern bei einer dritten Konfession landen würden, die auf die Dauer auch nicht lebendiger, dafür aber christlich substanzloser wäre als die bisherigen Konfessionskirchen, dann müssen die Amtsträger in allen Kirchen sich ernsthaft überlegen, wie sie diese Bewegung selbst weiterführen zu Ergebnissen, die auch der normale Christ des Alltags als solche Schritte erkennen kann.[44]

Wer Karl Rahners Theologie kennt, weiß darum, wie wichtig ihm bei aller Kritik der konkreten Situation das Amt in der Kirche ist, das nicht von der ökumenischen Bewegung und ihrer Basis getrennt werden darf.

Am Ende ist dies freilich auch für Rahner eine spirituelle Frage, ohne die alle organisatorischen und kirchenpolitischen Forderungen ins Leere stoßen bzw. nur zu weiteren Verhärtungen führen:

Wo wird mit feurigen Zungen von Gott und seiner Liebe gesprochen? Wo wird von den »Geboten Gottes« nicht als von einer mühselig zu respektierenden Pflicht, sondern von ihnen als der herrlichen Befreiung des Menschen von versklavender Lebensangst und von frustrierendem Egoismus geredet? Wo wird in der Kirche nicht nur gebetet, sondern das Gebet auch als pfingstliche Gabe des Geistes, als herrliche Gnade erfah-

---

[42] Fries/ Rahner: Einigung der Kirchen (Sonderausgabe), 160.

[43] Vgl. Rahner: Frage des Amtsverständnisses, 215–221; Vorfragen, 223–285, darin den Exkurs über Interkommunion, 274–285. Die Ausführungen zur Ämterfrage bedürften einer sehr sorgfältigen Gesamtdarstellung, die es bisher auch in Ansätzen noch nicht gibt.

[44] Rahner: Strukturwandel, 114.

ren? ... Wo gibt es denn noch die »geistlichen Väter«, die christlichen »Gurus«, die das Charisma einer Einweisung in die Meditation, ja in eine Mystik haben, in der das Letzte des Menschen, seine Vereinigung mit Gott in einem heiligen Mut angenommen wird?[45]

Wer sich über Karl Rahners Ungeduld, Härte und manchmal vielleicht auch Ungerechtigkeit ärgert, der sollte immer wieder zu dieser Wurzel zurückkommen, von der her die Unruhe gespeist wird. Dann kann er mit ihm auch wieder versöhnt sein, auch wenn er ihm nicht in allem zustimmt. Dabei darf man nicht übersehen, dass Karl Rahner immer wieder selbst auch vor Voreiligkeiten warnt. Diese seine Sorge hat er z.B. vor dem ersten evangelisch-katholischen Kirchentag im Jahr 1970 in Augsburg deutlich zum Ausdruck gebracht.[46]

Noch vieles wäre darzulegen, vor allem Karl Rahners späte Gespräche und Ausführungen zum Dialog zwischen Christen und Juden. Es sind verhaltene Dialoge zweier Weiser, nämlich Pinchas Lapide und Karl Rahner, aber auch das Zwiegespräch mit Friedrich Georg Friedmann.[47] Dies bedarf einer eigenen und gesonderten Darstellung. Leider sind diese Äußerungen bisher zu wenig beachtet worden. Im Gespräch mit Friedmann geht es darum, ob und wie das Verhältnis zwischen Juden und Christen, nach allem was geschehen ist, wieder unbefangen werden kann. Ansätze zu einer Antwort aus dem Zentrum der Theologie gibt der Dialog mit Pinchas Lapide, wo es ganz besonders um das Verständnis Jesu Christi geht. Rahner hütet sich vor einer vorschnellen Versöhnung. Darum sagt er:

Ja, wir sollen weiter streiten. Trotz aller gehofften hintergründigen Einheit sind wir in unseren Überzeugungen nicht einfach identisch. Dann aber gehört es zur menschlichen Anständigkeit, zur Wahrheit und Liebe, dass man den Unterschied in den Überzeugungen sich gegenseitig bekennt und darum gerade den Dialog nicht abbrechen lässt.[48]

---

[45] Rahner: Strukturwandel, 90f.

[46] Vgl. dazu Rahner: Augsburg 1970, 468–472; zu diesem Interview vgl. auch die Nachweise zum Textmaterial, 524; Zur »Interkommunion« vgl. auch Rahner: Vorfragen, 283–285.

[47] Vgl. Rahner: Verkannter Bruder, 31–35; Unbefangenheit, 43–50; Heil von den Juden?, 397–453. Vgl. auch Friedmann: Heimkehr.

[48] Rahner: Heil von den Juden?, 445.

Was bleibt am Ende? Karl Rahner wäre nicht Karl Rahner, wenn am Ende nicht eine äußerste theologische Konzentration stehen würde. Das Gebet nimmt bei ihm einen wichtigen Platz ein. Die Gebete sind in einem eigenen Band zu seinem 80. Geburtstag gesammelt.[49] Wenige Wochen vor seinem Tod hat Karl Rahner ein »Gebet um die Vereinigung aller Christen«[50] verfasst. Ähnliches finden wir bei dem ökumenischen Theologen Oscar Cullmann, der ebenfalls am Ende seines Lebens, gerade im Ökumenischen Kontext, die Not und Hilfe des Gebetes herausstellte.[51] Das genannte Gebet Karl Rahners, das ich am Schluss anführen möchte, ist wie ein Vermächtnis, dass die Christen das Testament eines großen Lehrers nicht vergessen dürfen.

Gott, Urgrund und Kraft aller Einheit, wir rufen dich an und bitten dich, dass du den voneinander getrennten christlichen Kirchen diejenige Einheit schenken mögest, die dem Willen unseres Herrn Jesus Christus entspricht. Wir wissen zwar, dass wir selber alles uns mögliche tun müssen, damit diese Einheit Wirklichkeit wird. Denn von uns, nicht von dir, kommt die Spaltung unter den christlichen Kirchen. Aber eben diese unsere Aufgabe ist dennoch das Geschenk deiner Gnade, die allein das Wollen und das Vollbringen dieser Einheit schenken kann. Und darum kann all unser Bemühen doch nur immer wieder mit dem Gebet beginnen, gib, was du von uns verlangst ...

Die Einheit der Kirchen ist unsere Aufgabe. Und darum bitten wir: Dein Geist möge alle Kirchen erfüllen mit einem heilsamen Schrecken darüber, was alle Kirchen (verschieden aber ohne Ausnahme) dem Leibe deines Sohnes, der die Kirche ist, angetan haben; angetan durch Herrschsucht, Überheblichkeit, Verliebtheit in die eigene Meinung, Mangel an Liebe und Toleranz, Enge unseres Geistes, der nicht dulden will, dass deine eine Wahrheit mit vielen Zungen verkündet wird, und durch alle anderen Weisen, in denen wir Menschen Sünder sind, und uns an die Stelle deiner Wahrheit setzen ...

Jeder in den getrennten Kirchen muss seinen christlichen Brüdern in den anderen Kirchen den guten Willen zubilligen, die Forderung Jesu nach Einheit unter seinen Jüngern zu erfüllen und doch: Wir Sünder in allen Kirchen müssen bekennen, dass dieser Wille bei uns offenbar doch nicht

---

[49] Vgl. Rahner: Gebete des Lebens.

[50] Rahner: Gebete des Lebens, 200–202. Das Gebet findet sich jetzt auch am Schluß von SW 27, 483f.

[51] Cullmann: Gebet.

so glühend, mutig und schöpferisch ist, wie er sein sollte, denn sonst müsste ja die Einheit, die unsere Aufgabe ist, schon verwirklicht sein. Gib uns, heiliger und barmherziger Gott, den vollen Willen zur Einheit, die du von uns forderst, und wenn unser Herz uns anklagt, zu wenig von dem machtvollen Geist der Einheit zu besitzen, dann dürfen wir dennoch hoffen, dass diese unsere sündige Schwachheit umfangen bleibt von deiner Vergebung und jener Einheit der Christen, die du uns schon geschenkt hast. Amen.

## Literatur

Adam, K.: Una Sancta in katholischer Sicht, Düsseldorf 1948

Asmussen, H.: Maria, die Mutter Gottes, Stuttgart $^{3}$1960.

Cullmann, O.: Das Gebet im Neuen Testament, Tübingen $^{2}$1997 ($^{1}$1994).

Frieling, R./ Geldbach, E./ Thöle, R.: Konfessionskunde. Orientierung im Zeichen der Ökumene, Grundkurs Theologie 5,2, Stuttgart 1999.

–: Der Weg des ökumenischen Gedankens. Eine Ökumenekunde, Göttingen 1992.

Fries, H./ Rahner, K.: Einigung der Kirchen – reale Möglichkeit, Sämtliche Werke Bd. 27, Freiburg 2002, 286–396. Das Werk wird in den Anmerkungen zitiert als: Fries/ Rahner, Einigung der Kirchen; die ebenfalls in den Anmerkungen zitierte erweiterte Sonderausgabe (Freiburg 1985) erhält nach dem Kurztitel zusätzlich die Angabe »(Sonderausgabe)«.

Jaeger, L. Kardinal: Einheit und Gemeinschaft. Stellungnahmen zu Fragen der christlichen Einheit, Paderborn 1972.

Kleinknecht, H./ Quell, G./ Stauffer, E./ Kuhn, K.G.: Art. θεός, ThWNT Bd. III (1938), 65–120.

Küng, H.: Rechtfertigung. Die Lehre Karl Barths und eine katholische Besinnung, Einsiedeln 1957.

Lackmann, M.: Zur reformatorischen Rechtfertigungslehre, Stuttgart 1953.

Lehmann, K./ Raffelt, A. (Hg.): Rechenschaft des Glaubens, Zürich/ Freiburg 1979.

Lengsfeld, P. (Hg.): Ökumenische Theologie, Stuttgart 1980.

Lortz, J.: Die Reformation in Deutschland, 2 Bände, Freiburg 1939.

Maas-Ewerdt, Th: Die Krise der Liturgischen Bewegung in Deutschland und Österreich, Regensburg 1981.

Meyer, H.: Ökumenische Zielvorstellungen, Ökumenische Studienhefte 78, Göttingen 1996.

Neuner, P.: Ökumenische Theologie, Darmstadt 1997.

Rahner, Karl: Augsburg 1970. Erster evangelisch-katholischer Kirchentag, Interview mit K. Rahner, Sämtliche Werke Bd. 27, Freiburg 2002, 468–472.

–: Clearing the way to Christian unity – Einige praktische Vorschläge zur Einheit des Christentums, Interview mit K. Rahner, Sämtliche Werke Bd. 27, Freiburg 2002, 456–467.

–: Dein verkannter Bruder. Ein Jude sieht uns Christen. Einführung zu André Neher, Sämtliche Werke Bd. 27, Freiburg 2002, 31–35.

–: Die deutsche protestantische Christologie der Gegenwart, Sämtliche Werke Bd. 4, 299–312.
–: Dritte Konfession?, Sämtliche Werke Bd. 27, Freiburg 2002, 135–145.
–: Ein bedeutsames Dokument – Die Instructio des Sanctum Officium vom 20. Dezember 1949, Sämtliche Werke Bd. 27, Freiburg 2002, 7–10.
–: Einheit in Vielfalt. Schriften zur Ökumenischen Theologie. Bearbeitet von K. Kardinal Lehmann und A. Raffelt, Sämtliche Werke Bd. 27, Freiburg 2002.
–: Fragen der Kontroverstheologie über die Rechtfertigung, in: Schriften zur Theologie Bd. IV, Einsiedeln 1960, 237–271.
–: Friedmann, F.G.: Heimkehr ins Exil. Jüdische Existenz in der Begegnung mit dem Christentum, hrsg. von Ch. Wiese, München 2001.
–: Gebete des Lebens, hrsg. von A. Raffelt, 3. erweiterte Auflage Freiburg 1984.
–: Gespräche über den »Zaun«. Offener Brief an Hans Asmussen, Sämtliche Werke Bd. 27, Freiburg 2002, 11–21.
–: Heil von den Juden? Ein Gespräch zwischen Pinchas Lapide und Karl Rahner, Sämtliche Werke Bd. 27, Freiburg 2002, 397–453.
–: Hörer des Wortes. Schriften zur Religionsphilosophie und zur Grundlegung der Theologie. Bearbeitet von A. Raffelt, Sämtliche Werke Bd. 4, Freiburg u.a. 1997.
–: Hörer des Wortes, Sämtliche Werke Bd. 4, Freiburg u.a. 1997, 285–293.
–: Ist Kircheneinigung dogmatisch möglich?, Sämtliche Werke Bd. 27, Freiburg 2002, 119–134.
–: Katholische Besinnung zum Reformationsjubiläum, Sämtliche Werke Bd. 27, Freiburg 2002, 51–58.
–: Konkrete offizielle Schritte auf eine Einigung hin?, Sämtliche Werke Bd. 27, Freiburg 2002, 211–214.
–: Löscht den Geist nicht aus. Festvortrag, gehalten am 1. Juni 1962 auf dem Österreichischen Katholikentag, Schriften zur Theologie VII, Einsiedeln 1966, 77–90.
–: Ökumenische Theologie der Zukunft, Sämtliche Werke Bd. 27, Freiburg 2002, 105–118.
–: Ökumenisches Miteinander heute, Sämtliche Werke Bd. 27, Freiburg 2002, 201–210.
–: Realistische Möglichkeiten der Glaubenseinigung?, Sämtliche Werke Bd. 27, Freiburg 2002, 189–200.
–: Religionsphilosophie und Theologie, Sämtliche Werke Bd. 4, Freiburg u.a. 1997, 285–293.
–: Sämtliche Werke. Herausgegeben von der Karl-Rahner-Stiftung unter Leitung von K. Lehmann, J.B. Metz, K.-H. Neufeld, A. Raffelt und H. Vorgrimler, Freiburg u.a. 1995ff. Bezugnahmen auf die Sämtlichen Werke in den Anmerkungen zu diesem Aufsatz werden abgekürzt mit SW unter Angabe der Bandzahl. Zum Nachweis der Erstveröffentlichung der zitierten Texte sowie zu etwaigen verschiedenen Fassungen vgl. die Angaben in den Bänden der Sämtlichen Werke.
–: Strukturwandel der Kirche als Aufgabe und Chance, Freiburg 1972.
–: Theologische und philosophische Zeitfragen im katholischen deutschen Raum, Sämtliche Werke Bd. 4, Freiburg u.a. 1997, 497–576.
–: Theos im Neuen Testament, Sämtliche Werke Bd. 4, Freiburg u.a. 1997, 346–403.
–: Über den Versuch eines Aufrisses einer Dogmatik, Sämtliche Werke Bd. 4, Freiburg 1997, 404–448, dazu die editorische Einführung von A. Raffelt: XXII.

–: Una Sancta. Zu Karl Adam: Una Sancta in katholischer Sicht, Sämtliche Werke Bd. 27, Freiburg 2002, 3–6.

–: Unbefangenheit und Anspruch. Ein Brief zum jüdisch-christlichen Gespräch, Sämtliche Werke Bd. 27, Freiburg 2002, 43–48.

–: Vom Sinn und Auftrag des kirchlichen Amtes. Rezensionsartikel zu: Reform und Anerkennung kirchlicher Ämter, Sämtliche Werke Bd. 27, 146–149.

–: Vorfragen zu einem ökumenischen Amtsverständnis, Sämtliche Werke Bd. 27, Freiburg 2002, 223–285.

–: Zur Einheit der Kirche der Zukunft, Interview mit K. Rahner, Sämtliche Werke Bd. 27, Freiburg 2002, 473–481.

–: Zur Frage des Amtsverständnisses, Sämtliche Werke Bd. 27, Freiburg 2002, 215–221.

–: Zur Theologie des ökumenischen Gesprächs, Vorlesungen des Jahres 1968, Sämtliche Werke 27, Freiburg 2002, 59–92.

Rahner, K./ Lehmann, K. (Hg.): Marsch ins Getto?, München 1973. Dieses Diskussionsbuch geht zurück auf ein ursprünglich im Januar 1972 in den »Stimmen der Zeit« erschienenes Editorial K. Rahners.

Schwahn, B.: Der Ökumenische Arbeitskreis evangelischer und katholischer Theologen von 1946–1975, Forschungen zur systematischen und ökumenischen Theologie 74, Göttingen 1996.

Stählin, W.: Via Vitae, Kassel 1968.

Wolf, H. (Hg.): K. Rahner: Theologische und philosophische Zeitfragen im katholischen deutschen Raum, Ostfildern 1994.

Peter Zimmerling

# Dietrich Bonhoeffer und George Bell

## Ökumenische Freundschaft im Ernstfall

Dietrich Bonhoeffer: 4. Februar 1906–9. April 1945. Nach dem Studium bei A. v. Harnack, K. Holl und E. Seeberg 1927 Promotion mit Sanctorum Communio. 1930 Habilitation für Systematische Theologie. Erste ökumenische Kontakte etablierte Bonhoeffer bei einem Studienaufenthalt in New York. 1933–1945 war er Pfarrer an der deutschen Gemeinde in London. Ab 1935 leitete er das Predigerseminar der Bekennenden Kirche in Finkenwalde. Nach 1938 versuchte er, seine ökumenischen Kontakte, vor allem durch Bischof George Bell, zur Stärkung der Widerstandsbewegung gegen Hitler zu nutzen. Bonhoeffer wirkte sowohl durch seine theologischen Ansätze, die die Wirklichkeit Jesu Christi in dieser Welt, die er als religionslose beschrieb, zu erfassen suchen, als auch durch sein Zeugnis als christlicher Märtyrer. In der Ökumene gilt sein Lebensweg als beispielgebendes Vorbild für die Nachfolge Jesu Christi.

George Bell: 4. Februar 1883–3. Oktober 1958. Ab 1929 Bischof von Chichester, ab 1932 Vorsitzender des Ökumenischen Rates für Praktisches Christentum. Setzte sich als Mitglied des Britischen Oberhauses (seit 1937) nach einem Treffen mit D. Bonhoeffer 1942 in Schweden für die Bekennende Kirche und den Widerstand gegen Hitler ein. Bell engagierte sich nach 1945 für eine Aussöhnung mit Deutschland und spielte eine wichtige Rolle bei der Gründung des ÖRK.

Wie wichtig Dietrich Bonhoeffer seine Freundschaft mit George Bell war, zeigt sich daran, dass diesem seine letzten, uns überlieferten Worte galten. Überbringer war Bonhoeffers englischer Mitgefangener, Captain S. Payne Best. Bonhoeffer hat ihm die Botschaft an Bell am 8. April 1945 unmittelbar vor dem Abtransport ins KZ Flossenbürg aufgetragen, also einen Tag vor seiner Hinrichtung. Best, der als Nachrichtendienstoffizier dafür professionell geschult war, erinnerte sich nach dem Krieg sehr genau an Bonhoeffers Worte, zumal Bonhoeffer sie ihm zweimal zum Auswendiglernen vorgesprochen hatte.[1] Payne Best übermittelte Bonhoeffers Botschaft brieflich an Bischof Bell:

> Nach meiner besten Erinnerung waren dies Dietrichs genaue Worte: »Bitte überbringen Sie diese Nachricht von mir an den Bischof von Chichester, sagen Sie ihm, für mich ist dies das Ende, aber auch der Anfang – mit ihm glaube ich an den Grundsatz unserer universalen christlichen Brüderlichkeit, der über allem Hass zwischen den Völkern steht, und dass unser Sieg gewiss ist ...«[2]

Diese letzte erhaltene Nachricht stellt Bonhoeffers ökumenisches Vermächtnis dar. Es geht darin um mehr als um seine persönliche Auferstehungshoffnung – wie es der allein bekannt gewordene erste Teil der Worte nahe legen würde. Bonhoeffer stirbt im Vertrauen auf den endgültigen Sieg des Reiches Gottes über allen Unfrieden und Hass zwischen den Völkern. Wie skandalös diese Worte unmittelbar nach Kriegsende in England wirkten, zeigt sich daran, dass Captain Best aus Angst vor dem Vorwurf des Vaterlandsverrats sie erst am 17. September 1946, also fast 1½ Jahre nach der Rückkehr aus Deutschland, George Bell mitteilte.

Die nachstehenden Ausführungen gliedern sich wie folgt: In einem ersten Teil sollen die Biographien der beiden Männer bis zu dem Zeitpunkt skizziert werden, an dem ihre Freundschaft begann. Im zweiten Teil geht es um Hintergrund, Weg und Ziel des ökumenischen Engagements von Bonhoeffer und Bell. Der

---

[1] »He gave me this message twice in the same words, holding my hand firmly in his and speaking with emotional earnestness«. Zitiert nach Glenthøj: Zwei Zeugnisse, 90; vgl. Bonhoeffer: Konspiration und Haft, 468.

[2] Glenthøj: Zwei Zeugnisse, 90f, Anm. 10. Übersetzung von J. Glenthøj, zit. nach ders.: Tarnung, 124.

dritte Teil handelt von dem Preis, den beide für ihre Freundschaft zu zahlen bereit waren. Den Schluss bildet ein kurzer Ausblick, in dem nach den Konsequenzen des Dargestellten für das ökumenische Handeln heute gefragt wird.

## I. Biographische Skizzen

Als sich Bonhoeffer und Bell 1933 während Bonhoeffers Auslandspfarramt in London näher kennen lernten, war Bonhoeffer erst 27 Jahre alt, Bischof Bell, Jahrgang 1883, bereits 50, also fast doppelt so alt. Schon von ihrem Altersunterschied her war es also alles andere als selbstverständlich, dass sich zwischen beiden Männern eine tiefe Freundschaft entwickelte. Dazu kam der krasse Unterschied der politischen Systeme ihrer Heimatländer: Hier Nazi-Deutschland mit dem immer deutlicher zutage tretenden unumschränkten Führerprinzip, dort eine in Jahrhunderten gewachsene Demokratie. Auch in theologischer Hinsicht bestanden große Diskrepanzen: Hier ein von Luther und Barth geprägter reformatorischer Theologe, dort ein bis in die Haarspitzen vom Anglikanismus bestimmter Kirchenmann. Nichtsdestotrotz stellten sie bereits bei ihrem ersten Treffen eine erstaunliche Übereinstimmung in den Grundüberzeugungen fest.

Dietrich Bonhoeffer wurde 1906 in einer großbürgerlichen Familie geboren. Er ist nur zu verstehen, wenn man Berlin kennt, wenn man weiß, dass er aus dem vornehmen Grunewald im Westen Berlins stammt, dem »Professoren-Ghetto«, wie der Schriftsteller Alfred Kerrl ziemlich frech gesagt hat. Die Bankiers, Künstler, Schriftsteller, Professoren von Weltrang bildeten eine verschworene Gemeinschaft. Nur auf diesem Nährboden konnte Bonhoeffer sich zu einem frühreifen, theologischen Wunderkind – mit 21 promoviert und mit 24 habilitiert – entwickeln. Es war ungewöhnlich, dass Bonhoeffer Theologe wurde. Zwar besaß er eine Reihe von Pfarrern und Theologieprofessoren unter seinen Vorfahren sowohl väterlicher- als auch mütterlicherseits. Der Vater und die älteren Brüder waren jedoch aufgrund ihres Agnostizismus gegenüber Theologie und Kirche auf Distanz gegangen.[3] Eine in den Quellen nur schwer greifbare innere Berufung zur Theologie ließ Bonhoeffer diese Vorbehalte überwinden.[4] Von Anfang an stand darum auch nicht die Beschäftigung mit der Theologie als Wissenschaft, sondern die Konkretion der wissenschaftlich-theologischen Überlegungen in Kirche und Gemeinde im Zentrum von Bonhoeffers Interesse.[5] Dieses Anliegen ist das erste, das ihn mit Bell verband. Dass bei Bonhoeffer theologische Reflexion und praktischer Einsatz für die Kirche Hand in Hand gingen, zeigt sich an seinem Ausbildungsgang: Nach Erstem Examen und gleichzeitiger Promotion Vikariat an der deutschen Auslandsgemeinde in Barcelona, danach Habilitation und Absolvierung seines Zweiten Theologischen Examens in Berlin, im Anschluss ein einjähriger Studienaufenthalt am Union Theological Seminary in New York, weil er mit 24 Jahren noch zu jung war, um in der Altpreußischen Union ordiniert werden zu können. Fünfundzwanzigjährig wurde er 1931 nach seiner Rückkehr in Berlin Privatdozent. Daneben begann die Arbeit als Pfarrer in seiner Heimatkirche. Er übernahm ein Studentenpfarramt und war als Hilfsprediger tätig, wobei er eine Gruppe von 50 Jungen aus dem proletarischen Wedding zur Konfirmation führte.[6] Das damit verbundene soziale Engagement – z.B. organisierte er eine Form von offener Jugendarbeit – ist der zweite Punkt, an dem sich Bonhoeffers Intentionen mit denen Bells trafen.

---

[3] Symptomatisch für diese Einstellung ist folgendes Zitat aus einem Brief des Vaters an Dietrich Bonhoeffer. Der Brief stammt vom 2. Februar 1934, ist also in der heißen Phase des Kirchenkampfes verfasst worden: »Als Du Dich seinerzeit für die Theologie entschlossen hast, dachte ich manchmal im Stillen, dass ein stilles, unbewegtes Pastorendasein, wie ich es von meinen schwäbischen Onkeln kannte und wie es Mörike schildert, eigentlich doch fast zu schade für Dich wäre. Darin habe ich ja, was das Unbewegte anlangt, mich gröblich getäuscht. Dass eine solche Krise auch auf dem Gebiete des Kirchlichen noch möglich würde, schien mir aus meiner naturwissenschaftlichen Erziehung heraus eigentlich ausgeschlossen«. Zit. nach Bethge: Dietrich Bonhoeffer, 62.

[4] Bonhoeffer nennt in einem kurzen Lebenslauf für seine Studentenverbindung »Igel« in Tübingen als Alter seiner Berufung zum Theologiestudium bereits das 13. Lebensjahr; vgl. Bonhoeffer: Lebenslauf, 55.

[5] »Ich merke, dass es mich nicht sehr lange bei der Wissenschaft halten wird. Aber ich halte freilich eine möglichst gründliche wissenschaftliche Vorbildung für überaus wichtig«; Bethge: Dietrich Bonhoeffer, 30.

[6] Bethge, Dietrich Bonhoeffer, 268ff.

Ein dritter Berührungspunkt mit George Bell bestand im ökumenischen Engagement beider. Dieses Engagement war auch der Grund, warum sie sich überhaupt begegneten. 1931 wurde Bonhoeffer in Cambridge zu einem der drei Jugendsekretäre des »Weltbundes für Freundschaftsarbeit der Kirchen« gewählt. Einen Großteil seiner Zeit und Kraft verwandte er fortan für ökumenische Konferenzen, für deren Vorbereitung und Durchführung er z.T. verantwortlich war. Bell selbst wurde in der Nachfolge von Nathan Söderblom 1932 internationaler Präsident von »Life and Work«, einer der beiden großen Vorgänger-Organisationen des Genfer Ökumenischen Rats der Kirchen. Da »Weltbund« und »Life and Work« von ihrer inhaltlichen Arbeit und von den beteiligten Personen her z.T. deckungsgleich waren – »Life and Work« war 1925 in Stockholm aus dem Weltbund hervorgegangen –, ergab sich für Bell und Bonhoeffer beinahe automatisch eine Zusammenarbeit auf dem Feld der Ökumene.[7]

Mit der Machtergreifung Hitlers überstürzten sich in Deutschland die Ereignisse. Zusammen mit der ganzen Familie war Bonhoeffer sich in der Ablehnung Hitlers einig: »Hitler bedeutet Krieg für Europa und die Welt.« Bonhoeffer war sich darüber hinaus von Anfang an im Klaren, dass es zur Aufgabe der Kirche gehörte, staatlichem Unrechtshandeln entgegenzutreten.[8] Auch diese Überzeugung verband ihn mit Bischof Bell. Bonhoeffer beteiligte sich an der Seite Martin Niemöllers vom Start weg am Aufbau der Bekennenden Kirche. Da die Deutschen Christen jedoch den Triumph davonzutragen schienen, entschloss er sich, ein zweijähriges Auslands-Pfarramt in London zu übernehmen.

Soweit die knappe Skizze von Bonhoeffers Werdegang bis zur Begegnung mit George Bell im Herbst 1933.

Wer war George Bell? Aus einer wohlhabenden Familie stammend – Bankiers und anglikanische Geistliche gehörten gleichermaßen zu seinen Vorfahren –, studierte er in Oxford und wurde danach Pfarrer einer Arbeitergemeinde in Leeds. Im Anschluss daran arbeitete er für vier Jahre als Tutor am Christ College in Oxford. Während dieser Zeit schickte Bell seine Studen-

---

[7] Zur Entstehung der ökumenischen Organisationen vgl. im Einzelnen Linn: Ökumene, 50ff.

[8] Vgl. Bonhoeffer: Judenfrage, 353f.

ten in industrielle Ballungszentren, damit sie Großstadterfahrungen sammeln konnten – vor allem in den ausgedehnten Proletarriervierteln und den Slums der englischen Städte.[9] 1914 berief ihn der Erzbischof von Canterbury, Dr. Randall Davidson, zum Residential Chaplain, d.h. zu seiner rechten Hand. Bell hat später eine große Biographie über Davidson verfasst,[10] die Eberhard Bethge nach eigenem Zeugnis als Vorbild für seine Bonhoeffer-Biographie diente.[11] In der Nacht, in der Bell in den Lambeth Palace in London einzog, erklärte die britische Regierung Deutschland den Krieg. Zwar begrüßte Bell damals die Kriegserklärung, doch im Laufe des Krieges fing er an, sich für Ökumene und Völkerverständigung einzusetzen. Der Verlust seiner beiden Brüder im letzten Kriegsjahr bestärkte ihn darin. Fortan wurde er zu einem der großen Brückenbauer zwischen den Kirchen, um auf diesem Weg einen Beitrag zur Versöhnung der Nationen zu leisten. 1924 erfolgte Bells Ernennung zum Dekan von Canterbury, 1929 bis zu seinem Ruhestand 1957 wirkte er als Bischof von Chichester an führender Stelle in der anglikanischen Kirche. Je länger je engagierter trat Bell öffentlich für die Verwirklichung christlicher Maßstäbe im politischen Leben ein; dies mit noch gewichtigerer Stimme, seit er 1937 aktives Mitglied des House of Lords geworden war.

Zum Schluss dieses ersten Abschnitts sei noch auf eine Parallele ganz anderer Art zwischen beiden Männern hingewiesen: Neben der Theologie begeisterte sich Bell für die Dichtkunst und gewann als Student sogar einen angesehenen Preis auf diesem Gebiet (»Newdigate Prize«). Auch Bonhoeffer hatte sich während des Studiums dichterisch betätigt, diese Versuche allerdings später aufgegeben. Erst im Tegeler Gefängnis ist er nach der ersten Sprecherlaubnis seiner Verlobten Maria von Wedemeyer zum Dichter geworden.

[9] Vgl. hier und im Folgenden Lange: Bell, 83ff.

[10] Bell: Davidson.

[11] So Eberhard Bethge in seiner Rede anlässlich der Namensgebung der George Bell Hall in London (Forest Hill) am 5. Februar 1994 »George Bell und Forest Hill«, 8.

## II. Bonhoeffers und Bells ökumenisches Engagement

Beim Vergleich des ökumenischen Engagements von Bonhoeffer und Bell fällt auf, dass Bonhoeffers Wirken – typisch deutsch – mehr im Bereich des theologischen Denkens lag, während Bell – typisch angelsächsisch – stärker der ökumenische Praktiker war. Natürlich hängt die unterschiedliche Ausrichtung auch damit zusammen, dass Bell als Bischof von Chichester und als Präsident von »Life und Work« herausragende Ämter innehatte und dadurch ganz andere kirchenpolitische Einflussmöglichkeiten besaß als Bonhoeffer, der lediglich Pfarrer einer Auslandsgemeinde bzw. Direktor eines illegalen Predigerseminars war.

Im Folgenden können nur exemplarisch einige Punkte des ökumenischen Einsatzes beider hervorgehoben werden. Zunächst zu Bonhoeffer: Heute ist es unter deutschen evangelischen Theologen common sense, Theologie im ökumenischen Horizont zu betreiben. Das war in der Zeit zwischen den beiden Weltkriegen noch völlig anders. Nur eine verschwindende Minderheit engagierte sich in der werdenden ökumenischen Bewegung, unter denen der Neutestamentler Adolf Deißmann herausragte. Ökumenische Theologen waren damals absolute Außenseiter. Ein solcher war auch der Nachwuchswissenschaftler Dietrich Bonhoeffer. Aufgrund des Lebenszuschnitts und der Verbindungen seiner Familie war es ihm möglich, bereits in den 1920er Jahren ins Ausland zu reisen und dort z.T. sogar eine zeitlang zu leben. Das verschaffte ihm einen weiteren Horizont als ihn die meisten anderen deutschen Theologen besaßen. Während eines Aufenthalts in Rom 1924 wurde bei dem jungen Theologiestudenten Bonhoeffer die Grundlage für sein späteres ökumenisches Engagement gelegt. In der Karwoche und an Ostern ging ihm auf, was der Begriff Kirche eigentlich bedeutet:

> Der Tag [Palmsonntag] war herrlich gewesen, der erste Tag, an dem mir etwas Wirkliches vom Katholizismus aufging, nichts von Romantik usw., sondern ich fange, glaube ich, an, den Begriff »Kirche« zu verstehen.[12]

---

[12] Bonhoeffer: Italienisches Tagebuch, 89.

Im Hinblick auf die Vormittagsmesse in St. Peter schrieb er in sein Tagebuch:

> Fabelhaft wirkt die Universalität der Kirche, Weiße, Schwarze, Gelbe, alle in geistlichen Trachten vereint unter der Kirche, scheint doch sehr ideal.[13]

Bonhoeffer wurde hier zum ersten Male die Universalität als Wesensmerkmal der Kirche deutlich. Endgültig zum Ökumeniker wurde er am Union Theological Seminary in New York. Dort lehrten führende Vertreter der ökumenischen Bewegung. Außerdem drängte sich in New York die Frage nach dem Verhältnis der verschiedenen Kirchen zueinander geradezu auf. Es gab dort eine unüberschaubare Vielzahl von christlichen Denominationen, ganz anders als in Bonhoeffers Heimatstadt Berlin, wo christliche Gruppen neben der Evangelischen Kirche – einmal abgesehen vom Katholizismus – nur eine marginale Bedeutung besaßen.

Bonhoeffers eigenständige theologische Überlegungen zur Ökumene wurden durch die ungeklärte Stellung der Ökumenischen Bewegung zum Kirchenkampf in Deutschland bzw. zur deutschchristlichen Reichskirche und zur Bekennenden Kirche ausgelöst. Vor allem drei Fragen bewegten ihn: die Frage nach dem Kirchesein der ökumenischen Bewegung, die Frage nach der Aufgabe eines ökumenischen Friedenskonzils und schließlich – damit zusammenhängend – die Frage nach der Verkündigung des konkreten Gebots durch die ökumenische Bewegung. Alle drei Themen ziehen sich durch seine Vorträge und Aufsätze zur Ökumene. In seinem ersten großen ökumenischen Vortrag 1932 auf der Tagung des Weltbundes in Ciernohorské Kúpele in der Tschechoslowakei sprach er zum Thema: »Zur theologischen Begründung der Weltbundarbeit«.[14] Bonhoeffers Gedankengang war dabei folgender: Er geht davon aus, dass es in einer Epoche wiedererstarkender nationalistischer Strömungen nicht genügt, sich auf die Praxis ökumenischer Zusammenarbeit zurückzuziehen und die theologische Begründung ökumenischen Handelns

---

[13] Bonhoeffer: Italienisches Tagebuch, 88.

[14] Vgl. Bethge: Dietrich Bonhoeffer, 294ff; der Vortrag ist abgedruckt in Bonhoeffer: Ökumene, 327–344.

auszublenden. Der Mangel an theologischer Reflexion macht die ökumenische Arbeit wehrlos gegenüber Vorwürfen von außen: »Der in der ökumenischen Arbeit Stehende muß sich vaterlandslos und unwahrhaftig schelten lassen, und jeder Versuch einer Entgegnung wird leicht überschrieen.«[15] Bonhoeffer ist der Überzeugung, daß die ökumenische Bewegung einem neuen Selbstverständnis der Kirche Christi entspringt, selber Kirche ist und deshalb auch eine neue Theologie hervorbringen muss.[16] Weil die ökumenische Bewegung Kirche ist, hat sie die Aufgabe, angesichts der Herausforderungen der Zeit das »konkrete Gebot« zu verkündigen. Was meint Bonhoeffer damit?

Die Verkündigung des konkreten Gebots wird immer auch die Dimension des Politischen mitumfassen.[17] Kirchliche Verlautbarungen dürfen trotzdem nicht mit alltagspolitischer Parteinahme verwechselt werden.[18] Die Verkündigung des konkreten Gebots muss vielmehr im Hören auf das Evangelium von Jesus Christus erfolgen. Das Evangelium reicht über sozialethische Stellungnahmen und politische Resolutionen hinaus, weil es die Situation des Menschen coram deo zur Sprache bringt und dadurch ein vom Handeln des Menschen unabhängiges – wir sagen heute: ein spirituelles – Moment in die Welt einführt, mithin zu einer Relativierung der politischen Dimension führt. Erst in diesem Horizont kann die Kirche es überhaupt wagen, das konkrete Gebot zu verkündigen.[19] Der Bezug auf das Evangelium entlastet die Verkündigung des konkreten Gebots in doppelter Hinsicht: Einmal hält es den Weg zu einem – evtl. notwendigen – »qualifizierten Schweigen« offen, zum anderen befreit es die Verkündigung des konkreten Gebots zur Irrtumsfähigkeit. Bonhoeffer weist darauf hin, dass die Kirche vor allem anderen der Wahrheit verpflichtet ist. Wenn sie das konkrete Gebot nicht weiß, stellt es einen Verrat an der Wahrheit dar, wenn sich die Kirche hinter allgemein

[15] Bonhoeffer: Ökumene, 329.

[16] Bonhoeffer: Ökumene, 328.

[17] An der Frage nach der Bedeutung des Politischen in der Kirche haben sich jahrelang die Gemüter entzweit; vgl. dazu Gollwitzer: Wendung zum Leben, Vorwort.

[18] Vgl. dazu Albrecht/ Baldermann: Art. Propheten/Prophetie, 513–517, wo diese Unterscheidung kaum berücksichtigt wird.

[19] Mayer: Bonhoeffer in Fanö, 89, unterscheidet in diesem Zusammenhang zwischen dem »Grundbekenntnis zu Jesus Christus« und dem »Wagnis eines neuen Situationsbekenntnisses«.

gehaltenen Resolutionen versteckt, anstatt ihr Nichtwissen einzugestehen:

> Es kann nichts Gutes dabei herauskommen, vor der Welt und sich selbst so zu tun, als wüßte man die Wahrheit, während man sie im Grunde nicht weiß ... Qualifiziertes Schweigen könnte der Kirche heute vielleicht angemessener sein als ein Reden, das möglicherweise sehr unqualifiziert ist. Das bedeutet Protest gegen jedes Kirchentum, das nicht der Frage nach der Wahrheit vor allem die Ehre gibt.[20]

Genauso einleuchtend erscheint mir Bonhoeffers Hinweis, dass die Gewissheit der Sündenvergebung Grundlage auch des konkreten Gebots bleibt:

> Die Kirche kann nicht gebieten, ohne selbst im Glauben an die Sündenvergebung zu stehen und ohne alle, denen sie gebietet, auf diese ihre Verkündigung der Sündenvergebung hinzuweisen.[21]

Die Möglichkeit des Schweigens und das Angewiesensein auf die Vergebung bewahrt die Verkündigung des konkreten Gebots davor, politisch im Sinne einer Ideologie zu werden.[22]

Dabei muss die Verkündigung des konkreten Gebots selbst dann gewagt werden, wenn die Kirchen deswegen von der öffentlichen Meinung der jeweiligen Gesellschaften attackiert werden. Man kann sich heute kaum noch vorstellen, welche Reaktion folgende Sätze aus Bonhoeffers Vortrag im durch den Versailler Vertrag gedemütigten Deutschland der 1920er und 1930er Jahre hervorgerufen haben:

> Die im Weltbund zusammengeschlossenen Kirchen meinen eine ganz bestimmte Ordnung als uns von Gott heute geboten zu erkennen. Die Ordnung des *internationalen Friedens* ist heute Gottes Gebot für uns.[23]

Heute – im Rückblick – wissen wir, daß es ein Segen für die weitere Geschichte Deutschlands gewesen wäre, wenn Bonhoef-

---

[20] Bonhoeffer: Weltbundarbeit, 330.

[21] Bonhoeffer: Weltbundarbeit, 334.

[22] Ähnlich Bethge, wenn er schreibt (Beten und Tun des Gerechten, 47): »Das Beten bewahrt das Tun des Gerechten vor der fanatischen Ideologisierung, an der die Veränderer zu schlechten Vertretern ihrer eigenen Sache werden«.

[23] Bonhoeffer: Weltbundarbeit, 338. Hervorhebungen im Original.

fer mit diesen Worten die damalige öffentliche Meinung in seinem Sinne hätte beeinflussen können. Gleichzeitig kritisiert Bonhoeffer, dass in den angelsächsischen Ländern, vor allem in Amerika, der Weltfrieden bereits als ein Stück des Reiches Gottes auf Erden verstanden wurde. Seine eigene Auffassung lässt einen geradezu unheimlichen biblischen Realismus erkennen:

> Der internationale Frieden ist nicht eine Wirklichkeit des Evangeliums, nicht ein Stück des Reiches Gottes, sondern ein Gebot des zornigen Gottes, eine Ordnung der Erhaltung der Welt auf Christus hin.[24]

Noch deutlicher als in Ciernohorské Kúpele wird Bonhoeffer 1934 auf der Ökumenischen Konferenz im dänischen Fanö.[25] Der Nationalsozialismus hatte in Deutschland im Jahr zuvor die Macht ergriffen. Darum ergeht Bonhoeffers erneute Forderung nach Verkündigung des konkreten Friedensgebots durch die ökumenische Bewegung.[26] Die eigene Stimme muss, wenn sie allein bleibt, ungehört bleiben. Darum fordert er die Versammlung von Fanö auf, sich ihrer Verantwortung als ökumenisches Friedenskonzil zu stellen:

> Wie wird Friede? Wer ruft zum Frieden, daß die Welt es hört, zu hören gezwungen ist? daß alle Völker darüber froh werden müssen? Der einzelne Christ kann das nicht – er kann wohl, wo alle schweigen, die Stimme erheben und Zeugnis ablegen, aber die Mächte der Welt können wortlos über ihn hinwegschreiten. Die einzelne Kirche kann auch wohl zeugen und leiden – ach, wenn sie es nur täte – aber auch sie wird erdrückt von der Gewalt des Hasses. Nur das Eine große ökumenische Konzil der Heiligen Kirche Christi aus aller Welt kann es so sagen, daß die Welt zähneknirschend das Wort vom Frieden vernehmen muß und daß die Völker froh werden, weil diese Kirche Christi ihren Söhnen im Namen Christi die Waffen aus der Hand nimmt und ihnen den Krieg verbietet und den Frieden Christi ausruft über die rasende Welt.[27]

So phantastisch diese Forderung Bonhoeffers auf den ersten Blick klingt, so realistisch erscheint sie wiederum im geschichtlichen Rückblick – unendlich realistischer als alle Träume der

---

[24] Bonhoeffer: Weltbundarbeit, 339.
[25] Bethge: Dietrich Bonhoeffer, 431ff.
[26] Bonhoeffer: Kirche und Völkerwelt, 299.
[27] Bonhoeffer: Kirche und Völkerwelt, 300f.

damaligen Nationalsozialisten von der Weltherrschaft. Soviel zu Bonhoeffers ökumenischen Überlegungen.

Nun zu George Bell: Wie groß die Bedeutung ist, die Bell für die Ökumenische Bewegung im 20. Jahrhundert besitzt, wird vielleicht am eindrucksvollsten durch einen Satz aus Visser't Hoofts Gedenkartikel für Bell vom Herbst 1958 dokumentiert: »Die Biographie von Dr. Bell ist in einem sehr weiten Ausmaß identisch mit der Biographie der Ökumenischen Bewegung der Kirchen.«[28] Tatsächlich übte Bell Zeit seines Lebens führende Ämter in der Ökumene aus, bis hin zum Vorsitz im Zentral- und Exekutiv-Komitee, dem leitenden Gremium des Ökumenischen Rats, den er seit dessen Gründung 1948 in Amsterdam innehatte.

Der erste persönliche Kontakt Bells mit Deutschland kam über Adolf Deißmann zustande. Beide begegneten sich 1919, als das Internationale Komitee des Weltbundes [»World Alliance für Promoting International Friendship through the Churches«] zu einer Tagung in Oud Wassenaar bei Den Haag zusammen kam.[29] Weniger als drei Monate nach Unterzeichnung des Versailler Vertrags war diese Tagung ein großes Wagnis, zumal sie Vertreter der Kirchen aus fünf kriegführenden und fünf neutralen Staaten miteinander vereinen sollte. Beinahe hätten die Spannungen zwischen den deutschen Vertretern und den Vertretern aus den anderen Ländern die Konferenz scheitern lassen. Aus dieser Konferenz rührte Bells uneingeschränktes Engagement für die ökumenische Bewegung. Einerseits erkannte er damals, dass der Friede möglich war, wenn die Kirchen in ihrem Handeln eins waren. Andererseits wurde ihm deutlich, dass ein dauerhafter Friede in Europa nur durch eine Versöhnung zwischen England und Deutschland gewährleistet war. Um die Verständigung zwischen beiden Ländern voranzubringen, gründete er gemeinsam mit Adolf Deißmann die englisch-deutsche theologische Konferenz.[30]

Die zweite Frage, die Bell fortan beschäftigte, war die Förderung der Einheit der Kirchen allgemein. Wie stellte er sich diese Einheit vor? Er war der Überzeugung, dass sie sowohl auf der

---

[28] Visser't Hooft: Bishop Bell's Life Work, 135; zit. nach Gloede: Bell, 81.
[29] Vgl. hier und im Folgenden Robertson: Solidarität mit dem Feind, 47f.
[30] Vgl. Hüneke: Ein unvergessener Freund, 57f.

Anerkennung der Vielfalt der Ausprägungen der einen Kirche Jesu Christi als auch auf der Anerkennung des Wertes der anderen Kirchen beruhte. Bell hat das mit einem anschaulichen Beispiel aus der Architektur verdeutlicht:

> Es gibt gewisse englische Kathedralen, die in ihrer Bauart verschiedene Zeitalter vereinigen und doch als Ganzes ein einziges edles und harmonisches Bauwerk darstellen. Hierfür ist die Kathedrale in Canterbury ein hervorragendes Beispiel. In ihr stecken, wie Erasmus schon sagte, drei Kirchen; und abgesehen von den seit seiner Zeit erfolgten Anbauten und Veränderungen sind diese drei Kirchen noch heute ebenso erhalten …, doch hängen alle voneinander ab und sind zu einem schönen Gesamtwerk vereinigt.[31]

Zur praktischen Förderung der Einheit der Kirchen wirkte Bell an der Einberufung der ersten internationalen Konferenz des »Life and Work Movements« in Stockholm 1926 mit. Auf der Konferenz selbst spielte er dadurch eine entscheidende Rolle, dass er zusammen mit Adolf Deißmann und Wilfrid Monod die abschließende Botschaft verfasste. Schließlich war es das Verdienst George Bells im Rahmen des »Weltbundes« und von »Life and Work«,

> die Fragen der gesellschaftspolitischen Entwicklung und des sozialen Unrechts auf die Tagesordnung der Kirchen gebracht zu haben, die sich bis dahin solchen Fragen nicht gestellt hatten. Außerdem wurde erreicht, dass die Kirchen die Entwicklung der internationalen Beziehungen der Völker als in ihrer Mitverantwortung anzunehmen lernten …[32]

Man muß sich klarmachen, dass beide Themenfelder im Rahmen von Staatskirchen solange keine Rolle spielten, wie bürgerliche Gesellschaft und Kirche zusammenfielen oder Staatskirchen in einer Weise unter staatlicher Bevormundung standen, dass sie gar keine Möglichkeit hatten, im internationalen Rahmen eine eigene Stimme zu erheben. Bell half, in einer Zeit der Ablösung bzw. Auflockerung der Staatskirchensysteme in den Kirchen Europas das Bewusstsein für ihre sozialethische Verantwortung zu wecken.

---

[31] Bell: Kirche von England, 9.
[32] Linn: Ökumene, 54.

## III. Die Kosten einer Freundschaft

Die Freundschaft zwischen Bonhoeffer und Bell stellte den Ernstfall ihres ökumenischen Engagements dar. Beide hatten den Preis dafür zu zahlen. Bells Einsatz für die Freunde in Deutschland umfasste den kirchlichen, den individuellen und schließlich auch den politischen Bereich. 1. erhob er für die Bekennende Kirche im Raum der Ökumene seine Stimme; 2. organisierte er in England Hilfe für Naziflüchtlinge; 3. setzte er sich in Parlament, Regierung und Öffentlichkeit Großbritanniens für den deutschen Widerstand gegen Hitler ein. Bell hat seinen Einsatz mit der Ablehnung als Kandidat für die Wahl zum Erzbischof von Canterbury 1942 bezahlt. In seinem Nachruf auf Bell schrieb der »Manchester Guardian«: »Seine Aussichten haben sich in dem Maße verschlechtert, in dem er sein Mitgefühl für Juden und Deutsche öffentlich bekundete.«[33]

Zu 1. Es würde hier zu weit führen, wollten wir all die Zirkularschreiben an ökumenische Stellen, die Anträge auf ökumenischen Konferenzen, die Eingaben bei deutschen Regierungs- und Reichskirchenstellen und die Leserbriefe an die »Times« anführen, durch die Bell aufgrund unmittelbarer Informationen aus Bonhoeffers Hand für die Bekennende Kirche aktiv wurde. Dabei ging es vor allem darum, die anderen Kirchen vor der Anerkennung der Reichskirchenregierung in Deutschland zu warnen und der sich formierenden Bekennenden Kirche ökumenischen Rückenwind zu verschaffen. Höhepunkt von Bells Einsatz für die Bekennende Kirche war ein Zirkularbrief, den er als Präsident des Weltrates von Life and Work zu Himmelfahrt 1934 – also zwei Wochen vor der ersten Synode der Bekennenden Kirche in Barmen – an alle Mitgliedskirchen verschickte.[34] Der Brief – auf Drängen von und in Absprache mit Bonhoeffer entstanden – brachte die Kritik an der deutschen Reichskirche ungeschminkt zum Ausdruck: »Führerprinzip und Gewaltregiment, Disziplinarmaßnahmen und Rassendiskriminierung ›without pre-

---

[33] Zit. nach Bethge: George Bell und Forest Hill, 3f.

[34] Vgl. Bethge: Dietrich Bonhoeffer, 428ff.

cedent in the history of the Church … incompatible with the Christian principle‹.«[35]

Zu 2. Unmittelbar nach der Pogromnacht 1938 gründete Bell eine Hilfsorganisation »Christian Churches Commitee for Non-Aryan Christians«.[36] Durch dieses Komitee erhielten 31 betroffene deutsche Pfarrer mit ihren Familien ein Visum nach England. Um die Emigration (auch von Nichttheologen, Literaten und Künstlern) zu beschleunigen, war Bell bereit, persönlich die Bürgschaft für Flüchtlinge zu übernehmen.

Zu 3. In der Öffentlichkeit am bekanntesten wurde Bells Einsatz für ein gegen die Nationalsozialisten opponierendes »anderes Deutschland«. Als aktives Mitglied des House of Lords stellte er der Churchill-Regierung in diesem Zusammenhang immer wieder lästige Fragen. Dabei führte er einen Zwei-Fronten-Krieg: Einerseits war und blieb Bell ein klarer Gegner der Nazis, andererseits kämpfte er gegen die in England um sich greifende Überzeugung, nicht länger zwischen Nazis und Deutschen unterscheiden zu müssen. Am 23. April 1940 wurde in der Londoner Gildenhalle in einer von Churchill sanktionierten Rede festgestellt: »Wir bemühen uns nicht, ein Krebsgeschwür aus dem deutschen Volk zu entfernen, sondern Deutschland selbst, das zu einem Krebsgeschwür am europäischen Organismus geworden ist.«[37] Bell war der Überzeugung, dass auf diese Weise jegliche Friedensinitiative und Bemühung um Versöhnung nach dem Krieg ungeheuer erschwert wurde. Die Zeit nach dem Ende Hitler-Deutschlands hatten auch seine Aufrufe zur Beendigung der Bombardierung nichtmilitärischer Ziele vor Augen.[38] In einer Oberhausrede am 9. Februar 1944 lehnte Bell den uneingeschränkten Bombenkrieg aus moralischen Gründen scharf ab:

---

[35] Zit. nach Bethge: Dietrich Bonhoeffer, 429.

[36] Lange: Bell, 84.

[37] Zit. nach Robertson: Solidarität mit dem Feind, 53.

[38] An dieser Stelle muss der Hinweis genügen, dass erst seit wenigen Jahren die Tabuisierung der alliierten Bombardierungen durchbrochen worden und eine kontroverse Diskussion in Gang gekommen ist: vgl. z.B. Friedrich: Brand, und Overy: Wurzeln des Sieges, wobei Friedrich, anders als Overy, Sinn und Legitimität des Bombenkrieges verneint. Auf Bells Aufrufe wies ein Titelartikel des »Spiegels« hin: »So muss die Hölle aussehen«, Der Spiegel 2/2003, 45.

Es ist von höchster Bedeutung, dass wir, die wir vielfach zusammen mit unseren Alliierten die Befreier Europas sind, die Macht nur so gebrauchen, dass sie stets vom Recht gelenkt wird.

Bell wurde in der britischen Öffentlichkeit deswegen als »naive, ›a political bishop‹, pro-German« verspottet.[39]

Eine letzte Großtat des Lordbischofs im Zusammenhang seines Einsatzes für das »andere Deutschland« betraf den Versuch einer Anbahnung von Verhandlungen zwischen dem deutschen Widerstand und der englischen Regierung: Im Auftrag des deutschen Widerstands gegen Hitler traf Bonhoeffer Bell zum letzten Mal im Mai 1942 in Sigtuna bei Stockholm. Bell hat von den Gesprächen unmittelbar im Anschluss Notizen angefertigt, die erhalten geblieben sind.[40] Bonhoeffer nannte Bell damals sogar die Namen der führenden Männer der Verschwörung. Er bat Bell, Friedensbedingungen der englischen Regierung für ein Deutschland nach dem Sturz Hitlers zu erkunden. Dies war deswegen besonders dringlich, weil eine Reihe wichtiger Militärs zögerte, auf die Seite der Verschwörer zu treten, solange England an seiner Forderung nach bedingungsloser Kapitulation Deutschlands (»unconditional surrender«) festhielt. Von Juni bis August bemühte sich Bell darum, der deutschen Opposition bei der englischen Regierung Gehör und Unterstützung zu verschaffen. Trotz einer persönlichen Begegnung mit Außenminister Anthony Eden war die Regierung jedoch nicht bereit, irgendwelche Schritte zu unternehmen oder Zusagen zu machen.[41] Man hielt sich im Auswärtigen Amt in London einfach die Ohren zu.[42]

Wie Bell, so war auch Bonhoeffer bereit, den Preis für ihre Freundschaft zu bezahlen: Um des Weiterbestands der Christenheit willen trat er im Krieg für die Niederlage Deutschlands ein. Unmittelbar nachdem Bonhoeffer sich im Juni 1939 in New York dazu entschieden hatte, wider alle Vernunft aus dem siche-

---

[39] Vgl. Robertson: Unshakeable Friend.

[40] Vgl. Bell: Diary Notes, 280ff.

[41] Vgl. Meehan: Unnecessary War: »A devastating picture of complacency, prejudice and wilful refusal to listen« [»Ein verheerendes Bild von Selbstzufriedenheit, Vorurteil und absichtlicher Weigerung zuzuhören«].

[42] Vgl. Tödt: Streiflicht, 4–6.

ren Amerika in das kriegslüsterne Deutschland zurückzukehren, schrieb er:

Ich habe kein Recht, an der Wiederherstellung des christlichen Lebens in Deutschland nach dem Kriege mitzuwirken, wenn ich nicht die Prüfung dieser Zeit mit meinem Volk teile.[43]

Im gleichen Brief fährt er fort, dass er willens sei, um des Weiterbestandes der Una Sancta willen, auch für die Niederlage Deutschlands zu kämpfen:

Die Christen in Deutschland werden vor der furchtbaren Alternative stehen, entweder die Niederlage ihrer Nation zu wollen, damit die christliche Zivilisation überlebe, oder den Sieg ihrer Nation zu wollen und damit unsere Zivilisation zu zerstören. Ich weiß, welches von beidem ich wählen muss; aber ich kann diese Wahl nicht treffen [während ich] in Sicherheit [bin].[44]

Bonhoeffer war überzeugt, sein eigenes Leben einsetzen zu müssen, um für die Niederlage Deutschlands eintreten zu können. Die Konsequenz war seine aktive Mitarbeit in der Verschwörung gegen Hitler.

Bei seinem letzten Gespräch mit Bischof George Bell im Mai 1942 in Schweden sagte Bonhoeffer stellvertretend für die anderen Verschwörer:

Wir wollen uns nicht der Buße entziehen. Unser Handeln muß als ein ausgesprochener Akt der Buße verstanden werden. Christen wollen sich nicht der Buße oder der Vernichtung entziehen, wenn es Gottes Wille ist, sie über uns zu bringen. Wir müssen das Gericht als Christen ertragen. Wir nehmen das Geschehen als Teil der Buße; bedeutend ist ein Schuldbekenntnis …[45]

Bell erklärte seine lebhafte Übereinstimmung mit ihm. Tatsächlich führte der Lordbischof im Oktober 1945 in Stuttgart die ökumenische Delegation an, die das Schuldbekenntnis der deut-

---

[43] Bonhoeffer: An Reinhold Niebuhr, 210; Übersetzung a.a.O., 644.

[44] Bonhoeffer: An Reinhold Niebuhr, 210; Übersetzung a.a.O., 644.

[45] Zit. nach Glenthøj: Tarnung, 104 (dort auch der englische Text aus dem Tagebuch Bischof Bells im Original).

schen Kirchenführer entgegennahm, das Deutschland die Wiederaufnahme in die Gemeinschaft der Völker ermöglichte.

## IV. Ausblick

Aus dem gemeinsamen ökumenischen Engagement Bonhoeffers und Bells lässt sich eine Fülle von Impulsen gewinnen. Im Folgenden möchte ich nur drei kurz nennen.

1. Ökumene ohne gemeinsame spirituell-theologische Grundlage ist zum Scheitern verurteilt.

Der damalige Primas der Norwegischen Kirche Berggrav berichtete von seinem ersten Zusammentreffen mit Bell im Januar 1940 in Holland Folgendes: »Als ich eintrat und Bell vorgestellt wurde, sagte er: ›Lass uns erst beten und dann die Angelegenheiten näher betrachten!‹« So von einem anglikanischen Bischof und nicht etwa von einem Pietisten alter Schule oder einem Freikirchler begrüßt zu werden, ließ ihn aufhorchen. Berggrav berichtete, dies habe ein auch unter Trennungen vorhaltendes, restloses Vertrauen zwischen ihnen geschaffen.[46] Wie wichtig Bonhoeffer die Spiritualität als Nährboden theologischer Arbeit war, dokumentiert besonders eindrucksvoll sein Buch »Gemeinsames Leben«.

2. Die Ökumenische Bewegung muss sich als Kirche verstehen, sonst wird sie zu einem politischen Interessenverband unter anderen. Nur durch ihr Kirchesein bekommt ihr Reden und Handeln eine Qualität, die die Welt aufhorchen lässt, denn nur aus ihrem Kirchesein kann sie klare Maßstäbe für ihr Reden und Handeln gewinnen.

3. Ökumene ohne das Wagnis des konkreten Gebots verliert ihre Salzkraft. Dabei sollte allerdings allein das Evangelium und keine noch so verständlichen politischen Rücksichtnahmen Maßstab für das konkrete Gebot sein, das sie verkündet.

---

[46] Berggrav: Bell, 151f, zit. nach Gloede: Bell, 82f.

# Literatur


Albrecht, F./ Baldermann, I.: Art. Propheten/Prophetie VI. Prophetie, praktisch-theologisch, TRE 27 (1997), 513–517.

Bell, G.: Diary Notes 13. Mai–11. Juni 1942, in: Konspiration und Haft 1940–1945, Dietrich Bonhoeffer Werke Bd. 16, Gütersloh 1996, 280–299.

–: Eine kurze Darstellung der Kirche von England, in: Ekklesia. Selbstdarstellungen der christlichen Kirchen Bd. I,1, hg.v. F. Siegmund-Schultze, Gotha 1934, 9–104.

–: Randall Davidson, Archbishop of Canterbury, London [3]1954.

Berggrav, E.: George Bell, The Ecumenical Review 11 (1958/59), 141–142.

Bethge, E.: Am gegebenen Ort. Aufsätze und Reden, München 1979.

–: Beten und Tun des Gerechten. Dietrich Bonhoeffers umstrittenes Erbe, in: ders., Am gegebenen Ort. Aufsätze und Reden, München 1979.

–: Dietrich Bonhoeffer. Theologe, Christ, Zeitgenosse, München [4]1978.

–: George Bell und Forest Hill, Rede anlässlich der Namensgebung der George Bell Hall in London (Forest Hill) am 5. Februar 1994, in: Internationale Bonhoeffer-Gesellschaft (Hg.): Bonhoeffer-Rundbrief Nr. 64 (Februar 2001).

Bonhoeffer, D.: Berlin 1932–1933, Dietrich Bonhoeffer Werke Bd. 12, hg.v. C. Nicolaisen u. E.-A. Scharffenorth, Gütersloh 1997.

–: Brief an Reinhold Niebuhr, in: Illegale Theologenausbildung: Sammelvikariate 1937–1940, Dietrich Bonhoeffer Werke Bd. 15, Gütersloh 1998, 210.

–: Die Kirche vor der Judenfrage, in: Berlin 1932–1933, Dietrich Bonhoeffer Werke Bd. 12, 349–358.

–: Dietrich Bonhoeffer Werke, hg.v. E. Bethge u.a., München/ Gütersloh 1986ff.

–: Gemeinsames Leben. Das Gebetbuch der Bibel, hg.v. Müller, G.L./ Schönherr, A., München 1987.

–: Illegale Theologenausbildung: Sammelvikariate 1937–1940, Dietrich Bonhoeffer Werke Bd. 15, hg.v. Dirk Schulz, Gütersloh 1998.

–: Italienisches Tagebuch, Rom, Sizilien, Tripoli, 3. April–4. Juni 1924, in: Jugend und Studium 1918–1927, Dietrich Bonhoeffer Werke Bd. 9, München 1986, 81–111.

–: Jugend und Studium 1918–1927, Dietrich Bonhoeffer Werke Bd. 9, hg.v. H. Pfeifer, München 1986.

–: Kirche und Völkerwelt. Rede auf der Fanö-Konferenz (28. August 1934), Deutsche Fassung, in: London 1933–1935, Dietrich Bonhoeffer Werke Bd. 13, Gütersloh 1994, 298–302.

–: Konspiration und Haft 1940–1945, Dietrich Bonhoeffer Werke Bd. 16, hg.v. J. Glenthøj u.a., Gütersloh 1996.

–: Lebenslauf, Tübingen, SS 1923, in: Jugend und Studium 1918–1927, Dietrich Bonhoeffer Werke Bd. 9, München 1986, 55.

–: London 1933–1935, Dietrich Bonhoeffer Werke Bd. 13, hg.v. H. Goedeking, M. Heimbucher und H.-W. Schleicher, Gütersloh 1994.

–: Ökumene, Universität, Pfarramt 1931–1932, Dietrich Bonhoeffer Werke Bd. 11, hg.v. E. Amelung u. Chr. Strohm, Gütersloh 1994.

–: Zur theologischen Begründung der Weltbundarbeit, in: Ökumene, Universität, Pfarramt 1931–1932, Dietrich Bonhoeffer Werke Bd. 11, Gütersloh 1994, 327–344.

Friedrich, J.: Der Brand. Deutschland im Bombenkrieg 1940–1945, München $^{13}$2003.

Glenthøj, J.: Tarnung, Konspiration und Haft 1939–1945, in: R. Mayer/ P. Zimmerling (Hg.), Dietrich Bonhoeffer. Beten und Tun des Gerechten. Glaube und Verantwortung im Widerstand, Gießen 1997, 86–125.

–: Zwei Zeugnisse von der Ermordung Dietrich Bonhoeffers, in: R. Mayer/ P. Zimmerling (Hg.), Dietrich Bonhoeffer aktuell. Biografie, Theologie, Spiritualität, Gießen 2001.

Gloede, G.: George K. A. Bell. Für Einheit und internationales Ethos der Kirchen, in: ders. (Hg.), Ökumenische Gestalten, Berlin 1974.

Gollwitzer, H.: Wendung zum Leben. Predigten 1970–1980, München 1980.

Hüneke, M.: Ein unvergessener Freund. Die Bedeutung Bischof George Bells für die Deutschen, in: Internationale Bonhoeffer-Gesellschaft (Hg.): Bonhoeffer-Rundbrief Nr. 68 (Juni 2002), 57f.

Internationale Bonhoeffer-Gesellschaft [ibg] (Hg.): Bonhoeffer-Rundbrief, Düsseldorf 1975–.

Lange, U.: Art. Bell, George Kennedy Allen, in: Metzler Lexikon christlicher Denker, hg.v. Vinzent, M., Stuttgart/ Weimar 2000, 83–85.

Linn, G.: Ökumene. Hoffnung für eine gespaltene Menschheit?, Leipzig 1992.

Mayer, R.: Was wollte Dietrich Bonhoeffer in Fanö? Zur aktuellen Diskussion um ein Friedenskonzil, Theologische Beiträge 17 (1988), 73–89.

Meehan, P.: The Unnecessary War. Whitehall and the German Resistance to Hitler, London 1992 (als Taschenbuch: London 1995).

Overy, R.J.: Die Wurzeln des Sieges, Stuttgart $^{2}$2001.

Robertson, E.H.: Solidarität mit dem Feind. Die Friedensinitiative des englischen Bischofs George Bell, Glaube und Lernen 8 (1993), 46–58.

–: Unshakeable Friend. George Bell und die deutschen Kirchen, London 1995.

Tödt, I.: Ein Streiflicht. Das britische Außenministerium stellt sich 1942 taub, in: Internationale Bonhoeffer-Gesellschaft (Hg.): Bonhoeffer-Rundbrief Nr. 61 (März 2000), 4–6.

Visser't Hooft, W.A.: Bishop Bell's Life Work in the Ecumenical Movement, The Ecumenical Review 11 (1958/59), 133–140.

Frieder Ludwig

# D.T. Niles

## »Siehe, ich mache alles neu« (Offenbarung 21,5): Mission, Ökumene und interreligiöser Dialog

4. Mai 1908– 17. Juli 1970. 1929–1933 Studium am United Theological College in Bangalore. Danach Geschäftsführer der SCM in Ceylon (heute: Sri Lanka); Teilnahme an der Weltmissionskonferenz von Tambaram 1938 als Delegierter der Methodistischen Kirche Ceylons. Niles entwickelte ein kontextuelles, an der dialektischen Theologie geschultes, christozentrisches Verständnis der christlichen Mission. Mit anderen Religionen, v.a. Hinduismus und Buddhismus, setzte er sich intensiv auseinander und trat für den Dialog ein, ohne jedoch in den Religionen die Auswirkungen des Fehlens der Offenbarung Gottes in Jesus Christus zu übersehen und ohne den christlichen Missionsanspruch preiszugeben. Niles plädierte für eine »Indigenisierung« des Christentums und war beispielsweise einer der Initiatoren der christlichen Ashram-Bewegung. Entscheidend war für Niles die Verknüpfung der Verkündigung der Heilsbotschaft Christi mit dem Einsatz für Frieden und Gerechtigkeit. 1953–1957 Mitarbeit im Evangelismussekretariat des ÖRK und 1953–1960 Vorsitzender des Christlichen Studentenweltbundes. Ein zentrales, wenngleich gescheitertes Projekt Niles' bestand in dem Versuch einer methodistischen Kirchenunion in Ceylon.

# I. Einführung

Das 2002 von Philip Jenkins vorgelegte Werk »The Next Christendom. The Coming of Global Christianity« hat in den USA eine neue und in ihrer Breitenwirkung bislang unerreichte Debatte um die Schwerpunktverlagerung des Christentums nach Süden ausgelöst. Welche Konsequenzen für die theologische Entwicklung hat die Tatsache, dass, während um 1900 noch 82 % der christlichen Weltbevölkerung in Europa oder Nordamerika lebten, gegenwärtig eine Mehrheit in Afrika, Asien, Lateinamerika und Ozeanien anzutreffen ist – mit wachsender Tendenz? Kann man tatsächlich von einem stärker werdenden konservativen Einfluss ausgehen, wie Jenkins dies mit seiner These vom »liberal West« gegen den »traditional rest« postuliert, oder wird man bei der Analyse genauer zwischen verschiedenen Ebenen unterscheiden müssen (und dabei auch zu der Einsicht gelangen, dass Kirchenführer der »Dritten Welt« in politischen Fragen häufig kritisch zu Maßnahmen der USA Stellung nehmen)?[1] In welcher Weise stellt die dynamische Ausbreitung des stärker charismatisch und missionarisch geprägten Christentums Afrikas, Asiens und Lateinamerikas eine Herausforderung für die Kirchen des Westens dar? Können Christen in Europa und Nordamerika von den in diesen Ländern gemachten Erfahrungen im Zusammenleben mit Menschen anderen Glaubens lernen?

Es lohnt sich, den Antworten, die Daniel Thambyrajah Niles (1908–1970) auf diese Fragen gegeben hat, nachzugehen. Als einer der herausragenden Vertreter der Kirche Asiens seiner Generation erkannte er die Schwerpunktverlagerung des Christentums und die damit verbundenen Herausforderungen schon früh. Während der Weltmissionskonferenz von Tambaram 1938 konstatierte er als Delegierter der Methodistischen Kirche Ceylons (des heutigen Sri Lanka), dass die Erfahrungen der »jüngeren Kirchen«[2] als Minderheiten in nicht-christlichen Gesellschaften,

---

[1] Dies hat Jenkins bei der Jahrestagung der American Academy of Religion in Atlanta im November 2003 selbst eingeräumt.

[2] Niles verwendet die Bezeichnung »junge Kirchen«, die heute als pejorativ abzulehnen ist (viele westliche Kirchen sind jünger als etwa die Koptische Kirche Ägyptens oder die Syrisch-Orthodoxe Kirche Indiens), in seinen Publikationen manchmal mit und manchmal ohne Anführungszeichen.

Kulturen und Nationen auch für andere Kirchen relevant seien, denn »once more in the West, Christianity was a minority movement and (...) therefore, the Church in the West ought to rethink its approach and programme.« Die europäischen Kirchen forderte er auf, ihre institutionellen Strukturen zu überdenken, die Notwendigkeit der Zusammenarbeit und Einheit zu erkennen und »(to) cease to be merely pastoral and become missionary to their own people.«[3]

D.T. Niles war bei der Tambaram-Konferenz 30 Jahre alt und damit einer der jüngsten Delegierten. Aus einer tamilischen Familie im nördlichen Sri Lanka stammend, nahm er bereits als High School Student an Aktivitäten der christlichen Studenten-Mission teil. Er organisierte lokale Gruppen an den Colleges in Jaffna und besuchte regelmäßig die alle vier Jahre stattfindenden Treffen der SCM Indiens, Burmas und Ceylons. Nach dem Studium der Theologie am United Theological College in Bangalore von 1929 bis 1933 übernahm er die Aufgabe des Geschäftsführers der SCM in Ceylon (Sri Lanka). Für das Treffen der Weltorganisation in Sophia im Jahr 1935 bereitete er einen Überblick der gesamten Bewegung vor. Während dieses ersten Europa-Aufenthalts sprach er auch bei der Internationalen Studenten Missionskonferenz in Basel 1935.

Die im Anschluss an die Weltmissionskonferenz von Tambaram 1938 gemachten Äusserungen reflektieren den Hintergrund aus der Christlichen Studentenbewegung. Gleichzeitig zeigen sie aber auch, dass Niles als Vertreter der nicht-westlichen Kirchen Stellung bezog. Deren Stimme wurde zunehmend wichtig; Tambaram 1938 war das erste derartige Treffen, an dem die Vertreter Afrikas, Asiens, Lateinamerikas und Ozeaniens die Mehrheit der Delegierten stellten. Am Rande der Konferenz konnten südafrikanische Kirchenführer Gespräche mit Gandhi und indischen Lokalpolitikern über die Rassismus- und Kolonialproblematik führen; während der Tagung wurde über die Gründung unabhängiger afrikanischer Kirchen ebenso gesprochen wie über die Frauenbewegung in Indien. Wichtige Konferenzthemen erhielten

[3] Niles: World Mission Looks Ahead, zitiert in: Furtado: Contribution, 67.

insbesondere durch asiatische und afrikanische Perspektiven eine neue Akzentuierung.[4]

Der Beitrag von D.T. Niles zur ökumenischen Bewegung ist in dieser Verbindung zu sehen. Von den 1930er bis zu den 1960er Jahren äusserte er sich zu zentralen theologischen Debatten, wobei er vorgefundene Positionen aufgriff, diese aber durch seine Erfahrungen aus südasiatischer, nicht-westlicher Sicht bereicherte und sich damit einer Vereinnahmung entzog. Das gilt für den Diskurs um die »Missio Dei« in den 1950er Jahren ebenso wie für die von John Robinson ausgelöste »Honest to God«-Debatte in den 1960er Jahren. Und es zeigte sich bereits während der Weltmissionskonferenz in Tambaram, bei der die Verhältnisbestimmung von Christentum und nicht-christlichen Religionen breiten Raum einnahm.

## II. Die Debatte um »Die christliche Botschaft in einernichtchristlichen Welt«

Ausgangspunkt war die im Vorfeld der Konferenz vorgelegte Studie »Die christliche Botschaft in einer nichtchristlichen Welt« Hendrik Kraemers. In diesem Werk versuchte der ehemalige Indonesien-Missionar, die Impulse der »dialektischen Theologie« missionswissenschaftlich umzusetzen (wobei er sich stärker an Brunner als an Barth orientierte). Kraemer betrachtete alle Religionen als menschliche Anstrengungen, um die Gesamtheit der Wirklichkeit zu verstehen. Von diesen menschlichen Versuchen sei die Selbstoffenbarung Gottes in Jesus Christus radikal zu unterscheiden; sie könne nicht als Erfüllung der menschlichen Anstrengungen gesehen werden.[5]

Das Buch erfuhr Widerspruch, u.a. auch in Indien. Vertreter des »Madras Christo Samaj« forderten in ihrem Werk »Rethinking Christianity in India« eine enge Verbindung von christlichem Glauben und indischer Kultur.[6] Das Urteil Kraemers, dass

---

[4] Vgl. Ludwig: Kolonialismuskritik.
[5] Kraemer: Christian Message, 111–114.
[6] Chenchiah: Christian Message, 143, vgl. auch 196.

die Sünde der modernen Welt der Relativismus sei und dass die Welt dem falschen Absoluten diene, wurde insbesondere von Pandipeddi Chenchiah angegriffen. Chenchiah stellte zunächst fest, dass das Absolute im Konzept der Barthianer offensichtlich in dem radikalen Gegensatz bestehe: Gott ist Gott und Mensch ist Mensch, die beiden können niemals eins sein. Jesus aber, so argumentierte Chenchiah weiter, sei nie absolut unverstehbar, unannäherbar. Jesus sei nicht Gott, der Absolute, sondern Gott, der in Beziehung zum Menschen steht. Die Speerspitze der Inkarnation sei auf die Schöpfung gerichtet, man dürfe diese nicht umdrehen und auf den Himmel richten, denn dies bedeute, den Zweck zu verkehren.

Aus dem Ansatz der Gemeinschaft suchenden Menschen ergaben sich für den Anwalt aus Madras Konsequenzen für die Verhältnisbestimmung der Religionen, die er mit einem Verweis auf die Verklärungsgeschichte (Lk 9, 28–36) veranschaulichte: Wie die drei Jünger Jesus zuerst in Gemeinschaft mit Moses und Elia wahrnahmen, später aber nur noch Jesus sahen, so erkennten die Menschen in Europa allein Jesus, während die Menschen in der einzigartigen Situation Indiens diesen zusammen mit anderen Religionsgründern wie Buddha, Rāma, Kṛ ṣ ṇ a wahrnähmen.[7] Damit war Raum gegeben für das jeweilige religiöse Erbe.[8]

Während Chenchiah eine originelle Variante der Erfüllungstheologie vertrat, stand Niles eher auf der anderen Seite. Seit einem von W.A. Visser't Hooft gehaltenen Vortrag auf der Quadrennial Conference der SCM in Allahabad 1933 mit dem Titel »Christ, the Revealer of God to Man« war er von der dialektischen Theologie geprägt. Niles bezeichnete diese Begegnung wiederholt als entscheidend für seinen Werdegang;[9] in einem

---

[7] Chenchiah: Jesus and Non-Christian Faiths, 49.

[8] Chenchiah: Jesus and Non-Christian Faiths, 62. Zu Chenchiah vgl. Thangasamy: Theology of Chenchiah; Jathanna: Christ-Event.

[9] So Kosuke Koyama, der mit D.T. Niles zusammenarbeitete, in einem Gespräch mit dem Vf. am 10. Juni 2004. Vgl. auch Visser't Hooft: Memoirs, 56: »In December 1933 we arrived in India. My first task was to give an address at the large Quadrennial Conference of the Student Christian Movement of India, Burma and Ceylon in Allahabad. The subject was ›Christ – the Revealer of God to Man.‹ In my eagerness to share the insights which I had received from Karl Barth, and with the rather naive assumption that Indian students were more or less like European students, I had prepared an address which went right over the heads of the audience, most of

seiner Werke erkannte er den Einfluss der radikalen Christozentrik Karl Barths an, und dieser Einfluss ist auch deutlich in seinem bei der Tambaram-Konferenz gehaltenen Vortrag »Jesus, whom God raised up«. Darin betonte er das Heilshandeln Gottes an den Menschen, demgegenüber die Bemühungen der Menschen nur sekundär seien: »Even before we lay claim for men on behalf of God he has claimed them and died for them.«[10] Damit befand er sich in ziemlich diametralem Gegensatz zu Chenchiah, der die »Speerspitze der Inkarnation« als von unten nach oben gerichtet betrachtete.

## III. Verhältnisbestimmung zu Hinduismus und Buddhismus

Doch die Bezugnahme auf das dem Glauben vorausgehende Heilshandeln Gottes, auf die Praeparatio Evangelica, die Niles an anderer Stelle biblisch mit Verweisen auf Paulus und Jeremia begründete,[11] öffnete gleichzeitig einen neuen Zugang zu anderen Religionen. Im Unterschied zu vielen von der dialektischen Theologie geprägten westlichen Missionaren setzte er sich intensiv mit diesen auseinander und versuchte, einige Ansätze, wie etwa die Āshram-Bewegung, auch für die Mission fruchtbar zu machen.

Die christliche Āshram-Bewegung stellte einen Versuch dar, diese im klassischen Hinduismus entwickelte Form des religiö-

---

whom were extremely young. I thought that I had made a great mistake. But years later one young Ceylonese theologian told me that this address had opened up a new world for him. This was D. T. Niles.«

[10] Niles: Jesus, 22.

[11] Niles: Upon the Earth, 45: »Paul can never forget that the first victory of Christ in his life when, on the Damascus road, he was met and subdued. Christ had said to him then ›Saul, it hurts you to kick against the goads‹ (Acts 26:14) When an ox was yoked to the plough, a cross-piece with little spears on it was set in position behind so that, should the ox refuse to obey but kick, it would be reminded that it was already yoked. So it was with Paul. At a time of which he did not know, Jesus has claimed him as His own, and set His yoke upon Him. Grace had found him even when he did not know that he had been found. (…) When the Lord's word came to Jeremiah, it brought him too the same message: ›Before I formed you in the womb I knew you, and before you were born I consecrated you; I appointed you a prophet to the nations.‹«

sen Lebens – die Zusammenkunft in einer Hütte oder Waldsiedlung unter Anleitung eines Gurus – mit dem Christentum zu verbinden. Die Āshram-Idee war für lange Zeit in Vergessenheit geraten, doch hatten sich seit dem Ende des 19. und dem Anfang des 20. Jahrhunderts reformhinduistische Kräfte um eine Wiederbelebung bemüht. Im Jahr 1915 etablierte Mahātmā Gandhi in der Nähe Ahmedabads im Gujarat seinen Satyāgraha Āshram, den er, in deutlicher Absetzung von dem klassischen Ideal des Rückzugs zur Konzentration auf das Religiöse, als Ausbildungsstätte für politische und soziale Reformer verstand.[12] Christliche Āshrams waren von diesen Modellen angeregt; so hatte etwa die Kirche von Tirupattur das architektonische Aussehen eines südindischen Tempels, Andachten und Gottesdienste wurden mit indischen Symbolhandlungen und Geräten sowie mit einheimischer Musik gestaltet.[13] Diese Bemühungen wurden meist von Theologen getragen, die die Gemeinsamkeiten der Religionen betonten – was aber Niles nicht hinderte, sich daran zu beteiligen: 1939 war er einer der Mitbegründer des Christa Seva Āshram in Jaffna.[14] In einem seiner Bücher berichtet er über eine für ihn grundlegende Erfahrung: Eine Frau, deren Mann ermordet worden war und deren Kinder krank wurden, begann, eine Außenstation des Āshram in Kiran zu besuchen. Nach einiger Zeit wurden sie und ihre Kinder getauft.

Now, on every Friday, there is a large group from the village who come to the Āshram temple for prayer. This woman brings them. They are all Hindus, but her faith has been infectious and her witness persuasive. A Christian temple is built in a remote village. It becomes the method of the previousness of Christ in a woman's life. Sorrow and need bring her to her meeting with Jesus. His hand upon her life gives it a new direction and purpose.[15]

---

[12] Vgl. dazu Gandhi: Experimente, 347–349. In dieser Autobiographie findet sich auch ein Abschnitt über Shantiniketan (335–337).

[13] Zur christlichen Āshram-Bewegung: Pulsfort: Christliche Ashrams; Ralston: Christian Ashrams; Melzer: Christliche Ashrams. Zusammenfassungen bieten Rzepkowski: Art. Ashram sowie Müller: Art. Ashrams, christliche. Einen guten Überblick über die historische Entwicklung der Guru-Konzeption gibt Mlecko: Guru.

[14] Furtado, Contribution, 55.

[15] Niles: Upon the Earth, 61.

Die andere Religion, mit der Niles sich im Kontext Sri Lankas naturgemäß intensiv auseinandersetzte, war der Buddhismus.[16] In seinem 1946 erstmals veröffentlichten »Buddhism and the Claims of Christ« ging es ihm darum, Buddhisten in ihnen bekannten Idiomen anzusprechen. Dabei stellte er auch Gemeinsamkeiten zwischen dem Christentum (protestantischer Prägung) und dem Buddhismus (wohl insbesondere der Theravada-Tradition) fest. Der Buddhismus, so Niles, sei eine der realistischsten Religionen, denn er leide nicht an einem »billigen Optimismus« über Mensch und Welt. Die menschliche Tragödie werde in keiner Weise verharmlost. Zudem seien die ganzen Methoden und Praktiken, mit denen die Menschen Interventionen des Übernatürlichen anstrebten, nicht vorhanden. Der Buddhismus habe daher eine radikale Einsicht in die grundlegenden Probleme des Lebens.[17]

Während Niles die Gemeinsamkeiten in der Analyse der Bedingungen menschlicher Existenz herausstellte, betonte er auf der anderen Seite umso mehr die Unterschiede: Die Wahrheit der anderen Seite des Lebens, der Relevanz, möglicherweise sogar der Existenz Gottes, werde von Buddhisten abgelehnt. Eine Studie des Buddhismus könne den Boden für ein Verständnis des christlichen Glaubens bereiten, aber der Buddhismus als solcher stelle keine Grundlage dar, auf die sich der christliche Glaube gründen könne. Grundsätzlich stimmte er zwar mit der Annahme überein, dass der Buddhismus als Religion definiert werden könne, die ohne einen Gott beginne und den Menschen zu einem Stadium führe, in dem Gottes Beistand nicht notwendig sei. Das sei wahr und unvermeidlich, denn wenn Gott nicht am Anfang stehe, stehe er auch nicht am Ende.[18] Seine Schlussfolgerungen fasste er folgendermaßen zusammen:

The difference (between Christianity and Buddhism) seems to me is this, that the Buddha saw that life was meaningless in itself and set out to rescue men from this meaninglessness. Jesus, on the other hand, saw that life could become meaningful in God and set out to call men to share that

[16] Einen Überblick über die Geschichte des christlich-buddhistischen Dialogs gibt von Brück/ Lai: Christianity and Buddhism.

[17] Niles: Buddhism, 22.

[18] Niles: Buddhism, 27.

meaning. »I came«, he said, »that they may have life, and have it abundantly.« (John 10:10) Your fundamental choice, therefore, is this: whether you would live life free from meaninglessness only or full of meaning. This is a fateful choice and an inevitable one.[19]

Nutzte Niles seine Studien anderer Religionen nur, um die Überlegenheit des christlichen Glaubens beweisen und besser evangelisieren zu können? Diese Vermutung wird dem Anliegen Niles' nicht gerecht.

Denn zum einen versuchte Niles, dem »Anderen« mit Sensibilität zu begegnen; eingangs seiner Buddhismus-Studie stellte er die Frage, ob er überhaupt ein Recht habe, von der Fremd-Terminologie Gebrauch zu machen. In diesem Zusammenhang wies er darauf hin, dass er keine allgemeine Theorie über das Verhältnis von christlichem Glauben und buddhistischem Dhamma entwickeln, sondern lediglich seinen christlichen Glauben in einem buddhistisch geprägten Umfeld verständlich machen wolle.[20] Niles vermied eine Antizipation von Gottes Handeln im Gericht (und damit auch einer Verurteilung von Angehörigen anderer Religionen); zentral war für ihn die Partizipation an der Königsherrschaft Gottes schon im Hier und Jetzt:

For that is what salvation is, not something to be attained beyond death, but a way of life now – power for present tasks, purpose for life's responsibility – a life lived within its right context and from the right perspective. The Kingdom of God is a present fact, and to live as a citizen of that kingdom is a present experience.[21]

Ausgangs- und Endpunkt seiner Argumentation bildet die Bezugnahme auf die Bibel – es ist wohl bezeichnend, dass Niles sich in seinen exegetischen Studien insbesondere mit den Büchern Genesis und Offenbarung befasste.[22] Das Verhältnis des Christentums zu anderen Religionen definierte er nicht in den Kategorien von wahr und falsch, sondern von »alter« und »neuer Kreatur«; wichtig waren für ihn 2 Kor 5,17 – »Ist jemand in

---

[19] Niles: Buddhism, 29.
[20] Niles: Buddhism, 22.
[21] Niles: Buddhism, 37.
[22] Niles: Studies in Genesis; In the Beginning; As Seeing the Invisible.

Christus, so ist er eine neue Kreatur« – sowie Offenbarung 21,5: »Siehe, ich mache alles neu!«

Zum anderen finden sich in seinen Schriften immer wieder auch Passagen, in denen er umgekehrt darstellte, was das Christentum von anderen Religionen lernen kann. Für sich, so stellte Niles fest, habe er herausgefunden, dass das Studium seinen Glauben und sein Verständnis bereichert habe. Dies habe er als Christ freilich erwartet, da nach Apg 14,17 Gott sich selbst nicht unbezeugt gelassen habe. Hier griff Niles eine klassische Passage der Anknüpfungstheologie auf, und mit dialogorientierten Theologen arbeitete er ja auch in der christlichen Āshram-Bewegung zusammen. Damit gelang es ihm, zwischen festgefahrenen Gegensätzen zu vermitteln und eine neue Position zu vertreten, die später von Lesslie Newbigin, einem Kollegen und Freund, und von Lamin Sanneh weiterentwickelt wurde, eine Position des Dialogs mit anderen Religionen, ohne die Gegensätze einzuebnen und auf den christlichen Missionsanspruch zu verzichten (wobei gleichzeitig der anderen Seite das gleiche missionarische Anliegen eingeräumt wurde).[23]

## IV. Die Debatte um die »Missio Dei«

Auch die von der Weltmissionskonferenz in Willingen 1952 ausgehende Diskussion um die »Missio Dei« bereicherte Niles mit einer eigenständigen Position aus der Perspektive eines nichtwestlichen Christen. Die Debatte im Westen war geprägt von dem Gegensatz zwischen dem heilsgeschichtlich orientierten Missionsmodell, das – den exegetischen Arbeiten O. Cullmanns folgend – etwa von Walter Freytag, Georg Vicedom und Bengt Sunkler vertreten wurde, und dem verheißungsgeschichtlichen Modell, das insbesondere mit dem Namen Johann Christian Hoekendijks verbunden ist. Während – grob skizziert – im heils-

[23] Vgl. etwa Newbigin: Gospel; Sanneh: Whose religion: »It is a test of the willingness to presume on each other's goodwill and to covet the best for each other. Without difference dialogue would be moot. If you feel the need to conceal what you believe for fear of difference, then dialogue becomes just a show. Agreement becomes an illusion.«

geschichtlichen Modell die Sendung des Sohnes und die vom Geist initiierte Sendung der Kirche im Zentrum steht, ist es im verheißungsgeschichtlichen Modell die Welt, die das Ziel des umfassenden Heilshandelns Gottes darstellt.[24] Niles erfuhr diese Auseinandersetzung in aller Schärfe. Zwischen 1953 und 1957 arbeitete er im Evangelismussekretariat des ÖRK, und von 1953 bis 1960 war er Vorsitzender des Christlichen Studentenweltbundes. Eine von ihm mitorganisierte Konferenz in Straßburg 1960 endete nahezu in einem Eklat, denn seine und Visser't Hoofts Überzeugungen wurden von der Mehrzahl der Teilnehmer als »frommes Gerede« und »Genfer Ideologie« abgelehnt.[25]

Niles wies nicht alle Kritik zurück. Hoekendijks Forderung, dass ein kirchenzentriertes Missionsverständnis durch eine Orientierung an der Königsherrschaft Gottes abgelöst werden müsse, erkannte er als berechtigt an. Den Ansatzpunkt für eine Umkehr akzentuierte Niles freilich anders als Hoekendjik:

The Church as we have created it – that is the nub of the problem. Only in the perspective of the Kingdom of God do we really see the Church as

---

[24] Vgl dazu Sundermeier: Theologie der Mission, 474–477.

[25] Newbigin: Unfinished Agenda, 174/175: »A crucial event was the conference called at Strasbourg in July 1960 by the World's Student Christian federation on ›The life and the Mission of the Church.‹ It was the brain-child of D.T. Niles and Philippe Maury (…) Here was an immensely impressive array of speakers including even Karl Barth, but the event proved very different from the expectations. To quote the report in the WSCF's journal: ›It must have been striking to everyone how much indifference there was to the theological issues and ecumenical achievements of an earlier generation.‹ The convictions to which I and those of my generation – D.T. Niles, Visser't Hooft and Philippe Maury – had come with much wrestling were dismissed, to quote the same report, as ›pious talk and Geneva ideology‹. The new vision was of the world, not the church, as the place where God is to be found. Consequently ›the mission and renewal of the Church in our day depends on acceptance and affirmation of the secular world in place of traditional Christian tendencies to reject it.‹ The most articulate exponent of the dominant mood was Hans Hoekendijk whose address called us ›to begin radically to desacralize the church‹ and to recognize that ›Christianity is a secular movement – this is basic for an understanding of it.‹« Vgl. auch Visser't Hooft: Memoirs, 366: »There had certainly been a change in the general climate. The first clear indication of this change came, as could be expected, from the World Student Christian federation.(…) In 1960 a ›teaching conference‹ was held in Strasbourg (…) But that conference became something very different from what the federation leaders had hoped and expected. (…) what students wanted was action in the world.«

God has created it, and are free to serve that Kingdom as members of that church.[26]

In seinen Schriften machte der südasiatische Theologe immer wieder deutlich, dass für ihn die Verkündigung der Heilstat Gottes in Jesus Christus mit einer Zuwendung zur Welt und dem Eintreten für Frieden und Gerechtigkeit Hand in Hand ging. Im Unterschied zu einflussreichen westlichen Missionsvertretern wie etwa Karl Hartenstein[27] suchte er eine positive Antwort auf die Nationalbewegungen. Unter anderem durch seine Tätigkeiten als erster Generalsekretär des National Christian Council von Ceylon (1941–45) und als Generalsekretär der East Asia Christian Conference (1957–1968) war er zu der Überzeugung gekommen, dass der Prozess der Indigenisierung in Südasien anders verlaufen müsse als in Europa: Während dort das Christentum zuerst Staatsreligion gewesen sei und die verschiedenen Nationen nur langsam christianisiert wurden, müsse im Osten das Christentum allmählich national und einheimisch werden.[28] Im Westen mit seiner politischen Macht und christlichen Majorität komme den Kirchen die schwierige Aufgabe zu, Wege zu finden, dem Glauben auch in öffentlichen Angelegenheiten Ausdruck zu verleihen. So habe die Kirche von Schottland in ihrer Diskussion um die Unabhängigkeit Nyasalands (des heutigen Malawi) eine evangelistische Aufgabe von größter Bedeutung geleistet. Bischof Bell von Chichester, der im House of Lords gegen Massenvernichtungswaffen Stellung nahm, sei ein Zeuge seines Herrn gewesen. Der Protest der christlichen Studentenbewegung Frankreichs gegen den Algerienkrieg habe auf die eine Menschheit in Christus hingewiesen: »A great deal in the future depends on the churches of the West discovering the political dimension of their evangelical witness.«[29] D.T. Niles scheute sich nicht, selbst dieser politischen Dimension Ausdruck zu ver-

[26] Niles: Upon the Earth, 23.

[27] Hartenstein: Werden der Jungen Kirchen, 22: »An die Stelle des christlichen Glaubens ist eine neue antichristliche Religion getreten, der religiöse Nationalismus, der Blut, Boden und Götter des Volkes anbetet, die Ersatzreligion einer totalen Politik, die nicht nur die Leiber, sondern auch die Seelen der Menschen fordert. Der Mensch betet sich selbst, sein Blut, sein Volk, seine Macht an.«

[28] Niles: Sir, 90.

[29] Niles: Upon the Earth, 200f.

leihen. In bezug auf den Vietnam-Krieg stellte er fest, dass es für eine fremde Macht nicht möglich sei, darüber zu entscheiden, wie die Menschen eines Landes ihre Wünsche umsetzen könnten. Die Entwicklung einer parlamentarischen Demokratie habe im Westen auch seine Zeit gebraucht. Zu sagen, dass die Regierung von Süd-Vietnam die US-Politik unterstütze, heiße – genau genommen – nichts zu sagen, da es nicht klar sei, wen diese Regierung repräsentiere. Ein sympathisches Verständnis der Völker Asiens könne die US-Regierung nicht erwarten.[30] So ganz unaktuell klingt das alles nicht.

Einen weiteren Beitrag zur »Missio Dei«-Debatte leistete Niles durch seine nahezu prophetischen Hinweise auf die zukünftige Bedeutung des afrikanischen Christentums. So verzeichnete er nicht nur, dass bei einem Treffen der politischen Führer afrikanischer Nationen in Monrovia über die Hälfte Christen gewesen seien, sondern kontrastierte auch die Situation der Kirche in Afrika mit derjenigen Asiens:

> Compared to the Church in Asia, the Church in Africa is large in numbers and influence. One is tempted to say that there is almost a Christendom situation growing up in Africa. All will agree that this is a situation full of both promise and risk, for Africa as well as for the world. God grant to our fellow Christians in Africa the courage to inherit the promise which is theirs.[31]

In seinem missionswissenschaftlichen Grundsatzwerk »Upon the Earth« machte er darauf aufmerksam, dass das Wachstum der afrikanischen Kirche insbesondere auch afrikanischer Initiative zu verdanken sei; oft waren, so stellte Niles fest, die ersten Verkündiger der Botschaft einheimische Christen, deren Namen dann nahezu in Vergessenheit gerieten.[32] In Übereinstimmung mit Christian Baëta zog Niles die Schlussfolgerung, dass Missi-

---

[30] Niles: Asian Comment.

[31] Niles: All Africa Conference, 413.

[32] Niles: Upon the Earth, 39: »What was impressive was the fact that the first bearers of the Gospel in many parts of Africa were not the white missionaries, but African Christians whose very names have been almost forgotten. All efforts should be made to recover the facts before it was too late and to see that these stories were properly written up so that they could become part of the mental background of all African Christians, and others too. This is a vital part of that reminding of the word ›missionary‹ which is so badly needed.«

on nicht mehr als einseitige Bewegung von den »Habenden« zu den »Habenichtscn«, von den Gebildeten zu den Illiteraten zu verstehen sei, sondern als Bewegung der weltweiten Gemeinschaft der Glaubenden zu denen, die außerhalb dieser Gemeinschaft stehen.[33] Das bedeutete für Niles freilich nicht, dass keine westlichen Missionare mehr nach Afrika kommen sollten – doch diese müssten bereit sein, in Afrika zu leben, zu arbeiten und zu sterben.[34] Einen »missionarischen« oder »ökumenischen Tourismus« lehnte er also schon zu diesem frühen Zeitpunkt ab. Mit starken Vorbehalten stand er aber auch den unabhängigen afrikanischen Kirchen gegenüber, deren Entstehen er durch die zu langsame und immer noch unzureichende Übertragung von Führunspositionen in den »etablierten« Kirchen bedingt sah. Den Begriff »Afrikanische Kirche« wies er mit dem Hinweis auf die Rassen und Konfessionen übergreifende Kirche zurück.[35]

## V. Kirchenunionsbemühungen und Initiativen zur ökumenischen Zusammenarbeit

Damit ist ein weiteres Wirkungsfeld von Niles benannt, nämlich das Ringen um eine vereinte Kirche. Schon 1938 machte er, in Anlehnung an V.S. Azariah[36] und andere südasiatische Kirchen-

[33] Niles: Upon the Earth, 194: »Speaking in the 1916 Kirchentag held in Berlin, Professor C.G. Baëta, President of the IMC, declared: ›The idea of one part of the world evangelizing another will not bear scrutiny. Missions are not a movement from the haves to the have-nots, from the educated to the illiterate. They are a movement from the fellowship of faith all over the world to all who stand outside this fellowship, whoever and wherever they may be.‹«

[34] Niles: Upon the Earth, 38.

[35] Niles: Upon the Earth, 37: »Separatist sects have arisen in Africa partly or mainly because the churches under mission control did not give proper authority to African leadership. But those who remain in the ›established‹ churches are those who have faced this issue and seen a vision of the Church which is truly supraracial.«

[36] Azariah warb bereits während der sechsten Lambeth Konferenz 1920 in London für den Gedanken der Kirchenunion, der für ihn mit den Bestrebungen nach kirchlicher Unabhängigkeit verbunden war: »The rising corporate Church life in the mission field demands two things – firstly, liberty and scope for developing its own life so that the genius of the races and peoples gathered into it will find a natural

unionsprotagonisten, deutlich, dass – mit Ausnahme der Syrisch-Orthodoxen Kirche – die denominationelle Aufsplitterung des Christentums in Indien entlang der vom Westen vorgenommenen Linien verlaufe. Niles war der Meinung, dass dies vermeidbar gewesen wäre, wenn die Missionare sich weniger auf die Kontrolle der neuen Kirche und mehr auf ihren Verkündigungsauftrag konzentriert hätten.[37] Während er durchaus auch positive Aspekte im konfessionellen Erbe zu erkennen vermochte und die mit den unterschiedlichen Vorstellungen von der Kirche gegebenen Spannungen sehr deutlich artikulieren konnte[38], war er gleichzeitig der Überzeugung, dass die Aufgaben der Weltmission für eine geteilte Christenheit zu groß seien.[39] Und ganz grundsätzlich stellte er fest: »The church is not only one, the church is not only divided, but the Church is also a gift where its unity is given to God's people amidst their divisions.«[40]

Die Verwirklichung einer Kirchenunion in Ceylon war somit eines seiner zentralen Anliegen. An einem nach dem Zweiten Weltkrieg erarbeiteten Entwurf (»Scheme of Union«) war er maßgeblich beteiligt; und auch wenn andere die Hoffnung aufgaben, versuchte er, die Diskussionen erneut voranzutreiben. In der Artikulierung konfessioneller Gegenpositionen sah er einen

---

expression in the Church and will enrich and be enriched by the Church and, secondly, it demands also the union of all the Christians of a country or a nation in one united Church (...) The stage has been reached when the Church must recognise, foster and direct that spirit so that Christian nationalism may include a true Catholicity and faithfulness to the inheritance of the whole Catholic Church of History. The demand, however, for National Churches must be satisfied if we are to win the treasures of these ancient peoples of the East for the Church. ›Make your Church a Church of India‹, said a Bengalese to me, ›and I will join it tomorrow, but don´t ask me to join a Church of England.‹« (Azariah, Statment). Zu Azariah vgl. jetzt Billington Harper: Bishop V. S. Azariah.

[37] Niles: Sir, 87; vgl. Furtado: Contribution, 50.

[38] Niles: Upon the Earth, 209: »I have also wondered whether thruths are true in isolation. Thus, for instance, can the teaching about the historic episcopate as an essential guarantee of the Church's continuity in time be true unless it is also true that only one guarantee is needed for the Church to remain, always and everywhere, the Church – the guarantee of the Lord's presence? If these two truths are held by two different denominations, do they not both become at least distorted?«

[39] Niles: Upon the Earth, 31f.

[40] Niles: Upon the Earth, 36.

Ausdruck der Macht des Westens.[41] Es war eine der großen Enttäuschungen seines Lebens, als die Methodistische Kirche Ceylons, deren Präsident er war, mit knapper Mehrheit abgelehnt wurde.[42]

Doch wäre Niles nicht Niles gewesen, wenn es ihm nicht gelungen wäre, Schneisen zu schlagen und andere Möglichkeiten der ökumenischen Zusammenarbeit zu finden. In Jaffna, wo Niles trotz seiner herausragenden internationalen Tätigkeiten – zuletzt als Vorsitzender der East Asian Christian Conference und als Präsident des ÖRK – verwurzelt blieb und in einem einfachen Haus ohne elektrischen Strom im Fischerviertel wohnte,[43] entwickelte sich der von ihm mitgegründete Christa Seva Āshram zu einem Zentrum der geistlichen Erneuerung. Die alte holländische Kirche, für deren Restaurierung er Spendengelder gesammelt hatte, wurde ein Zentrum ökumenischer Aktivitäten für alle Christen.[44]

Der Beitrag von D.T Niles zu Mission, Ökumene und interreligiösem Dialog ist darin zu sehen, dass er klare Positionen bezog, es gleichzeitig aber verstand, alte Methoden und Kontroversen hinter sich zu lassen und neue Zugänge zu Problemen zu finden. Als asiatischem Kirchenführer, der insbesondere auch an ökumenischen Süd-Süd-Kooperationen interessiert war, wurden ihm manche zentralen Entwicklungen und Fragestellungen früher bewusst als den meisten westlichen Theologen. Auf seine Schüler wirkte er unter anderem auch dadurch ein, dass er ihnen

---

[41] Vgl. seine Rezension zu: V. Vaita/ H. Weissgerber: The Church and the Confessions: »At least some of us feel that the problem lies at the point: Who makes the decisions? Where does power reside? On the so-called confessional principle, power resides with the Churches of the West. How do we get over this problem? While I have personally enjoyed and profited by this book, I have been dismayed at the lack of understanding which the book reveals about what the authors call themselves the non-Lutheran approach to the ecumenical movement and the church union movement. Perhaps, the non-Lutherans are at fault in not making their position clear.«

[42] Visser't Hooft: Niles, 119f.

[43] Than: Niles, 122f: »But every time I stayed with him at his home in the village outside Jaffna in Ceylon I did not cease to be impressed by the simplicity of his life. At this time and stage of development of all countries in the world, he chose to stay in a home which had no electricity. His neighbours were fishermen and, as I remarked to him once, he lived in real biblical surroundings.«

[44] Visser't Hooft: Niles, 121.

Verantwortung für wichtige Vorträge übertrug[45]; einige von ihnen wie Kyaw Than, Choan-Seng Song oder Kosuke Koyama, gingen dann ebenfalls neue und eigenständige Wege.

D.T. Niles starb am 17. Juli 1970. Einer seiner letzten grossen internationalen Auftritte vollzog sich im Rahmen der vierten Vollversammlung des Ökumenischen Rates der Kirchen in Uppsala 1968. Für den kurz zuvor ermordeten Martin Luther King hielt Niles die Eröffnungspredigt. Thema der Predigt war Offenbarung 21,5: »Siehe, ich mache alles neu.«[46]

## Literatur

Azariah, V.S.: (Statement), Lambeth Palace Library, London: LC 105, 192: 7th July 1920, Morning Session, Subject: »Missionary Problems«, Bishop of Dornakal.

Billington Harper, S.: In the Shadow of the Mahatma: Bishop V. S. Azariah and the Travails of Christianity in British India, Grand Rapids/ Richmond 2000.

Brennecke, H.: Daniel T. Niles, Wegbereiter der Einheit asiatischer Kirchen, in: G. Gloede et al. (Hg.), Oekumenische Profile II, Stuttgart 1963, 49–58.

Chenchiah, P.: The Christian Message in a Non-Christian World, in: D.M. Devasahayam/ A.N. Sudarisanam (Hg.), Rethinking Christianity in India, Madras 1939, 143–196.

–: Jesus and Non-Christian Faiths, in: D.M. Devasahayam/ A.N. Sudarisanam (Hg.), Rethinking Christianity in India, Madras 1939, 49–64.

Furtado, Chr.L.: The Contribution of Dr. D.T. Niles to the Church Universal and Local, Madras 1978.

Gandhi, M.: Meine Experimente mit der Wahrheit, Freiburg 1960.

Hartenstein, K.: Was bedeutet das Werden der Jungen Kirchen für die Mission heute?, in: W. Freytag/ K. Hartenstein, Die neue Stunde der Weltmission, Stuttgart 1952, 22–32.

Lacy, C.: Legacy of D T Niles, International Bulletin of Missionary Research 8 (1984).

---

[45] Kosuke Koyama im Gespräch mit dem Vf., St. Paul, 10. Juni 2004.

[46] Mit dem Leben und Werk von D.T. Niles befassen sich neben den bereits angeführten Beiträgen von Furtado, Visser't Hooft und Than auch die in den Literaturangaben genannten Beiträge von H. Brennecke, C. Lacy, S.C. Neill und S.W. Sunquist.

Zu großem Dank bin ich meinen Kollegen, Prof. Kosuke Koyama und Prof. Charles Amjad-Ali (beide St. Paul) verpflichtet. Die Gespräche mit ihnen haben mir sehr weitergeholfen, diesen Artikel zu verfassen.

Ludwig, F.: Zwischen Kolonialismuskritik und Kirchenkampf. Interaktionen afrikanischer, indischer und europäischer Christen während der Weltmissionskonferenz in Tambaram 1938, Göttingen 2000.
Jathanna, O.V.: The Decisiveness of the Christ-Event and the Universality of Christianity in a World of Religious Plurality, Bern/Frankfurt 1981.
Jenkins, P.: The Next Christendom. The Coming of Global Christianity, Oxford 2002.
Kraemer, H.: The Christian Message in a Non-Christian World, London 1938.
Melzer, F.: Christliche Ashrams in Südindien. Begegnungen mit Bruderschaften, Erlangen 1976.
Mlecko, J.D.: The Guru in Hindu Tradition, Numen 29 (1982), 33–61.
Müller, H.-P.: Art.: Ashrams, christliche, RGG$^4$ I (1998), 811.
Neill, S.C.: D.T. Niles and the Future of Missions, in: ders., Brothers of the Faith, New York 1960, 131–142.
Newbigin, L.: Art. Niles, Daniel Thambyrajah, in: Dictionary of the Ecumenical Movement, Genf 2002.
–: The Gospel in a Pluralist Society, Grand Rapids 1989.
–: Unfinished Agenda. An Autobiography, Grand Rapids 1985.
Niles, D.T.: Asian Comment on the U.S. in Vietnam, Christianity and Crisis vom 19. April 1965, 83.
–: As Seeing the Invisible. A study of the Book of Revelation, New York 1961/ London 1962.
–: Buddhism and the Claims of Christ, Richmond $^2$1967.
–: In the Beginning: Biblical Essays based on the Book of Genesis, London 1958.
–: Jesus, whom God raised up, in: IMC (Hg.), Addresses and other Records (Tambaram Series Bd. VII), Oxford 1939, 14–22.
–: Rezension zu: V. Vaita/ H. Weissgerber, The Church and the Confessions. The role of the Confessions in the life and doctrine of the Lutheran Churches, Philadelphia 1963, in: The Ecumenical Review 17 (1965), 75–76.
–: Sir, we would see Jesus. A study in evangelism. Mit einer Einführung von W.A. Visser't Hooft, London 1938.
–: Studies in Genesis, Philadelphia 1958.
–: The All Africa Conference of Churches, International Review of Missions 54 (1963), 409–413.
–: The World Mission Looks Ahead, New York 1939.
–: Upon the Earth. The mission of God and the missionary enterprise of the churches, London 1962.
–: We Know in Part, Philadelphia 1961.
Pulsfort, E.: Christliche Ashrams in Indien. Zwischen dem religiösen Erbe Indiens und der christlichen Tradition des Abendlandes, Altenberge 1989..
Ralston, H.: Christian Ashrams. A New Religious Movement in Contemporary India, New York 1987.
Rzepkowski, H.: Art. Ashram, in: ders.: Lexikon der Mission. Geschichte, Theologie, Ethnologie, Graz 1992.
Sanneh, L.: Whose religion is Christianity? The gospel beyond the West, Grand Rapids 2003.
Sundermeier, T.: Art. Theologie der Mission, in: K. Müller/ T. Sundermeier (Hg.), Lexikon Missionstheologischer Grundbegriffe, Berlin 1987, 470–495.
Sunquist, S.W.: Art. »Niles, Daniel Thambirajah«, RGG$^4$ VI (2003), 338.

Than, K.: D.T. Niles: Some Personal Reflections, International Review of Mission 60 (1971), 122–124.

Thangasamy, D.A.: The Theology of Chenchiah with Selections from his Writings, Bangalore 1966.

Visser't Hooft, W.A.: D.T. Niles, International Review of Mission 60 (1971), 115–121.

–: Memoirs, London 1973.

von Brück, M./ Lai, W.: Christianity and Buddhism: a multicultural history of their dialogue, Maryknoll 2001.

Lorenz Oberlinner

# Anton Vögtle

## »Historisch-kritisch« – die katholische Exegese auf dem Weg zu einer sachgemäßen Schriftauslegung

17. Dezember 1910–17. März 1996. Nach Promotion (1936) und Habilitation (1949) war Vögtle ab 1950 Prof. für NT in Trier und wirkte von 1951–1979 an der Universität Freiburg. Als Vorsitzender des katholischen. Bibelwerkes (1973–1985) setzte er sich besonders für die Anerkennung der historisch-kritischen Exegese in der katholischen Theologie ein und legte damit eine der Grundlagen für eine ökumenische Bibelwissenschaft. Die von ihm angeregte Verständigung der Exegeten war ein wichtiger Impuls für das Gespräch zwischen der römisch-katholischen und der Evangelischen Kirche in Deutschland.

## I. Zur Biographie Anton Vögtles

Anton Vögtle wurde am 17. Dezember 1910 als viertes Kind der Eheleute Severin und Mina Vögtle in dem kleinen, in der Nähe von Sigmaringen gelegenen Hohenzollerischen Dorf Vilsingen geboren. Nach dem Besuch der Volksschule in Vilsingen 1917–1923 wechselte er auf das Humanistische Gymnasium in Sigmaringen; er wohnte in dieser Zeit im Erzbischöflichen Gymnasialkonvikt St. Fidelishaus. Der damalige Rektor des Konvikts bescheinigt dem Schüler Anton Vögtle in einer Beurteilung, die für die Aufnahme in das Erzbischöfliche Konvikt in Freiburg vorzulegen war, »hervorragende Begabung und überaus großen Fleiß«. Nach dem Abitur 1930, das er »mit Auszeichnung« bestand, begann er das Studium der Theologie in Freiburg i.Br., das im Jahre 1931 durch einen sechsmonatigen Aufenthalt im

Noviziat des Jesuitenordens in Feldkirch unterbrochen wurde. Im sechsten Semester beteiligte er sich an der Ausschreibung einer Preisarbeit der Theologischen Fakultät der Universität Freiburg zu den »Tugend- und Lasterkatalogen«. Diese Arbeit erhielt nicht nur den ersten Preis, sondern wurde im Jahre 1935, in welchem Vögtle sein Theologiestudium abschloss, von der Theologischen Fakultät als Dissertation angenommen. Nach der Priesterweihe am 22. März 1936 trat Vögtle eine Stelle als Vikar in Heitersheim an, anschließend am 1. April 1937 als Kaplan an der Unteren Pfarrei in Mannheim.

Die von der Kirchenbehörde von April 1939 an genehmigten weiterführenden biblischen Studien führten ihn nach Bonn und nach Berlin. Doch diese Studien wurden jäh beendet durch die auf den 15. Januar 1940 datierte Einberufung zum Seelsorgsdienst in der Wehrmacht. Von 1940–1945 war er als Kriegspfarrer an verschiedenen Kriegsschauplätzen eingesetzt; es war dies nach seinen eigenen Worten »die ernsthafteste Seelsorge« seines Lebens. Im Juli 1945 aus englischer Kriegsgefangenschaft entlassen konnte er in Freiburg und Tübingen mit einer Untersuchung zu dem in den Evangelien für Jesus gebrauchten Hoheitstitel »Menschensohn« beginnen und diese im Jahre 1949 erfolgreich als Habilitationsschrift abschließen. In dieser Zeit (von 1947 an) war er gleichzeitig Pfarrverweser in Schlatt im Breisgau.

Nach kurzem Studienaufenthalt am Päpstlichen Bibelinstitut in Rom erhielt er im April 1951 den Ruf als ordentlicher Professor für neutestamentliche Exegese an die Kath.-Theol. Fakultät in Trier. Schon zum Wintersemester 1951/52 folgte der Ruf auf den Lehrstuhl seines Lehrers A. Wikenhauser an der Kath.-Theol. Fakultät der Universität Freiburg, der er bis zu seiner Emeritierung 1979 die Treue hielt, wobei ihm die Ablehnung eines Rufes an die Kath.-Theol. Fakultät der Universität Bonn nach seinen eigenen Worten schwerfiel; denn diese Stelle hätte ihm, der zeitlebens von einer sehr starken ökumenischen Offenheit geprägt war, die gewünschten Kommunikationsmöglichkeiten mit einer Evangelisch-Theologischen Fakultät eröffnet. Ein Grund für das »Nein« kann, wie Ingo Broer schreibt, in Vögtles tiefer Heimatverbundenheit gesehen werden. Mit entscheidend war aber sicher die in einem Fackelzug von Studierenden demonstrierte Verbundenheit mit ihrem akademischen Lehrer, der es verstand, tiefe Gläubigkeit mit unerbittlicher wissenschaftlicher Akribie ebenso zu verbinden wie das Wissen um die Verantwortung für die theologische Bildung der Studierenden mit einem von Humor und Witz geprägten Umgang mit den Studierenden, den Kollegen nicht nur der Freiburger Fakultät, seinen Mitarbeiterinnen und Mitarbeitern am Lehrstuhl, und nicht zuletzt mit seinen Schülerinnen und Schülern.

In dieser Zeit seiner Freiburger Lehrtätigkeit hatte Vögtle im Studienjahr 1958/59 das Amt des Rektors der Universität inne.

Am 17. März 1996 ist Anton Vögtle in Freiburg gestorben. Fünf Tage darauf, am 22. März 1996 erfolgte die Beisetzung in seinem Geburtsort Vilsingen.

Anerkennung der Verdienste Vögtles von seiten der Kirche belegen Auszeichnungen wie etwa die Ernennung zum Päpstlichen Hausprälaten 1966 und zum Ehrendomkapitular 1973.

Das durch seine wissenschaftliche Arbeit erworbene internationale Ansehen dokumentieren zwei Ereignisse, auf die Vögtle bei aller Bescheidenheit doch etwas stolz war. Sicher nicht zu Unrecht verstand er die Aufnahme in die Heidelberger Akademie der Wissenschaften als eine Ehre, war er doch der erste katholische Exeget in diesem Kreis. Ebenso wurde er als erster katholischer Neutestamentler im Jahre 1973 Mitglied der internationalen Gemeinschaft von Neutestamentlern, der »Studiorum Novi Testamenti Societas«. Vor allem die Aufnahme in die Heidelberger Akademie war für ihn eine wichtige Auszeichnung, ging doch die Initiative von seinem evangelischen Heidelberger Kollegen Erich Dinkler aus.

Seine Schülerinnen und Schüler erinnerte er bisweilen daran, dass die für sie selbstverständlichen Möglichkeiten der wissenschaftlichen Bibelauslegung von seiner Generation erstritten und nicht selten erlitten werden mussten. Es ist sicher zu einem guten Teil ein Verdienst dieses Exegeten, dass die katholische Bibelwissenschaft zu einem »gleichberechtigten Partner«[1] der evangelischen Bibelauslegung herangewachsen ist.

Seine Verdienste um die wissenschaftliche Schriftauslegung wie auch um die Erschließung des Schrifttextes für eine breitere

[1] So Broer: Nachruf, 154.

kirchliche Öffentlichkeit, die sich in zahlreichen Artikelserien in Zeitschriften niederschlug, nicht zuletzt aber auch seine in der Praxis unter Beweis gestellten Verdienste um die Ökumene waren ausschlaggebend dafür, dass A. Vögtle von 1973–1985 das Amt des Vorsitzenden des Katholischen Bibelwerkes in Stuttgart innehatte.

## II. Werk und Wirkung – katholische Exegese auf dem Weg in die Ökumene

### Der Anstoß: Das »Menschensohnproblem«

Die letzte monographische Untersuchung Anton Vögtles trägt den Titel: »Die ›Gretchenfrage‹ des Menschensohnproblems«. Die Probleme im Umfeld des Hoheitstitels »Menschensohn« haben Vögtle über 50 Jahre hinweg beschäftigt. Eine Untersuchung dazu steht am Anfang seiner wissenschaftlichen Laufbahn als neutestamentlicher Exeget, und gegen Ende seines Lebens, bei seinem Aufenthalt im Krankenhaus, konnte er es nicht lassen, die Neuauflage der genannten Monographie zum »Menschensohn« vorzubereiten.

Es geht dabei um mehrere Fragen: Hat Jesus selbst diesen Titel für sich verwendet? Welche religionsgeschichtlichen Bezüge liegen zugrunde? Wie haben sich die unterschiedlichen Verwendungsbereiche in den Evangelien entwickelt? Das sind Fragen, die ihn während seiner ganzen wissenschaftlichen Beschäftigung mit dem Neuen Testament nicht mehr los ließen.

Die Idee, sich mit dieser fast ausschließlich in den Evangelien verwendeten Selbstbezeichnung Jesu zu befassen, die dort immer in der dritten Person Singular formuliert ist, kam ihm in den Jahren, da er als Divisionspfarrer in den freien Stunden in seinem griechischen Neuen Testament las. Seine Begeisterung für dieses Thema »Menschensohn« wurde zwar etwas gedämpft, als er nach seiner Rückkehr aus der Gefangenschaft und nach weiterführenden Studien mit der Habilitationsschrift begann; denn nicht nur sein Lehrer Alfred Wikenhauser machte ihn auf die vielgestaltige Problematik dieses seines ehrgeizigen Zieles aufmerksam. Vögtle ließ sich jedoch nicht beirren. Er nahm die Herausforderung an, sicher nicht daran denkend, dass ihn dieser Titel »Menschensohn« sein ganzes Leben lang als Frage begleiten würde.

Doch zunächst konnte Anton Vögtle seine erste Untersuchung zum Menschensohnproblem erfolgreich abschließen. Im Jahr 1949 wurde er damit in Freiburg für das Fach »Neutestamentliche Literatur und Exegese« habilitiert. Als »braver Katholik« hatte er, wie er in seiner Antrittsrede vor der Heidelberger Akademie der Wissenschaften 1973 bemerkte, sich zum Ziel gesetzt, nachzuweisen, dass Jesus diesen Titel als Selbstbezeichnung verwendet hat. Der Gedanke, dass bestimmte Menschensohn-Worte nicht von Jesus selbst stammen, sondern nachösterliche Bildungen sein könnten, lag für ihn von seiner katholisch-dogmatisch geprägten Einstellung her außerhalb des exegetischen Spektrums.

Aber eigentlich ist es erstaunlich, dass Vögtle in dieser Zeit noch so stark den traditionellen, stark apologetisch ausgerichteten Bahnen exegetischen Fragens und Argumentierens verhaftet war. Hatte er doch seinen ersten akademischen Titel, den Dr. theol., im Jahr 1935 mit der bereits erwähnten, im Rahmen einer von der Theologischen Fakultät ausgeschriebenen Preisarbeit verfaßten Untersuchung zu den »Tugend- und Lasterkatalogen im Neuen Testament, exegetisch, religions- und formgeschichtlich untersucht« erworben, die er als Student im sechsten Studiensemester begonnen hatte. Diese Untersuchung, die, aufgrund ihres breiten Spektrums der Mitberücksichtigung religions- und formgeschichtlicher Parallelen in der antiken Umwelt des Neuen Testaments, bis heute zu den Standardwerken zählt, dokumentiert eine erstaunliche Offenheit des jungen Theologen für religionsgeschichtliche Fragestellungen und für die Notwendigkeit, die Entwicklung christlichen Glaubens und Denkens im Dialog mit den Vorstellungen und dem Glauben der Umwelt zu erklären und zu interpretieren. Die Diskrepanz zwischen der Offenheit für religionsgeschichtliche Vergleiche im Bereich solcher ethischen Weisungen, wie sie die Tugend- und Lasterkataloge der neutestamentlichen Schriften darstellen, und einer gewissen Engstirnigkeit im Bereich der Rückfrage nach dem historischen Jesus war sicher auch dadurch bedingt, dass in der katholischen Tradition solche Fragen, die mit den Evangelien und damit auch mit dem Leben und Wirken Jesu zusammenhängen, sehr stark von dogmatischen Prämissen her festgelegt und deshalb zum großen Teil exegetisch vorentschieden waren.

Vögtle selbst hatte, wie er rückblickend einräumte, bereits beim Abschluss der Habilitationsschrift das Gefühl, dass ihm seine Untersuchung etwas apologetisch geraten sei; und sein Lehrer A. Wikenhauser war der gleichen Meinung. Vögtles eigene kritische Einstellung zu seiner Habilitationsschrift hatte Konsequenzen: Bis einige Jahre vor seinem Tod war es nicht möglich, einen Blick in dieses Opus zu werfen; er hielt alle Exemplare bei sich zu Hause unter Verschluss. Aber er gab sich nicht geschlagen. Er war, im Bild gesprochen, dem Menschensohnproblem gleichsam verfallen. Immer wieder taucht in Beiträgen, die Themen aus dem Bereich der Jesusforschung behandeln, die Menschensohnproblematik auf. Als Ergebnis seiner letzten Studie – nach einigen Aufsätzen, die bereits in die neue Richtung wiesen – formuliert Vögtle in der bereits genannten Untersuchung von 1997 mit der ihm eigenen Zurückhaltung, die nichts desto weniger seine Überzeugung deutlich wiedergibt, die These, dass »die Pluspunkte«, die für »die Hypothese der erst nachösterlichen Verwendung« dieses Titels »Menschensohn« sprechen, überwiegen.

## Der Weg zu einer schrift- und zeitgemäßen Exegese: Auseinandersetzung mit historisch-kritischer Methode und evangelischer Exegese

Das mit den Arbeiten zur Menschensohnproblematik geschilderte Detail aus dem exegetischen Arbeiten Vögtles gibt Einblick in zwei charakteristische Grundhaltungen, die sein Verständnis von Forschung und Lehre, von wissenschaftlicher Verantwortung und Verantwortung gegenüber der Glaubenstradition der Kirche zeit seines Lebens bestimmt haben. Es ist einmal beinahe eine Art von Besessenheit, mit der er einmal erkannte Fragen und Probleme verfolgt hat. Er war kein Freund von Ein-für-alle-mal-

Erklärungen. Das machte es für Studierende manchmal nicht leicht, den Zugang zur Exegese des Neuen Testaments zu finden. Ihr Lehrer Anton Vögtle ließ seine Hörerinnen und Hörer an seinen Lern- und Denkprozessen Anteil nehmen; oder aus der Sicht der Studierenden vielleicht passender formuliert: Er verschonte sie nicht mit den Fragen und Problemen, die ihn bedrängten.

Als akademischer Lehrer war er davon überzeugt, dass es zu seinem Auftrag der Einführung in das Neue Testament gehöre, den Text gewissenhaft, und das heißt auch entsprechend den anerkannten und bewährten Methoden der historisch-kritischen Textanalyse, auszulegen, und dies auch auf die »Gefahr« hin, dass es da seinen Hörerinnen und Hörern ebenso erging wie ihm, dass sie nämlich bereit sein mussten, von lieb gewordenen Vorstellungen und für selbstverständlich erachteten Meinungen Abschied zu nehmen.

Diese Art und Weise der Textbefragung musste aber auch Vögtle erst erlernen. In der Zeit, da er mit der Berufung an die Phil.-Theol. Hochschule in Trier im Sommersemester 1951 seine universitäre Laufbahn begann, war er, wie er selbst schreibt, noch dabei, den Rückstand einigermaßen wett zu machen, den er als katholischer Exeget gegenüber seinen evangelischen Kollegen im Bereich der Exegese hatte, insbesondere hinsichtlich der Aneignung und Anwendung der historisch-kritischen Methode. Die Fragestellungen und die Ergebnisse etwa der Formkritik, die untrennbar verbunden sind mit den Namen Rudolf Bultmann und Martin Dibelius, eröffneten ganz neue Perspektiven des Textverständnisses, das auf katholischer Seite noch fremd war, nun aber, nach der für die Entwicklung der Bibelauslegung in der katholischen Theologie nicht hoch genug einzuschätzenden Bibelenzyklika »Divino afflante Spiritu« von Pius XII. aus dem Jahre 1943, allmählich in Universität und Kirche Anerkennung fand.

So machte sich Vögtle daran, die neuen Erkenntnisse für seine Textauslegung fruchtbar zu machen. Aber diese Neuorientierung erfolgte keineswegs kritiklos. Bultmanns Programm der Entmythologisierung hatte ihn einerseits fasziniert, andererseits war er der Überzeugung, dass manches in Bultmanns Enwurf einer kritischen Bewertung zu unterziehen sei. In einem Vortrag im Rahmen eines Dies Universitatis im Wintersemester 1955/56 sprach er über das Thema »Die Entmythologisierung des Neuen

Testaments als Forderung einer zeitgemäßen Theologie und Verkündigung«. Dieser Vortrag wurde in einer stark erweiterten Form veröffentlicht.[2] Vögtle setzt sich darin mit Bultmanns Forderung der Entmythologisierung sehr detailliert auseinander und er bezieht auch dezidiert in zentralen Punkten Stellung gegen Bultmanns Sicht und Interpretation der Texte des Neuen Testaments.

Dieser kritische Beitrag, den übrigens Bultmann nach Vögtles Erinnerung sehr wohlwollend zur Kenntnis genommen hat, erscheint mir in Vögtles exegetischem Schaffen wie eine Art Wasserscheide. Auf der einen Seite steht die grundsätzliche Offenheit dafür, dass zeitgemäße Exegese an den Entwicklungen und Erkenntnissen der Neuzeit nicht vorübergehen darf, wenn sie für die Menschen glaubensrelevante Aussagen machen will; auf der anderen Seite ist unverkennbar, dass er weiterhin Standpunkten verhaftet war, die deutlich die Kennzeichen der traditionell betriebenen Exegese im Rahmen der katholischen Theologie aufwiesen. Es ist auffällig, dass er in diesem Aufsatz in der Diskussion um die biblischen Zeugnisse, insbesondere der synoptischen Evangelien, und der damit verbundenen Rückfrage nach dem »historischen Jesus« gegen Bultmann theologische Positionen verteidigte, die in den folgenden Jahren seine biblischen Studien maßgeblich bestimmen sollten – allerdings dann gerade nicht mehr in dem Sinn, wie er sie dort noch als Kritik an Bultmann formuliert hat.

Gegenüber Bultmanns historisch-kritischen Voraussetzungen, wie etwa der Bewertung der synoptischen Evangelien als Verkündigung der späteren Gemeinde, als Zeugnis des »urchristlichen Glaubens«[3], in welchem Jesus als Messias und Menschensohn verstanden wurde und in welchem die Gemeinde durch die »Übertragung des jüdisch-apokalyptischen Mythos vom erwarteten Kommen des messianischen Menschensohnes auf Jesus« das Ärgernis des Kreuzestodes Jesu überwand und Jesus als den zu Gott Erhöhten und mit den Wolken des Himmels Kommenden

[2] Vgl. die bibliographischen Angaben im Literaturverzeichnis am Ende des Textes.

[3] Vögtle: Entmythologisierung des Neuen Testaments, 27.

verstand,[4] gegenüber diesen Voraussetzungen formuliert Vögtle seine Einwände u.a. mit den Fragen: Wie steht es, wenn Jesus selbst sich als »den prophezeiten Heilsmittler (Menschensohn-Messias) verstand«?

Wie steht es, wenn ferner Jesus selbst ... seinen Tod im Lichte der Prophetie vom leidenden Gottesknecht als stellvertretend-sühnendes Leiden verstanden haben muß und verstand, sein gewaltsames Todesleiden sowie dessen sieghafte Wende voraussagte ...? Wie, wenn demgemäß Jesus selbst seine künftige Inthronisation und Offenbarung als überweltlicher Messias voraussagte, wenn die Begegnung der Jünger mit dem Auferstandenen deren tödlich getroffene messianische Erwartung wieder aufleben, und die Erfahrung der Geistsendung sie erfassen ließ, in welchem spezifischen Sinn Jesus der messianische Menschensohn ist und sein wollte?

»Dann«, fährt Vögtle fort, »geht eben der Christusglaube der Urkirche auf Jesus selbst zurück«[5]. Weil man aber bei Vögtle gelernt hat, die Stichhaltigkeit der zugrunde gelegten Voraussetzungen kritisch zu hinterfragen, ist gleich zu ergänzen: dann ja, aber eben: nur dann, wenn diese Voraussetzungen zutreffen.

Man hat den Eindruck, dass der Verfasser dieser Fragen und des Lösungsvorschlags eine Palette von Problemen benennt und gegen Bultmanns Programm ins Feld führt, dass er aber von der Stichhaltigkeit seiner Einwände selbst schon nicht mehr voll überzeugt ist. Die angesprochenen Fragen wird Vögtle später immer wieder aufgreifen und diskutieren und Lösungsvorschläge erarbeiten, die dem hier von ihm noch verteidigten Standpunkt einer umfassenden Rückbindung der Jesus-Darstellung der Evangelien an das Selbstverständnis Jesu und an authentische Jesusworte zum großen Teil widersprechen.

---

[4] Vögtle: Entmythologisierung des Neuen Testaments, 28.
[5] Vögtle: Entmythologisierung des Neuen Testaments, 29f.

## Die Frage nach der Bedeutung des Osterglaubens

In der Diskussion mit R. Bultmann kristallisiert sich eine weitere, neben der Jesusfrage fundamentale Problemstellung heraus, nämlich die Frage nach der Bedeutung des Osterglaubens. In einer ausführlichen monographischen Behandlung geht Vögtle der Frage nach: »Wie kam es zum Osterglauben?«. Die Themenstellung wird in verschiedene Richtungen hin präzisiert. Zum einen ist es eine dezidiert historische Fragestellung: Lassen sich, so ist zu fragen, aufgrund unserer biblischen Zeugnisse Aussagen darüber machen, was die Jünger Jesu nach der Katastrophe des Karfreitags zu der Überzeugung und zu dem Bekenntnis geführt hat, dass dieser Verbrechertod am Kreuz nicht das letzte und endgültige Wort Gottes zu diesem Jesus und seinem Anspruch gewesen ist? Dass also Gott ihn in einer besonderen Weise als den Heilsmittler bestätigt hat, wobei die Aussage über die Auferweckung nur eine von mehreren Möglichkeiten ist, diesen Glauben an das Handeln Gottes an Jesus zu formulieren?[6]

Für die historisch begründete Erklärung des Osterglaubens wird mit Recht besonders ausführlich die Kardinalfrage behandelt, wie die in alten Traditionen wie 1 Kor 15,5 bezeugte Formulierung der den Auferweckungsglauben der Jünger begründenden Erfahrung mit der Wendung »er erschien« (= ophte) zu deuten ist. Wenn in dieser Erscheinungserfahrung, über deren spezifische Form keine Aussagen möglich sind, weil für die Wahl von »ophte« dessen Verwendung in den alttestamentlichen Epiphanieerzählungen und damit deren theologischer Gehalt mit zu bedenken ist, wenn also in der »Erscheinung«, im »Sehen«, der entscheidende Ausgangspunkt für den Osterglauben und das auf ihn gegründete Bekenntnis zu Jesus als Messias liegt, dann erhält die Rückfrage nach dem historischen Jesus neue Bedeutsamkeit.

Die Frage, wie es zum Osterlauben kam, zieht sich ebenfalls wie ein roter Faden durch Vögtles Bibliographie. Noch in den 90er Jahren des vergangenen Jahrhunderts hat er, u.a. in der aktuellen Auseinandersetzung mit den Thesen von Gerd Lüde-

[6] Vögtle: Wie kam es zum Osterglauben?, 25.

mann, sich mit diesen Fragen zur Entstehung des Osterglaubens befasst.[7]

Mit dem Osterglauben »stand der aus dem Kreuzestod erhöhte Jesus im Mittelpunkt der Heilsverkündigung«.[8] Die auf Jesus angewendeten Hoheitstitel wie Messias, Kyrios, Sohn Gottes gründen in dieser Erfahrung. Für die Rückfrage nach Jesus hatte dies zur Folge, dass es nicht mehr darum gehen musste, den Glauben an Jesus als den von Gott gesandten Messias an Jesus selbst, an seinem Selbstbewusstsein oder an irgendwelchen Ereignissen seines Lebens fest zu machen. So bekommt die Rückfrage nach Jesus eine neue Akzentuierung. Die Person Jesu wird in enger Verknüpfung mit dem von ihm verkündeten Kommen des Gottesreiches gesehen; dies entspricht auch dem von Jesus selbst formulierten Anspruch, der etwa wiedergegeben ist in dem auf breiter Basis als authentisches Jesuswort anerkannten Logion Lk 11,20: »Wenn ich aber mit dem Finger Gottes die Dämonen austreibe, dann ist die Gottesherrschaft schon zu euch gekommen.« Die Person des Verkünders ist unlöslich an die Botschaft gebunden, und die Botschaft erhält ihre besondere Bedeutung durch die Bindung an Jesus, sein Wort und sein Verhalten. Die Einstellung der Menschen zu Jesus, die Annahme oder Ablehnung seines Anspruchs wird somit zum Kriterium dafür, ob jemand dieser von Jesus verkündeten Gemeinschaft mit Gott teilhaftig werden kann oder nicht. Auf der Basis dieses Anspruchs Jesu, »daß Gott durch seine Wort- und Tatbotschaft die endzeitliche Offenbarung seiner Herrschaft einleitet«, ist es auch gerechtfertigt, von einem »heilsmittlerischen« Anspruch Jesu zu sprechen.[9]

## Exegese und Soteriologie

Mit solcher Profilierung des Auftretens und des Wirkens Jesu vom Kerngedanken seiner Botschaft her, die in dem Begriff der

---

[7] Vgl. dazu Hoppe: Biblischer Osterglaube.
[8] Vögtle: Der verkündigende und verkündigte Jesus »Christus«, 74.
[9] Vögtle: Der verkündigende und verkündigte Jesus »Christus«, 39.43.

»Basileia Gottes« gegeben ist, gewinnen zwei weitere Themen neues Gewicht. Es ist zum einen die Frage, wie es zum gewaltsamen Tod Jesu gekommen ist und wie »das unbestrittene Faktum der Hinrichtung Jesu am Kreuz von den Anhängern Jesu beurteilt wurde«.[10] Damit verbunden ist die theologisch ungleich brisantere Frage: »Hat Jesus früher oder später sein Sterben als abschließenden heilsmittlerischen Akt seines Erdenwirkens erwartet?«[11]

Die erste Frage ist thematisch nicht von der Rückfrage nach der hermeneutischen Bedeutung des Osterglaubens für die Begründung der Christologie zu trennen.

Und die zweite Frage führt mitten hinein in die Diskussion um die Begründung der Soteriologie. Hier hat A. Vögtle im kritischen Dialog mit Vertretern anderer Positionen, wie etwa Heinz Schürmann, Rudolf Pesch und Helmut Merklein, immer wieder auf die Problematik aufmerksam gemacht, die sich ergibt, wenn man einerseits den Heilsmittleranspruch Jesu in seinem Wort und in seinem Wirken als auch in der Intention Jesu bis zum Ende gültig annimmt, wenn man aber gleichzeitig postuliert, Jesus habe den von ihm spätestens in der Situation des letzten Mahles in Jerusalem erwarteten Tod als sühnendes, heilbringendes Sterben verstanden und dies auch den Jüngern gegenüber ausgesprochen. Die entscheidende Frage lautet:

> Aus welchem Grund soll Jesus den Schritt von dem von ihm verkündeten Heilsweg (Heilserlangung aufgrund des existentiellen Eingehens auf den von ihm proklamierten Heils- und Heiligkeitswillen Gottes) zur Konzeption seines heilseffizienten Sterbens getan haben?[12]

An anderer Stelle wird Vögtle noch deutlicher:

> ... da Jesus seine Heilsverkündigung an Israel voraussetzungsgemäß nicht schon begann und auch kaum beginnen konnte mit dem Vorwissen, daß sein eigentliches Projekt zum Mißerfolg führen wird und darum schließlich durch die heilsökonomische Konzeption des Sühnetodes des Heilsmittlers modifiziert werden muß, um dem Heilswillen Gottes doch noch

[10] Vögtle: Wie kam es zum Osterglauben?, 69.
[11] Vögtle: Der verkündigende und verkündigte Jesus »Christus«, 56.
[12] Vögtle: Offenbarungsgeschehen und Wirkungsgeschichte, 165f.

zum Sieg zu verhelfen, müßte man zum mindesten von einer Revision wenn nicht gar von einer Desavouierung seiner Heilsbotschaft sprechen.

Und was den Entscheidungscharakter seiner Botschaft und die Relevanz der Annahme oder Ablehnung seiner Gottesreichverkündigung betrifft, käme man letztlich nicht umhin, anzunehmen, dass Jesus auf die Geltendmachung dieses Anspruches verzichtet hätte; denn:

Die Frage, ob sich Israel in den Augen Jesu das gnadenlose Gericht zugezogen hat, würde im Grunde belanglos, wenn Jesus je das Sühnesterben als prinzipiell notwendige Aufgabe seiner Heilssendung betrachtet hätte, die er unabhängig von der positiven oder negativen Reaktion der von ihm angesprochenen Generation Israels auf sich nehmen müsse.[13]

Die Diskussion um diese theologisch zentrale Frage nach der biblischen Begründung der Soteriologie kann, wenn es um die Frage einer Verankerung beim historischen Jesus geht, dessen Worte beim letzten Mahl in Jerusalem im Kreise seiner Jünger am Vorabend seiner Kreuzigung nicht unberücksichtigt lassen.

Damit ergeben sich allerdings neue Fragen und Probleme. Die anerkanntermaßen ältesten Überlieferungsformen der Abendmahlstradition finden wir zum einen in 1 Kor 11,23–26, einer von Paulus nach seinen eigenen Worten aus der Gemeindetradition übernommenen und erkennbar liturgisch geprägten Darstellung, und zum anderen in der vom Evangelisten ebenfalls im Zusammenhang mit der ihm vorgegebenen Passionsgeschichte übernommenen Erzähltradition Mk 14,22–25. Diese beiden Formen der Abendmahlsdarstellung stimmen zwar in vielem miteinander überein; sie weisen aber auch gravierende Unterschiede auf, wie etwa in der alles andere als nebensächlichen Applizierung der Heilsbedeutsamkeit des sühnenden Sterbens.

Jesus deutet in der paulinischen Schilderung seinen Tod, verbunden mit dem Brechen des Brotes, als Hingabe »für euch« (1 Kor 11,24); bei Mk spricht Jesus bei der Darreichung des Kelches die Worte »das ist mein Blut, das Blut des Bundes, das für viele vergossen wird« (Mk 14,24).

---

[13] Vögtle: Der verkündigende und verkündigte Jesus »Christus«, 60.

Diese Differenz stellt einmal vor die Frage, welche Überlieferungsform als die traditionsgeschichtlich ältere und damit unter Umständen auch ursprüngliche anzusehen ist. Will man eine der beiden Ausdrucksformen, hier einschränkend bezogen auf die unterschiedlichen personalen Ausrichtungen, »für euch« – »für die vielen«, auf die Situation des letzten Mahles Jesu im Kreis der mit ihm von Galiläa zur Feier des Paschafestes nach Jerusalem gekommenen Pilger ansetzen, dann ist, wie Vögtle zweifelsfrei zu Recht zu bedenken gibt, auch die Frage zu stellen und zu beantworten, wem in der Intention Jesu die Heilsbedeutsamkeit seines Sterbens zugute kommen sollte. Das Problem verschärft sich im Blick auf den anwesenden Jüngerkreis, also auf die Männer und Frauen, die im Vertrauen auf die Gültigkeit seiner Botschaft und im Glauben an seine Sendung von Gott her sich ihm angeschlossen haben. Ihr Handeln ist getragen von der Glaubensüberzeugung, dass Jesu Ankündigung von der zu erwartenden Volloffenbarung der Gottesherrschaft bzw. des Gottesreiches in Erfüllung gehen werde.

Vögtle konfrontiert seine Leserinnen und Leser unerbittlich mit den Konsequenzen, die sich in beiden Fällen, bei Zugrundelegung einer der beiden Formen, für den anwesenden Jüngerkreis ergäben. Wenn man auf die Bestimmung der Rolle der Jünger im Sinne der Stellvertretung zurückgreift, dann können sie sinnvollerweise nicht aus dem Kreis der von Jesu Sühnesterben profitierenden Heilsempfänger ausgeschlossen werden. Im einen wie im anderen Fall müsste man nach der Überzeugung Jesu in seinem Sühnesterben »eine Voraussetzung für die Heilserlangung« sehen, »die ohne Rücksicht auf die negative oder positive Annahme seines Heils- und Bußrufes, unabhängig vom Versagen oder Nicht-Versagen der Israeliten notwendig, also prinzipiell notwendig ist und deshalb auch für seine Jünger gilt«.[14]

Bei Zugrundelegung der markinischen Darstellung des letzten Mahles als historisch zuverlässigem Zeugnis ergibt sich eine weitere Problematik, die nach der Meinung Vögtles zu wenig Aufmerksamkeit gefunden hat. Zusammen mit der Deutung des Todes als Sterben »für viele« (Mk 14,24) spricht Jesus im sog.

---

[14] Vögtle: Todesankündigungen und Todesverständnis Jesu, 96.

eschatologischen Ausblick in V. 25 die Zuversicht aus, dass das Heil der Gottesherrschaft »so sicher« kommen wird

> wie sein Tod, der somit die Gültigkeit seiner Heilsbotschaft nicht tangieren kann. Mit dieser Versicherung hat Jesus somit seinen Jüngern zugleich zu verstehen gegeben, daß er sein gewaltsames Ende als von Gott eingeplantes Geschehen auf sich nimmt und Gott über sich verfügen läßt.[15]

Für die Frage der Bewertung des zu erwartenden gewaltsamen Todes in der Sicht Jesu bedeutet dies aber auch: In der Aussage »Ich werde vom Gewächs des Weinstocks nicht mehr trinken, bis ich aufs Neue davon trinken werde in der Basileia Gottes« (Mk 14,25) drückt sich Jesu Zuversicht aus, dass Gott trotz seines gewaltsamen Todes die von ihm angekündigte Herrschaft aufrichten wird.

## Exegese und Ekklesiologie

Ein weiterer neuralgischer Punkt der Schriftauslegung im Kontext der katholischen Tradition liegt im Bereich der Ekklesiologie. Die für katholisches Kirchenverständnis zentrale Perikope vom Messiasbekenntnis des Petrus und der damit verbundenen Kirchenverheißung in Mt 16,16–19 hat Vögtle in den beiden ersten Nummern der Biblischen Zeitschrift (1957/1958) einer ausführlichen Diskussion unterzogen und insbesondere den Anteil der redaktionellen Gestaltung durch den Evangelisten Matthäus herausgearbeitet. Zu der seinen Beitrag abschließenden »Frage nach dem möglichen ursprünglichen Ort, dem Wann der Petrusverheißung«, gibt er zu bedenken, dass Jesus vom Neubau seiner Kirche erst dann habe sprechen können, nachdem er den Jüngerkreis in den Gedanken der Lebenshingabe eingeweiht und von der Besiegelung des »Neuen Bundes« gesprochen habe; und das heißt, wie der Autor am Schluss seiner Ausführungen zurückhaltend und doch mit deutlichem Fingerzeig anfügt, »möglicherwei-

[15] Vögtle: Der verkündigende und verkündigte Jesus »Christus«, 69.

se also erst als der Auferstandene«.[16] Diese heute kaum noch aufregende Interpretation der kirchenstiftenden Verheißung Jesu an Simon Petrus als nachösterliche Bildung war damals noch ein Wagnis.

## Die Kindheitsgeschichten im Matthäus- und Lukasevangelium als Christusgeschichten und Bekenntniserzählungen

Vögtle selbst hat sein Arbeiten als Exeget in seiner Antrittsrede vor der Heidelberger Akademie der Wissenschaften in eine Verbindung mit dem Handwerk seines Vaters, des »Schmiedemeisters Severin«, gestellt, dessen Handwerk es erforderte, gerade auch »›heiße Eisen‹ anzufassen und zu schmieden, auch auf die Gefahr hin, sich an den sprühenden Funken die Finger zu verbrennen«.[17]

Zu diesen »heißen Eisen« zählten, wenigstens damals noch, die sogenannten Kindheitsgeschichten des Matthäusevangeliums und des Lukasevangeliums, die Vögtle als »Kleinodien kanonischer Evangelienschreibung« bezeichnet.[18] Schon Mitte der 1960er Jahre befasste er sich mit den beiden ersten Kapiteln des Matthäusevangeliums, u.a. mit dem Ziel, den spröden Text der Genealogie, der dieses Evangelium einleitet, in seiner Bedeutung als Christus-Verkündigung zu erschließen. Es konnte nicht ausbleiben, dass die historisch-kritische Textbetrachtung bei mancher Erzählung dieser sog. Kindheitsgeschichten zu dem Ergebnis führte, dass es sich dabei nicht um eine Darstellung von in der Vergangenheit liegenden Ereignissen handelt, dass also der Evangelist nicht historisch verbürgte Geheimnisse der Empfängnis Jesu oder Ereignisse berichten wollte, die Jesu Geburt begleiteten.

Mit der Erschließung der Erzählungen um Empfängnis und Geburt Jesu als Christusgeschichten wurde es möglich, sie als Bekenntniserzählungen zu lesen und zu verstehen. Und auf die-

---

[16] Vögtle: Das Evangelium und die Evangelien, 170.
[17] Vögtle: Antrittsrede, 45.
[18] Vögtle: Das Evangelium und die Evangelien, 57.

ser Grundlage betont Vögtle, dass etwa das Weihnachtsevangelium nichts von seiner Wahrheit verliere,

> wenn das Wunder der Engelerscheinungen und der die Hirten umstrahlenden »Herrlichkeit Gottes« wie die nachtwachehaltenden Hirten und die Unterbringung des Neugeborenen in einem Futtertrog als historische Elemente entfallen würden, weil es sich bei diesen Motiven um schriftgegebene Darstellungsmittel handelt.

Selbstverständlich wusste er darum, dass diese Einsichten der breiten kirchlichen Öffentlichkeit nicht ohne Probleme zu vermitteln seien. Seine Betrachtung zum Weihnachtsevangelium Lk 2,1–10 schließt er deshalb mit den folgenden Worten ab:

> Der Inhalt dieses Evangeliums ist ja ungleich mehr als ein wundersames Erlebnis einiger namenloser Hirten und ein ergreifendes Idyll. Was die Offenbarungserzählung den Engel des Herrn verkünden und den Engelchor hymnisch preisen läßt, ist nicht eine fromme Personallegende oder gar eine mythische Objektivation menschlicher Erlösungssehnsucht, sondern der Inbegriff des auf geschichtlicher Offenbarung beruhenden Christusglaubens. Und weil die Art und Weise, in der das Weihnachtsevangelium die einmalige heilsgeschichtliche Bedeutung der Geburt Jesu zum Ausdruck bringt, aus der christologischen Reflexion auf die Heilsprophetie der Schrift erwuchs und durch diese voll legitimiert ist, behält auch die für dieses Evangelium unverzichtbare Szenerie mit ihren Engeln und Hirten, mit Krippe und Krippenkind nach wie vor ihren guten Sinn. Das eigentliche Wunder, das zu verkünden Sinn und Ziel unseres Evangeliums ist, ist freilich nicht das Auftreten sichtbarer und hörbarer Engel, sondern die zentrale Wirklichkeit und Wahrheit, daß in Jesus von Nazaret der wahre Weltheiland geboren ist, durch den Gott seine Macht als gnädiges, heilschaffendes Erbarmen offenbarte. Das ist das unüberbietbare, absolute Wunder der biblischen Heilsgeschichte ...[19]

Gegenüber der auch innerkirchlich nie ganz überwundenen Unterstellung, mit dieser Form der historisch-kritischen Schriftauslegung werde »der Glaube« zerstört, ist für den aufmerksamen und lernwilligen Leser unübersehbar, dass gerade erst durch die hier geleistete exegetische Detailanalyse die Fülle der theologischen und christologischen Aussagen der Texte und damit auch

[19] Vögtle: Was Weihnachten bedeutet, 141–143.

deren bleibende Bedeutung für die Verkündigung erschlossen wird.

## Katholische Reaktionen

Das traditionelle Bild vom historischen Jesus in der katholischen Theologie, von seinem Selbstbewusstsein und seinem Anspruch, war mit solchen historisch-kritischen Überlegungen und Argumentationen radikal in Frage gestellt. Und die Reaktionen waren zwiespältig. Die Bereitschaft, sich wissenschaftlich-theologisch mit den Ergebnissen der Jesus-Forschung auseinanderzusetzen, sie sowohl vom Textbefund als auch von der theologischen Verankerung her zu prüfen, war weder in der kirchlichen Öffentlichkeit noch in der theologischen Wissenschaft uneingeschränkt vorhanden. Vögtle hat dies nicht zum ersten Mal, dafür aber um so schmerzlicher, erfahren müssen bei der Auseinandersetzung um den von ihm zu verantwortenden Abschnitt des Artikels »Jesus Christus« in der zweiten Auflage des »Lexikons für Theologie und Kirche«. Der von ihm verfasste erste Teil (Jesus Christus nach den geschichtlichen Quellen) hat dem damaligen, sehr einflussreichen Vertreter des Fachs Dogmatik an der Kath.-Theol. Fakultät der Universität München derart missfallen, dass er eine Neubearbeitung forderte; andernfalls werde er für das Nichterscheinen des Lexikons sorgen. Nur auf Drängen des Mitherausgebers Karl Rahner ließ sich Vögtle davon abhalten, seinen Beitrag ganz zurückzuziehen. Die überarbeitete und in das Lexikon aufgenommene Fassung[20] kommentierte K. Rahner später – nach Meinung von A. Vögtle: zu spät – mit der Bemerkung: »die erste war besser«.

Ähnliches wiederholte sich zehn Jahre später. Jetzt war es ein katholischer Kirchengeschichtler, der als Mitherausgeber der »Ökumenischen Kirchengeschichte« an Vögtles Darstellung der Grundzüge der Geschichte des historischen Jesus und der Urgemeinde Anstoß nahm. Doch dieses Mal blieben die evangelischen Kollegen hart; sie bestanden darauf, dass ihr katholischer

[20] Vgl. Vögtle: Art. Jesus Christus I., 922–932.

Kollege A. Vögtle seine Sicht des historischen Jesus ohne Wenn und Aber darstellen solle.[21] In kaum zu übertreffender Kürze und Präzision wird dort der spezifische Anspruch Jesu in seiner Botschaft und seinem Wirken dargestellt und werden gleichzeitig die Probleme und zentralen Fragen der Jesusforschung offen diskutiert.

Es war dies eine von vielen Erfahrungen, die Vögtle deutlich zeigten, dass seine Ernsthaftigkeit, mit der er sich dem biblischen Text als einer Herausforderung für die wissenschaftliche Theologie und für den persönlichen Glauben gestellt hat, bei seinen evangelischen Kollegen ungleich mehr Anerkennung fand als bei katholischen Theologen.

## III. Schlussbetrachtung

Der gegebene Überblick über die exegetischen Arbeiten von A. Vögtle muss notwendigerweise unvollständig bleiben, decken doch seine Untersuchungen den ganzen Kanon des Neuen Testaments ab, angefangen beim Stammbaum des Matthäusevangeliums (Mt 1,1–16) bis zur Vision vom »neuen Himmel« und der »neuen Erde« beim Seher Johannes (Offb 21).

Anton Vögtle war ein leidenschaftlicher Bibelwissenschaftler. Noch in den letzten Wochen seines Lebens, die er zeitweise im Krankenhaus verbringen musste, hat er eine neue Veröffentlichung zum Thema »Todesverständnis Jesu« vorbereitet und seine Monographie zum Menschensohnproblem für eine Neuauflage überarbeitet. Aber bei aller Betonung der Unverzichtbarkeit wissenschaftlichen Fragens und Erkennens hat er gleichzeitig durch sein Leben und seine über alle Zweifel erhabene Einbindung in die Glaubensgemeinschaft der Kirche die Bedeutung des persönlichen Glaubens und den der Gemeinschaft für das Verständnis der Bibel betont.

Er war Wissenschaftler mit Leib und Seele. Aber er hatte auch ein feines Gespür für die Anliegen und Fragen der Menschen, die aus irgendwelchen Gründen in Distanz nicht nur zur wissen-

---

[21] Vgl. Vögtle: Jesus von Nazareth, 3–24.

schaftlichen Theologie und Exegese, sondern auch zur Kirche leben. In der in den Jahren 1994 und 1995 in der Zeitschrift »Christ in der Gegenwart« veröffentlichten Artikelserie mit dem bezeichnenden Titel »Unnötige Glaubensbarrieren« greift Vögtle solche Themen auf, deren Verständnis auch kirchlich Engagierten nicht immer leicht fällt. Und er nimmt die in unterschiedlichen Bereichen mit der Verkündigung des Wortes Gottes Betrauten in die Pflicht, wenn er darauf hinweist, dass zahlreiche Glaubenszweifel vermieden werden könnten, »wenn stärker auf die von den biblischen Verkündern intendierten Aussagen abgehoben würde«. Damit sind Exegeten und Prediger in gleicher Weise gefordert, sich ihrer Verantwortung für die Verkündigung zu stellen.

Anton Vögtle wird als »einer der großen katholischen Exegeten« des zwanzigsten Jahrhunderts (Rudolf Hoppe) und als entscheidender Wegbereiter des ökumenischen Dialogs in Wissenschaft und Kirche in Erinnerung bleiben.[22]

## Literatur

Broer, I.: Nachruf, BZ 41 (1997), 154–156.
Hoppe, R. (Hg.): Biblischer Osterglaube, Neukirchen 1999.
–: Wegbereiter historischer Jesusforschung, in: S. Pauly (Hg.), Theologen unserer Zeit, Stuttgart 1997, 81–95.
Pesch, R.: Anton Vögtle, in: J. Schultz (Hg.), Tendenzen der Theologie im 20. Jahrhundert, Stuttgart 1966, 571–576.
Vögtle, A.: Antrittsrede vor der Heidelberger Akademie der Wissenschaften, gehalten am 13. Januar 1973, in: Jahrbuch der Heidelberger Akademie der Wissenschaften 1973, 42–46.
–: Art. Jesus Christus I., LThK$^2$ 5 (1960), 922–932.
–: Das Evangelium und die Evangelien. Beiträge zur Evangelienforschung, Düsseldorf 1971.
–: Der verkündigende und verkündigte Jesus »Christus«, in: J. Sauer (Hg.), Wer ist Jesus Christus?, Freiburg i.Br. 27–91.
–: Die »Gretchenfrage« des Menschensohnproblems, Freiburg i.Br. $^3$1997
–: Die Entmythologisierung des Neuen Testaments als Forderung einer zeitgemäßen Theologie und Verkündigung, in: Die geistige Situation unserer Zeit in den

[22] Als solcher erfuhr sein Leben und Werk die ihm gebührende Würdigung; vgl.: Pesch: Anton Vögtle, 571–576; Broer: Nachruf, 154–157; Hoppe: Wegbereiter historischer Jesusforschung, 81–95.

Einzelwissenschaften, Freiburger Dies Universitatis Bd. 4 (1955/56), Freiburg i.Br. 1956, 9–46. Die Veröffentlichung ist die stark erweiterte Fassung eines Vortrags, gehalten im Rahmen eines Dies Universitatis im Wintersemester 1955/56.

–: Die Tugend- und Lasterkataloge im Neuen Testament. Exegetisch, religions- und formgeschichtlich untersucht, Neutestamentliche Abhandlungen Bd. 16, Münster 1936.

–: Jesus von Nazareth, in: Ökumenische Kirchengeschichte. Bd I, Mainz 1970 ($^{5}$1989), 3–24.

–: Offenbarungsgeschehen und Wirkungsgeschichte. Neutestamentliche Beiträge, Freiburg i.Br. 1985.

–: Todesankündigungen und Todesverständnis Jesu, in: K. Kertelge (Hg.), Der Tod Jesu. Deutungen im Neuen Testament, QD 74, Freiburg i.Br. 1976, 51–113.

–: Unnötige Glaubensbarrieren. Neutestamentliche Texte und ihre Glaubensaussagen, hg.v. Carola Diebold-Scheuermann, SBS 174, Stuttgart 1998. Es handelt sich bei diesem Werk um die Sammlung einer Artikelserie, die Vögtle in den Jahren 1994 und 1995 in der Zeitschrift »Christ in der Gegenwart« veröffentlichte.

–: Was Weihnachten bedeutet. Meditation zu Lukas 2,1–20, Freiburg i.Br. 1977.

–: Wie kam es zum Osterglauben?, Düsseldorf 1975.

Fernando Enns

# Philip A. Potter

## Was sollen wir tun?
## Wegbereiter einer handlungsorientierten Ökumene

Geboren am 19. August 1921 in Roseau, Dominica (Karibik). Studien in Jamaika und London. 1949 Präsident der internationalen Christlichen Studentenbewegung; 1958 Direktor der Jugendabteilung im ÖRK; 1961–1966 Referent für West Afrika und die Karibik in der Methodist Missionary Society; 1967–1972 Direktor der Abteilung für Weltmission und Evangelisation im ÖRK. 1972–1984 war Potter der dritte Generalsekretär des Ökumenischen Rates der Kirchen. In seine Amtszeit fallen die herausragenden Konvergenzerklärungen von Lima, Peru 1982. Vom Methodismus geprägt, galt sein Engagement schon früh der missionarischen Verkündigung, der Stärkung des Priestertums der Laien sowie der direkten Anwendung des Evangeliums auf den politischen Alltag. Sein lebenslanger Einsatz für einen Dialog der Kulturen sowie sein Insisitieren auf dem Kampf gegen Rassismus und Sexismus und für gerechte ökonomische Strukturen haben die Themen der ökumenischen Bewegung in der zweiten Hälfte des 20. Jahrhunderts nachhaltig beeinflusst, verwickelten Potter jedoch auch in zahlreiche Kontroversen. Unter seiner Führung wurde das interkonfessionelle Gespräch der ökumenischen Bewegung erweitert um den interreligiösen Dialog. Philip Potter lebt heute mit seiner Ehefrau, der Bischöfin Bärbel von Wartenberg-Potter, in Norddeutschland.

# I. Einführung

He is by his giant size, infectious humour, hearty lough, polite friendliness, and deep, rich and booming voice, the sort of person who is distinctive in any crowd.[1]

Philip Potter passt in kein Schema. Aber dies nicht nur aufgrund seiner körperlichen Größe, seines ansteckenden Humors, seiner Freundlichkeit und seiner raumeinnehmenden stimmlichen Präsenz. Er passt in kein Schema, weil er in seinem theologischen Denken und seinem ökumenischen Handeln so viele Aspekte vereint und auf genuine Weise zusammensetzt. Sein Denken ist kontextuell geprägt und doch immer auf die ganze *oikoumene* ausgerichtet. Seine Theologie ist biblisch gegründet und ganz praktisch orientiert, stets auf den gelebten Glauben zielend. Sein Handeln ist missionarisch motiviert, doch immer dialogisch angelegt. Sein Glaube ist trinitarisch gefasst und inkarnationszentriert, sein Reden ist prophetisch in Inhalt und Gestalt und doch ist er niemals zum Einzelgänger geworden.

Diesen Reichtum verkörperte Philip Potter bereits, als er 1972 zum dritten Generalsekretär des Ökumenischen Rates der Kirchen gewählt wurde. Aber ebenso verdankt er diesen Reichtum der ökumenischen Bewegung, in deren Bann er bereits in ganz jungen Jahren gezogen wurde: »Ein Mann der Dritten Welt, dem die andere Welt so vertraut ist ... dies ist der Mann, der jetzt berufen ist, der ökumenischen Bewegung Führung zu geben in einer sehr kritischen Periode ihrer eigenen Geschichte und der Geschichte der Welt« – so formulierte es der erste Generalsekretär des ÖRK, Visser't Hooft, zu Beginn dieser wichtigen Amtszeit, die immerhin bis 1984 dauern sollte.[2] Und doch ist diese Zeit nur

---

[1] Jagessar: Full Life for All, 296. In dieser Dissertation findet sich eine vollständige Bibliographie Philip Potters, Predigten, Ansprachen, Interviews, Berichte (veröffentlichte und unveröffentlichte); des Weiteren eine gute Übersicht zur Literatur über Philip Potter. Vgl. auch Müller-Römheld: Potter.

[2] W.A.Visser't Hooft, Statement about Philip Potter, 83: »A man from the third world who knows the other world intimately – a man who owes so much to the ecumenical movement and to whom the ecumenical movement owes so much – that is the man who is now called to give leadership to the ecumenical movement in a very critical period of its own history and the history of the world«.

ein kleiner Teil des gesamten Dienstes von Philip Potter in der weltweiten Kirche.

Möchte man trotz der Pluralität prägender Aspekte seines Denkens und Wirkens *ein* zentrales Motiv ausmachen, so drängt sich das Bild vom Haushalt Gottes auf, das nach seiner Zeit als Generalsekretär zum gestalterischen Leitbild der weltweiten Ökumene wird: Alle Menschen, nach dem Ebenbild Gottes und nach dem Ebenbild Christi geschaffen, sind berufen, Mitarbeiter Gottes zu sein, um im Kontext der *oikonomia* Gottes aus der *oikoumene* einen *oikos* zu gestalten und zu erhalten, ein bewohnbares Haus, in dem »Leben in seiner ganzen Fülle« möglich wird, für alle Menschen, aus allen Kontexten und unter Wertschätzung aller Kulturen.

»Leben in seiner ganzen Fülle« – unter diesem Titel erschien 1982 eine von Freunden aus Anlass seines 60. Geburtstages zusammengestellte Sammlung einiger der bis dahin wichtigsten Reden und Vorträge, die er seit seiner Zeit im ÖRK als Direktor für Weltmission und Evangelisation (1967) gehalten hatte. Potter selbst hat nicht viele Bücher geschrieben. Als Grund gibt er selbst an:

> Als ich 1948 meinen Dienst aufnahm, gab es eine Fülle theologischer Literatur von den Großen der damaligen Zeit – Barth und Brunner, Bultmann und Dodd, Manson, die beiden Niebuhrs, die beiden Baillies und Tillich, um nur ein paar zu nennen. Einige von uns, die in die ökumenische Bewegung hineingezogen wurden, trafen eine klare Entscheidung: Wir wollten uns der Ausarbeitung von Strategien und Programmen widmen und uns um die Einheit, die Erneuerung, das Zeugnis und den Dienst der Kirche bemühen. Reden – ja! Vorträge und kürzere Artikel schreiben – ja! Aber Bücher machen ... nun, davon gab es schon genug.[3]

Außerdem nennt Potter seine Vorliebe für das gesprochene Wort gegenüber dem geschriebenen, die vielleicht auch auf seine frühe, aber prägende Praktikantenzeit in einem Anwaltsbüro in seinem Geburtsort in der Karibik zurückgeht, in dem nur kurze, präzise Schriftsätze zählten. Potter entschied sich dafür, all seine Kräfte der ihm wichtigsten Frage zu widmen: was sollen wir tun? Damit repräsentiert er eine Generation von Ökumenikern,

---

[3] Potter: Leben in seiner ganzen Fülle, 5.

für die Theologie nicht vornehmlich auf gedankliche Reflexion beschränkt bleiben darf, sondern die das kirchliche Handeln als elementaren Teil des Theologie-Treibens selbst ansieht. Mit dieser handlungsorientierten Ökumene wurde Potter für viele »das überragende Symbol ökumenischer Verpflichtung«[4] – und entsprach doch trotz »seines sehr einflussreichen und charismatischen Führungsstiles in der ökumenischen Bewegung und im ÖRK« nie »dem traditionellen Rollenprofil eines ›Kirchenführers‹, der institutionelle Autorität und Macht ausübt«.[5]

Heute lebt dieser Wegbereiter der handlungsorientierten Ökumene als Ehemann der dritten Bischöfin in der EKD, Bärbel von Wartenberg-Potter, im Norden Deutschlands: ein weiter ökumenischer Lebensweg, der am 19. August 1921 in Roseau, auf der karibischen Insel Dominica begann.

## II. Der kontextuelle Theologe
## Auf der Suche nach dem Dialog der Kulturen

In der Tat kann man diesen baumlangen, bärenstarken Mann mit der zarten Seele und dem leidenschaftlichen Herzen, der mit einer fast scheuen Bescheidenheit auftritt, nur begreifen, kann seinen immensen Beitrag zum Wachstum der ökumenischen Bewegung und zur Formierung des ÖRK nur richtig würdigen, wenn man den Mutterboden wahrnimmt, aus dem sich die Wurzeln seiner Persönlichkeit speisen, wenn man sich die Jahrhunderte zurückreichende Geschichte vergegenwärtigt und erinnert, die ihn geprägt und begabt hat, die er vertritt.[6]

Philip Potter war sich seiner eigenen geschichtlichen Wurzeln stets bewusst und suchte daher auch immer, sich das Umfeld seiner jeweiligen Zuhörerschaft auf der ganzen Welt zu verdeutlichen. Für den ihm so wichtigen Dialog der Kulturen war die Vergegenwärtigung der geschichtlich gewachsenen, gegenseitigen Verflochtenheit und Durchdringung der Kulturen unerlässliche Voraussetzung. Die eigene karibische Region bot dazu reich-

[4] Raiser: Zum 80. Geburtstag von Philip Potter, 427.
[5] Raiser: Zum 80. Geburtstag von Philip Potter, 431.
[6] Simpfendörfer: Potter, 81f.

lich Illustration, denn seit mehr als 500 Jahren ist sie geprägt von kolonialer Ausbeutung und Unterdrückung, zunächst durch die Spanier, später durch die Franzosen, zuletzt durch die Engländer. In den ersten 25 Jahren des 16. Jahrhunderts kamen dort etwa 3 Millionen Sklaven ums Leben. Dann wurden Sklaven aus anderen Teilen der Welt in die Karibik gebracht, und bald wurde der Sklavenhandel im großen Stil von Westafrika aus organisiert. Die Familie Potters zählt zu den Nachkommen dieser ehemals Versklavten aus Afrika. Viele Generationen hindurch haben sie auf den Plantagen der Weißen gearbeitet. Als Philip Potter geboren wird, gehört die Insel Dominica bereits zum britischen Commonwealth.

In seiner Frömmigkeit ist Potter von seiner methodistischen Mutter geprägt (sein Vater war Katholik): die Religion der kleinen Leute. Diesem methodistischen Kontext entspringt sein Eifer für die missionarische Verkündigung, die Betonung des Priestertums der Laien, sowie die direkte Anwendung des Evangeliums auf den politischen Alltag. »Freilich ist dieser englische Methodismus in der Karibik mit einer tiefen Frömmigkeit verbunden, die aus der jahrhundertelangen Erfahrung von Unterdrückung und Versklavung gespeist und gefärbt wird.«[7] Viele Gospel Songs und religiöse Calypsos, von denen einige auch in das weltweite ökumenische Liedgut Eingang fanden (so z.B. »Kumbaya, my Lord«), sind noch heute Ausdruck jener Inkulturation.[8]

Schon früh wurde er zum Sprachrohr dieses Kontextes: bei der Weltkonferenz Christlicher Jugend 1947 in Oslo repräsentierte er die Christliche Studentenbewegung Jamaikas. In diesem karibischen Kontext verbringt er seine ersten Jahre als Prediger, hier erhält er seine erste theologische Ausbildung, hier arbeitet er später vier Jahre lang als Missionar: er predigt und unterrichtet auf Haiti, einer der ärmsten Regionen der Welt, in Kreol, der Sprache der Armen. 1984, nach dem Ende seiner Amtszeit als Generalsekretär des ÖRK, kehrt er zunächst zurück in seine Heimat, um wieder als theologischer Lehrer zu wirken.

---

[7] Simpfendörfer: Potter, 84.

[8] Philip Potters erste Frau Doreen, Musikpädagogin und Komponistin, die er 1956 geheiratet hatte, war maßgeblich an der Erstellung des ökumenischen Liederbuchs »Cantate Domino« (1979) beteiligt. Ein Jahr später starb sie nach schwerer Krankheit.

Potter blieb immer einer aus seinem Kontext, ein Mann der Karibik – nicht nur, was seinen Humor betraf. Auch deshalb passte er in kein Schema, weil er eindeutig kein westlicher Theologe war, aber auch kein typischer »Dritte-Welt-Theologe«. Vielmehr vereinigte er in sich, wie sein Kontext, einen ganzen Schatz von verschiedenen Kulturen. So zählt zu Potters Vorfahren eben auch das irische Adelsgeschlecht der Butlers of Kilkenny, aus dem einmal der »Duke of Ormond« stammte (der vom englischen König zu einem Marques relegiert und eingesperrt wurde, weil er sich in einer Zeit der Hungersnot geweigert hatte, die Steuern zu erhöhen). Potters Großmutter war eine geborene Butler. – Ohne die Berücksichtigung dieser ganz unterschiedlichen Kulturen im eigenen Stammbaum Potters wird man ihn und sein Wirken immer zu einseitig beschreiben.

Und eben aus diesem Kontext entspringt sein lebenslanges Engagement für einen Dialog der Kulturen, der in der ersten Hälfte des 20. Jahrhunderts selbst in der ökumenischen Bewegung noch nicht in Sichtweite war.

> Wann immer Philip Gelegenheit hat, aus seinem Leben zu erzählen, dann betont er seine Herkunft aus der Insel Dominica in der Karibik. Auch wenn er die längste Zeit seines Lebens außerhalb seiner Ursprungsregion gelebt hat, ist er sich doch seiner Ursprünge und der vielfältigen kulturellen Einflüsse seiner Abstammung deutlich bewusst geblieben, in der afrikanische, karibische, schottische, irische und französische Elemente zusammentreffen.[9]

Die Kontextualität seiner theologischen Ausrichtung erweist sich auch in ihrem narrativen Stil. Ihn interessiert bleibend die Erfahrung der Menschen der Peripherie, der Marginalisierten, der Ausgeschlossenen. Ihren Puls sucht er immer wieder aufzunehmen, ihren Erfahrungen will er in der weltweiten Ökumene Raum geben, sie den anderen zu Gehör bringen. So sollen die ungerechten Strukturen entlarvt und kritisiert werden. Dass dies nicht nur eine Herausforderung für die westliche Theologie ist, sondern für alle Theologie, wird Potter im Laufe seines ökumenischen Dienstes bewusst. So wird die eigene karibische Kultur nicht in dem Ausmaß für seine Theologie entscheidend, wie dies

---

[9] Raiser: Zum 80. Geburtstag von Philip Potter, 429.

bei manchen seiner Zeitgenossen aus afrikanischen oder asiatischen Ländern der Fall ist. Er ist kein Befreiungstheologe, auch wenn er viele Denkfiguren, exegetische Überlegungen und politische Ziele mit ihnen teilt. Er spricht niemals isoliert von Rassismus ohne gleichzeitig auch die Bezüge zu Sexismus, zu Machtstrukturen und zur Ökonomie herzustellen. Wenn er von Kultur und Ethnizität spricht, dann stets in ihrer Verflochtenheit mit den sozio-ökonomischen Problemen. Aber als biblischer Theololge widersteht er der Versuchung, vollständig vom eigenen Kontext aufgesogen zu werden. Immer wird in seinen Reden und Bibelarbeiten deutlich, dass er die ganze Geschichte des ganzen Volkes Gottes vor Augen hat, das gemeinsam der Befreiung bedarf und dies als den Willen Gottes erkennt durch das Studium der Schriften des Alten und Neuen Testaments. Potter verfolgt einen ganzheitlichen Anspruch: das ganze Evangelium für den ganzen Menschen in der ganzen *oikoumene*.

In der angelsächsischen Theologie erhielt Potter seine weiterführende Ausbildung, kennt schon früh deutsche und französische Werke und verfolgt aufmerksam die unterschiedlichen Befreiungstheologien. Entsprechend der Vielgestaltigkeit seines eigenen Kontextes kann er alles aufnehmen, aber nichts ohne Kritik daran zu üben. Denn offensichtlich maß er die Leistungsfähigkeit einer jeden Theologie an ihrer Fähigkeit, das Verstehen über kulturelle Grenzen hinweg zu ermöglichen und Leben in seiner ganzen Fülle frei zu setzen. Theologie steht für ihn in diesem konkreten Dienst der Mission und Praxis der Kirche, Theologie geschieht für ihn niemals in einem Vakuum.

Potter ist sicherlich einer der ersten Theologen der weltweiten Ökumene, die den schweren Lasten der geschichtlichen Vergangenheit in der einen Gemeinschaft der Kirchen entgehen konnten, ohne sie jemals zu ignorieren, die neue Ungerechtigkeiten entlarvten und scharf verurteilten, ohne jeden in seiner geschichtlichen Rolle zu behaften. Das konnten in der Mitte des 20. Jahrhunderts nicht viele. Zu tief waren die Verletzungen der Vergangenheit, zu enttäuscht waren viele von der Unfähigkeit auch der weltweiten Gemeinschaft der Kirchen, ungerechte, unterdrückerische Strukturen aufzubrechen.

Weil Potter einer der ersten nicht-weißen, nicht-westlichen Theologen war, die international in führende Positionen berufen wurden, wirkte manches natürlich auch defensiv. Immer war er bemüht, dem zu einfachen Schema von Unterdrückern vs. Unterdrückten, Herrschern vs. Beherrschten zu entgehen – und entging ihm aus Sicht seiner Kritiker doch nicht. Er selbst sagt:

> Ich habe gefunden, dass mit Demut, Phantasie, Humor und Mut in dieser Begegnung der Kulturen wirklich die einzige Hoffnung der Menschheit liegt, die Fülle des Lebens in seiner ganzen Vielfalt in Christus zu finden, in dem, der alle Dinge erfüllt und zusammenhält.[10]

Der Leib Christi, die weltweite Kirche, wird durch Gottes Gnade und Weisheit in vielfältiger Weise dargestellt, so Potter unter Berufung auf Eph 3,8–10 und 1Petr 4,10.

## III. Der Biblische Theologe
## In einer Hand die Bibel, in der anderen die Zeitung

Mit 16 Jahren begann Potter die Predigten von John Wesley zu lesen, der ihm zum Vorbild in der sorgfältigen Bibellektüre wird, um der missionarischen Predigt willen. Mit den Worten des Thomas von Aquin sagt Wesley, dass er sich wünsche ein »homo unius libri« zu werden. »Das wurde mein Motto«, sagte Potter später.[11] Hier bei Wesley entdeckte Potter die Bedeutung der biblischen Botschaft vom Reich Gottes für alle Dimensionen menschlicher Existenz.

Nach dem Ende seiner Schulzeit beginnt Potter zunächst zwar als Lehrling in einem Anwaltsbüro zu arbeiten, wird später auch Assistent des Generalstaatsanwalts von Dominica, doch parallel dazu betätigt er sich seit seinem 16. Lebensjahr als methodistischer Laienprediger. Mit 21 Jahren empfindet er eine deutliche Bestätigung einer schon früher spürbaren Berufung und beginnt, nach einem Jahr Gemeindepraktikum auf der Nachbarinsel St. Kittis und Nevis, seine theologische Ausbildung im Caenwood Theological College in Jamaika. Nach erfolgreichem Abschluss

---

[10] Potter: Leben in seiner ganzen Fülle, 6f.
[11] Potter: Leben in seiner ganzen Fülle, 6.

wird er an das Richmond College in London empfohlen, um dort den Bachelor of Divinity zu erlangen.

Ein bibelzentrierter Glaube zeichnet seine Theologie und tiefe Spiritualität aus. In all seinen Ansprachen, Berichten und Predigten begegnet immer wieder dieser einfache und sichere Zugriff auf die biblischen Zeugnisse. In all seinen zentralen Themen: Heil, Umkehr zu Freiheit und Fülle, Anwaltschaft, konziliare Einheit in der Macht der Liebe, unterwegs zu einem ökumenischen Lebensstil, gemeinsames Eintreten für Gerechtigkeit, weltweite Gemeinschaft und Wachsen als Gemeinschaft im Glauben[12] begegnen wir nicht zuerst dem scharfsinnigen Theologen, sondern immer zunächst dem fleißigen und aufmerksamen Exegeten, der seine theologische Kraft, seine einprägsamen Bilder, seine missionarische Verkündigung und ökumenische Vision aus den Schriften des Alten und Neuen Testaments erhebt. Sie dienen ihm als unerschöpfliche Quelle.

> Er entwickelte seine Gabe als biblischer Ausleger und sein starkes Interesse sowie seine Kenntnis der Weltgeschichte zu einer meisterhaften Form prophetisch-missionarischer Verkündigung und vermochte die biblische Botschaft lebendig zu machen als eine Quelle von Herausforderung und Hoffnung in einer Situation, in der Kirche und Welt nach neuer Orientierung suchen

– so das Urteil Konrad Raisers.[13] Als Illustration mag hier ein Zitat der Vollversammlung in Neu Delhi 1961 genügen, das Potter gern verwandte:

> Kirche der Pilgrime, die kühn wie Abraham in die unbekannte Zukunft vorwärts schreitet, die sich nicht fürchtet, die Sicherheiten ihrer herkömmlichen Strukturen hinter sich zu lassen, die zufrieden ist, im Zelt ständiger Wandlungsbereitschaft zu wohnen, und die auf die Stadt wartet, deren Baumeister und Schöpfer Gott ist.[14]

Vor allem durch Suzanne de Diétrich lernte Potter später die Bedeutung der Bibelarbeit schätzen:

---

[12] Vgl. Potter: Leben in seiner ganzen Fülle.
[13] Raiser: Zum 80. Geburtstag von Philip Potter, 430.
[14] Neu-Delhi 1961, 99f.

Diese muss mutig die Konfrontation wagen zwischen den Problemen von Glauben und Zweifel und allen intellektuellen Disziplinen, die auf uns als Menschen, die zum Zeugnis berufen sind, eindringen – und der »teuren Gnade« Gottes. Wir haben gelernt, in einer Hand die Bibel und in der anderen die Zeitung zu halten.[15]

Die missionarische Botschaft muss von der Bibel kommen, denn sie ist Potter der missionarische Text *par excellence.*

## IV. Der Missionstheologe – Die Welt als Ort der Missio Dei

Während seines ganzen Lebens ist Philip ein Evangelist geblieben, für den der Auftrag der Kirche als das ganze Volk Gottes in der missionarischen Verkündigung lag.[16]

Auch nach Potters eigener Einschätzung liegt sein Beitrag zur Ökumenischen Theologie vor allem im Bereich der Mission und Evangelisation.[17] Zwei Perioden seines Wirkens lassen sich unterscheiden: die Zeit als Referent für West Afrika und die Karibik in der Methodist Missionary Society (1961–66); und später als Direktor der ÖRK-Abteilung für Mission und Evangelisation (1967–1972).[18] In der ersten Phase war es Potters vordringliches Anliegen, zwischen den Kirchen, die aus der Mission hervorgegangen waren, und jenen, von denen die Mission ausgegangen war, eine echte, gleichberechtigte Partnerschaft anzubahnen. Seine Berufung an sich war bereits ein deutliches Signal, dass die Zeit dafür reif war: »the choice was self-evident. Philip Potter was a phenomenon in British Church Life«.[19] Doch war mit der Annahme dieser Berufung auch die nicht unbegründete Gefahr verbunden, nirgendwo mehr hinzugehören: von den einen

[15] Potter: Leben in seiner ganzen Fülle, 6.

[16] Raiser: Zum 80. Geburtstag von Philip Potter, 430.

[17] Wichtigste Vorträge zu Mission und Evangelisation, vgl. Jagessar: Full Life for All, 75, Fußnote 63.

[18] Auch seine Tätigkeit als Overseas Mission Secretary der SCM of Britain and Ireland (1948–1950) und als Missionar in Haiti (1950–1954) soll hier der Vollständigkeit halber erwähnt werden.

[19] Davey: Changing Places, 20.

verdächtigt zu werden als einer, der sich nur für seinen eigenen Kontext einsetzen würde und von den anderen als einer, der sich an die Europäer verkaufte.[20]

Die Mission der Kirche war für Potter nicht auf bestimmte Erdteile beschränkt, sondern der Kontext der Mission Gottes war die ganze *oikoumene*. Damit war bereits auch ein völlig anderes Verhältnis der Kirchen untereinander beschrieben. Um tatsächlich zu Mitstreitern in der einen Mission Gottes werden zu können, setzte Potter sich unter anderem dafür ein, dass in nicht-westlichen Kontexten eine fundierte theologische Ausbildung möglich wurde und ermutigte die Kirchen zu Süd-Süd-Partnerschaften in der Mission. 1962 wurden die Methodisten in Nigeria, Benin und Togo unabhängige, autonome Kirchen, 1967 folgte die Methodistische Kirche in der Karibik.

Nicht immer fand Potter Unterstützung für dieses Vorgehen, vor allem auch in jenen Kirchen selbst erntete er damit nicht nur Sympathien. Er wurde bekannt als einer, der im Mittelpunkt zahlreicher Kontroversen stand. In vielen Konferenzen, die für sich den Anspruch von Weltversammlungen erhoben, war er der einzige Nicht-Europäer. Natürlich wurde so allein seine Präsenz oft schon zur Mahnung, die Kirchen des Südens endlich ernst zu nehmen. Potter selbst lies die Gelegenheiten aber auch nicht aus, selbstbewusst auf ein umfassenderes Verständnis von Ökumene zu verweisen. Immer wieder bekam Potter zu spüren, dass er als Fremder in einer exklusiven Gesellschaft angesehen wurde, obwohl er seit 1961 einen britischen Pass hatte.[21] Diese Erfahrungen müssen ihn stark geprägt haben und motivierten ihn in der Zukunft weiter, sich in seiner missionarischen Tätigkeit vornehmlich für die Ausgeschlossenen und Marginalisierten einzusetzen.

1967 wird Potter Direktor der großen Abteilung für Weltmission und Evangelisation im ÖRK, als Nachfolger von Leslie Newbigin. Auch hier ist er damals der einzige Nicht-Weiße unter den Führungspersönlichkeiten in Genf. Potter hatte bis dahin

---

[20] Jagessar: Full Life for All, 68–69.

[21] »I quite understand that I am at the mercy of the British Government, being both a British subject and an undesirable alien. Therefore, I, with thousands of others, must bear whatever humiliations are inflicted with such fetitude as one can muster.« Jagessar: Full Life for All, 71.

bereits viele Erfahrungen sammeln können mit der Genfer Ökumene. Er war maßgeblich beteiligt gewesen an der Integration des Internationalen Missionsrates in den ÖRK 1961. Auf der Weltmissionskonferenz in Mexico City 1963 hatte er neben dem großen Hendrikus Berkhof die Bibelarbeiten zu halten.

Es ist unbestritten, dass in diese Zeit der Anbruch einer neuen Phase in der Missionstheologie fällt, und nach Roger Bassham trug Philip Potter einen erheblichen Anteil dazu bei.[22] Im Grunde wurde der Streit um Sinn und Ziel der Mission seit der Vollversammlung in Neu Delhi 1961 geführt. Nun war Potter bei der Vollversammlung in Uppsala 1968 zuständig für den Sektionsbericht »Erneuerung in der Mission« – jener Vollversammlung, die vielleicht wie keine andere von den politischen Auseinandersetzungen zwischen Vertretern der jungen Kirchen und denen des Nordens geprägt war.[23] »Die Besinnung auf die Mission ist eine Besinnung auf die Frage, ob die Kirche bei ihrer Sache ist, d.h. bei dem Auftrag ihres Herrn ist«.[24]

Die Erneuerung der Kirche wurde von der Mission erwartet. Das Hauptaugenmerk der Mission liegt jetzt nicht mehr auf der Kirche als Botschafterin und Verkündigerin des Reiches Gottes, sondern auf der ganzen Welt als jenem Ort der Mission Gottes. Potter erweiterte das Missionsverständnis, indem nun die gesamte Schöpfung in den Blick kam. Mission und Ethik, Theologie und Ökologie sowie Theologie und Ökonomie wurden in ihrer Interdependenz erkannt. Damit war Mission nun nicht mehr primär verstanden als der Auftrag, die Botschaft den »unerreichten Völkern« zu verkündigen, sondern Gottes Werk in der ganzen *oikoumene*, d.h. auch in den verschiedenen Kulturen zu entdecken. Nicht die Erlösung der einzelnen Seele steht im Mittelpunkt der Missionsbemühungen, sondern die Befreiung der Unterdrückten aus ihren sozio-ökonomischen und politischen Abhängigkeiten, der Mensch in der Totalität seiner Existenz. Als Illustration des neuen Missionsverständnisses mag ein Detail dienen: der 1969 von Potter geänderte Titel der *International*

---

22 Bassham, R.: Mission Theology: 1948–1975, 52. Johannes Hoekendijk und J. Merle Davis werden als weitere Protagonisten angesehen.

23 Vgl. Potter, Ph.: Evangelism, 171–182.

24 Lehmann-Habeck, M.: Art. Ökumenischer Rat der Kirchen, 349.

*Review of Missions* in *International Review of Mission*(!). Mission als die Aufgabe der einen, heiligen, katholischen und apostolischen Kirche ist nach Potter unteilbar.[25]

Philip Potter gelang es, die enge Verbindung von Evangelisation und Entwicklung deutlich zu machen, und dabei Entwicklung nicht zu beschränken auf die Ökonomie. Er stellte die Beziehungen her zu kirchenferneren Organisationen und entwickelte konkrete Programme für die »Urban and Industrial Mission« (UIM). Das Antirassismusprogramm wurde bereits in dieser Zeit eines der vordringlichsten Themen. Denn zentrales Anliegen einer »Mission in sechs Kontinenten«, einer missionarischen Ökumene in der Welt musste für Potter den Kampf gegen den Rassismus einschließen. Alte, traditionelle Missionsstrukturen und -praktiken wurden in ihrer ganzen Problematik sichtbar und schonungslos kritisiert. Und schließlich begannen hier die ersten Versuche eines Dialogs der Religionen.

Die Weltmissionskonferenz in Bangkok 1972/73 kann als ein sichtbarer Höhepunkt dieser Schaffensperiode Potters dargestellt werden. Zunächst wurde die gewohnte Methodik verändert: Um einen höheren Grad an Partizipationsmöglichkeiten zu gewährleisten, sollte es ein Minimum an Reden und ein Maximum an Erfahrungsaustausch in kleinen Gruppen geben, durch kurze Beiträge, Feldforschungen, die ernste Frage nach dem biblischen Zeugnis, dann Raum für Glaubenszeugnisse, Lieder, Tänze, bildende Künste, Gebet und Zeiten der Stille. Zwar wurde Bangkok so zum Vorbild für weitere Weltversammlungen (Nairobi 1975, Vancouver 1983), weil dieser Zugang viel eher den Jungen Kirchen aus dem Süden entsprach, doch mehrte dies auch die Kritik an Potter.

Die Auslegung des Mottos von Bangkok »Salvation today« verschärfte diese Kritik weiter. Den Vorwurf, hier ginge es nur noch um Fragen sozialer Gerechtigkeit, um politische Willensbildung, wies Potter zurück: die eigentliche Herausforderung von Bangkok sei nicht das gegenwärtige Bemühen um soziale Gerechtigkeit, sondern wie wir die Erlösung, die Jesus durch seine Inkarnation in diese Welt brachte, verstehen wollen. Endlich würden auf den großen Weltversammlungen jene Auseinander-

---

[25] Vgl. Potter: From Missions to Mission, 155–156.

setzungen geführt, bei denen es um Leben und Tod des Glaubens und Zeugnisses der Kirche gehe.[26] Endlich ging es nicht mehr nur um gemeinsame Erklärungen, sondern um konkrete Aktionen der ökumenischen Gemeinschaft. Auch M.M. Thomas interpretiert Bangkok als den Versuch, die Rechtfertigung durch Glauben und die soziale Gerechtigkeit zusammenzusehen, Erlösung als Humanisierung inmitten der Nöte dieser Welt.

Kritik gegenüber dieser neuen Interpretation der Missio Dei kam vor allem von evangelikaler Seite, auch von manchen Mitgliedskirchen des ÖRK.[27] 1974 formierten sich die unterlegenen konservativen und evangelikalen Missionskräfte separat in der Lausanner Bewegung. Potter vermochte den seit einigen Jahren aufgekommenen Graben zwischen »Evangelikalen« und »Ökumenikern« in keiner Weise zu minimieren. »Philip Potter wurde zur bevorzugten Gallionsfigur evangelikaler Attacken – für manche von ihnen geradezu zur Inkarnation des Bösen im Genfer Weltkirchenrat.«[28] Aber die großen Missionsgesellschaften des Westens zeigten Verständnis und Unterstützung für Potter.

So wurde unter seiner Führung die ÖRK-Abteilung für Mission und Evangelisation weiter ausgebaut, weil praktisch alle Fäden, die die Jungen Kirchen in Lateinamerika, Afrika und Asien betrafen, hier zusammen liefen. Solange der ÖRK das Bekenntnis zu Jesus Christus als Gott und Heiland als Basis hat, muss es eine Abteilung geben, die die Kirchen daran erinnert und sie dabei unterstützt, ihre gottgegebene Mission und ihren evangelistischen Auftrag zu erfüllen. Potter gelang es auch, gerade auf diesem Gebiet die Kooperation mit der römisch-katholischen Kirche, die sich seit dem II. Vatikanischen Konzil so grundlegend geändert hatte, zu verstärken. Manchmal beneidete Potter deren direkte Verbindung zu den lokalen Gemeinden überall auf der Welt, doch war er sich sicher, dass der ÖRK in seiner missionstheologischen Reflexion weiter voran geschritten war als die Katholiken.

---

[26] Vgl. Jagessar: Full Life for All, 78.

[27] Vgl. die harsche Kritik auch aus Deutschland, vorgetragen vor allem von Peter Beyerhaus, vgl. Beyerhaus: Bangkok ´73.

[28] Simpfendörfer: Potter, 92.

## V. Der ökumenische Theologe
## Die ganze *oikoumene* als *oikos*

Philip Potter erlebte seine »ökumenische Bekehrung« als Sekretär des christlichen Studentenbundes in Jamaika während der Zweiten Weltkonferenz Christlicher Jugend in Oslo 1947 (»Jesus Christus ist Herr«). Als Potter aufgefordert wird zu sprechen, beeindruckt er die anderen Teilnehmer durch seine klaren, kritischen Worte: »Jesus Christus als Herrn bekennen heißt, nicht aus der Liebe zur Macht, sondern aus der Macht der Liebe zu leben!« 12 Jahre später wird Potter Präsident der internationalen Christlichen Studentenbewegung, jener Organisation, aus der so viele Führungspersönlichkeiten der Ökumene hervorgegangen sind.

Bei der Gründungsversammlung des ÖRK 1948 fordert er als Sprecher der Jugenddelegierten ein höheres Maß an »ökumenischem Gehorsam«, anstatt sich nur theoretisch mit dem ökumenischen Verständnis zu beschäftigen. 1958 wird er erstmals nach Genf berufen, als Direktor der kleinen Jugendabteilung. Gerade in dieser Zeit beginnen sich Jugendliche und junge Erwachsene überall auf der Welt mit den Problemen der politischen Kultur auseinander zu setzen: Bürgerrechtsbewegung, Rassenrevolutionen, Kämpfe gegen die Apartheid, Anti-Kriegs-Demonstrationen stehen auf der Tagesordnung einer Generation, deren Motivation auch aus dem christlichen Glauben gespeist wird. Eine neue Generation, die klares Handeln fordert, auch von den Kirchen der Ökumene: 1960, während einer großen Jugendkonferenz in Lausanne mit 1800 Studenten aus ganz Europa, protestieren diese dagegen, dass die Kirchen und der ÖRK keine gemeinsame Eucharistiefeier machen wollen. Bei der Vollversammlung in Neu Delhi 1961 sorgt Potter dafür, dass die jugendlichen Teilnehmer die am besten vorbereitete Gruppe sind. Wiederum erregt seine Rede Aufmerksamkeit: »Die eine Taufe muss uns an den einen Tisch führen«. Philip Potter wird rasch zu einer Symbolfigur dieser neuen, selbstbewussten ökumenisch gesinnten Generation, die sich den politischen und ökonomischen Widersprüchen und Ungerechtigkeiten stellt. Auch wenn er in den folgenden Jahren

Aufgaben außerhalb Genfs annimmt, verstärkten sich die Kontakte zum ÖRK weiter.

Als Eugene C. Blake seinen Rücktritt als Generalsekretär für 1972 ankündigte, gab es zunächst mehrere Kandidaten für dessen Nachfolge. Potter setzte sich schließlich durch und wurde 1972 vom Zentralausschuss einstimmig zum dritten Generalsekretär des ÖRK gewählt – nicht weil er ein Mann der »Dritten Welt« war, sondern weil er die notwendigen Voraussetzungen für den »Job« mitbrachte.[29] 12 Jahre lang wird er dem ÖRK vorstehen, eine Zeit, die durch enorme politische Herausforderungen gekennzeichnet ist: ökonomische Krisen, Wettrüsten und Waffenhandel, Militär-Diktaturen, die Zerstörung der Umwelt. – Wie verhält sich die Gemeinschaft der Kirchen zu diesen Themen? Es ist kaum verwunderlich, dass diese Frage immer wieder zu enormen Kontroversen und Spannungen innerhalb des Rates führen musste, zumal mit einem Generalsekretär an der Spitze, der diesen Spannungen nicht aus dem Weg ging, sondern Konflikt als eine notwendige Stufe des Wachstumsprozesses der ökumenischen Bewegung akzeptierte. »Ermüdung, Frustration und Aggression ergriffen die Kirchen.«[30] Auch manche der großen Kirchen gingen auf Distanz, weil ihnen der Rat nun »zu politisch« wurde.

In seiner Antrittsrede stellte Potter sein Selbstverständnis als Knecht (»servant«) der ökumenischen Bewegung heraus. Man kann wohl davon ausgehen, dass hier vor allem die prophetische Dimension des Knechtes gemeint war. Potter unterstrich die Notwendigkeit, dass die ökumenische Bewegung endlich lebendig und real werden müsse (»alive and real«). Er ermutigte jede Kultur, Nation und Kirche, in ihrem jeweiligen Kontext endlich sie selbst zu werden – als Teil der Katholizität, die wir suchen und nicht nur als Summe von Einzelnen.[31] Potter machte von Anfang an klar, dass ihm nicht an einer »billige Gemeinschaft« der Kirchen gelegen war. Und dies werde es mit sich bringen, in der Gemeinschaft der Kirchen nicht nur zusammenzuhalten, zu-

[29] So das Urteil von Pauline Webb in dem aus Anlass des Ausscheidens von Potter als Generalsekretär des ÖRK herausgegebenen Aufsatzband.

[30] Simpfendörfer: Potter, 95.

[31] Vgl. Potter: Dear Friends, 472.

sammen zu wachsen, gemeinsam voran zu schreiten und gemeinsam zu handeln, sondern auch gemeinsam zu leiden »unter dem Zeichen des Kreuzes und in der Kraft des auferstandenen Herrn«.[32] Er machte mit aller Entschiedenheit deutlich, dass die Trennung der horizontalen Dimension des Glaubens von der vertikalen Dimension, die Trennung des Immanenten vom Transzendenten, die Trennung von Glaube und Tat eine Verleugnung des Kreuzes Christi und seiner Auferstehung sei. Und doch ist ihm immer wieder vorgeworfen worden, dieses Zusammenhalten zugunsten einer zu stark (politisch) handlungsorientierten Ökumene aufzugeben.

Potters primäres Ziel ist nicht die Suche nach Kompromissen, sondern der unbedingte Wille, sich gegenseitig zu unterstützen. So wird in seiner Amtszeit auch das Programm zur Bekämpfung des Rassismus (PCR) weiter ausgebaut. Die »kritische Solidarität« beinhaltete unter anderem auch finanzielle Unterstützung aus dem dafür eingerichteten Sonderfonds für die Opfer des Rassismus in den Befreiungsbewegungen. Die Kommission für kirchliche Entwicklungszusammenarbeit (CCPD) wird ausgeweitet. Potter verstärkt die Zusammenarbeit mit der römisch-katholischen Kirche vor allem in dem gemeinsamen Komitee SODEPAX (Joint Committee on Society, Development and Peace, 1968–1980). Solche Schwerpunktsetzungen bringen ihm in der Presse – vor allem auch in Deutschland – immer wieder das Image des »angry third world man who supports violence« ein.[33] Das Antirassismusprogramm führt gar zum Austritt mancher Kirchen aus dem ÖRK,[34] insgesamt gesehen wächst jedoch der ÖRK in jenen Jahren rapide an, vor allem durch die Kirchen aus der sog. Zwei-Drittel-Welt.

Die Vollversammlung in Nairobi 1975 (»Jesus Christus befreit und vereint«) trägt Potters Handschrift: Diese Versammlung machte deutlicher als alle zuvor, dass der Glaube an den dreieinigen Gott und das sozialpolitische Engagement, die Bekehrung zu Jesus Christus und die aktive Partizipation in den sich verän-

---

[32] Potter: Dear Friends, 473.

[33] Jagessar: Full Life for All, 82.

[34] Die Siebenten-Tags-Adventisten in den U.S.A., die Congregational Union aus Neuseeland, die Heilsarmee und die Presbyterian Church in Irland.

dernden ökonomischen und sozialen Strukturen zusammengehören und sich gegenseitig bedingen.[35] Potter verglich die Situation der ökumenischen Bewegung mit der Situation des Volkes Israel in der Wüste. Er meinte, eine Diskrepanz ausmachen zu können zwischen dem Glauben und der Glaubwürdigkeit der Kirchen und rief die Kirchen eindringlich dazu auf, nicht in Rhetorik zu verharren, sondern gemeinsam zu handeln, auf allen Ebenen in Partnerschaft miteinander.

Doch damit nicht genug: Nach Potters Vorstellungen reicht die *oikoumene* Gottes über die ökumenische Verständigung der Kirchen hinaus: Partizipation müsse auf alle ausgedehnt werden, die nach Gottes Ebenbild geschaffen und durch seinen Geist ermächtigt seien, ihre Rolle in Gemeinden und Gemeinschaften zu übernehmen.[36] Er drängte nicht nur auf den interreligiösen Dialog und den Dialog der Kulturen,[37] sondern hob auch die Bedeutung der Partizipation von Frauen[38], Jugendlichen und Laien in der ökumenischen Bewegung hervor, die in Nairobi stärker denn je vertreten waren. Um eine gerechte Partizipation zu gewährleisten, wurden unter Potters Führung Quotierungen eingeführt, die bis heute gelten. Insbesondere die Studie über die Gemeinschaft von Frauen und Männern in der Kirche (Sheffield 1981), für die Potter sich nachdrücklich eingesetzt hatte, gilt als Meilenstein in der ökumenischen Bewegung. – Kritik wurde nun auch aus den Reihen der orthodoxen Kirchen lauter.[39]

Immer wieder musste er sich den Vorwurf gefallen lassen, gegenüber Fragen des Rassismus und der Armut voreingenommen zu sein, den christlichen Glauben mit einem politischen Programm zu verwechseln, ja sogar einer marxistischen Ideologie verfallen zu sein. Die »Wüstenwanderung hat bei Philip Potter

---

[35] Vgl. van der Bent: Art. WCC Assemblies, 1235.

[36] Vgl. Potter: Breaking Barriers, 250–251.

[37] Vgl. Potter: Experiencing God; ders.: Confessing Christ; ders.: The Universal Dialogue of Cultures; ders., Towards a Universal Dialogue of Cultures.

[38] Unter Potter wird 1980 die erste Frau zur stellvertretenden Generalsekretärin berufen: Marie Assaad.

[39] Vielen Delegierten aus orthodoxen Kirchen war der ÖRK in seinen Programmen und Diskussionen nun zu politisch ausgerichtet. Als in Nairobi die UdSSR auch noch öffentlich beschuldigt wurde, die Religionsfreiheit nicht ausreichend zu beachten (entsprechend den Vereinbarungen von Helsinki), fühlte sich vor allem die Delegation der russisch-orthodoxen Kirche von Potter brüskiert (Metropolit Antonie).

tiefe Narben hinterlassen. Ökumenische Enttäuschungen, persönliche Kränkungen, bittere Trennungen waren nicht ausgeblieben.«[40]

Doch gehört das Drängen auf den Dialog der Kulturen zu den bleibenden Vermächtnissen Potters: Dank seines Einsatzes wurde aus der interkonfessionellen eine interkulturelle ökumenische Diskussion. Er überzeugte westliche Theologen und Kirchen, dass der Reichtum der anderen Kulturen auch für sie eine Bereicherung sein könnte. Potters Vision eines universalen Dialogs der Kulturen führte aus der nordatlantischen Gefangenschaft der ökumenischen Theologie. Sicherlich fehlt hier in Teilen noch eine differenzierte Durchdringung des Verhältnisses von Evangelium und Kultur, doch der Anstoß zu ihrer Thematisierung ist bei Potter zu finden.

In Potters Zeit als Generalsekretär fallen andererseits auch die herausragenden Konvergenzerklärungen von Lima, Peru 1982: Die Kommission für Glaube und Kirchenverfassung erreichte einen bemerkenswerten Grad der Übereinstimmung hinsichtlich der Taufe, der Eucharistie und des Amtes.[41] So konnte bei der 6. Vollversammlung des ÖRK in Vancouver 1983, die in die Geschichte eingegangen ist als die Gottesdienst feiernde Versammlung (»worshipping Assembly«), als ein Höhepunkt die Feier der Eucharistie nach der Lima-Liturgie bewertet werden.

Aus der Spiritualität dieser Versammlung heraus verpflichtete man sich zu einem »Konziliaren Prozess gegenseitiger Verantwortung (Bund) für Gerechtigkeit, Frieden und die Bewahrung der Schöpfung« – einem der bedeutendsten ökumenischen Prozesse in der gesamten ökumenischen Bewegung. Die Einsicht setzte sich allmählich durch, dass der Kampf um Gerechtigkeit nicht von der Suche nach Frieden getrennt werden könne und dass die Bemühungen um den Erhalt der Natur letztlich Teil des gleichen Kampfes sein müssten.

In seiner Standortbestimmung der Ökumene hatte Potter zuvor drei provozierende Fragen an die Delegierten der Kirchen

---

[40] Simpfendörfer: Potter, 96.

[41] Vgl. Kommission für Glauben und Kirchenverfassung des ÖRK: Taufe, Eucharistie und Amt; vgl. auch: Diskussion über Taufe, Eucharistie und Amt 1982–1990.

gerichtet:[42] 1. Können die Kirchen weiterhin so tun, als gehöre der Rat eher zu ihren äußeren als zu ihren inneren Angelegenheiten? 2. Können die Kirchen weiterhin so tun, als wären sie voneinander und vom Weltrat der Kirchen isoliert und könnten ihre Programme und Aktivitäten ohne Kontakt zu den Kirchen in aller Welt durchführen? 3. Können wir weiterhin handeln, als wären wir nutzlos herumliegende Steine, statt die Möglichkeit zu ergreifen, lebendige Steine zu sein, die zusammengetragen und zum Haus unseres dreieinigen Gottes zusammengefügt werden? – Hier wurde die Vision einer ökumenischen Bewegung deutlich, die den Rahmen bot für ein neues Paradigma, das noch lange relevant bleiben sollte.[43]

Der Zentralausschuss würdigte Potters Verdienste um den ÖRK aus Anlass seiner Pensionierung zusammenfassend so:

> the insistence on the fundamental unity of Christian witness and Christian service which the gospel commands and makes possible, the correlation of faith and action, the inseparable connection between personal spiritual life of Christian believers and their obedient action in the world.[44]

Philip Potter repräsentiert den Wechsel von einer ökumenischen Theologie, die ausschließlich westlich (nord-atlantisch) geprägt war und vor allem gemeinsame Erklärungen verfasste, hin zu einem Ansatz des gemeinsamen Reflektierens *und* Handelns in der ökumenischen Gemeinschaft, die allen ihre Stimme zuerkennt, und hin zu der gemeinsamen Suche nach einer relevanten, authentischen und lebendigen Theologie, die das Zeugnis der Kirchen in der Welt glaubwürdig macht.

> Der ÖRK hat unter Philip Potter einen entschlossenen Versuch gemacht, die christliche Basis als Träger der ökumenischen Inspiration und Aktion zu aktivieren und zu mobilisieren.[45]

> His distinctive personality, sharp mind, and insights in the areas of biblical Theology, history, and political analysis, coupled with his pastoral approach, produced a leadership style characterised by a commitment to dialogue…the willingness to confront and be engaged in the issues that

---

[42] Potter: Gathered for Life, 209.
[43] Vgl. Raiser: Ökumene im Übergang.
[44] Webb: Art. Potter, 915.
[45] Simpfendörfer: Potter, 97.

deny people full life; and a strong belief in maximum participation and involvement of the whole people of God in the ecumenical movement.[46]

Philip Potters Vermächtnis bleibt neben vielem anderen, unbeirrt die gesamte ökumenische Gemeinschaft gemeinsam vor die Frage gestellt zu haben: was sollen wir tun?

## Literatur


Bassham, R.: Mission Theology: 1948–1975, Occasional Bulletin of Missionary Research 4/2 April 1980.

Beyerhaus, P.: Bangkok ′73 – Anfang oder Ende der Weltmission?, 1973.

Davey, C.: Changing Places: Methodist Mission Then and Now, Basinstoke 1988.

Die Diskussion über Taufe, Eucharistie und Amt 1982–1990. Stellungnahmen, Auswirkungen, Weiterarbeit, Frankfurt 1990.

Gentz, W.: The World of Philip Potter, New York 1974.

Jagessar, M.N.: Full Life for All. The Work and Theology of Philip A. Potter: A Historical Survey and Systematic Analysis of Major Themes, Zotermeer 1997.

Lehmann-Habeck, M.: Art. Ökumenischer Rat der Kirchen, in: Lexikon missionstheologischer Grundbegriffe, hg.v. K. Müller und Th. Sundermeier, Berlin 1987, 346–351.

Müller-Römheld, W.: Philip Potter: Ein ökumenisches Lebensbild, Stuttgart 1972.

Neu-Delhi 1961, Dokumentarbericht über die Dritte Vollversammlung des Ökumenischen Rates der Kirchen, hg.v. W.A. Visser′t Hooft, Stuttgart 1962.

Potter P./ Wieser, Th.: Seeking and Serving the Truth. The First Hundred Years of the World Student Christian Federation, Genf 1997.

Potter, Ph.: Breaking Barriers, Nairobi 1975. The Official Report of the Fifth Assembly of the World Council of Churches, Nairobi, November 23–December 10 1975, hg.v. D.M. Paton, London/ Grand Rapids 1976.

–: Confessing Christ in Different Cultures. Report of a Colloquium held at the Ecumenical Institute, Bossey, 2.–8. Juli 1977, hg.v. John S. Mbiti, Genf 1977, 27–35.

–: Dear Friends, EcRev 24 (1972), 471–473.

–: Evangelism and the World Council of Churches, EcRev 20 (1968), 171–182.

–: Experiencing God in the Dialogue between Cultures, Vortrag in Tübingen, Stiftskirche, aus Anlaß des 500. Geburtstages der Universität Tübingen, gehalten am 19. April 1977, General Secretary Files, WCC Archives, Genf.

–: From Missions to Mission, IRM 75/302 (April 1987), 155–156.

–: Leben in seiner ganzen Fülle, Frankfurt 1982.

–: Gathered for Life. The Official Report of the Sixth Assembly of the World Council of Churches, Vancouver, Canada, July 24–August 10 1983, hg.v. D. Gill, Genf/ Grand Rapids 1983.


[46] Jagessar: Full Life for All, 299.

–: »The Ecumanical Vision«, »A Just Society«, »The Universal Dialogue of Cultures«, The Birk Lectures, Mc Gill University, Canada, October 1977.

–: Towards the Universal Dialogue of Cultures. A Vision for Man, Essays on Faith, Theology and Society in honour of Joshua Russel Chandran. Presented on the Occasion of his Shastiabdaoorthi celebrations, hg.v. S. Amirtham, Madras 1978, 315–325.

Raiser, K.: Ökumene im Übergang. Paradigmenwechsel in der ökumenischen Bewegung, München 1990.

–: Ökumene: Weg und Verheißung. Zum 80. Geburtstag von Philip Potter, Ökumenische Rundschau 4/2001, 427–441.

Simpfendörfer, W.: Philip Alford Potter. Zwischen Bibel und Zeitung, in: Ders., Ökumenische Spurensuche. Portraits, Stuttgart 1989, 79–100.

Taufe, Eucharistie und Amt. Konvergenzerklärungen der Kommission für Glauben und Kirchenverfassung des Ökumenischen Rates der Kirchen, Frankfurt [11]1987. (Auch in: Dokumente wachsender Übereinstimmung 1931–1982.)

van der Bent, A.J./ Kessler, D.: Art. WCC Assemblies, Dictionary of the Ecumenical Movement, Genf 2002, 1231–1238.

Visser´t Hooft, W.A.: Statement about Philip Potter, in: W. Gentz (Hg.), The World of Philip Potter, New York 1974.

Webb, P.: Art. Potter, Philip, Dictionary of the Ecumenical Movement, Geneva 2002, 915f.

–: Philip Potter – A Personal Portrait, in: P. Webb (Hg.), Faith and Faithfullness. Essays on Contemporary Ecumenical Themes, Genf 1984 (hg. zu Ehren von Ph. Potter, aus Anlass seines Ausscheidens als Generalsekretär des ÖRK), VII–XVIII.

# Über die Herausgeber

*Markschies, Christoph:* geboren 1962, Ordinarius für Ältere Kirchengeschichte an der Theologischen Fakultät der Humboldt-Universität zu Berlin.
*Möller, Christian:* geboren 1940 in Görlitz (Schlesien), Professor für Praktische Theologie an der Universität Heidelberg, Schwerpunkte Predigtlehre, Seelsorge, Gemeindeaufbau und Hymnologie.
*Schwöbel, Christoph:* geboren 1955, Professor für Systematische Theologie und Religionsphilosophie und Direktor des Instituts für Hermeneutik an der Theologischen Fakultät der Universität Tübingen, Forschungsschwerpunkte: Theologische Erkenntnistheorie, Gotteslehre, Theologische Anthropologie im interdisziplinären Gespräch, Religiöser Pluralismus und Dialog der Religionen, Theologie der Kultur und Dialog der Kulturen.
*von Zedtwitz, Klaus:* geboren 1950 in Freiburg, war lange Zeit in der Priesterausbildung in St. Peter tätig und ist nun Dekan im Katholischen Dekanat Heidelberg und Pfarrer der Pfarrei Heilig Geist, Jesuitenkirche.

# Autoren

*Brandt, Hermann:* geboren 1940, Professor an der Universität Erlangen-Nürnberg (Lehrstuhl für Missions- und Religionswissenschaft sowie Ökumenische Theologie).

*Deneken, Michel:* geboren 1957, Dekan der katholisch- theologischen Fakultät der Universität Marc-Bloch von Strasbourg, Prof. Dr. Theologie, Lehrstuhl für Ekklesiologie und Ökumene, Mitglied der Kommission für die Einheit der Christen der französischen Bischofskonferenz, Mitglied der französischen lutherisch-reformierten-katholischen Kommission.

*Enns, Fernando:* geboren 1964 in Brasilien, Studienleiter am Ökumenischen Institut. Seit 1998 Mitglied im Zentralausschuss des ÖRK.

*Kallis, Anastasios:* geboren 1934 in Naussa/Griechenland, Dr. phil., Dr. theol., em. Professor für Orthodoxe Theologie an der Universität Münster und Gastprofessor für Ökumenische Theologie an der Universität Bern. Vorsitzender der Kommission der Orthodoxen Kirche in Deutschland. Verband der Diözesen.

*Lehmann, Karl Kardinal:* geboren 1936 in Sigmaringen, Doktor der Philosophie und Theologie, 1968 Professor für katholische Dogmatik und Theologische Propädeutik in Mainz; 1971 in Freiburg i.Br. Professor für Dogmatik und Ökumenische Theologie. Seit 1983 Bischof von Mainz, seit 1987 Vorsitzender der Deutschen Bischofskonferenz. Mitglied im Päpstlichen Rat zur Förderung der Einheit der Christen. 2001 zum Kardinal ernannt.

*Löwe, Hartmut:* geboren 1935, 1980–1992 Vizepräsident und Präsident im Kirchenamt der EKD als Leiter der Hauptabteilung Theologie und öffentliche Verantwortung mit den Beziehungen zur katholischen Deutschen Bischofskonferenz beauftragt. Seit 1993 Bevollmächtigter des Rates der EKD bei der Bundesrepublik Deutschland und der EU. Von 1994–2003 evangelischer Militärbischof. Ev. Vorsitzender des Ökumenischen Arbeitskreises evangelischer und katholischer Theologen.

*Ludwig, Frieder:* geboren 1961, Associate Professor of Mission and World Christianity am Luther Seminary in St. Paul, Minnesota (USA). Ein Schwerpunkt seiner Arbeit ist die außereuropäische Christentumsgeschichte. In seiner Münchner Habilitationsschrift befasste er sich mit der Weltmissionskonferenz von Tambaram 1938, an der D.T. Niles als einer der jüngsten Delegierten teilnahm.

*Oberlinner, Lorenz:* geboren 1942 in Riepertsham (Kreis Rosenheim), 1982–1983 Professur für Biblische Theologie an der FU Berlin, 1983–1984 Prof. für Einleitung in das Neue Testament und Neutestamentliche Zeitgeschichte an der Theol. Fakultät der Universität Bonn, seit 1984 Prof. für Neutestamentliche Literatur an der Theol. Fakultät der Universität Freiburg. Forschungsschwerpunkte: Fragen zum historischen Jesus (Schwerpunkt Passion); früheste christologische Bekenntnisbildung (Begründung des Osterglaubens), spätneutestamentliche Ekklesiologie (Kommentar zu den Pastoralbriefen).

*Pesch, Otto Hermann:* geboren 1931 in Köln, 1965–1971 Professor für Dogmatik und ökumenische Theologie in Walberberg (Hochschule der Dominikaner), 1974–1997 Professor für Systematische Theologie und Kontroverstheologie, Hamburg. Gastprofessuren in den USA 1971/72 (Harvard); 1988 und 1993 (Philadelphia, Temple University); 1989 (Atlanta, Emory University); in Fribourg/Schweiz 2002/03. 2002 President der Académie internationale des sciences religieuses (Brüssel). Forschungsschwerpunkte und zahlreiche Veröffentlichungen zu Luther und Thomas von Aquin im historischen und sachlichen Vergleich, zur gegenwärtigen katholischen Dogmatik im ökumenischen Kontext.

*Ritschl, Dietrich:* geboren 1929 in Basel, 1952–1958 Pfarrer in Schottland; lehrte bis 1970 Patristik, sodann Systematische Theologie in den USA, zuletzt Union Theol. Seminary in New York; danach in Mainz; 1983–1999 in Heidelberg, Direktor des Ökumenischen Instituts und des Internat. Wissenschaftsforums (1986–1996) der Universität Heidelberg. Gastsemester 1970–2001 jedes 3. Jahr in Australien, 1990/91 päpstl. Universität Gregoriana in Rom; 2000–2002 in Basel.

*Thönissen, Wolfgang:* Prof. Dr. theol. habil., geboren 1955, Lehrstuhl für Ökumenische Theologie, Leitender Direktor des Johann-Adam-Möhler-Instituts für Ökumenik.

*Weber, Hans-Ruedi:* geboren 1923 in der Schweiz, Theologischer Lehrer in Indonesien (1950–54), Fiji (1988–91) und während 33 Jahren in verschiedenen Funktionen beim ÖRK: Laiendepartement (1955–61), Ökumenisches Institut, Bossey (1961–1971), Biblische Studien (1971–88).

*Welker, Michael:* geboren 1947 in Erlangen, Professor für Systematische Theologie (Dogmatik) in Heidelberg und Direktor des internat. Wissenschaftsforums, zahlreiche Gastprofessuren in Amerika.

*Zimmerling, Peter:* geboren 1958, Privat- bzw. Hochschuldozent an den Universitäten Heidelberg und Mannheim. Forschungsschwerpunkte: Seelsorge, Spiritualität, Dietrich Bonhoeffer, theologische Frauenforschung, Älterer Pietismus.

# Bildnachweis

Umschlagabb./Festgottesdienst: epd-bild
Seite 14, Söderblom: Nobelpreiskommitee
Seite 32, Deissmann: Quelle nicht ermittelbar
Seite 54, de Diétrich: World Council of Churches
Seite 72, Wittig aus: ders.: Gold, Weihrauch und Myrrhe, Geschichten aus der verlorenen Heimat, Köln 1948
Seite 91, Bea: KNA-Bild
Seite 109, Johannes XXIII: KNA-Bild
Seite 133, Stählin: Quelle nicht ermittelbar
Seite 156, Barth: dpa Picture-Alliance
Seite 178, Athenagoras: KNA-Bild
Seite 194, Jaeger: KNA-Bild
Seite 214, Visser't Hooft: dpa Picture-Alliance
Seite 232, Schlink: KNA-Bild
Seite 255, Congar: KNA-Bild
Seite 272, Rahner: KNA-Bild
Seite 294, Bonhoeffer und Bell aus: Bethge, E. (Hg.): Dietrich Bonhoeffer. Bilder aus seinem Leben, Gütersloh 1986
Seite 314, Niles: dpa Picture-Alliance
Seite 333, Vögtle aus: Oberlinner, L.: Salz der Erde – Licht der Welt, Stuttgart 1991
Seite 354, Potter: dpa Picture-Alliance